Rich致富260

富爸爸，富女人
態度決定你荷包的深度

It's Rising Time! What It Really Takes To Reach Your Financial Dreams

金・清崎 Kim Kiyosaki◎著
陳琇玲◎譯

高寶書版集團

獻給

世界各地想要成就夢想的女性

行動吧！

做就對了……而且要學以致用。

如果沒有行動，

就算接受世上最棒的教育、有最頂尖的教練、

良師和後援團隊在一旁，做再多的承諾也沒用，

沒有行動，妳的夢想永遠遙不可及。

所以，姊妹們，

行動吧……妳要肯想，

大膽編織未來願景和夢想。

行動吧……妳要肯學，

取得知識與技能讓自己信心十足，

更有能力依據情勢做出明智的決定。

行動吧……妳要肯做，

把學到的一切加以應用，勇敢迎接挑戰，

運用妳的智慧，逐步實現妳的夢想。

妳做得到，

我知道，妳一定做得到。

女人崛起的時候到了！

PART 2 肯學

PART 3 肯做

【序文】

現在就是女人崛起的時候！

姊妹們行動吧……

享受財務自由究竟要付出什麼代價？

就是行動……這意謂，「變得有力量、更有勢力、挺身而出、力爭上游並飛黃騰達。」這本書告訴妳，怎樣做到永不放棄，超越層層阻礙、繼續力爭上游、即使心生懷疑、就算景氣不好，女人一樣可以出頭天。這是妳跟自己說好的協定，不管怎樣妳都要實現自己的理財夢，而這本書就跟誠實對待自己，追求自己想要的東西有關。

這樣做究竟要付出什麼代價——妳的身心靈、妳的想法和情緒全都要參與其中，參加這場實踐個人財務夢想和財務自由的驚奇旅程！對於整裝上路參與這場旅程的女性，我在此致上無比敬意，這可不是一場容易的旅程。正因為如此，所以這場驚奇之旅絕對會讓妳滿載而歸，也會讓妳的身心靈獲得成長。要得到財務自由不只要懂得找出投資商機，買進標的、持有標的、再適時賣出標的，除了調查和研究外，還得從實務經驗中學習。光有資料和資訊還不夠，妳還得收集事實和數據，然後大膽採取行動，將所學付諸實踐——真正去做，從實作中才能學到東西。在這本書裡，妳會看到許多肯想、肯學、肯做的女性，她們就是這樣成功的，那就是關鍵所在。因為要得到財務自由就要付出代價，代價就是克服重重阻礙、恐懼與未知，所以有些女性根本不敢採取行動，或是在美夢成真前就打退堂鼓。本書旨在提供女性一項利器，讓大家從別人實踐夢想的故事得到啟發與鼓勵，不管眼前有什麼阻礙，妳都能克服難關、勇往直前。

享受財務自由指的就是美夢成真，而且好處還不只這樣。財務自由讓妳得到的好處，可不只出現在財務方面，而是讓女性真正享受到自由究竟是什麼滋味。有時候，我們總是忙到把別人擺在第一位，把老公、情人、小孩、爸媽和主管擺在第一位，在日常生活中忙著扮演好母親、妻子、女兒、姊妹、職業婦女和員工等各種角色，根本無暇認清自己是誰和想要什麼。我會透過本書讓妳認清自己、明白自己想要什麼。所以，透過實現自己的理財夢，在過程中妳就會認清自己必須做什麼改變。妳知道自己必須成長、必須變得更好、更有勇往直前的精神，以更成熟穩健的情緒面對一切。換句話說，不管以前有什麼事讓妳裹足不前或讓妳無法發揮真正的實力，這些因素都必須消失不見，這樣更有能力、更快樂、更風趣、更出色的妳就會嶄露頭角，這就是得到財務自由的真正收穫。

妳要怎麼做呢？只要一步一步慢慢來，每天做一件事，妳就離自己的理財夢愈來愈近，關鍵就是，採取行動；光說不做，美夢就不可能**成真**。

本書的用意就是要召喚女性，讓那些想從生活中得到更多、不畏艱難挑戰、肯挺身而出樹立典範、願為未來的自由與幸福付出代價的女性開始覺醒。

如果妳就是這種人，那麼歡迎妳一起加入這個驚人的冒險，**女人出頭天的時候到了**。

【前言】

藉由這本書，我準備召喚這些想要開創人生新局的女性展開行動，也讓追求成長和開發潛能的女性覺醒，同時鼓勵有願景、知道自己這輩子真正想要什麼，並願意勇敢追夢的女性勇往直前。

近來，《經濟學人》（*The Economist*）曾指出，「……下一波驚人的經濟成長不是由網路、中國或印度所帶動，而是由女性在經濟上逐漸獨立自主形成的女力經濟所引爆。」

而可口可樂公司（Coca-Cola）執行長穆泰康（Muhtar Kent）也在一場演講中表示，「事實上，以目前的情況來說，女性已經是世界上最有活力也最迅速成長的經濟勢力，二十一世紀將是『女性的世紀』。」

女人崛起的時刻到了！

在此，我以全球女性目前所處的世界作為論述重點，尤其是以我們所處的財經世界為探討主題。沒錯，這是一本和金錢有關的書籍，當妳翻閱或是將這項資訊實際應用，我想妳會發現重點還不只這樣，這本書讓妳確信，不管怎樣，現在就是妳實現自己夢想的時候。

為什麼我特別強調「不管怎樣」？因為要讓遠大的夢想成真，就需要有膽識、有決心，也要有堅持到底的毅力，這場競賽可不是小女生玩扮家家酒。誠如我的女性友人狄昂曾說，「女性展現成熟及有所擔當的時候到了。」

為什麼我特別強調「不管怎樣」？因為有太多女性選擇放棄，她們放棄自己的夢想，更糟的是她們連自己都放棄掉。許多女性喜愛財務保障和財務自主這種構想，也為這種構想興奮不已，於是她們開始朝這個方向努力，或許是看一本相關書籍或參加這方面的研討會，後來在追求理財自主的途中不小心犯了一個錯，或是被生活上的大小事情阻撓了，就讓她們認定，「這實在太難了。」結果，她們就決定放棄。

這本書不會告訴妳，現在是**女性可以偷懶的時候**，而是告訴妳現在是**女性出頭天的時候**。為了更有影響力、擴大勢力、大聲發表女性的意見，女性就必須走出原本熟悉的舒適圈，大膽跨進時而陌生又難搞的新境界。這本書還要告訴妳，從目前的財務狀況到實現理財夢，究竟要付出怎樣的代價，而且這項代價或許讓妳感到驚訝。不管妳是理財新手或是早就積極理財實現財務夢想的女性，這本書都向妳發下戰帖，要妳繼續起身行動，不斷超越現況，突破自認為所能達到的極限，這樣妳就能擁有自己想要的一切。

我會在書中跟大家分享女性企業人士和女性投資人的親身經歷，她們開誠布公跟大家分享自己如何勇敢追夢。這本書不講理論或學問，因為要了解投身金錢世界究竟要付出什麼代價，唯一的途徑就是親身經歷，每天付諸實行。

這本書收錄達成財務自主所需的事實、數字和數據等左腦資訊，也囊括其他激發右腦思考的各項重點。也會喚醒妳的所有感官，讓妳的身心靈、情緒、想法和心智全都覺醒過來，因為要完成任何既重要又有意義的目標，就必須全心投入、全力以赴。

實現夢想需要的是行動，行動能為妳打開以往想像不到的機會大門，這就是勇敢追夢途中令人驚喜的部分，因為真正的成長和學習就在此出現，這就是在現實生活中努力實作的美好成果。

為了擁有想要的一切，妳必須怎麼做：3A金三角

除非妳做某件事，否則妳就無法擁有想要的一切，因為沒有行動，夢想就不可能成真。所以，請妳現在好好想想，妳這輩子想要哪些東西，或許妳想要成功、財富、健康、愉悅的關係和樂趣。為了實現上述任何一項目標，妳必須做某件事才行，比方說：要成功就必須有成就，要擁有財富就必須先有讓人願意掏錢購買的產品或服務，要健康就必須在飲食和運動上搭配得宜。不管妳想要什麼，這些東西都是妳實作的成果。

我把實作（do）定義為：「行動、執行、完成、盡力發揮和動機。」要達成目標就需要三種實作，有些女性開始行動卻沒有達成財務目標，因為她們只專注其中二項實作。

1.肯想（Aspire）

這表示肯用心去想自己要追求什麼夢想、願景和想要什麼，不單單是「我想要有一百萬美元」這麼簡單，而要想清楚當妳達成財務目標時，最後將妳擁有什麼。所以，妳的夢想或許是當我達成財務目標時，「我就能自由自在地環遊世界」、「我有時間陪陪孫女」、「我可以開一間

【3A 金三角】

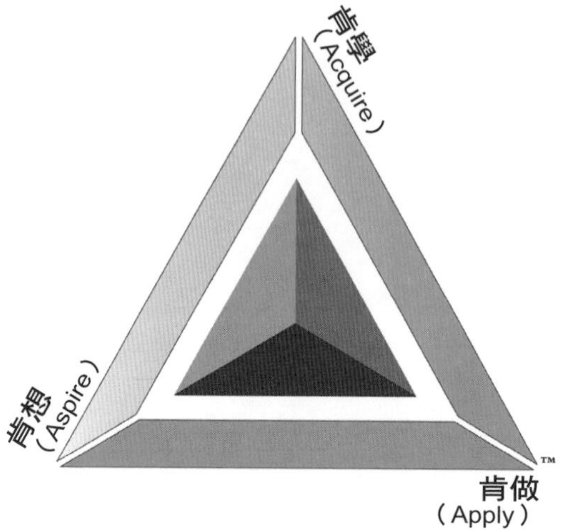

美食店」……雖然目標是跟財務有關，但是夢想不只牽涉到金錢，還牽涉到其他層面。

肯想的實作部分就是，妳必須把下列事項做好：

．選擇妳的夢想或妳想要什麼。

．有清楚的願景，知道夢想是什麼模樣。妳可以在腦海裡創造這種視覺影像，或是藉由畫圖、相片和文字的拼貼，建構妳的夢想。

．定期聯想起這個視覺影像，最好是每天在腦海裡聯想這個視覺影像，這樣就能激勵妳繼續努力達成夢想。

2. 肯學（Acquire）

這是實作的教育部分，取得知識的過程包括：看書、參加研討會和課程、上網搜尋和研究、向專家請教、跟教練和良師一起合作等諸如此類的事項。在這個過程中，妳收集好採取行動所需的資訊，也朝步驟三邁進。

3.肯做（Apply）

這是學以致用的階段，把知識應用到買賣、投資、跟客戶交易、購買股票或黃金、推銷或籌募資金等方面。以專業術語來說，應用知識就是「兩肋插刀、不惜一切」。沒有應用、也就是缺乏肯做這個步驟，任何事都只是空想、不可能發生。

真正的知識就來自於在現實世界中應用所學。

要達到妳的目標和夢想，就需要3A金三角這三個部分，而且缺一不可。許多女性完成肯想這個步驟，進入肯學這個步驟，卻在這裡被困住。她們參加各種研討會、看了很多書，也定期上網研究；問題是，她們從未邁入肯做階段。為什麼？我猜是因為害怕，她們害怕犯錯、害怕賠錢、害怕出糗、害怕別人說：「我早就跟妳說過會這樣！」

唯有藉由肯學取得所需知識，透過肯做將知識實際應用，這些害怕才會消失無蹤，這三個步驟是達成理財夢的必經階段，其中主要是肯做這個階段讓許多女性望之卻步。

這本書旨在讓大家清楚定義自己想要什麼，提供大家資訊釐清自己想學什

富女人的貼心叮嚀

孔夫子説得對，「知而不行，猶不知也。」

麼，然後最重要的是，以現實生活中的真人真事，鼓勵大家將所學應用到生活中，透過這種肯想、肯學、肯做的過程讓自己能夠擁有想要的一切。

這三個階段持續不斷地運作，不是做完階段一、進入階段二和階段三後就結束了，妳肯想、肯學、肯做，之後妳就會想得更多、學得更多、做得更多，在此同時妳堅守自己渴望實現的願景。這是一個不間斷的動態循環，在妳擁有遠大夢想與宏願之際，妳在過程中會先達成許多較小的目標，讓妳朝著主要夢想逐步邁進，這些目標各個都有自己的3A金三角。

當妳一步一步向自己的理財夢邁進，妳要不時地注意自己的實作部分，有多少用於取得知識，多少用於應用知識。如果妳發現這三個部分失衡了，有一方比另一方花更多時間，或許妳可以做一些調整。妳應該留意在肯想、肯學、肯做這三個階段當中，有一種持續不斷的流暢感，而不是停在某個階段太久。

對現在的妳來說，全球經濟惡化表示什麼？

我寫這本書的時間在二〇一一年九月，美國經濟和全球經濟正經歷……（我該怎麼說才能委婉表達）……大崩壞。我預測全球的狀況會變得更糟，而且情況會持續一段不短的時間，最後全球經濟才會露出曙光，開始逐漸好轉。對妳我來說，這表示什麼？以我們目前的處境來看，這表示下面這三件事：

1. 我不想要或不指望政府或制定法令解決我的財務問題，我不相信他們有辦法協助我們解決財務

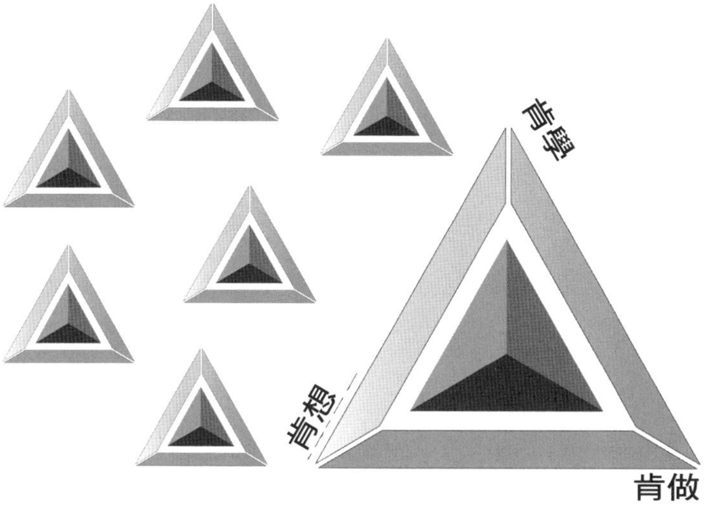

困境。

2. 現在是妳將個人理財交到自己手上的最好時機，別再指望政府、配偶、爸媽或一些理財「專家」，妳的財務前景就由自己決定。

3. 妳的理財生活、妳的財富不必任由經濟情勢擺布。沒錯，我們必須留意經濟情勢，這一點當然很重要；但是，妳個人、妳的錢財或妳的財務健康狀況，不必因為經濟情勢受到任何重大波及。不管經濟情勢如何，妳都可以成功，這本書從頭到尾就有許多證據能為此事佐證。

向冒險致敬！

當妳踏上這場理財旅程，會發現理財生活是日常生活不可或缺的一環，也跟日常生活密不可分。認清事實吧，妳的理財生活會與妳常相左右，理財生活不是一項嗜好或一年做一、二次那種事，而是永不間斷、持續進行，就跟日常生活一樣。如果妳每天留意自己的理財生活並採取行動，讓自己朝財務目標邁進一步，就會發現其他生活層面也跟著提升。

我向妳保證：不管妳是理財新手或是有多年成功經驗的投資老手，本書都能持續鼓舞妳，讓妳努力提升自己的理財生活。在書中不吝分享自身故事的女性都有滿腔的熱忱，希望為其他女性點燃熱情，讓其他女性跟她們一樣，開始掌控自己的理財生活。

我也向各位保證，在勇敢追求理財夢這一路上，妳會體驗到數不清的機會，那是妳出頭天、是妳突破自我設限的大好時機，也是妳的身心靈得以成長的關鍵時刻。這就是知識的妙處，也是這場旅程蘊含的神奇魔力。

所以，女人們，我要為妳喝采，**女人出頭天的時候到了！**

PART ONE

肯想

ASPIRE

選擇妳要實現的夢想

Choosing Your Dream

CH1

錢不會讓妳富有

學會理財及擁有想要的，就要……

報紙頭條消息寫著，「艾迪．墨菲（Eddie Murphy）的前妻破產了！」

二〇一〇年一則新聞報導透露，妮可．墨菲（Nicole Murphy）在二〇〇六年跟知名男星艾迪．墨菲離婚後，拿到一千五百萬美元的贍養費，她選擇一次拿到這筆錢，而不是按月領取。結果，離婚不到四年，她就把一千五百萬美元花光了，還欠下大筆債務。現在，妮可積欠國稅局八十四萬六千美元，欠某家律師事務所六十萬美元，還欠一家園藝公司六萬美元。她只好把房子（還有五百萬美元房貸未繳）賣掉。所以，在四年內，妮可不但把一千五百萬美元的贍養費花光，至少還欠下六百五十萬美元的債務。

那麼，現在她打算怎樣還清這些債務？這則報導談到，「妮可跟前美足明星球員、電視評論員暨名人麥可．史崔漢（Michael Strahan）訂婚。」

看來，妮可顯然胸有成竹，只不過她的計畫跟把理財問題無關，而是仰賴下一位白馬王子幫她解決債務問題。

妮可年輕貌美，在名人圈又吃得開，我相信她應該沒問題。至於她個人尊嚴和她為全球年輕女性所做的榜樣，則是另外一回事，這部分則不予置評。

沒錯，我是局外人，但是身為局外人，這個故事也說明許多女性會做出的一些共同選擇，例如：

1. 把男人當作長期飯票。
2. 選擇對理財一無所知，或對財務置之不理，認為問題會自動消失。
3. 我寧可選擇現在看來容易的方式，即使日後可能讓我吃盡苦頭也沒關係。

妮可的故事也透露出另一個事實：如果妳不知道要把自己的錢放在哪裡，錢就會不見。妮可有很多錢，但她因為不知道把錢放在何處才能讓自己的理財生活有保障，所以最後她的錢都沒了，甚至欠了一屁股債。

有錢未必會理財

不管妳有沒有錢，情況都一樣：如果妳不知道怎樣處理妳的錢，最後就留不住錢。

《今夜秀》（The Tonight Show）主持人強尼．卡森（Johnny Carson）和其多年搭檔的艾德．麥克馬洪（Ed McMahon）就是很好的例子。麥克馬洪這輩子賺了好幾百萬美元，他是美國電視界的代表人物，人既聰明又有魅力，是受人尊重又廣受喜愛的一位紳士。但是，一個人很有錢未必代表他很懂得理財。

麥克馬洪死前面臨龐大債務重擔，他位於比佛利山莊，價值數百萬美元的住家遭到拍賣，還積欠美國運通銀行七十四萬七千美元，而這只是他眾多財務問題的其中二項。

麥克馬洪怎麼會落得如此下場？他一針見血地點出自己的問題，「我賺了很多錢，卻也花了很多錢。」他就是揮霍過度的一個例子，不過情況或許沒那麼簡單，要把幾百萬美元都花光可不容易！

妮可和麥克馬洪的故事指出，有很多錢未必保證財務自主，甚至無法保證財務上有保障。

富女人的貼心叮嚀

如果妳不知道要把錢放到哪裡，錢就會不見了。

現今世界裡女人與金錢的關係

現在，女性把「財務問題」列為生活中最需要關切的問題，迫切程度甚至超過家庭、健康或時間。我們女人知道自己必須做點事，既然這樣，我們為什麼沒做？是什麼讓我們猶豫不決，無法主動參與為自己未來的財務建立保障？二〇一〇年的一項調查發現，最主要的三項原因如下：

1. 女性缺乏金錢和投資的知識。
2. 女性發現財務這個主題太複雜難懂、讓人應付不來。
3. 女性說自己因為要照顧小孩、忙於工作或事業生涯、還有日常生活中的大小責任，所以根本沒時間投入理財生活（是啊，我們女人最會把別人擺在第一位，把自己擺在最後一位）。

我們不難看出女性為何把金錢列為她們最擔心的首要事項，因為有關女性與金錢的事實讓我們深感恐懼。尤其是當我們女人年紀愈來愈大，就愈來愈擔心自己退休後有沒有老本過活，這些讓我們深感惶恐的事實就是：

1. 退休後，女性比男性更窮。

・女性退休後陷入貧困的機率是男性的二倍。
・在美國，貧困老年人中，女性的比例竟然高達八七％，實在讓人心生警惕。
・更讓人驚訝的是，現在這些貧困的年長女性，是在老公過世後才陷入貧困。
・令人不解的是，女性可能因為老伴生病了，把夫妻倆人的儲蓄都用來幫老伴治病，把自己餘生需要的財務資源都花光。
・現在，女性不但比男性長壽，通常老公都比自己年長，這表示許多女性在年老時就變成寡婦，在人生最後那十五到二十年，必須靠自己過活。

2. 離婚後，女性比男性更窮。

・單親媽媽收入低於貧窮線的機率，是已婚職業婦女的四倍。
・以美國二〇〇〇年的統計資料來看，中年離婚女性的平均年所得只有一萬一千美元。

下面這項驚人調查真的把我嚇壞了，這篇報導登在二〇〇八年一月十九日南非約翰尼斯堡的《週六星報》（Saturday Star）。

人們在結婚時都會立下誓言，約定不論貧富都要相伴相守，但是已婚婦女似乎對錢最感興趣。針對英國已婚男女的一項調查指出，五七%的已婚女性表示，如果日後的財務有保障，她們會馬上離婚。

換句話說，將近六成的受訪女性表示，如果錢不是問題，她們會馬上離婚。

瑞典進行的一項類似調查指出，三七%的女性表示，如果有錢養活自己，就會選擇離婚。雖然瑞典女性有錢就想離婚的比例沒有英國女性來得高，但是三七%這項數字還是很高。顯然，女性、金錢和婚姻是環環相扣、密切相關。

3.平均來說，女性在財務方面毫無準備。

・五八%的嬰兒潮世代女性的退休金不到一萬美元。
・三三%的女性投資人承認，因為害怕犯錯，所以避免做財務決定。
・女性通常持有報酬率相當低的投資和股票。
・女性不知道哪種投資提供最佳報酬的比例可能是男性的三倍。

根據這項調查的作者克里斯多弗・海耶斯（Christopher Hayes）及凱特・凱利（Kate Kelly）表示，「女性通常基於保障並將他人列入考量後才做決策，而且女性的決策通常是為了取得足夠的錢過活，不是為了取得足夠的錢致富。這種對保障的渴望也表示，女性的決定大多偏好『安全』投資，而不是報酬較高的投資。」

實現理財夢究竟要付出什麼代價

講到女性不懂理財，年老時孤苦無依的可怕情景，我想這些驚人的事實已經夠嚇人了，我不會再繼續說下去。我相信現在妳已經下定決心，要好好改善妳的理財生活，努力實現自己的理財夢。不必我多說，妳應該已經知道自己為什麼要這麼做，妳知道這件事很重要（不過，請妳將先前講的這些統計資料跟其他女性分享，喚醒大家重視理財）。

那麼要讓理財夢成真，究竟要付出什麼代價？還記得先前我們提到有哪些事阻止女性實現理財夢，那些因素就是：1. 缺乏知識；2. 資訊多到讓人無法應付；3. 沒時間。

事實上，任何女性都能取得知識，任何女性都能將眾多資訊去蕪存菁留下自己需要的。一切就從投資理財的用語開始學起，只要知道這些理財用語在講些什麼，就能大幅提升妳對這項主題的了解。

至於沒時間這個問題，該怎麼辦？要是妳家失火了，難道妳會說，「對不起，我沒時間滅火？」不會，妳會馬上停下手邊的工作，馬上採取行動把火撲滅。這時候，妳家失火了，變成妳的首要工作。可惜，有太多女性沒把自己的理財生活當成首要工作，直到財務狀況出問題（就像房子失火那樣），在大多數情況下，要挽救就來不及了。

我相信這項調查的受訪女性都誠實回答，是什麼因素阻止她們理財，但是老實說，女性**真的**因為這些因素才不想理財嗎？**真**的是這些原因嗎？

我相信在說明真正阻止女性**肯想**、**肯學習**知識、**肯應用**知識**實作**的原因時，還漏掉二大原因。漏掉的第一大原因是**理財教育**，大家對「理財教育」的認識不清，原因就出在大多數人並不清楚理財教育究竟是指什麼。

「教育」（education）的字源是「educe」，有「引出、演繹」之意，所以教育是一種發現的過程，不是靜靜坐在椅子上背誦、那種老師講學生聽的過程，後者根本是在「洗腦：是將信念加諸在人們身上，或限定人們有不同的行為表現。」

真正的教育是指引出資訊，讓學生透過自己的發現過程進行學習。傳統教育體系通常直接告訴學生答案，比方說，「爐子上的鍋子很燙，不要碰。」真正的教育是，當妳第一次看到鍋子，妳會好奇，妳伸手碰鍋子卻被燙到。哪一種教育方式比較棒？真正的教育是讓妳自己去發現，而且這種發現過程有時是痛苦的。

那麼理財教育呢？學校體系的做法是，請銀行家到學校跟十歲學童說明怎樣在銀行開戶，或是請股票經紀人到高中解說股票和共同基金，然後當場發名片給學生，鼓勵青少年開立交易帳戶，這些都不是教育，而是推銷。

理財教育指的是，清楚自己目前的財務狀況和擁有的財務條件，然後決定自己想要達成的財務目標。在這段敘述中，最重要的字眼就是「自己」。每個人的財務狀況都不一樣，我聽理財「專家」跟大家說，「在妳的投資組合中，黃金的比例不該超過一五%。」他們怎麼可能知道，怎麼做才對每個人最好？有些理財「專家」說，「把妳首選住宅的房貸繳清。」這種建議可能適用於某個人，卻不適用在其他人身上。講到自己的財務和財務前景，妳必須找出自己需要什麼和想要什麼，然後取得相關知識，讓妳實現理財夢。

但是，妳該尋找哪種知識，到哪裡找到這些知識呢？在學校，我們通常沒有太多選擇挑選我們要學的知識，課堂老師傳授的資訊已經事先經過挑選。但是，在學校以外的機構，我們可以選擇自己想聽哪位老師的課，也能選擇自己的良師、顧問、教練和要以誰為「師」。其實，在現實生活中，我的老師大多不知道他們身為人師，他們只是把經驗和實務知識傳授給我。

這種選擇的自由也會產生某種程度的困惑，至少在一開始時會這樣，那是因為不可能有哪個地方，具備讓妳財務自主所需的所有資訊和知識，妳必須好好地找找。

既然這樣，妳該去哪裡找呢？答案就是，從書籍、研討會、會議和投資俱樂部中尋找妳要的資訊和知識；另外，妳還可以在網路上搜尋、瀏覽線上影片並參與網路論壇，跟相關領域的專家討論，這些人有豐富的實務經驗值得妳學習。妳可以從這些地方，尋找為妳實現理財夢想指點迷津的良師和教練，也跟其他投資人建立關係。這種理財教育是無可取代的，也是無法規避或交由他人處理的必要步驟，這件事妳務必要親力親為，因為從中獲得的報酬是值得的。

住在英國倫敦的洛琳．史迪利亞諾（Lorraine Stylianou）跟我們分享，她從自己的理財教育中獲得的好處：

我是一位單親媽媽，二個小孩都不到五歲，因為剛在倫敦北區買了一間三房小屋，為了繳房貸，除了正職外，我開始兼第二份工作。不過，因為每週正職工作四十個小時，週末又兼差做行政工作，所以我根本沒時間陪小孩。

我覺得自己每天忙個不停，還必須錙銖必較看緊荷包。

某週六，我帶小孩逛街，發現自己錢包裡只剩一個二英鎊銅板（約新台幣九十二元），我們都餓了，決定在那間知名漢堡連鎖店買一份兒童餐分著吃，結果每個人只分到一個雞塊和四根薯條！

從那個時刻起，我明白情況必須做些改變，我決定到當地圖書館商管書區，開始認真閱讀每本理財書籍。另外，在那年我參加一次女性投資理財週末研討會，後來也上了四次房地產投資課程。四個月後，我在蘇格蘭找到一間適當的投資標的，不必付頭期款買下一小間套房開始收租金。

在進行第一筆房地產投資的十八個月後，現在我已經持有八筆房地產投資，也辭去原先的正職，我把本來住的房子租出去，全家暫時住在我投資的其中一間房子，這樣做讓我的生活品質大幅改善，我也開始重拾畫筆，賣畫也變成我收入的一大來源，我不必像以前那樣忙於通勤，趕到倫敦市中心上班，也不必再忍受自己討厭的工作，不用讓生活變得悽慘兮兮。

現在，我自己當老闆，我透過看書、參加研討會、實際採取行動取得理財教育，讓自己逐步達到財務自主並實現理財夢。

這就是尋找自己適合的理財教育能帶給妳的好處。

至於阻止女性理財卻被遺漏的第二大原因則是無形因素。

除了從理財教育得到的知識，無形因素才是發現理財「祕方」的所在。這帖祕方跟事實和數字沒什麼關係，因為它看不到、摸不著，所以被稱為無形因素，也因為大多數人都不知道，所以才隱密。

女性真正的力量、目的和天分就藏在這無形因素中，祕訣就是化無形為有形，那就是我們要做的事。

要實現妳的理財夢，妳必須將要做什麼跟怎麼做的資訊，跟想法、情緒和無形的心靈做結合。接下來，我們就深入探討這項無形祕訣的細節。

CH2

認清無形因素

要認清無形因素，就要……

左腦讓妳處理生活中邏輯、分析、實際的部分；右腦幫忙處理生活中創意、革新、直覺的部分。在日常生活中，妳的身心靈也都參與運作。要讓妳的理財夢成真，就需要這所有事項的配合，妳必須全心投入、全力以赴。

身體

在我們居住的實體世界中，當然需要身體才能完成任何一件事，身體不必完美運作，卻是個人理財旅程中的重要利器。

身體會發出信號警告妳。不知道妳有沒有這種經驗，有臟不舒服，覺得某件事情就是怪怪的？或是當妳跟自己不信一起，妳的胃就突然感到不適？這些就是身體給妳的線索，這些信號，身體是妳想法、情緒和心靈的實體出口。

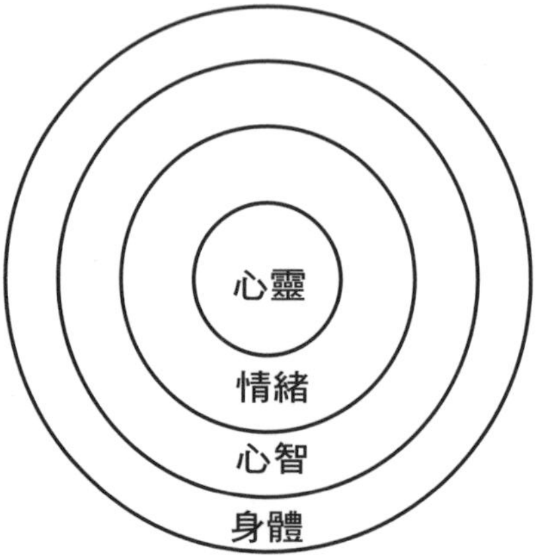

心智

腦部是人體最重要的器官，腦部收集、儲存、組織，並喚起做出明智決定所需的事實、數字、故事和資訊。人腦是裝進骨架裡的一團東西，但是妳可曾看過心智或想法是什麼模樣？想法存在於妳的無形世界裡，卻擁有無比的力量，它們是決定妳在生活中得到什麼成果的驅動力。但是，難就難在我們的想法有些是可以察覺的，有些則屬於潛意識，深藏不露，這些隱藏其中的想法跟我們察覺到的想法一樣，都擁有無比的力量。

舉例來說，當妳聽到「投資」這個字眼時，妳馬上想到什麼？妳是不是跟自己說「是的！我可以做這個！這個旅程一定很好玩！」或者，妳告訴自己「我寧願選擇快樂，也不想致富，投資聽起來太難了，我可不想賠錢。」其實，就是妳腦袋裡「我做不到」或「我不知道怎麼做」這種想法，阻止妳去圓自己的理財夢。

我的朋友珍妮跟我聊起她該買哪種車，珍妮是既年輕又聰明的單身美女，我問她，「妳開過保時捷嗎？」

珍妮馬上變得很激動，並生氣地責罵我，「我不想買保時捷！」我被她突如其來的情緒反應嚇了一跳。

「為什麼？」我問。

「因為我不是那種女人！」她很快就回嘴。

我必須盡最大的努力保持冷靜，因為——我有一輛保時捷！我保持冷靜，好奇地問，「哪種女人？」

她看著我，一副我該知道答案的表情，「就是俗豔、放蕩、賣弄性感、沒大腦又想被人看的那種女人。」

「哇！」我心想。「她怎麼會把保時捷跟這些事情聯想在一起？」對我來說，珍妮的想法實在不合邏輯，但是在珍妮的潛意識裡，她認為開保時捷的女性就是沒腦子的性感尤物。所以，我決定跳過這種心理分析，絕口不再跟她聊車子的事。

意念的力量

詹姆斯．艾倫（James Allen）寫於一九〇二年的著作《意念的力量》（*As a Man Thinketh*），一直是我最喜愛的書籍之一。艾倫在書中說明自己寫這本書的用意是，「激勵男男女女去發現和察覺這個真相——**每個人都是自己人格的創造者和主宰**。」艾倫還說到，「其實，一個人的行為不折不扣地反映出**內心**的想法，人格就是集個人所有意念之大成。」艾倫把這個概念寫成一首詩：

心智是形塑和創造的主要力量，
人的行為反映出自己的心智，
人運用意念這項利器形塑自己的意志，
也讓各種喜悅和苦惱隨之生起，
意念藏在心中，卻透過行為顯露於外，

人生的際遇只不過是個人內心的寫照。

我們只聽自己想聽的話

根據艾倫的說法，妳的世界是自己的意念創造出來的，如何處理自己收集的資訊，也是由意念決定。

我們就來談談這件事跟金錢的關係，假設下圖的玻璃杯代表妳的意念、信念、意見和判斷，也就是形成妳個人金錢觀的基礎或情境。倒進玻璃杯裡的水代表妳學到的理財資訊和資料。假設我們在討論「財務自主」這項主題，如果妳腦子裡根深蒂固的想法是「我絕不可能做到財務自主」，那麼情況很簡單，就跟妳想得一樣，妳跟財務自主無緣。如果妳心想「我沒時間」，那麼妳就真的抽不出時間為財務自主做好打算。

不管妳把什麼資訊倒進這個玻璃杯，這些資訊都會經過妳對理財和財務自主的情境或成見加以過濾。這個過程就跟泡咖啡一樣，資訊流經過妳的想法、意見和信念過濾後，才進到杯子裡。跟妳對金錢的核心想法和信念不符的資訊不是被否決掉，就是被過濾掉，因

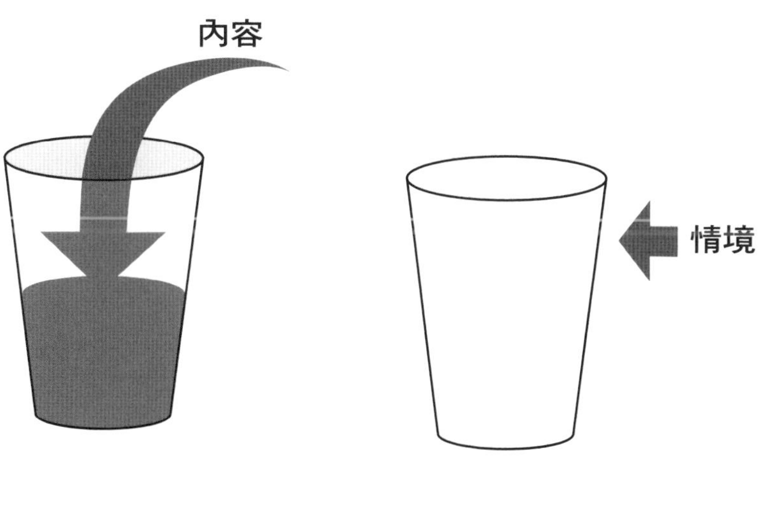

此最後進到杯子裡的資訊，全都是跟妳的想法和意見一致的資訊。

妳的情境，也就是妳對金錢與投資的想法，通常比投資資訊的實際內容更為重要。如果妳的過濾器、妳的無形想法跟妳陳述的財務目標有出入，那麼不管收集再多資料也沒有用。唯有改變自己的情境或想法，跟個人財務目標搭配得宜，才可能將這些無形因素化為有形。

如何化無形為有形？

這件事並不難，首先就從觀察自己的想法開始做起，聽聽腦子裡那個小聲音在說些什麼。一九八五年時，有位朋友向我挑戰，要我在接下來一小時內留意自己腦海裡的吉光片羽。我接下這個挑戰，真的這樣做了，而且這件事讓我的人生就此改觀。坦白告訴妳，在那一小時內，我的腦海裡出現數不清的念頭，有很多想法都是在打擊自己的士氣。現在，我請妳勇敢接受這項挑戰，花一個小時的時間，好好觀察自己腦海裡的念頭。

妳也可以想把這些念頭寫在紙上，當恐懼的念頭出現時，請問問自己，「我在害怕什麼？」然後，開始把妳害怕的事寫下來，別管自己寫了什麼，也別修改、別評斷，寫就對了，直到妳突然想通了或頓悟了。妳會驚訝自己最後竟然認清，究竟是哪些無形想法阻礙妳去做該做的事。

情緒

情緒通常是由念頭引發的，比方說：如果有人說了一些難聽話傷了妳，妳心想自己絕不會對人說這樣無禮的話，所以別人這樣說妳，或許讓妳很生氣。換個角度想想，要是妳成長的社會（或家庭）其實是以粗魯的話語表示愛意，情況會怎樣呢？如果是這樣，妳反而不該生氣，還該覺得自己有人愛。因此，一切就取決於妳個人想法創造出來的情境。

針對理財，女性產生的首要情緒就是恐懼，也就是害怕犯錯、害怕賠錢、害怕別人的看法。目前女性最大的恐懼之一就是，退休後沒錢過活，這有點像一個矛盾困境：我們害怕老了沒錢養活自己，卻也害怕去做真正該做的事，好讓自己老了有錢過活。我們必須學習的事情是，恐懼就是個人自我成長的催化劑，只要克服恐懼，我們就能獲得驚人的成長。

我認識的女性投資人，各個在投資生涯初期或多或少都有一些恐懼。就算像我這種投資老手，在當今這樣詭蹫多變的經濟情勢中，要投入新的事業和投資領域，一樣會感到緊張，這是很自然的事。問題出在，妳因為恐懼而無法採取行動，或因為害怕犯錯或賠錢，而把理財責任交給別人。住在紐約市的雪碧．柯爾尼（Shelby Kearney）就從慘痛的經驗中學到教訓。

我看了《富爸爸，窮爸爸》一書後，相信書中句句都是真理，但卻因為恐懼而沒有採取任何行動。幾年後，從事房屋仲介的男友鼓勵我，買一棟二層樓公寓和一棟三層樓公寓，我心想他很懂出租物業，而且跟自己認識的人做投資比較不那麼害怕。他提議要替我管理這些出租公寓，所以我把所有管理責任都委託給他，自己放手不管也沒去注意。

結果，這二棟公寓都因為管理不當而遭到法拍，我把其中一棟公寓賣掉，但卻賠掉另一棟公寓。經過這次慘賠後，我知道必須好好教育自己，不要靠任何人來判斷交易好壞，也不要把理財職責交到別人手上。

在過去幾年，我參加幾場研討會也看了許多跟房地產有關的書籍，我試著在亞特蘭大一帶買下幾間四層樓公寓，卻都沒有成功，不是其他買家出價比我高，不然就是在研究標的時發現某項不利因素讓我打了退堂鼓。我知道這是上帝給予的神蹟，要我把注意力放在賓州的房地產，因為這裡離我目前居住的紐約市比較近。

今年初，我在賓州哈里斯堡買下一間獨棟住宅和一棟二層樓公寓，雖然我經歷好長一段時間才完成第一筆投資，但是我正往實現理財夢的目標邁進，而且這種感覺實在太棒了！

雪碧從慘痛的經驗中學到教訓，她藉由取得理財教育、實際嘗試並從錯誤中學習，來減少對理財的恐懼，並買下目前持有的二項物業，現在什麼事都無法阻撓她實現自己的理財夢。

心靈

在面臨壓力和緊急狀況時，妳通常會看到女性的心靈努力振作起來，應付眼前的狀況。當家庭遇到危機，比方說家人失業或房子要被法拍時，通常是女性出面做好該做的事。女性與生俱來的直覺就是要保護自己和小孩，碰到這種危急狀況時，就是由心靈出面主宰，而不是由心智掌控局面。

我們的心靈也告訴我們，將會更有成就，而且這些成會超乎想像。心靈賦予我們力量、精力與專注；在理財旅程的途中，有時妳必須召喚妳的心靈，讓妳有勇氣和意志力踏出下一步。

在此，跟大家分享這首詮釋心靈力量的動人詩篇。

【意志】

妳會成為妳想成為的那種人；
就讓失敗在「際遇」這個可悲的字眼裡自艾自憐；
心靈鄙視「際遇」這種狹隘說法，
因為心靈是自由的。

心靈無遠弗居、不受時空的約束，
它威脅「機會」這個性誇大的騙子，
也對「情勢」這個暴君發號施令，
讓情勢退位並俯首稱臣。

人類的「意志」是一股無形的力量，
是不朽「心靈」的產物，
能為任何目標披荊斬棘，
突破重重阻礙。

在事情遭到延誤時不會沒耐性，
而是了解一切並靜心等待；
當心靈振作並發號施令，

就連諸神都靜候使喚。
就像河流流向大海，
中間要穿越層層阻礙，
但妳知道自己不會失敗或錯過機會；
只要意志堅定，妳一定會成為妳想成為的那種人！

——艾拉．惠勒．威爾克斯（Ella Wheeler Wilcox）

「人類的『意志』是一股無形的力量」，妳的內在也有這股無形的力量，當妳面臨關鍵時刻的考驗，這股力量就會出現。

「能為任何目標披荊斬棘，突破重重阻礙」即使看似不可能，但是妳的心靈卻能為達目標、不計代價。心靈知道什麼事情對妳來說最重要、最有意義，在處理這些事情時，心靈就會展現神奇的力量，協助妳達成目標。

在「心靈振作並發號施令」時，就能化無形為有形，這簡直棒極了。

實現理財夢需要全心投入、全力以赴

追求並達成妳的理財夢，需要妳全心投入、全力以赴；也就是說，妳的身體、心智、情緒和心靈都要全員參與。實現理財夢是一個過程，而且這個過程讓妳徹底頓悟、大開眼界；雖然挫折難免，卻是自我發現與個人成長的真誠過程，妳會學到很多東西。在學習的過程中，妳會漸漸成長並建立信心、不但從中獲得樂趣，也體會到自由的甜美滋味。

CH3 有勇氣承擔後果

提振內在力量，就要……

「勇氣」這個用詞涵蓋很廣，可能反映在英雄行徑、克服極大阻礙、英勇行為或對抗現狀。不管勇氣如何展現自己的樣貌，每項英勇行為都有一個共通點，那就是——恐懼。如果妳不害怕，妳所做的事就不需要勇氣。

講到錢和投資，就會讓人心生恐懼，而且這是錢和投資引發的首要情緒，這表示要實現理財夢，勇氣就扮演一個重要的角色。

那麼，要實現理財夢，我們需要哪種勇氣？我們大都知道自己必須做什麼，問題是：我們有勇氣承擔後果嗎？

在追求理財夢的過程中，一定有某些未知事物存在，所以我們才會感到害怕。而這個未知事物其實就是我們可能面臨的結果或後果，因為我們不知道結果會如何，所以我們才覺得害怕。

英勇行為的後果

有關英勇行為這種勇氣，也就是從七十五呎高的懸崖躍下、跳進湍急河流救小孩、或阻撓商店搶匪，這些行為可能會產生下面這三種後果：

1. 毫髮無傷。
2. 受傷掛彩。
3. 英勇犧牲。

至於，心理和情緒上的勇氣，後果其實也差不多，比方說，許多人都害怕公眾演說。妳第一次走上台，手裡握著小抄，面對台下黑鴉鴉的一片，全場都是陌生人，然後妳開始講話。對許多人來說，這是件很可怕的事，因為妳不知道結果會怎樣，所以很可怕。其實，結果不外乎下面這三種：

1. 觀眾喜歡妳的演講（妳毫髮無傷）。
2. 妳的演講沒引起觀眾共鳴，有些觀眾聽到打瞌睡（妳受傷掛彩）。
3. 觀眾噓妳下台（妳覺得丟臉極了，妳英勇犧牲）。

現代女性都在害怕什麼？

美國最近針對四千名女性進行的一項研究調查，詢問受訪者她們最怕什麼。讓人驚訝的是，五〇％的受訪女性（將近二千名女性）表示，她們最怕自己變成無家可歸的拾荒婦女。這種「拾荒婦女症候群」就是害怕自己年紀大了孤苦無依、貧困潦倒又無家可歸。更讓人訝異的是，就連收入高又有不少資產的女性也有這種恐懼（我相信這種恐懼遍及世界各地）。對許多女性來說，變成無家可歸的拾荒婦女跟死掉沒兩樣。光是這種恐懼就足以解釋，為什麼有那麼多女性不敢深入投資界，她們只敢做最保守的投資，長遠來說這可能是她們做出的最危險行為。

面對我們的恐懼

即使我們或許沒有勇氣面對後果，但大都知道自己必須做什麼，那些事可能是什麼？在此，我列出其中一些供大家參考：

1. 即使害怕人們可能不喜歡妳或不認同妳，妳也要為自己相信的事挺身而出，並說出真相。
2. 即使害怕可能遭到反抗和拒絕，尤其害怕那些跟妳最親近的人持反對聲浪，妳還是要勇敢追求自己的夢想。
3. 就算害怕自己沒辦法養活自己，或是害怕孤單，也要擺脫對妳有害的關係。
4. 就算害怕因此失去穩定收入，也要離開那種讓妳無法一展長才、辛苦付出卻不受肯定的工作。
5. 就算害怕自己可能出錯，財務決定還是要自己來。

要是發生衝突怎麼辦？許多女性就是不願面對衝突才心生恐懼，我自己也不喜歡衝突，在跟人有衝突或意見不和時，我會努力找出共通點解決問題，我真的希望隨時保持心平氣和，跟大家和平共處。但是，若情況需要，我不會避免衝突，上帝知道我已經盡好自己的本分。不過，我知道有許多女性會避免衝突，尤其是跟配偶或合作夥伴更是小心翼翼，有時甚至把自己都犧牲掉。

爭執在所難免

凱西是一位相當出色的成功企業家，她經營公關公司已有十七年之久。有一天，我們倆人談起投資時，她跟我說：「說到我們夫妻的投資，我老公跟我都相當保守，我們持有共同基金和一些股票，也各自管理自己的退休帳戶。」

凱西繼續說，「我想要自己做功課，這樣就能開始了解投資，找出報酬率更高的投資標的。我檢視幾個選項後，決定投資一個房地產開發案，這個案子的報酬率都讓投資人相當滿意。我衡量過這個案子的利弊得失，認定這就是我要的投資方案。」

凱西打算把退休帳戶中的錢提領出來，退休帳戶的總值去年跌了三成，她打算把錢拿來投資這個房地產開發案，可以拿到一〇%到一二%的報酬率。凱西坦承，「只有一個問題。」

「什麼問題？」我問。

凱西嘆氣說，「我老公傑克看到這項投資案時，一定會認為這樣做『風險太大』。我們一定會起爭執，這不是我希望看到的事，我原先就是怕跟他爭執，才遲遲沒有自己做些投資，我痛恨爭執。但是，我也想確定我老公不會要我放棄，我知道這是我必須做的事，這是我真正用心去做的第一筆投資，是我自主理財的開始。」

我問她，「妳願意因為這項投資，讓妳的婚姻生活不愉快嗎？」

她遲疑了一下並表示，「我願意，雖然我不希望這樣，但我願意為此付出代價。」接著，凱西提出一個點子，「既然我打算這麼做，我就先拿我的錢投資，然後再跟傑克說。」後來，凱西真的這樣做了。

之後她告訴我，自己怎樣跟老公討論這件事，她說，「我整天在心裡反覆演練自己要說什麼，也小心選擇要用什麼字眼來減少衝擊，希望盡量淡化這場爭執。我走進房裡要跟傑克說，當時我深吸了一口氣，然後開始像連珠炮似地說：『我把退休帳戶的錢領出來，投資一項房地產開發案。我相信這樣做會有更好的投資報酬率，我一點也不認為這項投資風險高，多年來這個案子的管理團隊把案子管理得很好，他們把這項投資的利弊得失都跟我清楚說明。況且，這是我的錢，我應該可以想怎麼處理就怎麼處理。』

「我終於鬆了一口氣，接著我就呆站在那裡，」凱西說，「等著傑克發飆。他坐在書桌前看著我說：『好吧，如果那是妳想做的事，那就這麼辦。』他的語氣裡雖然有一絲懷疑，但是他答應了，原來是我自己白擔心了。」

凱西笑著說，「本來我害怕擔心得要命，準備要跟傑克大吵一架，結果什麼事也沒發生。其實，我差一點就放棄那項投資，因為我實在很討厭爭執；但是，這件事讓我改變心態，在必要情況下，我願意為自主理財而起爭執。」

是事實或後果

通常，我們想像最壞的後果，還說服自己會發生最壞的情況，所以我們什麼事也不敢做，我們被這種想法困住了。事實上，最壞的情況根本很少發生。

為了讓妳願意承擔後果，一定要有某件事比那可能發生的可怕後果還來得重要，一定要有某件事比妳害怕的事來得重要。對許多女性來說，自尊、為自己相信的事挺身而出、誠實面對自己就是更重要的事。

接著，我跟大家分享一位歷史上知名女性的故事——她知道必須為自己做什麼，也願意承擔後果。

厭倦再讓步

故事女主角就是蘿莎．帕克斯（Rosa Parks），在一九五五年十二月一日，蘿莎這位黑人女性跟往常一樣，在阿拉巴馬州蒙哥馬利市搭上一輛公車。但是，這天的情況卻不一樣。當時，由黑人發起、為黑人在美國取得平等權利的人權運動才剛開始加溫。在那個年代，蒙哥馬利市的公車座位還分成「白人區」和「有色人種區」，如果公車上乘客很多，非裔美籍乘客就被要求讓座給白人乘客。那天，蘿莎在蒙哥馬利市集百貨下班後，拖著疲憊的身軀搭上公車，還好公車上有位子坐。後來，愈來愈多乘客上了這輛公車，公車司機走到蘿莎面前，要她讓座給沒有位子坐的白人乘客。蘿莎拒絕，司機就斥責蘿莎，「妳為什麼不站起來？」蘿莎回答，「我不認為我該站起來。」司機報警逮捕蘿莎，後來蘿莎解釋自己不是因為身體疲憊才不肯讓座，而是因為「厭倦再讓步」。

蘿莎大可以起身走到公車後面，免得自己惹上麻煩；但是，她願意承擔後果，挺身捍衛自己的人權，她面臨的立即後果就是遭到逮捕並處以罰金，還馬上遭到百貨公司解雇。但是對蘿莎來說，為自己深信的事挺身而出更為重要，她為自己和自己的尊嚴挺身而出，也誠實地面對自己。現在，蘿莎・帕克斯是名垂青史的「人權運動之母」。

當生活過得既愜意又愉快時，我們很容易忽略掉自己該做些什麼，其實這些事我們心知肚明。對蘿莎來說，她一直讓步，直到她厭倦再做任何讓步。有些女性很清楚很清楚自己必須做什麼，然而其他女性則是等到自己厭倦再做任何讓步，才實際採取行動。

富女人的貼心叮嚀
我們有勇氣承擔後果嗎？

該是鼓起勇氣的時刻

如果妳不覺得害怕，就不需要勇氣，勇氣的作用就是戰勝恐懼。每當妳面臨恐懼，妳就把它當成自己「該鼓起勇氣的時刻」，在這種時候妳變得更像自己、妳更有自信、更有創意、更「融入狀況」、身心靈也更為統合。

就是這些鼓起勇氣的時刻向妳顯現，真正的妳究竟是什麼模樣。

培養勇氣的一項練習

我們知道自己必須做什麼，問題是：我們有勇氣承擔後果嗎？

或許妳心想，「要是我不知道自己必須做什麼，怎麼辦？我要怎樣搞懂自己該做什麼？」首先，花一點時間讓自己靜下來想想，問問自己、感受一下直覺、捫心自問，「要改善我的生活，我必須做一件事，這件事會是什麼？」妳最先想到的答案，或許就是妳必須做的事，相信妳內在的聲音。在此，我提出另一種方式，讓妳清楚自己必須做什麼。請妳拿出紙筆，開始回答以下這些問題，一次回答一個問題，不用深思熟慮，想到什麼直接把答案寫下來。

如果錢不是問題，甚至這輩子也花不完，而且假設妳已經玩遍世界各地，那麼妳認為妳會在哪方面做改變：

1. 職業或事業生涯？
2. 健康和健身？
3. 理財生活？
4. 自我成長和靈性追求？
5. 婚姻關係／主要關係？
6. 親子關係？
7. 與其他家庭成員的關係？
8. 自己重視的其他事項？

這項練習最重要要素是，妳要對自己誠實，不要篩選答案，因為這沒有對錯可言。不要因為別人怎麼看妳，而影響妳的答案。**不管想到什麼，就寫下來，不要分析，沒有別人會看到，這**

些答案只寫給自己看。

如果妳對自己誠實，那麼從這個問答過程中，妳至少會知道一、二件讓妳的生活徹底改觀的事。

CH4 一切就從認清財務現況開始

認清自己的財務現況，就要曉得……

就是在鼓起勇氣的這種時刻，妳才會認清真正的自己；不過，重要的是，妳還要認清自己目前的處境。

不管妳是經驗老到的理財專家或是剛開好活期存款帳戶的投資新手，妳自始至終、時時刻刻都必須清楚自己的財務現況。

聽起來很簡單，不是嗎？判斷自己的財務現況，這種事哪有什麼難呢？

赤裸殘酷的真相能讓妳自由

請進行下面這個練習，對大多數女性來說，這個練習或許不費吹灰之力。首先，想像一下，妳要為參加慈善晚宴添購新禮服，妳拿了幾件適合自己尺碼的禮服試穿，這些禮服穿起來都有點太過合身。於是妳心想，「一定是現在衣服尺碼變小了。」後來妳找到一件穿脫方便又剛好合身的禮服，只不過這件禮服並不是妳心中首選。妳真的喜歡這件禮服嗎？沒那麼喜歡，但妳還是買下它，為什麼？因為這件禮服讓妳相信，自己可能（只是可能喔）沒有變胖，還是穿同一個尺碼的衣服。妳可以自豪地說，沒錯，妳還是穿「M號」。妳的體形變了嗎？當然沒有，妳還是穿

M號啊。

這種情境跟妳的理財現況有什麼關係？當然有關係，因為人們在面對每個月的開支和收入時，也會做出同樣的事。人們假裝自己某天醒來突然發現，積欠的卡債高達一年辛苦工作的半數收入，這些錢都花在買衣服、渡假和家庭用品上。我們會假裝無辜地問，「怎麼會發生這種事？」會發生這種事，是妳自找的啊。我並不反對使用信用卡，我自己就很喜歡美國運通卡（American Express）、威士卡（Visa）和萬事達卡（MasterCard）。真正的問題出在，妳花很多錢在無法改善個人理財生活的事物上。

想要實現理財夢，首要關鍵就是認真、誠實地檢視自己的財務現況，一旦妳知道自己的財務況，這也就是理財旅程的起始點，妳就能好好規劃一項策略，按照策略循序漸進，實現妳的理財夢。

拜託，騙騙我！

次貸風暴在二〇〇七年開始襲捲全球，就是人們欺騙自己、不願認真面對個人財務現況的真實案例。次貸風暴波及許多國家，美國的情況最為嚴重。次貸是次級（subprime）貸款的簡稱，次級的意思就是「較差」。放款業者想借錢給信用「好」的貸款人，也就是還款記錄佳的那些人。至於還款記錄不佳者，這種借款人就被標記為「次級」貸款人。財經界發生的狀況是，政府政策讓放款業者更容易降低標準，允許信用不佳者貸款購屋。這樣做等於為房市吹起一個泡沫，讓放款業者在短期內嚐到甜頭。哪種甜頭？放款業者收取更多手續費和佣金，他們以極低的頭期款金額和房貸起始利率吸引客戶上門，財經機構利用這種手法賺了很多錢。

次級貸款人對此做何反應呢？他們的普遍反應是，「好耶！我終於買得起房子了！」雖然這種事好得不像是真的，卻讓成千上萬的人們受騙上當，他們根本沒有起疑心，即使自己的財務狀況沒變，以前無法申請房貸，現在卻出現奇蹟，有辦法申請到房貸。他們沒有起疑，因為他們寧可開心地被矇在鼓裡，也不要面對殘酷的真相。他們只是對眼前的事實視若無睹，但是日後就要為此付出代價，事實證明結果確實是這樣。當初他們要是提出疑問，就會發現這些貸款文件上印的小字標示出，一開始的低利率經過一段時間後就會調高。由於很多次貸貸款人根本沒有改善自己的財務狀況，後來房貸利率調高後就繳不出錢，許多人因此自食惡果，房子被法拍、自己也破產、把個人信用全都賠上。我有一位朋友是股票營業員，他跟我和客戶說，「如果有好得不像是真的那種事，其中一定有問題，要馬上抽身。」

即使在全球金融慘敗的現在，人們還是只想相信一切都沒問題，政府會處理，有人會來解救他們。他們把希望放在別人身上，自己根本沒做任何事改善個人財務狀況。

講到錢財這件事，許多人都很懶散，我不是說他們沒有努力工作，其實現在許多人為了生活還兼二、三份工作。我的意思是，他們懶得學習新事物（顯然，妳不是這種人，因為妳正在看這本書，妳採取行動，學習該為自己做些什麼）。

在變動環境中就要懂得應變

二〇一〇年十月，我們夫妻跟四名友人一起，駕駛博納多（Beneteau sailboat）公司出品、長約五十八呎的遊艇，從美國加州洛杉磯航向夏威夷檀香山。這個航海機會出現時，即使我幾乎沒有任何航海經驗，但我知道這可是一生難得一次的經驗，當然要算我一份。

這艘遊艇從法國運到洛杉磯，所有下水航行的必要工作得在加州馬瑞納德瑞（Marina del Rey）這個快艇港口完成，我們夫妻在啟航前五天抵達洛杉磯，買好必備物品後就跟四名友人一起完成行前作業，迫不急待想往檀香山出發。

我要先聲明，我從來沒有坐船到外海、看不到陸地那種經驗，我不知道自己到時候會做何反應或該期待什麼。當遊艇駛離港口、全速前進時，有一件事再確定不過，那就是我根本沒辦法站穩，連一秒也站不穩……由於風速和海水流速的不同，遊艇不是往左邊（左舷）傾斜，不然就是往右邊（右舷）傾斜，有時候則是左右來回搖晃，我要一直找東西抓著才能保持平衡。早上泡咖啡變成很了不起的事，有一次浪很大，我們帶的法式濾壓壺掉到海裡。幸好，我還帶了不鏽鋼咖啡壺和濾紙，不然接下來那十四天的航程，在船上這麼小的空間裡，沒有咖啡喝要怎麼過啊！

我在陸地上認為理所當然的事，到了船上都變成一件了不起的事，比方說：洗臉、清理桌上的碗盤、拿一杯酒走上五階樓梯，這些事全都需要高度的專注與平衡。有天晚上突然變天，開始下起滂沱大雨，我們只好到底下船艙吃晚餐，我們當中有四個人坐在桌子旁邊用餐，JM把餐盤放在腿上坐在樓梯上吃，查德拿著晚餐走向餐桌，這時剛好一個大浪打到遊艇，查德整個人的動作像是在表演特技，他小心翼翼地保持平衡，最後整個人倒在船艙另一邊的沙發上，整盤食物拿在頭上，小心保持平衡，連一丁點食物都沒掉下來。我們都為查德的手腳敏捷鼓掌喝采。大家還在鼓掌時，我站了起來，結果一個更大的浪打到遊艇，我跟JM一同被彈到船艙的另一邊，這次可沒有掌聲，只有灑了一地的食物和身上多了幾處淤青。

在船上，我必須時時小心，因為我站的地方和我的人身安全隨時都可能有變化，我絕不能放心或以為一切風平浪靜，為了站穩必須一直移動保持平衡。

懂得應變才能讓現況有所改善

女性似乎總想在生活中求得平衡，雖然許多人把靜止跟平衡畫上等號，但我認為平衡其實需要持續的變動，如果妳站著不動，就沒有變動，等到突發事件出現，就會嚇到無法動彈。所以，處理眼前狀況的關鍵之一就是保持變通，愛因斯坦說過，「除非有某件事起了變化，否則什麼事也不會發生。」

妳的財務報表絕非靜止不變，而是時時刻刻都在改變。要知道自己的財務現況，就要迅速檢視一下自己的財務狀況，這是妳實現理財夢的基礎，要打好基礎就必須做到下面這幾件事：

1. 知道自己的基礎是由什麼構成。
2. 擺脫讓基礎薄弱的任何事項。
3. 讓基礎變得更加穩固。

如果妳像童話故事那樣拿樹枝和稻草蓋房子，房子的地基就不穩固，最後房子勢必會倒塌。

這就是為什麼無論妳是投資老鳥或菜鳥，都需要徹底評估一下自己的財務現況。我每個月會檢視二次自己的收入支出和現金流量；不過，講到我的投資、資產和可取得的金錢來源，我其實對這些方面的現況是很容易迷糊的。如果我平常沒有做好準備，等到大好機會出現時，就會錯失賺錢商機。

妳需要知道什麼？

妳要拿這個問題問自己：如果今天出現我想要的投資機會，但知道自己有沒有錢善用這個投資機會；也知道為了抓住這個投資機會，需要多少資金嗎？

這個問題分為二個部分：

1. **知道自己有多少錢**：妳有多少可用資金能投入這項投資？
2. **知道自己還缺多少錢**：就算妳沒有足夠的錢，妳還是可以善用這項投資機會，只是妳必須知道自己要籌多少錢，才能進行這項投資。

認清妳的財務現況

我們經常對自己用於吃喝玩樂的花費視若無睹，也假裝自己的投資有賺錢，至少沒賠錢。沒錯，知道自己每個月入不敷出，或明白妳聽「專家」說的會賺一〇%的共同基金，去年其實賠了二〇%，面對這種殘酷的事實當然不好過。

潔蜜仔細檢視自己的財務狀況後嚇了一跳：

有一天，我老公跟我討論未來的生活並為退休做打算，我們沒有存款、沒有投資、也沒有任何不動產、根本是賺多少花多少的月光族。講到理財，我們都很天真，對投資知識或創造財務保障一無所知。

我們希望快點拿到退稅，想拿這筆錢開立個人退休帳戶，其實我們根本不知道個人退休帳戶是什麼，只知道大家都開立這種帳戶，存錢為退休生活做打算。後來，我們到銀行開立一個個人退休帳戶，銀行行員開心地協助我們，但卻沒有做任何解說就幫我們開戶，也沒告訴我們戶頭裡的錢會發生什麼事。我有點擔心沒有理財顧問過來跟我們談談，確保我們了解自己在做什麼，行員很快就收下我們要存的五百美元，然後要我們簽妥一些文件。就算我心裡面有疑慮，但是當我們開完戶走出銀行時，我們還開心地認為自己做了正確的決定，也認為我們以後應該能用那筆錢賺更多錢。

一年後，我跟一位良師討論我的財務報表時，討論到我的個人退休帳戶，我把財務報表拿出來給她看，去年才賺〇．四一美元，她告訴我，「這簡直等於沒賺，投資白銀的話，白銀在過去二十四小時內就漲了〇．三一美元，去年的投資報酬率更高達七五%。」

真是讓我大開眼界！我以為賺〇．四一美元是很正常的事，還以為這種投資報酬率已經不錯！現在，我老公跟我開始透過看書、參加研討會和跟良師討論，加強自己的理財教育，我們全家人經常玩現金流一〇一遊戲（CASHFOLW 101），也下定決心要一起努力獲得財務自由。

所以，妳不僅要知道自己的財務現況，也必須了解在財經世界裡，「妳的財務現況」代表什麼意義。潔蜜本來以為投資五百美元，每年賺〇．四一美元是很棒的投資；妳看完這本書就知道，有一些投資是任何女性都能參與的，而且報酬率遠超過預期，只要妳知道自己在做什麼。

妳該採取的一些步驟

1. 讓自己認清家庭所有收入的現況。
2. 徹底面對自己的開銷現況，每個月究竟花多少錢？雖然我們女性確實希望一切看起來都很美好，但是妳的開銷數字好不好看並不重要，重要的是妳必須知道自己的財務現況。

請注意：如果妳喜歡每晚在外用餐，那麼對妳來說，財務自由最好將每晚外食這一點算進去。財務自主意謂著，有錢過妳想要的生活，不是勉強過活。財務自主不是要妳量入為出，盡量省錢，我寧可增加收入，讓錢替我賣力工作，這樣我就能創造自己和家人想要的理財生活。誠實面對自己的開銷現況，這一點很重要，因為這樣做，妳才能開始擁有自己渴望的財務前景。

3. 妳目前持有什麼投資？是否有股票、債券、共同基金、退休計畫、房地產投資（自家住宅除外）、事業投資、黃金或白銀等貴金屬投資？什麼投資讓妳不必費心就幫妳賺錢？這些投資讓妳付出什麼代價？這些投資的現況如何？害怕攤開投資報表，發現投資賠錢了，這是人之常情。但是，只要妳好好檢視每項投資的財務報表，光是這個動作就會讓妳認清真相，採取行動改善財務現況。

不管怎樣，要是妳不清楚自己的財務現況，或不知道妳的投資目前有何進展，**請趕快弄清楚**。

警告：如果妳一直還沒處理自己的財務，而是把自己的錢交給老公、家人或理財專員處理，那麼當妳想要清楚自己的財務現況，尤其是妳頭一次跟他們詢問這件事時，可能會讓彼此間的關係有些緊張。

為什麼？其實就是因為下面這二個原因：

1. 幫妳理財的人或許不想讓妳知道自己的財務現況。
2. 幫妳理財的人可能覺得受到威脅，認為妳竟然質疑他（她）幫妳管理錢財的能力。

我的建議是：只要坦誠以對，直接告訴對方實話，這是妳的理財生活，妳有權利知道自己的財務狀況。如果對方極力反抗，一直不想讓妳知道妳的錢被如何處理，那麼對方很有可能隱瞞妳什麼事，妳更有理由要釐清事實。

妳還有多少債務要還？妳目前還欠多少錢，比方說：房貸、車貸、卡債、學生貸款和個人貸款（不管妳欠了多久）？在檢視自己的財務現況時，就要把自己尚待還清的債務算進來。

如果妳以前從沒檢視過自己的財務現況，就要從頭到尾好好做一遍；如果妳以前檢視過自己的財務狀況，那麼請妳根據現況更新資料。如果妳早就清楚自己的財務現況，那麼恭喜妳養成這麼好的習慣，請教導並協助其他需要指點的女性。

注意：在本書末附上的「參考書目與相關資源」這個部分，有一份簡單的財務報表供參考，妳可以利用這份制式表格，製作自己的財務報表。

嚴密控管妳的財務數字

認清自己的財務現況，就像吸進一口清新空氣一樣，能讓妳鬆一口氣。如果妳發現自己的財務現況跟目標不符，請不要放棄或洩自己的氣，既然妳認清事實，妳就能採取因應行動。在檢視個人財務現況前，我們只能滿懷希望並靜心祈禱，到了每次檢查個人財務狀況，細看每個數字時，我就學到一些新東西，二十五年來我都是這樣做。

請記住，妳個人財務報表上的數字是會變動的，而且是時時刻刻在變動，絕非靜止不變。只要這些數字繼續變化，妳就必須繼續導引它們往妳希望的方向前進。如果妳讓小狗亂跑，小狗就會到處跑，妳根本不知道最後小狗會跑去哪裡；但是，如果妳用皮帶栓住牠，帶著牠一起走，那麼最後妳們倆就能一起抵達目的地。

CH5 問沒人問的金錢問題

要在財務方面「如願以償」，就要……

世人公認史上頂尖投資人之一的華倫・巴菲特（Warren Buffett）說得好，「到達財務天堂的方法很多。」但是，妳必須先問自己，「我的財務天堂是什麼？對我來說，財務天堂是什麼模樣？」每個女人想要的財務天堂並不一樣，因為大家的財務現況不同，這輩子想要的東西也不盡相同。對妳來說，財務天堂或許是再也不必為錢操心、或者是每天不必用鬧鐘叫醒上班工作、抑或是只要妳想要，就能隨時搭頭等艙旅行、住五星級飯店、去高檔餐廳大啖美食。

好幾年前，也就是在一九八〇年代末期我們夫妻破產的那個時候，我根本很難想像財務天堂是怎麼一回事，當時我們活在悲慘的財務地獄裡。我們正處於打拚新事業的初期階段，羅勃特卻因為之前經營的事業出狀況，負債幾十萬美元，我們向債權人承諾會還清債務。當時我們根本沒有什麼收入，也沒有人金援，我們知道自己找到適合的工作，所以我們一步一步慢慢來，但是為了還債，這一路走來實在如履薄冰。

對當時的我來說，財務天堂是什麼？就是把債務數字變成零。

我的財務天堂就是，從龐大的財務黑洞中脫困，還清所有債務，好讓我們夫妻能重新開始，為未來打拚。

我還記得我坐下來跟帳務人員討論的那天，我開出最後一張支票把債務全還清了。那筆錢是還給羅勃特的一位老友，他借錢給羅勃特創業，可是那項事業並沒有開花結果。把債務還清的那天晚上，我從冰箱裡拿出一瓶香檳，倒了二杯香檳跟羅勃特一起慶祝，我們把債務數字變成零了。現在，我可以開心地說，我的財務天堂是擁有無盡的財富和美好的人生。

妳呢？妳的財務天堂是什麼？

最重要的問題

要抵達妳的財務天堂，妳必須以現在的財務狀況做出發點。妳清楚自己的財務現況嗎？我們已經談論過，從收入支出、資產（例如：投資）和負債的觀點來看，認清財務現況有多麼重要。如果妳還不清楚自己的財務現況，那麼我強烈建議妳盡快收集相關資訊，這樣才能向自己的財務天堂邁進一步。

接下來，我們就更進一步地討論，讓妳更清楚自己的財務現況，也就是說，妳可以跟著這本書介紹的步驟，認清自己的財務現況。首先，你可以問自己這個問題：

如果妳（或妳的伴侶）從今天起不再工作，妳的錢夠妳生活多久？

這個問題相當重要，但大多數人從來沒有認真計算過答案，這就是為什麼在出乎意料的事情發生時，比方說：工作不保、生病或離婚時，有那麼多人措手不及、束手無策；這也是許多人在這次金融風暴中受到重創的原因之一。對大多數人來說，就是在無預警事件發生時，他們有生以來頭一次被迫面對自己財務現況的真相，認清自己的錢能養活自己多久。

這項計算很重要，因為大多數人只以金錢的觀點，計算自己想要的和需要的東西，比方說，「我後半輩子需要一百萬美元過活。」妳跟理財專家商談時，他們會跟妳談到積蓄，會告訴妳必須提撥多少錢為退休做準備。

不過，除了從**金錢**的角度衡量個人財富，我們還要依據**時間**的觀點來衡量個人財富。這個問題可分成下面這二個部分：

1. 如果妳從今天起不再工作……

這表示妳沒有薪水可領，不管原因為何，妳不必再上班或工作，這部分的收入到此為止。

2. 妳的錢夠妳生活多久？

我們談論的是依照妳目前的生活水準，不是要妳換間小房子、把車賣掉改搭公車、停止外食等諸如此類的消費。以妳**目前**的開銷水準來看，妳的錢夠用多久？記住，這件事跟抵達財務天堂有關，不是要妳活在縮衣節食、捉襟見肘的財務牢籠裡。

在此，我們的目的是要讓妳知道，妳的錢包括妳的儲蓄、定存、退休金帳戶、可賣出的股票、持有的黃金和白銀等今天就能變現的任何東西；注意，這並不包括要把妳的珠寶、傢俱或二手車賣掉，因為這樣做等於是把目前的生活水準降低。不過，從股利、租金收入和其他無須工作收入就能幫妳賺錢的投資所創造的現金流，也算在妳目前持有的財產中。

如果妳以前就計算過自己的錢夠用多久，那麼我建議妳現在再計算一次，或許妳算出來的答案跟以前差不多，但是或許再算一次的答案會讓妳訝異也說不定。

動手算一算

計算的公式如下：

妳的財富數字＝可用資金／每月開銷

注意：請記住，講到每個月的實際開銷這件事，我們很容易會欺騙自己。進行這項計算時，請誠實面對自己，把自己的所有花費都算進來，因為妳會想增加財務收入，讓自己能過想要的生活方式，而不是苦哈哈地量入為出。

當妳做完這項計算，把可用資金除以每月開銷後，最後妳就會得到自己的財富數字，這個數字代表什麼呢？

個人財富數字是以時間作為衡量單位，以這個例子來說，是以月為單位。如果妳的財富數字是二十四，就表示妳的錢夠用二十四個月；如果妳的財富數字是六，就表示妳的錢夠用六個月。意思是什麼呢？

如果妳（或妳的伴侶）從今天起不再工作，妳的財富數字就等於妳的錢夠花用那麼多個月，妳算好了嗎？妳的錢夠用幾個月呢？

對大多數人來說，這項計算可以讓人清醒，讓妳認清自己有多少錢，也是個人財務現況最實際，也最有效的示範。

許多人的財富數字只有三或少於三，這表示他們如果失去工作，錢最多只夠用三個月，甚至不到三個月，他們幾乎可說是賺多少、花多少的月光族，甚至是每個月入不敷出那種人。

如果妳剛算出的財富數字讓妳不開心，甚至讓妳心煩氣躁，那可是一件好事。這項練習的用意就是要讓妳清醒，明白妳的財務現況是否跟妳想要的財務狀況相符。看吧，人總是要等到自己覺得生氣不舒服，才會開始採取行動做些改變。假設要妳靜靜坐著二十分鐘，妳就知道那有多麼不舒服，因為保持一個姿勢太久實在很難受，妳會想動動身體換個姿勢。

妳會想做點不一樣的事，那就是計算個人財富數字的用意，讓妳知道自己在這種狀況裡待了很久，突然間妳恍然大悟，認清財務現況讓妳嚇了一跳，妳知道自己該做些事情改善現況。

不管妳的財富數字為何，這一點並不重要，數字就只是數字，沒有對錯可言，妳不必為了讓數字好看，繼續算個不停。我再重申一次：數字只是數字，就這麼簡單。現在，妳知道自己的財富數字，知道大多數人從未花時間弄清楚這件事，而且最重要的是，既然妳知道自己的財富數字，妳就能下定決心採取行動、改變現況。

理想的財富數字為何？

妳認為理想的財富數字為何？記住喔，我們是以時間的觀點去看，不是以金錢的角度去看。

如果妳現年三十歲，從今以後不再工作，妳希望自己的錢夠用十年？二十年？三十年？我想這可能不是妳要的答案。如果妳現年六十歲，想要退休不想工作，妳希望妳的錢夠用多久？不管妳是二十歲或七十歲，答案應該都一樣，妳希望自己活得夠久，妳希望自己的錢這輩子都花不完，所以理想的財富數字就是**無限大**（infinite），代表「無窮無盡」，無限的財富就表示，如果妳從今以後不再工作，一輩子都能過著跟目前生活水準一樣的生活，**不管妳工不工作**。

為自己設定目標要擁有無限的財富

富女人哲學跟其他財經哲理與策略的差別就是，大多數理財規劃師、專家、財經講師和財經記者認為，退休時會發生以下這二件事：

1. 妳有一筆存款，靠存款的微薄利息過活。
2. 退休時因為沒有收入，加上年紀愈大醫藥支出增加，所以要量入為出，不能像以前工作時過得那麼好。

這就是為什麼我們要以時間的觀點衡量財富，尤其是以**無限**的時間來衡量。我無法想像有什麼金錢問題比這個問題更可怕：活到七、八十歲、九十歲或一百歲時，發現自己的錢竟然用完了。

有一天，我跟幾位朋友約在檀香山海邊一間餐廳碰面，朋友都還沒到，所以

富女人的貼心叮嚀

美國人最害怕的事就是，退休卻沒錢可花。

我先坐在吧台。坐我旁邊的一位紳士跟我聊天，他說自己跟太太剛退休，在夏威夷過著夢寐以求的退休生活，在可愛島（Kauai）買了一間房子，幾天內就展開全新的生活。

我們沒有談到錢、退休或景氣，但是這名紳士突然跟我說，「只是我有一點擔心。」

我問他在擔心什麼，他告訴我，「我太太跟我多年來一直夢想著要過這種退休生活，現在我們做到了，我擔心我們或許沒有足夠的錢，一直維持這種退休生活，我想時間會證明一切，到時候就知道。」他語帶悲傷地說。

這位紳士一輩子辛苦工作，朝自己的目標前進，好讓自己跟太太能在夏威夷過著夢想的退休生活，但是在夢想生活還沒開始，他就擔心自己錢不夠用。他才退休一週就擔心錢會花完，那可不是妳一輩子辛苦工作，晚年該過過好日子時，該有的生活方式。

要抵達妳的財務天堂，就需要下定決心，設定目標要擁有無限的財富，妳必須**肯**想達成自己的夢想，**肯**學習所需的知識，**肯**做到學以致用，讓自己實現夢想。這件事簡單嗎？是簡單，沒錯。容易嗎？未必。值得嗎？值得到遠超過妳的想像。

現在，我們就來搞懂妳要怎麼做。

CH6 讓人生改觀的一個字眼

要加入投資人的行列，就要……

光靠存錢、退休金計畫和共同基金，沒辦法讓妳到達自己想要的財務天堂，那根本是不可能的事。但大多數財經專家和理財專家卻都建議大家這麼做，其實這種建議根本無法讓妳實現理財夢。像美國401(k)退休金計畫、日本和英國的退休年金計畫，紐澳二國推動的退休金制度（superannuations），或加拿大的註冊退休儲蓄計畫（RSSP），這些投資計畫的設計宗旨不是要當成退休工具使用，基本上只是儲蓄計畫，而且還不能算是很棒的儲蓄計畫。

現在，要靠儲蓄存到退休金幾乎是不可能的事，真的沒辦法嗎？或許對少數人來說有可能做到；但對大多數人來說卻是不可能的任務，原因就是：

1. 稅率愈來愈高（妳知道嗎？平均來說，美國人從一月工作到四月都在做白工，這四個月賺的錢根本都拿來繳稅。由於各國稅率不同，所以每個國家的情況也不一樣。妳可以查查你所在國家的統計資料，了解一下狀況）。
2. 通貨膨脹。
3. 欠缺退休金。
4. 日後利率調高。
5. 美元和其他貨幣的幣值貶值。

6.社會福利方案（Social Security）、醫療保險（Medicare）、醫療補助（Medicaid）和其他政府津貼方案宣告破產。

7.個人退休帳戶的金額不足。

以往，我們曾祖父母和祖父母那些世代，甚至是大多數人的爸媽，就是靠儲蓄存到退休金，過著相當舒適的退休生活。但是，以前行得通的做法，現在卻行不通了；這就是為什麼，我們必須用不同的觀點來檢視自己的財務生活，因為以往的理財建議已經過時失效，再也派不上用場。

收入從哪兒來？

如果依照妳的無限財富計畫，妳每個月的收入不是從工作、薪水或靠自己打拚來的，那麼收入究竟從哪兒來呢？是從妳本來的錢幫妳賣力工作賺來的，這時妳不必自己賣力工作，只要靠錢滾錢，因為妳把錢拿去投資，這些錢讓妳持續有錢進帳，不同投資的報酬不一樣；問題是，妳想要怎樣的投資報酬？

投資人取得的報酬主要可分成下面這三大類：

1.資本利得（Capital Gains）

為了獲利所進行的買賣遊戲，妳必須持續地買進賣出、買進賣出。一旦這個遊戲停止了，收入也跟著停止。

舉例來說，當妳以二十美元買進某支個股，股價漲到三十美元時賣出，中間的價差就是所謂的資本利得。房地產的情況也一樣，妳花十萬美元買一間房子，把房子整修後以十四萬美元賣出，買賣獲利就稱為資本利得。假設妳以每枚十五美元的價格，買了十枚一盎司銀幣，在每枚價格漲到四十美元時賣掉銀幣，妳賺到的錢就屬於資本利得這個類別。

不管妳在什麼時候賣出一項資產或投資並從中獲利，這種獲利就是資本利得。買賣當然不是穩賺不賠，買賣賠錢就會產生資本損失（Capital Losses）。

遺憾的是，許多「炒房客」，也就是買了房地產後迅速轉手獲利那種人，在房市行情逆轉時就會被套牢。許多炒房客抱持著房價會持續上漲這種心態，當房市行情看跌甚至崩盤時，炒房客持有的房屋價值就比當初買進的價值低很多，而且房子也乏人問津無法脫手。這就是法拍屋那麼多，有很多人無家可歸的一項原因。

如今，大多數投資人以買賣股票、共同基金和401(k)退休金計畫等方式，在股市中追求資本利得。這類投資人希望、也祈禱自己出場時能賺到錢，但我認為這樣做實在太冒險。

2.現金流（Cash Flow）

當妳購買一項投資並持有它，這項投資每個月、每季或每年都讓妳獲得現金報酬，也就實現現金流。現金流投資人通常不想賣掉自己持有的投資，因為他們希望透過投資產生固定的現金流收入。

如果妳買了某支個股，這支個股有股利收入，只要妳持有這支個股，就能取得股利收入，這就是所謂的現金流。以房地產投資的現金流為例，妳買了一間房子，妳不打算整修後就脫手，而是把房子租出去，每個月收租金支付房貸在內的開銷。如果妳當初買到不錯的價格又把房子妥善管理好，妳就能拿到獲利或正現金流。

現金流投資人不必像資本利得投資人那樣，為市場短期內的漲跌憂心忡忡，只要好好留意長期趨勢，不會因為市場短期漲跌受影響。

投資人可以選擇的第三種投資方式

投資人還可以選擇第三種投資方式，也就是所謂的「避險」（hedge），這種做法就跟買保險一樣，是用來抵銷可能的損失。

舉例來說，我替自己持有的每項出租物業，個別設立一個儲蓄帳戶，用這個帳戶因應先前沒料到的修理費用和收入短少，帳戶裡的錢用於支付緊急開銷或萬一房客搬家的租金損失，用這種做法來避免損失。

比方說：我們有一間大型商用大樓租給一位房客，要是這位房客在租約到期前解約，我們就少了一大筆收入，導致沒錢繳房貸，甚至可能因此失去這棟大樓的產權。我們為這棟大樓開立的儲蓄帳戶，就是一種避險或保險，萬一房客提前解約，我們還有錢支付房貸。

白銀和黃金是避險投資的二個例子，羅勃特跟我購買黃金和白銀，並不是因為我們認為這二種商品的價值持續看漲，即便我們認為情況可能是這樣，但是我們買這二種商品，主要是為了避免美元貶值。以過去的記錄來看，美元貶值，人們就會搶購黃金和白銀這種實質貨幣。通常，美元貶值時，黃金和白銀的價格就會上揚。對我們夫妻來說，黃金和白銀是對抗美元貶值的一項避險，我們購買這二種商品，彌補美元可能發生的損失。

股票選擇權（stock option）是投資人可以使用的另一種避險工具，股票選擇權是在特定期間或特定日期，以約定價格購買股票（又稱買權〔call〕）或賣出股票（又稱賣權〔put〕）的權利，而非義務。

股票選擇權是一項避險工具，要是妳認為股價會走高，就可以購買買權。股票選擇權的價格是真正購買個股所需成本的一小部分，比方說：某支個股每股股價三十美元，購買選擇權卻只要花一美元。如果股價下跌十美元，妳就只賠一美元，而不是每股賠上十美元。股票選擇權是避免可能損失的一種避險工具，如果股價如妳預期上漲了，妳就可以行使選擇權，以當初約定的較低價格買進股票，股票選擇權本身就是一門學問。

妳該慢慢愛上的一個詞彙

在投資界，資本利得、現金流和避險全都有自己的一席之地，這三種投資方式我都使用。不過，要讓我達成財務自主和擁有無限財富的目標，講到錢財我最喜歡的字眼就是：

現金流

每個月妳不必努力賺錢就能拿到的現金，就是靠投資或資產創造的現金流，這種現金流稱為被動收入（passive income）。這並不表示妳就不使用資本利得或避險等投資方式，這三種投資方式都很重要；只不過在為自己打造無限財富時，必須把主要焦點放在現金流。為什麼？因為下列這三項原因：

1. **現在，大多數人無法靠存錢存到足夠退休花用的錢。**要存夠退休花用的錢並不容易，事實上，我認為那幾乎是不可能的事。遺憾的是，有太多辛苦工作、打算過幾年就退休的人，現在才發現自己的錢不夠退休時花用。所以，很多人被迫繼續工作，到死前都還要工作，無法享受晚年生活。

比較好的做法是，把焦點放在持有投資時，每個月想要創造多少現金流或被動收入。舉例來說，我們夫妻在一九九四年退休，當時我們並沒有大筆存款。其實，我們的存款金額微不足道，也根本沒有股票投資組合，沒有共同基金或401(k)退休金計畫。當時，我們只有每個月從房地產投資取得一萬美元的現金流。不過，我們每個月的生活費只要三千美元，所以當時我們已經獲得財務自由，我們的被動收入遠超過生活開銷。我要告訴大家的重點是，妳不必創造幾百萬美元的現金流，對我們來說，只要每個月有一萬美元的現金流就夠了。以目前的狀況來說，這是相當可行的做法，相信妳可以創造比這個金額更多的現金流。

2. **我喜歡掌控。**我不喜歡投資自己無法掌控的東西，尤其是拿自己的錢投資時更是這樣。我不是股票交易員或炒房客，也不擅長抓準股市或房市高低點的時機，我可沒那麼精明。我靠投資取得的現金流不會受到市場每日波動所影響，所以即使我無法掌控市場，但我能掌控自己的出租物業，也能掌控自己的事業。羅勃特跟我持有的大多數股票，就是我們自家公司的股票。而且，雖然我或許無法掌控幫我們賺錢的油田每天產多少油，但我隨時可以打電話跟那家公司的老闆討論。

3. **我想決定自己什麼時候退休，或者更棒的是，我希望工作與否的選擇權是掌握在自己手上。** 跟光靠儲蓄存退休金這種方式相比，創造應付生活開銷綽綽有餘的現金流，能讓我更快實現財務自主的夢想，也讓我有時間做自己真正想做的事，不會因為錢而受到諸多限制。

現金流的神奇魔力：用錢滾錢

現金流的神奇魔力就是，用錢滾錢。一九八九年，我在奧勒岡州波特蘭市買下一間二房一衛的房子，那是我的第一筆現金流投資。這筆投資為我創造每月五十美元的現金流，這筆錢雖然不多，卻是一個開始。而且，大家都知道，萬事起頭難，當初我根本不確定自己是否該這麼做，我覺得很害怕。

所以，對我而言，那五十美元絕不是我錢包裡的一點小錢，而是讓我現在能享有現金流的第一個根基。當妳展開自己的投資生活，到了某個時間點，妳的投資創造的現金流不僅能支付妳的生活開銷，還能讓妳發揮錢滾錢的神奇魔力，讓妳有錢進行後續的投資。妳的現金流能孕育新的資產，結果就能創造更多的現金流。

關鍵在於，要為自己鋪好通往財務天堂的路，就必須了解下面這二件事：

1.妳必須知道自己要進行的投資，是否能為妳創造現金流、資本利得、避險，或是以上三者的組合。

股票能以股利形式為妳創造現金流。如果股價上漲，妳賣股獲利，這時妳賺到的錢就是資本利得。要是妳持有一百盎司白銀做避險用，以防美元貶值，等到白銀價格上漲，妳賣出白銀獲利，這項獲利就屬於資本利得。

羅勃特跟我在一棟有三百間公寓的大樓，買下十間公寓，這十間公寓為我們創造現金流，因為建商要將這棟大樓轉賣，於是向我們租下這些公寓當樣品屋，提供想看屋的買主參觀。等到這個銷售案結束，我們就把這十間公寓賣掉賺取資本利得。然後，我們馬上用這些錢做另一筆投資，買下一棟公寓大樓創造現金流，到現在為止，我們還持有這棟公寓大樓。以這個例子來說，我們從獲取現金流轉為賺取資本利得，最後再轉為獲取現金流。關鍵就是，早在我們賣掉那十間公寓前，我們已經知道接下來該拿這筆錢做什麼投資。

記住，如果妳在拿到一筆錢之前，沒想好要把錢做什麼投資，最後這筆錢就會亂花掉。

2.妳必須決定想從投資獲得何種結果，是現金流、資本利得或避險。

妳有什麼打算？妳的目標是什麼？妳想要什麼？

我開始讓自己的錢為我工作時，我的目標是：在十年內，每年買二間出租公寓。這樣的話，十年後我就有二十間公寓，這些公寓全都為我創造現金流。這項目標的好處就是，一旦妳很清楚自己想要什麼並努力向目標邁進，通常就會出現奇蹟。或者，就像我朋友，也就是知名牧師寶拉．懷特（Paula White）說的，「當妳清楚自己想要什麼，上帝就會給妳機會。」以我的例子來說，我確實發現機會，而且我並沒有花十年的時間才達成目標，而是只花十八個月就達成目標。我能這麼快達成目標的原因是，我設定目標時並不清楚怎樣達成目標；但是，當我開始朝目標邁進，則學會了新的策略，大幅加快達成目標的整個過程。

然後，我馬上設定下一個目標，取得更多投資增加現金流。而這樣現金流就足以支付我們夫妻的生活開銷，而且扣除生活開銷外還綽綽有餘。我給自己五年的時間達成這項目標，結果只花三年時間，我們就實現擁有無限財富的夢想，我們自由了。

達成目標的前夕先設定新目標

我的健身教練JR教我一件相當寶貴的事，這件事跟設定目標有關。他與許多鐵人三項運動員和馬拉松選手共事，發現運動員在跑完馬拉松或參加完鐵人三項比賽後，也就是完成主要目標後，在心態上都會出現同一種模式。他經常看到運動員在賽後就失去衝勁，對訓練這種事興趣缺缺。事實上，有些運動員在賽後幾天就提不起勁，有時運動員還會陷入情緒低潮，甚至出現憂鬱症狀。

JR跟他訓練的男女運動員討論後發現，這些運動員為了贏得比賽、打破記錄或完成賽事，連續幾個月密集訓練朝目標邁進。所以，整個訓練過程相當嚴苛又吃力。

JR開始明白，幾個月來朝目標邁進的運動員在比賽完後就失去目標，先前因為比賽而耗盡精力，現在需要時間好好恢復，所以他們很難馬上打起精神，為下一個比賽努力衝刺。不過，怠惰的時間愈久，運動員就愈提不起興趣，連健康狀況都變差了。ＪＲ告訴我，他看到運動員在賽前的體能到達巔峰狀態，賽後沒幾個月健康卻一落千丈，體重也增加約十四公斤。

ＪＲ怎麼解決這個問題？他的解決辦法是，在賽前一或二週，當運動員還為即將到來的比賽興致高昂時，找運動員坐下來談談，先把下一場比賽的目標設定好。所以，他們早在完成眼前目標以前，就先設定好下一個目標。妳認為這種策略也能在日常生活中加以應用嗎？對我來說，這種做法相當有效。

認識長伴妳左右的知己

現在，我假定妳想盡快獲得財務自由，而且希望能維持目前的生活水準，甚至希望日後的生活水準更好。我也假定妳想成為掌控自己財務命運的主人，不會把這項重責大任交到他人手上。如果這些假定正確無誤，那麼本書後續章節就是為妳而寫，為了助妳一臂之力，讓妳實現擁有無限財富這項目標。

我知道人們總是說，鑽石是女人最好的朋友；不過，我的看法是，**現金流才是長伴妳左右的知己**，因為現金流讓妳實現自己的理財夢，之後妳就能好好寵愛自己，想買什麼鑽石給自己都不成問題。

CH7 轉移焦點

要擺脫靠薪水過活的日子，就要……

如果妳很熟悉我們講的富女人和富爸爸這套哲理，那麼本章提到的一些概念，等於是換個角度溫習一下。我們都知道，講到教育這件事，反覆練習就是一種有效的學習方式。

那些跟妳個人核心想法與信念不符的金錢資訊，會被篩選掉；但是只要妳抱持著開放的心態，妳或許能以新的觀點看待原本熟悉的概念。

把財務報表變簡單

在富女人的世界裡，當我們談論女性、金錢和投資時，有一些基本原則是不可能忽略的。首先，要介紹的最重要原則就是財務報表，也就是損益表、資產負債表和現金流量表。妳會發現這裡介紹的財務報表，跟妳平常看到的會計財務報表不一樣，那是因為我們喜歡把事情變簡單。

資產負債表

資產負債表由下面這二個部分構成：1.收入（流入的錢）；以及2.費用（流出的錢）。

損益表

收入

	說明	現金流
薪資：		
利息／股利：		
房地產／事業：		

查帳員 ______

被動收入： $______
（從利息／股利產生的現金流＋從房地產／事業產生的現金流）

總收入： $______

支出

稅金：	
房貸支出：	
學貸支出：	
車貸支出：	
信用卡支出：	
日常支出：	
其他支出：	
子女支出：	
貸款支出：	

子女人數：______

每位子女平均花費：$ ______

總費用： $______

每月現金流（本期損益）：$ ______
（總收入－總費用）

資產負債表

資產

儲蓄：

股票／基金／定存：	股數：	每股成本：

房地產／事業：	頭期款：	成本：

負債

房貸：	
助學貸款：	
車貸：	
信用卡卡債：	
消費性貸款：	
房地產／事業：	貸款／負債：
貸款：	

收入

所有流入家庭的收入都列入損益表中的「收入」欄位，收入可分成三大類，也就是：

1. **工作賺取的收入：**這項收入是指從工作或做生意賺到的工資、小費、薪水和佣金。
2. **投資組合：**投資組合這種收入包含進行任何投資交易取得的獲利，這些資本利得可能來自買賣股票、事業和房地產。
3. **被動收入：**這種收入是由出租物業、出錢但未實際參與經營的有限合夥公司、以及其他類似企業為妳創造的收入。被動收入也可來自儲蓄帳戶、債券、定存所產生的利息、股利、發明的專利權利金、以及書籍、歌曲和其他原創作品的版權金。

值得注意的是，由工作賺取的收入、投資組合收入和被動收入，都有不同的稅率，而且由工作賺取的收入所課的稅率最高，妳那麼辛苦為自己的工作或事業打拚，大部分的錢卻進了政府的口袋。投資組合收入的稅率低一些，被動收入的稅率最低。當妳投資被動收入，妳的錢就會替妳工作，而且由於被動收入的稅率較低，妳還能留住更多錢。

富女人的貼心叮嚀

身為投資人，妳的職責就是將由工作賺取的收入轉為投資組合和被動收入。

支出

損益表中的費用是指妳每個月的花費，包括房貸（或房租）、車貸、助學貸款、菜錢、油錢、瓦斯費、保險費、置裝費、外食費、醫療費用等諸如此類的開銷。

資產負債表

資產負債表是由下面這二個部分構成：

1. 資產（把錢放進妳口袋裡的東西），以及
2. 負債（把錢從妳口袋裡拿走的東西）。

資產

富女人對資產的定義，跟妳從會計師那裡聽到的定義不一樣。會計師告訴妳，資產是「由個人或企業所有、具有貨幣價值的某樣東西」。照這種定義來看，就連妳的鬧鐘和妳每天用的盤子都可以視為資產！

大多數會計師都對這個定義相當著迷，因為他們想把妳的股票、珠寶、個人住宅、汽車和共同基金列為資產。對我們來說，這些東西在賣掉前根本沒有價值可言。如果妳賣掉某樣東西賺了錢，那樣東西才算資產，要是妳賣掉某樣東西賠了錢，那樣東西當然不能算是資產。

以富女人的定義來說：**資產是不管妳工作與否，都能把錢放進妳口袋裡的東西**。

為什麼用這種定義？因為鬧鐘和碗盤無法協助妳實現理財夢，但是不管妳工作與否，都能**把錢放進妳口袋裡的那種東西**，卻能讓妳實現理財夢。

負債

同樣地，富女人對負債的定義也跟傳統定義不同。大多數會計專業人士會告訴妳，負債就是「償還個人或機構債權人借款的一項義務」。富女人對負債的定義則是：**負債是把錢從妳口袋拿走的東西**。

妳會發現一種矛盾，大多數人會把自己的賓士汽車當成資產或值錢的東西；但是，我們卻把賓士汽車當成負債，因為這樣東西每個月會拿走妳口袋裡的錢。妳反駁說，「但是，開賓士車很值得啊！」要是妳仔細想想就知道，妳不但要付車貸，還要付油錢、維修保養費用和保險費。

當我們跟大家說，「你的房子不是一項資產」時，曾遭受到最強力的反駁，也因此聲名大噪，況且當時景氣很好，人們申請超額房貸，有時甚至是房價二或三倍的房貸。直到房市崩盤、房價暴跌，人們發現自己積欠大筆債務，才開始明白這個道理，原來房子不是一項資產。

講到負債資產這件事，人們常見的問題是，相信自己的財務狀況比實際狀況要好，現在他們明白自己擁有什麼，也知道自己的錢夠用多久。

這就是為什麼，在現實世界中，「淨值」（net worth）這項概念根本沒有什麼意義。會計師幫妳計算淨值時，除了妳家廚房水槽沒算進去，其他東西都算進去。在大多數情況下，要擁有會計師幫妳計算出的資產淨值，妳根本要把自己名下的**每樣東西**都賣掉，而且以當時的市價賣掉後，總數或許還比會計師算的資產淨值少很多。

這表示妳不該買房子、不該買輛寶馬（BMW）汽車或卡地亞（Cartier）手錶，是嗎？我不是這個意思，我的意思是妳不該欺騙自己，誤把自己的債務，也就是會把錢從妳口袋拿走的那些東西當成資產。

口袋學問

資產和負債不難了解，許多人就說「這並不是艱深難懂的學問」。沒錯，我認為這根本就是「口袋學問」（pocket science），尤其是指「把錢放進我口袋」的學問。所以，當妳追求自己的財務目標時，妳要看到、感覺到、聽到錢流進妳口袋裡。

焦點不一樣

我檢視損益表和資產負債表時，發現這個意想不到的真相。但是，財務健康狀況的關鍵其實在於，把焦點放在取得資產。

以往，大家總是告訴我，要把焦點放在「收入」這個欄位，找一份工作認真地做，受到老闆賞識就能一直加薪，或是讓時薪不斷上調。所以，焦點總是放在收入這個欄位，尤其是靠工作賺取的薪水、工資或佣金，希望這部分的錢能持續增加。只要我把焦點擺在這裡，我這輩子就要為

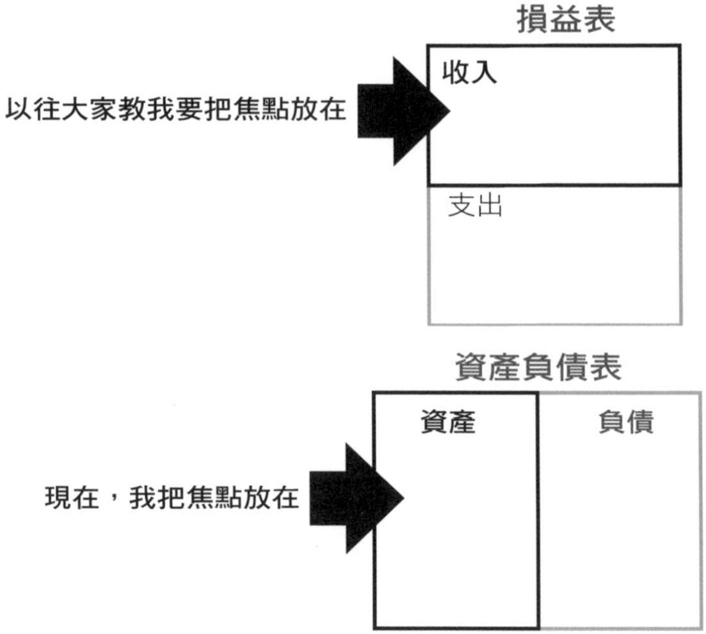

了這類收入賣力工作。

後來，我恍然大悟，明白財務健康狀況的關鍵不是把焦點放在取得收入，而是**把焦點放在取得資產**。

有了這種覺悟後，不管是我自己的財務生活或富爸爸公司這個事業，日子變得簡單多了。我把焦點放在取得資產，也把焦點放在替自家公司增加資產。是的，我們出版的書和紙板遊戲都是資產，因為銷售這些產品每個月都替公司創造現金流，也為我跟羅勃特帶來版稅收入。我們也開始拿這個問題詢問公司同仁，「我們今天替公司增加什麼新資產？」這樣做只是用不同的角度檢視世界。

接下來，我們以妮可．拉薩羅（Nicole Lazzaro）的例子，說明如何為自己創造資產，妮可就以自己的專長開創電玩事業，這也是我們夫妻投資的新事業。

妮可聰明有才能，是電玩界裡公認的頂尖女性之一，她自己創辦一家顧問公司，全球的知名企業都是她的客戶。

有一天，我跟妮可一起吃早餐，她拿出自己的iPhone手機，秀給我看她正在開發的一項新遊戲。她說，「我的顧問公司XEODesign，接受客戶委託開發電玩遊戲。我很熱愛這份工作，也喜歡我的客戶，他們需要我的知識和經驗，協助他們讓電玩遊戲變得更好玩。不過，我有案子接時才有錢賺，這一點讓我很擔心。所以，我花幾年時間存點錢，自己出資開發傾斜世界（Tilt World）這個在iPhone上玩的小遊戲。這是把錢放進我口袋裡的第一項資產！」妮可得意洋洋地說，「這讓我擁有自己的資產，讓我享有財務自由，並能追求自己的創意設計和夢想。」

現在妳知道了吧，就算妳是公司老闆，工作並不是一項資產，妳要做所有的事，妳從工作賺到的只是收入。以儲蓄帳戶來說，如果銀行跟妳收取的帳戶管理費用，超過妳拿到的利息，那麼這個儲蓄帳戶就不算資產，而是負債。

跟我有幾面之緣的凱莉聽到我跟朋友聊到資產這個話題，她加入我們的談話並說，「我很幸運，我剛獲得一大筆資產，是舅舅留給我的一大筆遺產。」

我朋友問她，「妳打算怎麼處理這筆錢？」

她說，「嗯，我要做的第一件事就是，帶二十名親友去夏威夷玩二星期，我們要住最棒的飯店、搭最好的遊艇，不管親友想要什麼都可以。這趟旅行我打算花三十萬美元。」我們聽到這些話時都傻眼了。

「然後呢？」我朋友忍不住再問她。

「去夏威夷玩完後，」她說，「我打算搬新家，找一間有大型游泳池的房子住。」

我們面帶微笑地祝福她，繼續我們的談話。現在，妳知道即使繼承一大筆遺產，也可能不是一項資產。

擁有無限財富就是，每個月流入的現金流必須等於或超過每個月的花費，採行的策略很簡單，就是：**取得為妳創造現金流的資產**。

妳把自己的時間、精力和焦點放在哪裡，那個部分就會獲得成長，這是大家都明白的道理。所以，如果妳想實現自己的理財夢，妳就要把自己的時間、精力和焦點放在取得資產。

資產這個欄位的祕訣

接下來，我要介紹我們夫妻採用的一項原則，從買下第一筆資產、也就是買了那間二房一衛的房子後，就一直堅守這項原則：錢進到資產這個欄位後，不管是一披索、一歐元、一日圓……就絕不讓錢離開這個欄位。妳可以賣掉資產，但是要用那筆錢再買其他資產。我經常聽到女性這麼說，「我買了第一筆資產！」後來卻得知，一年後這個人就把資產賣掉，幫自己買一間新房子或換一輛新車。所以，我要再次強調：**錢進到資產這個欄位後，就永遠留在資產這個欄位。**

CH8 一切都跟妳有關

要取得第一筆資產，就要曉得……

要邁開大步、實現自己的理財夢，就要有膽識。妳必須有大膽無畏的性格，更重要的是，妳要懂得笑。追求理財夢可不是膽小懦弱或乖乖牌那種人做得到的事。

我們看過電視廣告和電視購物節目打包票地說，「只要分五期、每期付二九．九九美元，保證讓妳獲得財務自由。」真的嗎？好像有點怪怪的。

只有妳才能拯救自己的財務狀況

如果要等別人來拯救妳的財務狀況，妳猜會發生什麼事？其實，會拯救妳財務狀況的人就是妳自己。我並不是說，妳會自己搞懂這個神奇的等式，情況剛好相反，在實現理財夢這個旅程中，妳絕對需要親友、專家、經紀人、良師和教練組成的後援組織當妳的後盾。我說「就是妳」時，就表示這是妳的旅程，要怎麼開創這個旅程，就由妳決定。

不管妳選擇怎樣展開這個旅程，最後成功與否就取決於一項相當重要的因素，那就是：妳想好自己想要什麼，弄清楚自己該怎樣才能符合個人價值觀、心態、興趣和熱情的方式，得到自己想要的東西。換句話說，一切都由妳決定。

忠於自己

現在是妳為自己出頭天的時候，妳不必在意別人對妳的期望，妳要拋開身為人母、人妻、女兒、家庭主婦或姐妹淘等諸如此類的角色，拋開加諸在妳身上的任何身分，好好為自己振作起來。

我們女人在生活中要為太多人而活，要扮演太多的角色，讓我們累到忘了自己究竟是誰和想要什麼。我有位女友在離婚手續辦妥幾天後就跟我說，她在當地雜貨店買東西時開始熱淚盈眶。起初，她不知道自己為什麼哭了起來，後來她推著購物車走在商品走道時才恍然大悟，以前她都是採買小孩和老公要的東西，現在小孩長大了，她跟老公離婚了，這是長久以來她頭一次為自己採買物品。她看著架上的食品哭了起來，因為她竟然不知道自己想要買什麼；她總是把別人擺在第一位，老是考慮別人需要什麼和想要什麼，卻把自己擺一邊，不知道自己想要什麼。這次經歷讓她開始重新發現自己。

妳是誰？當我這麼說，我是指真正的妳，妳的身、心、靈都包含在內。

妳怎麼知道妳有沒有忠於自己？妳會知道的，一旦有不可思議的事情出現，就表示妳忠於自己。妳會發現凡事好像水到渠成，妳的念頭出現就馬上成真，妳覺得自己「在對的時間到對的地方」，一切不費吹灰之力，妳開心地享受人生，那就是真正的妳。

坦誠面對自己的財務生活

「忠於自己」怎麼會跟金錢、財務和投資有關？答案很簡單，妳的計畫必須適合妳。然後，你可曾想過「享受財務自由究竟要付出什麼代價」？妳要實現的是自己的理財夢，不是妳爸媽、子女、配偶或朋友的理財夢。要享受財務自由的報酬，就必須忠於自己的價值觀、喜好、夢想、才能、機智、愚蠢、以及讓妳開心做自己的每件事。

這是一個重大的夢想，需要妳全心投入、全力以赴，偶而也會讓妳遭遇重重考驗。如果妳是為了別人這麼做，那麼妳就無法實現自己的理財夢，因為碰到難關妳就會選擇放棄。**這就是為什麼，妳追求夢想的理由跟展開財務旅程的目的，必須是妳真心想要的**。妳的動機和熱情才能讓妳熬過這些艱難的考驗、懷疑與挫折，而妳經歷的每次成功會成為推動妳繼續前進的動力。

誰都沒有妳重要

在這個世界上，沒有什麼人或什麼事比妳重要，妳的小孩、配偶或伴侶、信仰或使命都沒有妳重要。

「胡說八道！」有些人或許這麼說。「太自私了吧！太自大了吧！」

未必如此。當妳讓某個人或某件事比妳更重要，妳就把那個人或那件事擺在第一位，讓他們可以控制妳。在這種過程中，妳放掉一些權力，也失去一部分的自己。對妳而言，妳的小孩、配偶或伴侶、甚至是妳的人生目的或許都很重要，但是他們都沒有妳這個人來得重要。

回想一下，妳在哪個時候真正感到快樂，那時妳在做什麼？有什麼感受？生產力是不是比較好？人也比較好相處？願意幫忙別人？凡事似乎不費吹灰之力？因為在這個時候，妳展現真正的自己，把自己擺在第一位。

當妳以別人的夢想為目標，就沒有忠於自己，妳假裝別人的夢想就是妳的夢想。高爾夫球名將巴比．瓊斯（Bobby Jones）的真人真事電影〈高球大滿貫〉（*Bobby Jones: Stroke of Genius*）就是一例。巴比年輕時就喜歡從樹後面偷看高爾夫球好手打球，有人送他幾支手工球桿，他有空就練習揮桿。他熱愛高爾夫球，卻也想取悅家人。後來，巴比為了讓媽媽高興，成為一名律師；巴比的祖父則認為打高爾夫球浪費時間，巴比應該有「讓人尊敬的職業」。後來，就算巴比贏了一場又一場的比賽，卻因為老婆不喜歡他老是不在家到各地比賽，為了討老婆歡心，最後乾脆放棄比賽。巴比熱愛高爾夫球，但是在整部電影中，妳看到他為了實現家人的夢想和要求，放棄自己真正喜愛的事也放棄做自己，讓內心飽受煎熬。

這部片的經典畫面出現在，巴比在一次大型比賽中領先群雄，當時他還沒有打贏這場比賽，比賽最後一天他收到祖父的電報。祖父向來不支持巴比打高爾夫球，其實祖父根本瞧不起高爾夫球球員。但是，這封電報寫著，「巴比，打贏這場比賽！」巴比終於得到祖父的認可，也因為這樣，他那天首次在高爾夫球大賽中奪冠。

富女人的貼心叮嚀

長大成為真正的自己是需要勇氣的。

——美國詩人康明思（e.e. cummings）

忠於自己……不然妳就完了！

我的好友拉達・戈帕蘭（Radha Gopalan）醫生是美國亞歷桑納州史卡茲代爾梅約醫學中心（Mayo Clinic）的心臟移植專家，他在美國唸完研究所並完成住院醫師訓練後，就回到他的祖國斯里蘭卡學習針灸和東方醫學。拉達熱衷將東、西方醫學理論和哲學結合，他說：「心臟有嚴重問題的人來找我時，通常唯一的解決辦法就是開刀，這可以立即解決問題，卻沒辦法解決病因。要解決病因，就要從病患的精神、活力、想法、情緒和無形因素下手。」

我從拉達醫生那裡聽到最深奧的哲理之一就是，他認為**如果妳做自己不想做的事，就等於跟真正的自己作對，這樣妳的身心就會產生衝突，最後就會生病。**

奉行素食者每天在麥當勞工作，很可能因為每天要接觸葷食，讓內心飽受煎熬；長期忍受老公苛刻的婦女，內心也飽受煎熬。當我們經歷到跟個人價值觀和道德標準不一致的事情時，我們的內心就會開始交戰。

感謝拉達醫生給我們最寶貴的建議，要我們忠於自己；如果我們做不到，我們就會死！有時候，這裡講的不是身體上的死亡，而是讓妳在情緒或心靈跟死人沒有兩樣，根本就是行屍走肉。

一位聰明年輕女性的故事

接下來，我們就跟大家分享艾莉西亞・聖澤曼（Alecia St. Germain）的故事：

大學時，我以為自己已經為人生做好打算，先把大學唸完，然後找一份工作，接下來就結婚生子，過著美滿的生活。大二時，我認識未婚夫，他是我同系同學，我們很快就發現彼此有很多共同點。畢業後，我們找到能在國內一起四處旅遊的工作。我們一起遊歷各地渡過美好時光，但是為了配合未婚夫的生活型態，我也因此欠下不少債務。在認識他以前，我的財務狀況從沒出過問題；可以確定的是，我太隨心所欲，沒有好好理財！當時，我不認為這是什麼大問題，反正先刷卡再說，卡債可以慢慢還。況且，我有一份高薪工作，比以前有錢多了。直到我發現自己在不到三年的時間，卡債就超過四萬五千美元！這些錢全都花在旅遊上，並不是做投資或買什麼值錢的東西，這時我才恍然大悟，知道事態的嚴重性。

幸運的是，我在青少年時期，媽媽就教導我財務自由法則，不然我可能要花更久的時間才明白事情有多麼嚴重。我找未婚夫坐下來談，也為自己陷入這種財務困境感到不悅。我當然可以拿他出氣，但是我沒有那麼做，我氣自己，我記得當時跟他說，「我沒錢過那種生活。」他回答我，「沒關係，機票和飯店的費用我出，妳只要出當地吃喝玩樂的錢。」聽起來很公平，其實還是一筆不少的花費。

對我來說，另一個問題是，我不喜歡人家施捨我，因為這種心態，所以我會在日常花費上多出一點錢。後來我漸漸明白，我跟未婚夫想要的生活根本不一樣，到現在我們的財務還是各自獨立，所以我根本不知道他怎麼有那麼多錢過這種玩遍各地的生活。

當妳跟我一樣債台高築，就很容易生氣、覺得自己陷入困境，妳想把自己的不幸怪罪到別人身上，因為那樣做比怪罪自己、覺得自己很失敗要容易得多。開車回家時，我心裡一直盤算我的人生會變成怎樣，我知道要是繼續從事這一行，繼續過現在這種生活，那麼我的人生就只能這樣了。

從小爸媽就教導我，不喜歡什麼，那就改變它，不要發牢騷。於是，我幫未婚夫跟自己報名參加某個週末的理財研討會。在那個週末，我下定決心要搞懂理財，朝財務自由的目標前進。我擬妥償還卡債的計畫，因為卡債這種東西只是把錢從我口袋拿走，要儘快擺脫才好。學習理財是一回事，情緒上的恐懼則是最難克服的事。說穿了，就是要有信心為自己發聲，對抗那些阻撓妳追求理財夢的人。

還記得我找未婚夫一起去上理財課，我告訴他，「我不再旅行，不再亂花錢。」我開始進行投資時，他給我很大的支持。這裡說的「支持」，是指他很滿意我為我們的財務自由努力。但是，他在休假時還是去做自己想做的休閒活動。不久後，我就明白我們倆人的價值觀不一樣，我並不希望日後小孩的價值觀跟他一樣。

在我將焦點放在追求財務自由的一個月後，我們因為生日禮物的事徹底鬧翻了。他送給我的生日禮物是到夏威夷玩，他想給我一個驚喜，他說我只要出當地吃喝玩樂的錢，這句話好耳熟，對吧？大家看到這種情況或許認為，我實在太不知好歹，但是這次我變聰明了，我很清楚他根本不支持我的夢想。別人說他們認同妳，並不表示他們真的跟妳一樣做出承諾。

其實，這種情況可以用很多方式處理，但是對我來說，我決定乾脆提議分手。我記得自己努力想出一套說詞，說明我們為什麼要分手。女人想分手時總會跟男人說，「不是你不好，是我不好。」我們因為不想讓別人難過，所以用這種方式跟對方分手。但是，當時我不管這樣做是對或做，我直接跟未婚夫說，「不是我不好，是你不好。」

對我來說，理財能力不只跟理財教育有關，還跟影響妳生活、喜好和成長等方式的生活型態有關。

忠於自己的一項利器

要假裝成別人、就沒辦法真正做自己，這樣其實會讓妳壓力沉重，勞心勞力。我們就坦白面對這個事實吧，世界上根本沒有什麼完美的女兒、完美的老婆或完美的員工。忠於自己就是關鍵所在，因為要擁有財務自由，妳也必須讓自己自由才行。

人類直覺專家凱西．柯布（Kathy Kolbe）畢生致力於協助人們找到開心做自己的自由。凱西設計的柯布量表（Kolbe Index），就是找出個人天生才能的一項工具。基本上，妳可以把柯布量表當成讓妳開心做自己的一項利器。

我們公司全體同仁都做過柯布量表，因為柯布量表是一項很棒的經營工具，能確保企業在工作分派上做到適才適所。凱西看到我的柯布量表評估時問我，「金，妳有沒有試過讓自己的生活更井然有序？」

「有啊！」我回答。

「結果怎麼樣？」她問。

「慘不忍睹！」我大聲說，「我上過研討會學習怎樣讓生活更井然有序，也看過相關書籍，還買了很多規劃手冊和保證能讓生活井然有序的小玩意兒，但是我的辦公室看起來還是像被炸彈轟炸過，根本是白費力氣。」

凱西開始大笑，接著她送我一個禮物，她看著我的眼睛跟我說，「金，妳根本不必浪費力氣要把生活弄得井然有序，因為那不是妳。」

我嚇了一跳，覺得自己如釋重負，我好奇地問，「那不是我？」

「對，那不是妳。所以，別再為了跟自己本性不符的事情浪費時間和力氣。」接著，凱西指出我們公司裡三位喜歡整理規劃的同仁，後來我就指派其中一名同仁，幫我處理這部分的工作。這樣做的好處是，現在我可以專心做好我最擅長的工作。

當時我們公司總裁老是認為自己以前是書呆子，唸書時他喜歡看書和研究，同學卻喜歡運動。後來，他看到自己的柯布量表結果，明白自己不是一個書呆子，他喜愛並擅長研究和收集資料。對他跟我們來說，總裁這個角色並不是他最擅長的事，這個工作一定也讓他備感煎熬。後來，他去一家開發公司工作，為該公司研究新市場以利事業拓展，做得相當好，因為他能開心做自己，發揮真正的長才。

讓自己振作起來的一項工具

妳寫過日記嗎？這是發現真我及認清處境的一項既簡單又極為有效的工具。妳需要的只是：

富女人的貼心叮嚀

想多了解柯布量表，請上這個網站 kolbe.com/itsrisingtime。

1. 可以記錄的小冊子（妳可以到辦公用品店買一本專用記事本，或找一本活頁簿、記事本或有空白頁的硬皮小冊子）。
2. 一枝筆。
3. 妳跟妳的想法。

當我為了某個問題尋找解答時，就會寫日記，記錄自己的想法，對我來說這就像靜坐冥想。當我為了某個問題困擾不已，有某件事讓我心煩、或是發現自己該戒掉某個習慣或行為時，我就會打開日記把問題寫下來，然後想到寫什麼就寫什麼。

我的規則是：

1. 不去分析、質疑或過濾自己寫了什麼，我想到什麼就寫什麼。在日記裡，想法沒有對錯可言，這本日記只給自己看，目的是記錄自己的想法，清楚自己在想什麼，也能更加了解自己。
2. 寫到找到答案為止，沒有時間限制，寫到問題解決了。當妳找到答案時，妳自己會知道也會有感覺，那會是一個令人振奮的時刻，依據狀況不同，妳會感到放鬆、興奮、平靜，甚至會笑出聲音來。

舉例來說，有一天我從公司回到家，我注意到自己覺得陷入「困境」，我一點都提不起勁，也沒有心情，才下午二點我就不想工作了，完全沒有衝勁。我不知道自己為什麼會這樣。我走進工作室翻開日記，開始寫下自己的想法。生氣、責怪、自憐，我把這些字眼寫在日記上。當我寫下，「我在創意環境裡就能獲得成長，因為大家一起腦力激盪，自由分享所有想法，所有意見都受到重視，大家一起找出最佳解決方案。我會選擇在這種環境裡做事，要是我所處環境並非那樣，我就想辦法改變環境。」這時，我恍然大悟，整個人振作起來。

其實，當天稍早我跟其他五個人一起召開富女人創意會議，討論一項新計畫，這項計畫已經籌劃八個月，即將公諸於世。我們決定仔細檢查整項計畫，確保計畫能落實原定的成效，開會時大家都活力十足、充分發表自己的意見，因此會議氣氛時而歡樂、時而緊張，我們確實發揮團隊合作的精神，想出各式各樣的解決方案，這是光靠自己一個人無法想到的解決方案，一切真是太神奇了。

當天開完那場會議後，我受邀參加另一場會議，與會人士都是我不認識的人，大家一起開會主要是有一個問題要解決。這場會議的氣氛很不一樣，大家並沒有同心協力解決問題，而是互相指責、認為別人的做法無效，大家都用「要嘛就聽我的，要不就請走人」的語氣，沒有商量的餘地，氣氛很凝重，這種討論方式根本解決不了問題。我靜靜地坐在那裡，任由他們自己想辦法，我不想說什麼。後來，在我拿出日記寫下自己的想法時，我才明白我可以選擇自己想要參與的環境；不過，靜靜坐在那裡，什麼事也不做，實在太怠惰了。結果我發現，其實我是氣自己沒有發表意見，我什麼話也沒說，根本就是寬恕眼前發生的行為，那根本違背我的信念，所以我才那麼生氣。透過記錄想法，我知道自己已經找到答案。我馬上振作起來、心情更好，也更有活力採取行動。

這是妳的夢想

要實現妳的理財夢，就必須忠於自己。首先，這必須是妳的夢想，不是別人出的好主意。其次，在實現理財夢的過程中，妳必須做出許多選擇，有時甚至是讓妳傷透腦筋的艱難抉擇；妳必須知道，跟妳個人價值觀、才能、直覺和熱情相呼應的選擇，才是妳的最佳選擇。

妳該追求哪種類型的資產？該依循哪種理財教育計畫？妳現在有什麼工具追蹤自己實現理財夢的進度？在實現理財夢的過程中，妳如何知道自己做得好不好並為自己加油打氣？這一切跟妳即將做出的許許多多選擇有關，這全都要以妳這個人為依據，妳必須忠於自己回答這一切問題。每位女性都與眾不同，都有自己獨特的才能，這是**妳的**旅程，是**妳的**夢想、是**妳要經歷**的過程，所以妳要忠於自己，因為妳出頭天的時候到了！

PART TWO

肯學

ACQUIRE

取得讓夢想成真的知識

Gaining The Knowledge To Make It Happen

CH9 質疑「專家」的建議

要對有關理財的所有雜音充耳不聞，就要……

二〇一〇年六月號《財星》（*Fortune*）雜誌封面寫到，「妳還是可以……有錢退休。」這可是全球景氣陷入衰退／蕭條／災難以來（不管妳怎麼稱呼這種困境），最樂觀看待前景的一篇報導，其實這種不景氣似乎才剛揭開序幕。許多人根本不敢奢望「有錢」，他們得想盡辦法保住資產，不讓自己一無所有。一年前，伯尼・馬多夫（Bernie Madoff）才因為設下金字塔式的投資騙局，詐騙投資人幾十億美元，被判刑一百五十年。顯然，《財星》雜誌正盡全力讓病態百出的經濟，重新展現一線生機。

這篇報導開宗明義地講到，「承認吧：妳覺得自己一直被騙……以前理財專家總是說，股票是長期投資的最佳工具。但是，以標準普爾五百指數（S&P 500）來說，近十二年來這項指數的漲幅根本不大。二〇〇九年三月九日，股市跌到谷底時，妳滿手股票全都慘賠……妳受騙上當！現在，妳可以相信誰？」

「答案是，儘管妳覺得自己被背叛了；但是，理財專家的經典建議還是有效。」

真的嗎？那麼，他們指的「經典建議」又是什麼呢？撰寫這篇報導的記者提出讓人們「還可以有錢退休」的三項必做事項：

1. 分散投資。
2. 努力存錢。
3. 量入為出。

「分散投資」

沒錯，就是這個老掉牙的建議：分散投資意思就是別把雞蛋放在同一個籃子裡，要把妳的錢做不同的投資。不過，大多數理財「專家」講到分散投資時，通常是叫妳不要只買同一支股票，要多買幾支股票。這篇報導的作者進一步指點人們，利用全球股市分散投資，不要只投資美股（因為《財星》雜誌以美國讀者為大宗，所以提出這種建議）。所以基本上，這項經典建議還是叫大家「投資股票」（奇怪的是，這篇報導一開始不是告訴我們，標準普爾五百指數近十二年來漲幅根本不大）。

財經媒體（電視台、報章雜誌和電台）討論投資時，通常是講紙資產，也就是股票、債券和共同基金，約有九成五的投資人是投資紙資產。

現在，投資人開始比以往更加注意黃金和白銀這類商品，他們無法忽視標普五百指數近十二年來沒漲什麼這項事實，然而，在同一段時間內，黃金漲幅卻超過七〇〇％，白銀的漲幅更逼近八〇〇％。看來，除了股票、債券和共同基金外，還有更好的投資機會。

「努力存錢」

打從我知道錢是什麼，大人就教導我要存錢，我還記得小時候媽媽帶著我到附近的銀行開戶，那是我第一個活存帳戶。當時，存錢還要到銀行櫃台，一切還是人工作業，我記得自己存的第一筆錢是十美元，存好錢後就拿到存摺。

經過這種正式手續後，我進入了金錢的世界，我覺得自己長大許多。

存錢這項古老建議可說是世代相傳，而且古今中外皆然，到現在還受到世人的重視。但是時至今日，存錢究竟是一項好建議，或是大家老生常談、忘了去質疑這項建議是否有效？

《財星》雜誌這篇報導的作者表示，我們沒有存夠錢，他跟大多數理財專家都假設，存錢是讓人有錢退休的唯一方式。照這樣說，大家可要存很多很多錢，才可能退休。

以美國女性的統計數字來看，美國女性的平均壽命是八十歲，這還是**平均**壽命而已。如果妳健康地活到九十五歲，在六十五歲就退休了，那麼妳等於有三十年的退休生活要過。依據妳想要的生活水準，妳必須存多少錢才夠三十年退休生活花用？依我推測，那可是一筆相當龐大的金額。

富女人的假設就截然不同，我們假設女性自己決定要幾歲退休，不是由政府決定我們什麼時候退休，而且我們假設女性透過自己能掌控的投資、不是透過儲蓄和華爾街股市掌控的投資，讓自己在六十五歲前退休。

現在，靠儲蓄存退休金這種做法有什麼不對？

存錢這種傳統建議有很多問題點，包括：

1.儲蓄的利息少得可憐：微利時代橫掃全球，有些國家的利率甚至降到零或負值。把錢存在銀行其實是把錢借給銀行，銀行從妳的存款帳戶中拿錢，再以高於存款利率的放款利率借貸出去。基本上，妳根本是拿到相當低的投資報酬率，等於拿錢資助銀行。如果要妳投資一家生產電力車的新公司，投資報酬率只有一％或不到一％，妳會接受嗎？可能不會吧。可是，妳把錢放進存款帳戶的情況就是這樣。

蘇珊是一名外科醫生，她想教導自己的兒女了解錢是怎麼一回事。於是，她帶了兒女到銀行，為兒女開立這輩子第一個存款帳戶。收到銀行對帳單時，她跟兒女一起檢視對帳單。三個月後，她注意到一個令她心煩的趨勢，銀行收取的帳戶管理費超過孩子們拿到的存款利息。震驚之餘她才明白，原來孩子們把錢存到銀行裡，每個月不但沒賺到錢，反而還賠錢！她趕緊帶著兒女到銀行結帳存款帳戶。

後來，蘇珊把孩子們的存款放到哪裡？她跟孩子們開始學習黃金和白銀的相關知識，她沒有帶孩子們去銀行，而是帶他們到銀樓買幾枚一盎司銀幣，當時是二〇〇五年，銀價每盎司約七美元。在我撰寫這本書時，銀價每盎司是四十一美元，我敢說這種投資報酬率比錢存在銀行拿一％的利息要好太多了！

2.量化寬鬆（也就是政府印鈔票）：政府擔心國家經濟陷入蕭條，就印更多鈔票推升經濟及刺激景氣，製造景氣好轉的假象。要是政府決定停止印鈔，會發生什麼事？國家很可能因為高失業率、經濟策略無法奏效，而讓經濟陷入蕭條。這種情況當然是政府不樂見的事，因為這樣不僅可能引起經濟大幅動盪，還會導致國家動亂不安，甚至可能讓全球動亂四起。那麼，要是政府繼續印製更多鈔票，情況可能會變成怎樣？以美國來說，聯準會（Fed）就一直在印鈔票，根據推測，聯準會印愈多鈔票，導致通貨膨脹的機率就愈高。

3. **通貨膨脹：**代表日後妳要花更多錢，才能買到妳心愛品牌的鞋子或牛仔褲。為什麼政府印更多鈔票會導致通貨膨脹？在此提出一個簡化版的解釋：假設全世界總共有一百元在市面上流通，有五項產品可買，這表示平均來說，每項產品約花二十元就能買到。後來，政府決定印更多鈔票，所以世上的錢就變多了。假設政府多印了九百元，可是這些錢並沒有用在生產更多產品或促進經濟繁榮這些方面，而是用來還清債務及資助營運不善的銀行和企業，所以沒有生產什麼新東西。現在，原本在市面上流通的一百元增加到一千元，可是能買的東西還是只有五項產品。那五項產品不再是以往花二十元就能買到，而要花上二百元才能買到，這就是通貨膨脹的運作方式，也是政府印更多鈔票導致的後果。

4. **錢變得更不值錢：**如果通貨膨脹真的發生了，尤其是通貨膨脹率大幅上升，妳就要花更多倍的錢才能買到同樣的物品，比方說：以前妳花三美元就能買到一條麵包，現在卻要十二美元才買得到。不管妳存的是美元、歐元、日圓或披索，到時候這筆錢的價值只剩下四分之一。

於是，存錢退休變成難上加難的事，不只因為要存到退休夠用的錢很難，還因為妳存的錢在妳年紀愈來愈大時，卻愈來愈不值錢。難怪現在美國人最大的恐懼就是，退休後錢卻花光了。

我再也不該存錢嗎？

對我來說，存錢是短期建議，在我尋覓下一筆投資的機會時，我就先把錢存著。等到投資機會出現，就拿原先存的那筆錢來投資，而且我會投資讓我有實質報酬的東西。妳認為要找到報酬率比存款利率一％高的投資會有多難呢？一點也不難，或許就跟買銀幣一樣簡單。

撰寫《財星》雜誌這篇報導的記者提出的第三項經典建議是……

「量入為出」

如果妳遵照這些「專家」建議去做，妳當然必須量入為出，因為妳很快就會發現，妳存的錢和分散投資根本不夠妳退休時花用，所以妳警覺到自己必須省吃儉用！

量入為出是理財「專家」最朗朗上口的建議，與其盲目地接受這項建議，妳反而該問，「他們為什麼那樣說？」知名財經作家暨演說家珍．查斯基（Jean Chatzky）就用「簡樸生活」這種說法建議大家。有人問她為什麼這麼說，她表示，「因為美國有四一％的人退休時缺錢花用。」所以她是假定人們靠存錢存到退休老本的。

「專家」們做的另一項假設是，認為我們不知道怎樣控制自己的開銷，認為人們想要即時享樂。換句話說，他們假定我們入不敷出。

「量入為出」這種解決方案是假設妳要縮減支出，也就是要節流；但我建議的解決方案則是開源，也就是增加收入、擴大收入來源。

恕我直言，量入為出這種方法就算沒腦子的人也做得到；但是，要增加收入，擴大收入來源，就需要創意、知識和膽識。與其量入為出，為什麼不設法**擴大收入來源，增加收入？**

我入不敷出嗎？

凱文是我認識的一位紳士，他這輩子都過著入不敷出的生活，他年輕時收入高，可以享受美食酪酒還有美女作伴，開著拉風的名貴跑車，住在加州富裕濱海城市馬里布一帶，過著相當揮霍的生活。年紀大時問題就來了：他繼續過這種揮霍的生活，但是收入並沒有跟著增加。他名下的每樣東西都是貸款買來的，後來他的錢花光了，東西都被抵押變賣，信用卡也刷爆了，還得跟朋友借錢才能繼續這種揮霍生活。他跟朋友說，「我只是一時缺錢。」

但是，情況可不是這樣，講到賺錢，凱文總是孤注一擲，像賭徒一樣冒險投機。他入不敷出，還不肯承認自己已經破產了，多年來他一直活在自己建構的假象裡，也拒絕找工作，認為那樣根本貶低他的身分。

現在，凱文的豪宅被法拍，他跟老婆和三個小孩根本無家可歸，跟親友同住在廉價汽車旅館。但是，讓我訝異的是，現年六十五歲的凱文根本沒有覺悟，還堅持「情況只是暫時這樣」，也還一樣過著入不敷出的生活。

羅勃特跟我曾住在一間小房子，每個月要繳四百美元房貸，這房子我們一住就住了十年。當時我們的朋友大都坐擁高薪工作和豪宅，開最新款的保時捷、賓士和寶馬汽車，經常聊起到世界各地知名景點度假的豪華行程。

羅勃特跟我並沒有虧待自己，我們住的房子雖然小，附近的環境卻很好，水岸公園、商店和餐廳一應俱全。我們足跡踏遍世界各地，跟朋友的旅遊不同的是，我們的事業出錢讓我們遊歷世界，朋友們卻要自己花錢環遊世界。即使我們的開銷低，卻能享受很棒的生活方式，因為我們用心規劃設計，所以能做到這樣。

我們當然可以跟朋友一樣花錢買豪宅和跑車，但是我們沒有那樣做，我們把錢拿來投資。起初，我們以投資房地產為主，後來擴大投資各種資產類別，這絕對是延遲享樂的一個好例子。我們繼續拿錢投資，照原來的生活方式過活，直到我們每個月的現金流，足以支付我們要買的豪宅和跑車。現在，我們還是堅持執行那項策略，我們繼續增加自己的收入，擴大收入來源，創造我們想要的生活方式。所以，量入為出確實是我們的短期計畫，長遠來說，我們持續擴大收入來源，我們可沒打算像大多數理財專家和顧問假設的那樣，年紀愈大，收入愈少。多虧現金流這種做法的妙處，我們打算讓收入繼續不斷地增加。

我不是反對簡樸生活，而是反對量入為出這種心態。對許多人來說，就連那些提出這種建議的人也不例外，量入為出根本就是「讓人老覺得自己窮」的一種想法。

但是，比覺得自己窮這種心態更具殺傷力的是，這種建議會讓人感到洩氣、自我設限、無法發揮應有的實力，也沒辦法真正做自己，這種做法讓人過著平庸的生活。如果妳曾想過自己後半輩子都要過著量入為出的生活，那麼現在就是妳該振作起來的時候了！從現在起，妳要追求成長、要變得更聰明、不只要擴大收入來源，也要放開眼界並延伸觸腳，活出全新的自己。

更多「專家」建議

最近，我收看全美播放的一個電視晨間談話節目時，聽到主持人這麼說，「別轉台，接下來我們要談談，現在妳該怎麼做才能確保自己的財務保障！」所以，我沒轉台，我想聽聽專家們會提出什麼新建議，我甚至準備好紙筆要做筆記。我聽到的創新建議是：

1. 「過得簡樸些，生活盡量簡單平凡。」我查字典想知道簡樸（humble）是什麼意思，其中有一項定義是「讓人覺得自己不太重要」。我認為這樣講真是一語道破，要是妳選擇平庸度日，很可能會覺得自己不太重要。
2. 「編列預算。」這哪是什麼新建議啊？
3. 「趕快存錢，要是妳還沒養成儲蓄的習慣，妳最好趕快存錢、多存點錢！要是妳已經四十幾歲或年紀更大，妳就要存更多錢。」這種建議也敢說是有創意喔？
4. 「延後退休年齡，妳工作愈久，就能從社會福利計畫或政府津貼拿到愈多錢。」這個建議妳一定很愛喔，真是振奮人心！

這就是專家們信誓旦旦，說能確保個人財務保障的「最新」資訊。

這種資訊新嗎？一點也不。有創意嗎？門兒都沒有。值得採信嗎？依我看來，千萬別信。

對於想規避理財或只想有錢糊口的人來說，這種建議或許還有用；但是，這種建議沒辦法讓妳財

富女人的貼心叮嚀

「量入為出」是假設減少開銷才能解決問題，但是解決問題的真正做法應該是增加收入、擴大收入來源。

務自主。

我聽完這種建議後，覺得心情好沉重，好像自己必須過好多年的苦日子，這種建議根本無法激勵我採取行動。想到要過這種苦日子，我對生活根本提不起勁，哪會有什麼動機、熱情和興奮呢？我覺得自己好像在課堂裡被老師罵的學生，老師說，「坐下！安靜！我說什麼就做什麼！」我可不想變成那樣。

怎樣區別理財建議的好壞

首先，妳必須知道自己在找什麼建議或資訊，這就要看妳想要實現什麼夢想和目標，也要看妳打算用什麼計畫圓夢。

妳的計畫內容就是，實現夢想必須做什麼，主要就是涵蓋3A金三角中肯學和肯做這二個要素。妳的計畫不需要很複雜，比方說：如果妳下定決心要學會打網球，那就是妳的夢想。妳打算先買網球拍、網球、網球鞋和其他裝備，每週上三堂網球課，那就是妳的計畫。

另外，妳還要在計畫裡增加一個項目，就是記錄自己輸贏的方式。以網球來說，持續擊球過網的次數，或許就是妳記錄輸贏的標準。以妳的理財計畫來說，妳持續學習新知讓自己更接近理財夢的天數，就能成為妳追蹤計畫進度的一項指標。其次，妳必須知道自己想向誰請教，因為妳自己可以選擇要把什麼資訊放進腦袋裡，也可以選擇要以誰為師。

再者，妳必須知道哪些建議和資訊跟妳有關也具有意義，哪些建議和資訊可以置之不理。舉例來說，那個晨間談話節目提出的建議，對我來說一點關係和意義都沒有，因為那些建議讓我聽得昏昏欲睡，而且那些建議也跟我的目標和價值觀不一致。現在，每天妳會接觸多到數不清的財經和投資資訊，妳的工作就是從中篩選哪些資訊是重要的，哪些資訊可以不予理會。要做到這樣的一種辦法就是，問問自己……

那對我來說代表什麼？

妳的理財生活必須是日常生活的一部分，不是妳在週末才做的那種事，因為機會平日也會出現。所以，我每天都盡全力學習有關金錢與投資的新知。

舉例來說，在我撰寫本章內容的這天，我得知美國學生的助學貸款情況有多麼可怕（這在台灣也是一樣的狀況）。妳可知道，就算妳宣告破產，妳的學生貸款還是一毛不減？這是妳必須還清的唯一一項貸款；而且，要是妳申請助學貸款完成學業，後來當了醫生、律師或會計師，如果妳沒把貸款還清，就可能被吊銷執業證照。如果妳的小孩正在唸大學或即將進入大學就讀，妳可能要小心這部分的規定。

金錢世界令人目眩神迷，要是我們讀到或看到跟我們似乎沒有關係的資訊，或許會讓許多人失去興趣或看到眼神呆滯。我收聽廣播節目聽到來賓要談論怎樣賣力工作賺錢時，就會馬上轉台，因為我不想成為賣力工作賺錢那種人。但是，因為我想用錢投資，所以我收看財經新聞節目或讀到有關經濟情勢的新聞報導，就會問：「那對我來說代表什麼？」

舉例來說，有許多資訊談論到可能出現的通貨膨脹，那對我來說代表什麼？那表示物價上漲，每樣東西都變貴了，也表示美元幣值會持續走跌。那對我來說代表什麼？表示利率可能調高，這樣的話又表示什麼？表示我得趕緊將房貸利率改成固定利率，日後才不會因為房貸利率調高要繳更多錢。

妳如何回應「那對我來說代表什麼？」也要看妳的心態而定。妳是以窮人、中產階級或富人的心態來看待這個問題？或許妳看到一則新聞寫到，「油價飆漲！」那對我來說代表什麼？窮人可能這樣回應，「那表示我得騎單車或搭公車上班。」中產階級或許認為，「我得賣掉 BMW 汽車，換開 TOYOTA。」富人可能認為，「我打算投資石油。」這三個答案，哪一個最貼近妳的回應？

當妳問：「那對我來說代表什麼？」妳或許回答：「我不知道。」通常，我就是這樣回答；但是，那就是學習的開端，因為我不知道，所以我會努力找出答案。

質疑每件事

妳每年重複聽到的同樣建議，以及妳聽到和看到的所有建議，全都要加以質疑、質疑、再質疑。而且，妳要質疑「專家們」講的話，質疑我跟我的團隊們提出的建議。為自己好好想想並提出下列問題：

1. 對我來說，這有意義嗎？
2. 有什麼利弊得失？
3. 這能幫助我實現財務目標嗎？

有時候，妳或許不知道該問什麼問題。這時妳可以隨便發問，因為妳問的每個問題都是該問的問題，都能讓妳更聰明，讓妳對自己和自己的財務做出更有依據，也更明智的決定。

現在，妳該為自己振作起來，質疑許多人盲目接受的傳統建議；妳該振奮精神，發現哪種建議、資訊和策略最適合妳。

CH10 找到真正的顧問

要擁有真正的優勢，就要……

搞清楚究竟是事實或者只是個人意見

從網路、電視、廣播和報章雜誌取得理財建議時，一定要提出這個重要問題，「這項建議有事實依據，或者只是個人意見？」許多人把自己的意見說成事實，比方說：

1. 「男人在投資方面比女人在行。」這是事實或個人意見？
2. 「講到金錢，女人都不喜歡承擔風險。」這是事實或個人意見？
3. 「吃巧克力對妳有益」、「吃巧克力對妳有害」，這是事實或個人意見？
4. 「妳想今天會下雨嗎？」我正要開車出門時，鄰居班恩這樣問我。班恩在市區裡開了幾間洗車廠，他看到遠方烏雲密布，當然希望聽到我說今天會下雨，這樣他就安心許多。「不會吧。班恩，我想今天不會下雨。」那是我個人的意見。要是班恩想知道有事實根據的當日下雨機率，他就該請教氣象專家。通常，人們的慣性是，找自己想聽的意見。

話說有一位個人理財「專家」上電視接受訪談，被問到如何看待以股票選擇權作為投資工具時，這位「專家」馬上發表高見說，「選擇權風險太高。」這是事實或個人意見？這位理財「專家」在訪談時還透露，自己從來沒有利用股票選擇權做投資，所以她根本是依據自己聽到的故事和新聞報導，做出個人意見。

對股票選擇權相當了解又有豐富實務經驗的專家會說，「股票選擇權風險並不高。」這是事實或是個人意見？這就要靠妳自己下結論，以我來說，如果要我自己交易股票選擇權，我會覺得風險很高，因為我不懂股票選擇權也沒這方面的經驗，不知道怎麼做才能持續獲利。要是我決定要學習股票選擇權的相關知識，我就會找好要上的課程，在學習過後才進場交易，這樣就能降低投資風險。

妳看過電視財經節目嗎？在這類節目中，主持人總會詢問來賓這個問題，「妳認為目前股市是在底部嗎？股市遲早會反彈嗎？」來賓就會自信滿滿地回答，也就是表達他自己的看法。我這樣說的意思是，因為來賓不知道股市走勢會怎樣，所以他（她）只是表達自己的意見。畢竟，誰也無法百分之百確定「股市會怎樣怎樣……」，這些意見全都是依據各種因素和以往的趨勢。所以，每當妳聽到有人對股市或任何投資發表高論時，對方說，「股市將出現一波漲勢！」或「這項投資穩賺不賠！」這時妳最好自己做功課，找出事實依據，經過分析後自行決定是否投資。

許多理財專員會跟妳說，「共同基金年均報酬率有八%到一二%。」這是事實或是個人意見？任何人都能找到與自己主張相符的事實，理財專員為什麼這樣跟妳說？那是因為他靠銷售基金賺取佣金。所以，妳該做的事情就是，檢查特定共同基金過去三年的績效，這樣妳就知道事實是怎樣。另外，妳也可以問問理財專員，購買共同基金要支付多少管理費和手續費，因為基金公司公布的投資報酬率並沒有把這部分列入計算，但這些費用卻是妳必須支付的交易成本。

收集資訊時，妳必須提出一些重要問題，好好思考這些問題後，為自己做出決定。首先，請妳想想：妳剛才聽到的這項陳述是事實或是個人意見？

利用這四項標準找到好的理財建議

1.聰明挑選理財顧問

我跟四位女性朋友一起參加法國羅亞爾河河谷單車行，那裡以美酒和風景優美聞名。我們五個人都是自行創業的女企業家，凱西有自己的品牌行銷公司，麗莎開了幾間高檔的戒酒戒毒中心，朗達開了一間學校專門招收公立學校不收的問題學生，黎安擔任幾家知名大企業的企業顧問。我們全都是白手起家，也都犯過許多錯，就算經歷再大的失敗也不會被打倒，只是我們每個人在創業期間難免都有想要放棄的時候。我們沒有靠山，沒有支柱，這樣倒好，強迫我們不能走回頭路，只能努力勇往直前。

這次單車行由一家公司籌辦，這家公司規劃全球各地的單車行、健行和步行等行程，並提供單車和相關設備，而且每樣服務和設備都屬於頂級。這次羅亞爾河河谷單車行共有二十五名遊客，由該公司的二名女領隊負責帶團。這二名女領隊負責我們的食宿交通和單車行程，更重要的是，她們必須確定大家都能依照行程抵達下一個目的地。這對我們五個人來說倒是有一點難，因為我們既獨立又好奇，每天總是最後抵達目的地，所以被其他團員戲稱為「愛玩一族」。

在六天單車行中，我們跟二位女領隊混得很熟，這趟行程的最後一天晚上，所有團員聚在一間古色古香的飯店餐廳共進晚餐，當晚我們就在此留宿。晚餐結束時，其中一位女領隊愛蜜莉坐我旁邊，我們聊了起來，她說，「我很喜歡這份工作，也做得很好，不過，我準備要踏入人生的下一個階段。」

我問她，「妳已經想好下一個階段做什麼了嗎？」

愛蜜莉點點頭告訴我，「我想創業，我想從事現在的工作，但想往一個嶄新又獨特的市場前進，這一年來我都在調查這件事。」

「那妳接下來要怎麼做？」我問。

「我想要回學校進修，」她回答，「先拿到企管碩士學位。」

我有點嚇一跳並問她，「妳為什麼需要企管碩士學位？」

她回答，「我相信唸完企管碩士，我就具備創業家需要的技能。」我聽到這句話就覺得事態不妙，應該以過來人身分，給愛蜜莉一些建議。

我心想隔天早上是這趟單車行的最後一個行程，只有這個機會點醒愛蜜莉，我跟她說，「愛蜜莉，明天妳跟我們一起騎車吧！」

隔天早上七點半，我們六個女生開始騎上單車，往目的地前進。我打開話匣子，先問凱西，「凱西，妳有企管碩士學位，妳覺得唸了企管碩士，自己就具備創業所需的技能嗎？」

凱西笑著說，「不是那樣的！企管碩士學位是為想在企業界上班的人設計的，這種課程訓練妳成為企業員工，所以我剛出社會時就在企業上班。」

麗莎問愛蜜莉，「妳想要到企業上班嗎？」

愛蜜莉看來有點震驚，「不，我想開創自己的事業。」

朗達問凱西，「唸企管碩士值得嗎？」

「問得好，」凱希回答，「課程不錯，學到的方法和策略能用在事業經營上。不過，我不知道企管碩士課程是否能教妳怎樣創業，怎樣成為創業家。況且，妳還必須考慮唸企管碩士要花的時間和金錢，把那些時間和金錢用來創業，會有什麼成果。」

當天早上我們騎車騎了三個小時，我們一路不停地交談，大家開誠布公想以過來人的身分，給愛蜜莉一些建議。我們笑著講起創業過程中做過的嘗試和經歷的磨難。每個人講出一個比一個精采的親身故事，我們五個女生開心地講起自己的創業史，沒注意到愛蜜莉變得異常安靜，後來大家停下來休息，發現愛蜜莉眼睛瞪得好大告訴我們，「沒有人跟我說過這些事！」她大聲說，「而且，我跟一些人講過要自行創業這件事。」

「愛蜜莉，我很好奇，」我問，「誰建議妳回學校攻讀企管碩士學位？」

「是參加單車行的幾位客戶建議的。」她回答。

「這些客戶從事什麼行業？」我進一步地探聽。

「他們都退休了。」她說。

「本來是做什麼的？」我繼續問道。

愛蜜莉恍然大悟地笑著回答我，「他們原本都是成功的企業主管！」

麗莎接著說，「所以，他們以自己為榜樣給妳建議，他們並不知道妳想做什麼。」

「說得對，」愛蜜莉這下子搞清楚狀況了，「我認為妳們五個人講的話實在很有道理。我一直有點困惑，不知道是否有必要回學校唸企管碩士學位。」

我繼續說，「那是因為我們做的事就是妳想做的事，要是我有事想請教別人，我會找跟那件事有關的實務專家求教並跟他們學習，這樣才會學到真正有用的實務知識。」

愛蜜莉開始明白，她目前所做的工作、帶領成人旅行團、處理預算、協調經銷商、解決日常突發事件，或許就是她想要獲得的教育，透過這種學習與教育，她就能實現自己的創業夢想。

某方面成功≠各方面都成功

愛蜜莉告訴我們，她以為在自己工作上做得很成功的人，各方面應該都很精明，她一直聽從成功企業主管的建議，但是他們的思維跟想自己開公司當老闆的思維截然不同。

對投資人來說，道理也一樣。凱爾是一位相當成功的餐飲業者，他跟老婆黛安在居住城市開了三間知名餐廳，他們決定把餐廳賣掉，享受辛勤工作的成果。餐廳賣掉後，凱爾和黛安拿到大約一千萬美元的資金，倆人開始規劃後半輩子。

身為成功企業人士，凱爾決定自己必須從這筆錢中撥出一大部分做投資，才能維持退休生活花用，凱爾是苦幹實幹、凡事自己來的企業家，他也用同樣的方式進行投資，一切自己來。

可惜，讓凱爾成為傑出企業家的特質，未必能讓他成為一位傑出投資人。凱爾根本不了解投資界，也幾乎沒有投資經驗可言，他貿然從事投資，以為自己做生意的本領可以用在投資上，結果把錢虧掉一半。另一半呢？被凱爾跟黛安花掉了，因為他們夫妻倆原本以為投資會賺錢，就安心地把另外一半的錢花掉。

從這二個例子可以知道，一個人在某方面成功了，並不表示他就是萬事通，在各個方面都精明能幹。

2.言行一致

換句話說，我們在尋找適合的顧問人選時，千萬不能找說一套、做一套那種人，而要找言行一致、真正有實務經驗那種人。通常，真正從事妳夢想行業的那些人，或許表達能力不好，沒辦法對別人提出建議，只是安靜地做好自己擅長的事。妳可能要花一點功夫找找這些人，設法接近他們、向他們請教。這是找到良師的一種絕佳方式。

在此，我講的言行一致是指，妳要分辨哪些人才是真正的專家，像自稱為理財「專家」公開提出個人建議的演說家、講師或名嘴，他們當中有很多人是靠提供建議，吹捧某種投資商品或投資方式維生。所以，在採納這些人士的意見前，我會先這樣問：**他們有照著自己的建議去做嗎？**換句話說，**他們建議妳做的投資，自己有照做嗎？他們有實踐自己提倡的習慣和策略嗎？他們每天都有照著自己說的話去做嗎？**講到仲介專員，妳的房仲專員有投資房地產嗎？股票營業員推薦妳買進的個股，自己也有買嗎？

建議別人怎麼做，自己卻沒有照著做，這種人一定有問題。

3.考慮資料來源

我朋友艾咪發了一封電郵給我，內容是有關女性與金錢之現況的一項調查。我看了這封電郵後發現，這項調查透露出一些有趣的統計資料和事實。我細看這項調查，顯然這些調查問題經過特別設計，故意讓受訪者做出特定回應，也讓看到調查結果的人做出設計調查者預期的結論，那就是……每位女性都需要一位理財專員！果然不出我所料，這封電郵內容中有一行小字寫著，這是ABC理財規劃服務公司（ABC Financial Planning Services）進行的調查。

妳看過電視財經節目嗎？通常，這類節目的廣告贊助商就是共同基金公司、證券公司和投資銀行。難怪這些節目提供的資訊大多偏袒共同基金、股票、債券和相關金融工具。對財經節目或財經雜誌來說，要是最大贊助商是共同基金公司，這筆廣告經費就是他們賴以維生的活水時，他們會做出對共同基金不利的評論嗎？可能不會吧。其實，他們反而會告訴大家，共同基金是很棒的投資工具，妳必須繼續購買共同基金。

所以，妳在尋找適當的理財顧問時，就要考慮到顧問是否特別幫哪些投資公司或投資工具打廣告，或是跟投資界有什麼關係。妳聽到有人針對保險產品發表高見時，也要注意這個人是不是保險公司花錢請來廣宣的，或者這個人真心相信保險對妳來說是最好的投資工具？電視財經名嘴提出的建議是真心的嗎？或者他是照本宣科，不過是電視台和廣告商的傳聲筒？

有時候，這些節目要傳達的訊息實在再露骨不過，比方說美國某家全國性報紙在二〇一〇年底時，就以頭版新聞報導這項調查，「自用住宅房價看漲！」根據這項調查顯示，房市觸及底部，房價開始止跌回升，也就是說，現在是買房的好時機。我仔細看了一下，原來這是美國房地產商協會（National Association of Realtors）進行的調查，難怪會幫房地產市場說好話。

所以，妳在收集資料時，一定要注意資料來源。

4.是名副其實的顧問或是推銷員？

追查一下，跟妳推銷某項投資那位人士，自己拿錢做什麼投資。真正的理財顧問和推銷員，兩者有很大的差別。妳要查查看，建議妳做某項投資的人有沒有因為做此建議，直接或間接中飽私囊？或者，他們因為跟妳推銷，從中抽取佣金？別誤會我的意思，我並沒有貶低推銷員的意思，世上有許多出色的推銷員，我自己就經常跟他們一起工作，他們讓我賺錢，我也讓他們賺錢。但是，自稱是「理財顧問」，實際上只是想抽佣才做建議的推銷員，這種人妳就要特別小心，妳只要問問：「你的薪水是怎樣計算的？」大概就可以判斷他們做的建議值不值得採信。

舉例來說，珍跟她的理財顧問莎拉頭一次碰面，經過一個小時的提問，莎拉建議珍投資一項年金保險，珍定期繳費給保險公司，退休時每個月就能拿到一筆錢。珍覺得這項建議滿不錯的，當場就簽名決定投保。後來，珍發現莎拉的建議並不客觀，因為莎拉每成交一筆案子，保險公司就給莎拉一筆豐厚的佣金。

對珍來說，這項投資不好嗎？不一定，珍可能要拿這項投資跟其他可供選擇的投資方案做比較。才知道問題在於，莎拉提出的理財建議，不是真正最適合珍的建議，而是對莎拉自己最有利的建議。

有些顧問提供理財建議不是從中抽佣，而是固定拿一筆錢，如果是那樣的話，我還是要強調「言行一致」這個原則。妳必須知道建議妳做某項投資的人，是不是也投資自己推薦的商品或案子？

理財顧問沒有好壞之分，重點是要區分哪些建議是出自真心也真正適合妳，哪些建議只是推銷辭令，而且妳也要搞清楚對方究竟是好心建議或想推銷東西，明白對方葫蘆裡賣什麼藥，不要別人說什麼就照單全收。

對方只想賺妳這筆錢或想跟妳建立長遠關係

講到經紀人，也就是股票營業員、房仲業者、事業經紀人這類人士，通常妳可以從這些人跟妳推銷案子的手法，來辨別經紀人的好壞。如果妳跟未曾謀面的經紀人或仲介第一次交談，妳們只談到這次交易、這次買賣，那麼很可能對方只想從這筆交易賺到錢，以後也不可能往來。

相反地，要是對方談到日後有什麼投資可以參考，也問妳很多問題（而不是自己講個不停），那麼對方可能想跟妳打好關係，希望生意可以做長久。

假設妳正要開車去離家有八小時車程的景點渡假，途中經過一個小鎮，這時車子好像有點狀況，方向盤很難打，妳知道車子爆胎了，妳把車子停到路邊，碰巧附近就有一家修車廠，妳走進修車廠跟櫃台後面那位男士說，「我的車子爆胎了，可以幫我修一下嗎？車子就停在那裡。」

「當然可以，」店員說，「妳打哪兒來？」

「我住的地方離這裡有八小時車程。」妳說。

「常來這兒嗎？」他問。

「從沒來過。」妳回答。店員笑了笑。

接下來會發生什麼事？妳會被敲竹槓，而且妳只有挨打的份。許多推銷員只在意眼前這筆交易要狠狠撈一票，他們心想，「讓我做成這筆交易，先把錢賺到。」這就是所謂一次性的交易。

性愛也一樣，大多數女性要找的是長期飯票，可是大多數男性卻只想要一夜情。這樣講是事實或是個人意見？就要看妳是女性或男性，對吧？就像作家暨脫口秀節目主持人雀兒喜·韓德勒（Chelsea Handler）說的，「男生根本不明白，要是我們女人第一次約會就跟他們上床，我們可能連再次見面都沒興趣。」

一流業務員了解跟顧客建立長久關係的重要，這樣他們就能為顧客提供多年的服務，讓生意可以長久做下去。靠關係吃飯的經紀人或仲介商會更關切妳想要和需要什麼，而不是只想從一次交易賺取佣金，才華洋溢的經紀人也不會找只做一次交易的客戶，他們要找的是能持續跟他們惠顧的客戶。

重點是，不要因為業務員抱著賺妳一筆的心態，妳就調頭走開，也不要因為業務員想建立長久的經紀—客戶關係，就讓妳心動而答應交易。重要的是，知道兩者之間的差異，找到能成為妳長期投資團隊成員的最佳經紀人和業務員。

我該聽從誰的理財建議？

顧問可能是某位定期給妳指點的人士、常上電視的財經專家、股票營業員或房仲專員、或是某位熟人，甚至是妳喜歡的某位作家，任何人都可能是妳的顧問，只要他提出的建議對妳適用。妳可以利用下列這五個簡單問題，評估別人給妳的理財建議：

1. 針對妳想做的事，給妳建議的人，自己在那些方面做得很成功嗎？
2. 提出建議者言行一致嗎？有照自己說的建議去做嗎？
3. 對方提出的建議是否沒有偏頗、沒有廣告嫌疑，也跟本身的利益無關？
4. 對方提出的建議確實是適合妳的理財建議，或只是推銷辭令？
5. 最後，妳要問自己，妳相信這個人嗎？妳打從心裡覺得給妳建議的人講究倫理道德也直言不諱嗎？妳相信對方實話實說，不管好壞利弊全盤托出嗎？就像銅板有正反二面，每項投資也一樣，都有利弊得失。

在尋找理財顧問的途中，妳會遇人不淑，也會碰到很多光說不練的推銷員；妳要知道，當妳累積更多的知識、經驗和現金流後，就需要更精明能幹的人士加入妳的團隊。

請注意**團隊**這個重要字眼，妳的顧問團隊不只包括提供妳特定投資資訊與建議的那些人，也該包括會計師、稅務專家、律師、資產規劃師這類人士。多年來，羅勃特跟我就和許多顧問共事過，有些顧問很優秀，有些顧問卻遭糕透頂。我們發現最棒的顧問就是聰明能幹又樂於分享那種人，他們肯花時間傾聽客戶的心聲，肯跟客戶分享自己的知識，也很清楚這個道理：客戶賺錢，他們就賺錢。

CH11 發出求救信號

要繼續振作、勇往直前，就必須……

對，妳就是女超人，而且我們女超人厲害得很，成就許多事，這一點毫無疑問。不過，正因為我們女人如此捍衛世界，希望世事萬物都能步上常軌，結果……我們真的該面對這個事實：我們實在累壞了！現在，重要的是：要讓妳從目前的財務狀況出發，開始實現理財夢，妳絕不能自己硬撐，凡事自己來，那是不可能的事。而且，我講到完成不可能的任務，通常都抱持相當樂觀的態度；所以，當我認為不可能做到，我可是打包票說實話。妳一定、一定、一定要（我知道這樣講很嘮叨）有某種後援架構讓妳可以依靠，讓妳可以在精神上、心理上和情緒上得到支持和鼓勵。

後援架構跟顧問團隊不一樣，妳的後援架構是由妳信任且尊重的人所組成，他們幫妳加油打氣，給妳信心並提出忠告，在妳苦惱憂傷或經歷「變動」時給予扶持。他們支持妳實現自己的目標，也當妳最穩固的靠山，給予最真誠的意見，就算妳不想聽，他們還是照講不誤。我的後援結構分為二層。

第一層結構：核心後援團隊

如果妳已結婚或有交往很久的伴侶，那麼理想的狀況是，妳的配偶或伴侶就是妳的頭號支持者，我會用「理想的狀況」這種說法，是因為情況通常不是這樣。

要是妳的伴侶在妳追求理財夢的途中，不但沒有支持妳，反而還阻撓妳，那妳就會更辛苦，因為妳有苦說不出。在這種情況下，妳還是能實現理財夢，只不過妳必須費心解決這項阻力，而且最好現在就解決。妳絕不可以讓這件事阻撓妳，讓妳放棄追求自己的理財夢。我聽過許多女性不顧伴侶或另一半的反對，勇敢實現自己的理財夢，最後伴侶或另一半反而不再堅持己見。有時候，只要投資賺一點錢或創造現金流，用錢來證明自己的實力，就能讓另一半不再反對。

我想這時候妳該問問自己，「我的另一半是資產，還是負債？」從某方面來說，妳的另一半可能是妳的最佳盟友和最強有力的支持者；從另一方面來說，他可能是一項負債或是妳的沉重負擔。

建立妳的後援團體

另一個理想狀況是，找二、三位或四位女性，大家一起開始追求自己的理財夢，女性支援團體的力量相當驚人，通常大家一起加油打氣，就能為圓夢而努力不懈。對於實現理財夢來說更是這樣，因為這個團體不但能以理財為焦點，彼此還能在精神上和情緒上互相支援，也能分享經驗、交流意見，成為一個強有力的教育資源。這種合作可說是無價之寶。

現在，有許多投資機構和團體能扮演這種支援角色，妳可以參加他們舉辦的一些會議，決定哪個機構或團體最適合妳。雖然這種機構或團體跟幾位女性組成的同好團體不一樣，通常卻是妳解決目前阻礙或問題的避風港。

多年來，我的後援團隊也隨著時間演變而有所不同，我剛開始追求財務自主時，羅勃特和我爸媽就是我的後援團隊。

現在，我的核心後援團隊由一小群女性和男性組成，人數其實比幾年前還少。我發現由少數幾位親友組成的後援團隊，對我最有用。因為，我知道只要我需要，他們會隨時伸出援手，而我也這樣對待他們。至於我身邊的投資團隊和事業團隊，規模就大得多，但是我的核心後援團隊仍舊保持在比較少的人數。

重點是，如果沒有某種持續支援的團隊存在，妳可能會放棄。假設妳遇到問題沒有人可以商量，妳就會開始自言自語，「這實在太難了，我沒有時間，我哥說得對，我會賠錢。事情就是這樣，我放棄了。」這樣為自己辯解是再容易不過的事；但是，假設妳可以跟三位好友請教，跟他們討論過後，他們認為妳做得到，也都支持妳去做，不會讓妳放棄，這時妳就有力量堅持下去。我們講的就是這種後援團體。

長壽的三大關鍵

羅勃特跟我送給自己一個豪華旅程，我們到亞歷桑納州吐桑的峽谷牧場（Canyon Ranch）渡假七天。如同旅遊簡介上寫的，峽谷牧場是讓人「恢復活力，生活更健康充實的絕佳去處」，所以我們使用牧場裡的所有設施，包括水療服務、上瑜珈課、健身課、養生課，也享用養生美食。

看課程簡介時，我對「活得年輕、活得久」這堂課特別感興趣，這是我們女生都想知道的養生祕訣吧。當天早上七點半，我拿著咖啡和燕麥麩瑪芬蛋糕走進教室，遇到這堂課的講師麥克・休伊特（Michael Hewitt），他是健康與運動生理學博士，也是養生專家。在課堂上，他跟大家說明針對百歲人瑞進行的一項研究，發現長壽的三大關鍵：

1.有目的感：百歲人瑞認為自己和別人都有存在的價值。

目的感就是妳想實現自己理財夢的原因，這種感受遠超過個人的存在，也比金錢更為重要。目的感鞭策妳勇往直前，不管遭遇什麼狀況都繼續前進。

2.樂觀的態度：百歲人瑞都有樂觀進取的人生觀。

樂觀的人通常比較快樂，也比較有自信。常言道，「悲觀的人天性小心，但樂觀的人活得久。」針對百歲人瑞進行的這項研究，當然證實這種說法沒錯。

這就是為什麼我常說我的姊姊溫蒂（Wendy）可能會活到一百五十歲的原因，她渡假一週回到家裡，看到客廳牆上濕了一大片。大多數人看到這種景象就會開始失控大叫、到處跑，但她卻冷靜地評估狀況並說，「我想我們需要打電話給水電工了，而且客廳的牆本來就該重新粉刷。」還有一次，溫蒂去越南河內探望在那裡工作的女兒，結果才到第一天就緊急送醫，而且還因為當地醫療設備不足，必須搭機到曼谷就醫。女兒陪她搭機到曼谷接受治療，那次經歷簡直是一種折磨。但是，她在電話上跟我說時，根本一點也不緊張也沒抱怨，只說自己只是把該做的事做好。她出院時，我問她怎樣度過這次難關，她告訴我：「嗯，我想到自己沒去過曼谷，所以我們乾脆入住曼谷最有名的四季飯店（For Seasons Hotel），喝杯馬汀尼，隔天還去曼谷玩了一圈，實在太棒了！」沒錯，這麼樂觀的溫蒂一定會長壽的。

3. 挫折復原力：百歲人瑞都有挫折復原力。

挫折復原力就是妳能多麼迅速因應逆境，並從逆境中重生的一種能力。在長壽的三大關鍵中，我認為這項關鍵取決人們成功與否的特質。房地產大亨唐納．川普（Donald Trump）告訴我，一個人能否在商場中成功，關鍵就在於這個人如何面對逆境。在面對逆境時，是因為失敗從此一蹶不振，或是重新振作、微笑以對、努力工作、從經驗中成長，讓自己變得更精明？人權鬥士、作家暨舞蹈家馬雅．安哲羅（Maya Angelou）所言甚是：「我喜歡看到女性為自己發聲，努力開創自己的人生。人生本來就是一場磨難，妳要全力以赴，努力成就夢想。」

長壽的三大關鍵同樣適用在人生的各個層面，我們實現理財夢的旅程當然也包含在內。

靈魂衝浪手

妳或許聽過年輕女衝浪手貝瑟妮．漢彌爾頓（Bethany Hamilton）的故事，貝瑟妮住在夏威夷考艾島，二〇〇三年時，她跟往常一樣拿著衝浪板到海邊衝浪。十三歲時，她已經是才華過人的衝浪好手且前途似錦；但是，那天早上發生的事，讓她的人生從此改觀。她跟往常一樣在熟悉的海面上衝浪，卻被一條十四英呎長的虎鯊攻擊，虎鯊張開血盆大口，咬掉貝瑟妮的左手臂，最後走上截肢一途。

換作是妳，會如何面對這個可怕的事件？妳原本夢想自己有一天成為世界級衝浪好手，結果這個夢想卻在一夕間破滅。妳必須學習怎樣用一隻手生活，還要重新學習怎樣用一隻手吃飯、寫字，甚至用一隻手刷牙。這種可怕的挫折實在令人難以想像。

但是，貝瑟妮以驚人的決心、樂觀和挫折復原力，回應這次難關，她馬上想重新站回衝浪板上。一個月後，她就在海上乘風破浪，二〇〇七年時，她實現自己的衝浪夢想，成為職業選手。她的精神鼓舞許多人，而她從苦難中東山再起的故事也被拍成《靈魂衝浪手》（Soul Surfer）這部電影。

解決挫折的一套系統

對許多人來說，被鯊魚攻擊就是選擇放棄的藉口，而且這個藉口不只讓人放棄衝浪，也讓人放棄人生。但是，貝瑟妮樂觀面對人生、她有目的感又有無比驚人的挫折復原力。（請學習她的精神，下次行李遺失了也別抱怨！）

挫折復原力應該是妳後援結構的核心，妳要設計出自己適用的挫折復原系統，讓妳能因應在實現理財夢的途中無法避免的挫折與阻礙。

我自己一生中也遭遇一些可怕的挫折。一九八五年時，破產又無家可歸、後來也經歷過官司訴訟、碰到差勁惡劣的合夥人、遇到小偷騙子，甚至還被公開羞辱過。那當然不包括我經歷過的許多小過錯和不幸事故，但是現在我還活得好好的，沒有被這些事情打倒。

每當我遭遇災難，我就告訴自己二件事。首先，我提醒自己，「這次一樣會沒事。」接著，我跟自己說，「災難中必有值得我學習的事。」在那個時候，我沒辦法面帶微笑重複這些話，但我會一直幫自己洗腦，讓自己真心相信這些話。

「這次一樣會沒事」這句話顯然是對的，因為我經歷的大大小小挫折都過去了，我還活得好好的。至於我奉行的第二句箴言「災難中必有值得我學習的事」，也一樣是真理。挫折總是讓我、讓我的婚姻或我的公司更加強壯，也因為挫折而變得更好。

英文有句諺語是這麼說：**平靜的大海造就不出熟練的水手**（A smooth sea never made a skillful mariner.）。

挫折可能是小過錯、失望、問題或失敗，但是別忘了，有問題就表示有我不知道的某件事。關鍵在於，從錯誤中找出「我不知道的那件事」。

我跟大家一樣都痛恨錯誤和挫折，只是當我克服剛面對出錯和遭遇挫折時那種嘶吼尖叫的反應，我會退一步問自己，「我從這件事中必須學到什麼？」有時候答案很清楚，有時候卻要過段時間才明白。不過，我很清楚這一點：要是我沒有從挫折中發現教訓，那麼同樣的問題就會不斷的重複出現，直到我學到教訓為止。

在投資界，大多數人都害怕犯錯，為什麼？因為犯錯通常就會賠錢，有人喜歡賠錢嗎？據我所知，應該沒有吧。不過，讓人為難的是，要是妳害怕犯錯或經歷挫折，導致妳什麼也不敢做，這時就會發生下面這二種情況：

1. 妳學不到東西。
2. 妳賺不到錢。

所以，妳必須做好心理準備，妳會犯錯，也會遭遇挫折，這是必經過程。與其把犯錯和挫折當成不計代價要避免的破壞性事件，不如退一步把犯錯和挫折看成是，可以學習、成長，並成為更成功投資人（賺到更多錢）的機會。如果妳學到教訓，妳就會更精明。

第二層結構：教練與良師

教練或良師就是經驗比妳豐富又能指引妳、教導妳，讓妳在事情出差錯時有人可問，他們是妳後援結構或後援團隊中的重要成員。

良師和教練這二個用語常被當成同義字，但其實有一點不同。良師通常是指跟妳同一個行業，但比妳更有經驗，也更成功的人。妳不妨想想自己的良師，那位可靠的睿智人士總在妳有需要時為妳指點迷津。良師通常能以過來人的身分告誡妳，知道妳會遭遇什麼困難或問題。

教練是跟妳一起合作朝特定成果邁進的人，教練給予妳比較結構化且定義明確的訓練，比方說妳跟教練講：這是我的目標，我想在這個時間內達成目標。教練會讓妳為自己說的話負責，讓妳在一定時間內達成目標。

舉例來說，我在人生的許多層面都有教練和良師，住在鳳凰城時，有每週訓練我三天的健身教練。我找到可以投資的房地產或想了解景氣或特定投資融資事項時，就會打電話向經驗豐富的投資良師請教。在事業經營方面，我也有良師跟我一起出點子，解決事業經營遇到的種種問題，評估有利可圖的大好商機。

我也有「心靈教練」跟我一起共事，協助我摒除掉那些讓人無法振作的負面想法、決定和情緒。他們協助我專注在自己想要怎樣的人生，這些教練都是我生命中的無價之寶，因為當我無法實現目標、事情一拖再拖、失去衝勁或覺得無趣、生氣或懊惱時，我就跟他們一起努力找出問題，並解決問題。這些行為都跟真正的我背離，也不是我想要的狀況，我想要的是快樂、有衝勁、有行動力，能達成目標。因此，心靈教練是我後援團隊中不可或缺的成員。

良師和教練的素質當然有天壤之別。職業高爾夫選手是高爾夫球界的頂尖好手，他們有教練指導，並讓他們保持頂尖的球技。但是，高爾夫球業餘愛好者卻認為球技可以自己學。這個道理也適用在投資上，良師和教練的作用就是，讓妳在賺錢或「學習日」（也就是犯錯或遭遇挫折）時都不會偏離常軌。

這顆紅色健身球好重！

我有教練和良師為伴的原因是，我喜歡贏的感覺，我喜歡達成目標。為了要贏，有時妳必須做一些讓妳不舒服、覺得很難，甚至讓妳感到害怕的事。

我的教練和良師督促我循序漸進，尤其是在狀況愈來愈棘手時，他們更會在旁鞭策我。我知道自己的弱點，也知道自己偶而會偷懶，所以需要教練和良師在旁督促，免得自己偷懶。

有一天，我在健身中心接受教練JR的訓練，他跟我說：「金，把那顆紅色健身球撿起來，我們要做下一套練習。」我走過健身中心，彎下身子撿球，以為球很輕，結果我拿著球慢慢站起來，才明白這顆紅色健身球比以前常用的藍色或黃色健身球還要重。我手中拿著那顆紅色健身球，有點遲疑地走向JR。

「好囉，」JR開口說，「我要妳把健身球抱在頭上方，做四十下弓箭步。接著，抱住紅色健身球，在斜板上坐四十個仰臥起坐。最後，抱著那顆健身球，坐二十下蹲舉。」我滿臉疑問地看著JR，然後開始做弓箭步、仰臥起坐和蹲舉，接著我氣喘噓噓又生氣地走向JR，但是我很自豪自己做完這麼難的練習，相信往後的練習應該會輕鬆多了。

沒想到JR竟然說：「做得很好，現在再多做二遍。」

「多做二遍！」我抗議，「這顆紅色健身球好重！而且，你竟然要我再做二遍？」

JR只是笑笑，接著他說：「妳希望我給妳做點輕鬆的練習，是嗎？妳花錢請我拉著妳的手，還是花錢請我讓妳的健身有成效？妳自己做決定。」

我拿著紅色健身球靜靜地走開，開始做下一套弓箭步。那時，我恍然大悟，不管做什麼事，想要有成效，有時妳就必須讓自己吃苦。但是我們（包括我自己）通常會找輕鬆簡單的事情做，因為這樣比較容易，也比較舒服。這種安於熟悉的模式，讓我們維持現狀地躲在舒適圈裡。但是，為了得到自己想要的成果，我們必須願意不計代價、全力以赴。

所以，請問問自己：在生活的哪些層面，妳選擇簡單容易的事去做？在哪些層面，妳則會全力以赴？

為自己量身打造的後援組織

妳要為自己量身打造，最適合妳當下狀況的後援結構。妳剛開始追求理財夢的後援結構，或許會隨著時間演變而改變，先前妳仰賴的人和策略，或許會隨著妳累積更多經驗和成功次數增加而跟著改變，而此正是追求理財夢的必經過程。

為自己打造一個在必要時有人協助的後援團隊，這件事再重要不過。欠缺實力堅強、穩固可靠的後援架構，或許是許多女性在追求財務自主的過程中半途而廢的首要原因。當妳在追求財務自主的過程中，遇到突如其來的挫折和不幸事故，如果妳認為凡事都要靠自己，要親力親為地解決每個問題，最後妳一定會很氣餒。其實，妳可以用更簡單、更優雅、更激勵自己也更有趣的方式因應這種困境，妳只要做好準備，建立好後援團隊，下定決心要贏，而且要一直贏下去！

CH12

迎接不可預期的變動

要振作並應付變動，就要……

妳搭乘的飛機到達安全高度時，就可以解開安全帶。這時，妳一邊翻閱雜誌，一邊喝起飲料。突然間，妳覺得機身晃了一下，接著又再晃一下。座艙長開始廣播：「各位女士、各位先生，我們正遇到突如其來的亂流，請您坐在位子上，並繫好安全帶。」

不管妳喜不喜歡，亂流這種事都會發生，這沒有對錯可言，也沒有好壞之分，只是一種會發生的自然現象。身為乘客，遇到亂流時什麼忙也幫不上；但是，身為掌控飛機航行的機長，就有幾件事可做。機長可以稍微變換航線，脫離亂流區，讓航程平穩些；機長也能決定直接穿越亂流區，但是要讓乘客做好心理準備。要是亂流會影響飛航安全，機長就該選擇直接改變目的地，將飛機降落在另一個城市。

在生活中，我們每個人都有自己突如其來的變動（就像搭機遇到亂流）要應付。搭機遇到亂流跟日常生活中突如其來的變動，兩者的差別在於，在生活中，我們就是握有掌控權的機長，不是乘客。我們可以針對變動做些事，也就是「好好應付」突如其來的變動。

是變動或是問題

生活中突如其來的變動常被當成問題看待，但是兩者根本不同。當代心靈導師艾克哈特．托勒（Eckhart Toller）在著作《當下的力量》（*The Power of Now*）中提及，「問題指的是，妳沒有打算或不可能現在採取行動，而讓情況一直拖延下去，也不自覺地讓這種行為變成妳自體感受的一部分。」

妳我就是讓某件事變成問題的那個人，托勒在書中傳達，「我們的心智不自覺地喜歡問題，因為問題突顯出我們的性格……我們心裡承擔過多的負荷，想著日後要做或必須做的許多事情，反而沒有專注於當下自己能做好的事。」

托勒提出這個問題說明自己的論點，「現在，妳有問題嗎？」我說的是在這個時刻，不是明天或十分鐘內，而是**現在**，妳有問題嗎？除非妳家失火了，妳跌倒把腳趾弄傷了，或是有人拿槍指著妳，否則妳現在煩惱的問題，或許根本還沒發生。重點是什麼呢？重點是，問題並不存在，只是在妳的腦海裡打轉。根據托勒的定義，問題是我們心裡一直牽掛的某件事。

所以，如果問題並不存在，那麼究竟什麼才存在呢？托勒告訴大家，「根本沒有問題，只有現在要處理或接受的情況，這些情況會一直存在，直到情況改變或能被處理掉。」

我把這些情況稱為生活中突如其來的變動，變動是理所當然的事，每

富女人的貼心叮嚀

面對讓我不舒服的事，並好好解決它們，讓我成長最多。

——美國知名女星希拉蕊．史旺（Hilary Swank）

個人的生活裡都會反覆出現變動，問題是：妳會處理它，或是放任不管？

機長駕駛飛機遇到亂流時，必須當下採取行動應付亂流，機長不能說，「喔，我現在不想處理這件事；亂流，就等以後再處理。」不過，這就是我們大多數人在生活中面臨變動時的寫照。

我們碰到能馬上處理的變動，就該馬上把狀況處理掉；可是我們卻把事情一拖再拖，因為當下不想面對它。於是，就在那個時刻，我們幫自己製造一個問題。其實，我們碰到的狀況可能像有通電話要打這麼簡單，但當下卻沒有採取行動，一拖再拖，結果就把這件事放在心上，還因此失眠頭痛，這樣操心煩惱一陣子後，還是得打那通電話。

川普原本負債高達九億美元還瀕臨破產，他東山再起不久後接受一位女記者採訪，記者問他，「在銀行跟你催討幾百萬美元債務的那段期間，你擔心嗎？」

川普不解地看著那位女記者，好像那位女記者在講火星文似的，他回答，「擔心？擔心有什麼用？你能做的就是採取行動，不然就是什麼事也不做。」

川普當時面臨生活中的一大變動，但是與其為此擔心，牽掛可能出錯的每件事，他反而採取行動，好好應付這個變動。

在追求財務自主的過程中，如果妳遇到一些突如其來的變動，這時請妳問問自己，「**現在**，面對這種情況能做什麼？」如果妳現在能做一點事讓情況有所改善，那就做吧；要是妳當下無法做什麼改善現況，那就接受吧，等到自己有辦法採取必要行動時再出手。有時候，情況看起來似乎是，別人替我們製造問題和擔憂，但事實上，我們才是為自己製造問題的元兇。

投資出現的變動

沒有經歷變動，妳根本不可能獲得財務保障，並實現財務自主。對許多人來說，麻煩出在一有變動出現，我們不想馬上處理，因為害怕、困惑或欠缺知識，使得我們把狀況一拖再拖，結果就替自己製造問題。要實現妳的理財夢，就必須在變動出現時，馬上把狀況處理掉，不要讓它變成拖延許久，遲遲未解決的問題。

接下來，我用二個故事說明人們在面對財務變動時會怎麼做。

傑瑞和黛比這對夫妻堅信，儲蓄是為退休做準備的最好做法，在存了幾年錢發現沒賺到什麼利息，加上每個月生活費大幅增加的情況下，二人決定尋求新的解決方案。這對夫妻對買房收租沒興趣，以前做股票也沒賺到錢，妳心想他們可能沒受過什麼理財教育，也缺乏這方面的知識才會這樣。

後來，精通貴重金屬的一位熟識建議他們，可以考慮把一部分的錢拿去買白銀，對方的理由是，白銀是用於電腦、手機、燈泡、汽車、濾水器、太陽能電池和一般電池的消費性產品。隨著新興國家崛起，需要更多建設和基礎設施，對白銀的需求很可能會增加。這位朋友還說，「現在白銀每盎司十七美元，可能是你們進場買進的好時機。」

對傑瑞和黛比來說，這次談話讓他們的生活出現變動，他們覺得這位朋友講的話很有道理，但是他們並不確定這位朋友的看法準不準確。「要是我們把存的錢賠掉了，怎麼辦？」他們這樣問自己，「我們甚至不知道要去哪裡買白銀。」他們想了又想……想了又想。

他們應該馬上問自己，「如果要把白銀當成投資工具，我可以從哪裡學到更多相關知識？可以找誰請教去哪裡買白銀？」光是問這二個問題，他們就能馬上採取行動。

但實際上，他們做了什麼？他們告訴自己：「我不知道要做什麼，我不知道這個人講的是不是真的。要是我找錯地方買白銀，可能會被敲竹槓。」他們把生活中的些微變動（心裡沒有解決的疑問）變成替自己製造問題，讓自己為這個問題心煩不已。

結果呢？他們什麼事也沒做，不只這樣，他們還替自己製造問題。一年後，他們還在想該不該白銀；但是在那一年內，每盎司白銀的價格已經從十七美元漲到四十八美元。

艾希莉擁有一棟有十間公寓的出租大樓，有天下午一位房客打電話來，抱怨她那間公寓的冷氣不冷。這棟公寓大樓位於拉斯維加斯，再過幾個月夏天就要到了，氣溫很快就會突破攝氏三十七度。但是，艾希利沒有設立應急帳戶，支付緊急維修費用，所以她沒有錢修理那間公寓的冷氣或買台新冷氣裝上去。艾希莉正面臨生活中突如其來的變動。她沒有問自己，「我現在能做什麼解決這件事？」她打電話跟房客說，她會處理這件事，其實她根本沒打算解決冷氣不冷這件事。就在那個時刻，她把當下應該處理的變動，變成一個問題，然後讓問題在腦子裡打轉，不管白天或晚上都想著這個問題。

後來，抱怨冷氣不冷的房客搬出去了，要求艾希莉退還二個月押金，還在網路上寫文章罵她。由此可知，要是變動沒有馬上加以處理，就會變得更糟。這一點我可以跟妳打包票。

怎樣處理變動——現在就處理

妳的生活一直出現某種形式和某種程度的變動，這時妳怎麼辦？

首先，先深呼吸一口氣。

接著，問問自己，「發生什麼事？」妳現在要處理的變動究竟是什麼？

再來，提出下面這三個問題：

1. 我**現在**能做什麼？
2. 我**現在**可以打電話問誰，因為對方比我更清楚這個狀況？
3. 我需要什麼資訊？我**現在**可以去哪裡找到這些資訊？

最後，從妳可以選擇的不同方案中，決定妳現在要採取哪項行動，然後**馬上**行動！

當妳提出上述問題並馬上採取行動，就能讓妳做到下列這二件事：

1. 採取行動開始掌控整個狀況。
2. 避免妳把狀況變成問題，也不會因為狀況沒有解決而掛心不已。

請注意：如果妳因為情勢所逼，現在無法採取行動，妳就要先決定好，當妳可以採取行動時，要採取什麼行動。

不同程度的變動

我們在生活中都經歷過不同程度的變動，包括比較輕微的，如：讓我們放慢速度的顛簸道路；稍微麻煩的，如：讓我們必須先把車停下來的爆胎意外；嚴重些的，如：需要時間和細心照料才能解決的正面衝突；非常棘手的，如：耗費許多精神和與勇氣才能度過這些可能對性命造成威脅的事件。

有趣的是，讓某位女性感到是正面衝突的重大阻礙，在另一位女性眼裡或許只是顛簸道路這種小事。一生中沒經歷什麼變動的女性，可能把腳趾頭受傷當成一件讓人生很悲慘的大事，但是在生活裡經歷過許多重大起伏的女性或許認為，那種事只不過是小小抓傷，沒什麼大不了。

要注意的是，妳的任務、使命和目標的大小，跟妳會遇到的變動幅度成正比，妳要追求愈重大的目標，就可能經歷愈大的變動。

而且，妳能得到多大的成就，就跟妳能處理的變動幅度成正比。為什麼？

會發生變動是因為妳在撼動自己的世界

當妳決定改變自己的世界，尤其是改變妳的財務世界，那麼阻力就會開始出現。阻力以變動的形式出現，阻止我們做我們必須做的事。根據《藝術之戰》（*The War of Art*）作者史蒂芬．普萊斯菲爾德（Steven Pressfield）所說，當我們「拒絕即時享樂，為個人長期成長、健康或人格統合而努力時，阻力就會出現。」換句話說，長期正面積極的改變，就是妳為了實現個人理財夢所做的事。妳只要知道，變動和阻力只是必經的過程，只是妳要好好處理的事。

提醒大家：當妳努力改善自己、讓自己的生活變得更好、也積極追求改變時，如果妳身邊最親近的人抗拒改變，那妳這樣做等於在撼動他們的世界。不喜歡改變的那些人可能覺得不舒服，當他們看到跟自己親近的人積極做一些事情改善他們的生活，有時甚至會讓自己覺得受到威脅。其實，真正發生的情況是，妳的行動提醒他們，他們自己沒有這樣做。妳勇往直前，他們卻在原地踏步，這讓他們內心感到緊張和壓力。所以，跟妳親近的人或許會百般阻撓妳，妳只要知道這種狀況真的跟妳無關，是他們自己的關係。

所以，我能告訴妳的是：撼動妳的世界吧！顛覆妳的世界，行動吧！讓妳身邊的人覺得不舒服，其實妳是在幫他們的忙。跟變動正面對決，好好處理，然後繼續前進。沒錯，現在就是妳**振作起來，讓自己出頭天的時候！**

富女人的貼心叮嚀

妳要成為那種讓魔鬼都害怕的女人，每天早上起床兩腳踏到地板時，讓魔鬼都害怕地說：「該死，她起床了！」

CH13 搞懂數字

要增加自己的理財才能，就要……

我認為我們女人從小學開始就被洗腦，師長要我們相信自己對數字不在行。不管明說或暗喻，老師塞進我們腦袋裡的訊息就是，男生數學和科學比較行，女生在閱讀和寫作方面比較厲害。現在，我們知道那種想法根本是不切實際的推測。反正，老師說學生某方面比較不在行也不犯法；可是，這種講法只會讓學生滿腹疑問，缺乏自信，把每個小孩與生俱來的創意和才能扼殺掉。

理財是生活技能之一，但是目前大多數的學校都沒有教導學生怎麼理財，這項事實告訴我們，學校教育實在有該檢討之處。金錢與財務就跟數字有關，數字只是我們的成績單，讓我們知道自己把家庭管理的如何、把事業或事業生涯經營得怎樣，以及投資績效如何。有些人很喜歡數字，有些人卻沒有那麼喜歡數字。

重要的是，如果妳打算改善自己的財務狀況並實現理財夢，妳就必須搞懂數字，不會看到數字就覺得頭痛。要是加、減、乘、除四則運算難不倒妳，那麼數字就是妳實現理財夢旅途中的最佳良伴，再也不是什麼艱難棘手的東西。

踏出第一步

別再說：

「看到這些數字，我的眼睛都花了。」

「我們家的錢都是我先生在管。」

「我把財務事宜交給理財專家處理。」

「我就是對數字不在行。」

如果妳真的相信上面這些說法，或是妳腦子裡有類似的想法，那麼妳絕不可能獲得妳想要的財富。為了擁有妳想要的財富水準，妳必須養成一種健全的態度看待數字。

我沒有宗教信仰，但我記得《聖經》裡有這麼一句話：**道成了肉身**（And the word became flesh）。我直譯為，不管妳想什麼和說什麼，都會成真。所以，如果妳認為金錢是不好的，有錢人是邪惡的，或者妳認為窮人比富人更講究精神層面，那麼不管這些想法是妳刻意或不自覺的想法，都會讓妳追求財務自主的努力變得徒勞無功。為什麼？因為妳在潛意識裡對金錢的看法，經常會跟妳追求財務自主的目標產生矛盾，因此妳潛意識的想法就會推翻妳的意識行為。

艾克牧師（Reverend Ike）是一位相當有趣、跟傳統牧師截然不同的宗教人士，他鼓吹「正面自我形象心理學」（positive self-image psychology），也以最健康的方式鼓吹財富與金錢。他會這樣說，「妳能為窮人做的最棒一件事就是，不要讓自己也變成窮人！」「愛錢不是萬惡之根源，缺錢才是萬惡之根源。」講到個人對金錢的態度，艾克牧師引述這句愛爾蘭諺語，「錢發誓：不愛錢的人就不該擁有錢。」

艾克牧師認為，你講什麼就得到什麼，他說，「人們用自己的大嘴巴談論金錢，把錢都講跑了。其實，你可以利用言語的力量，讓金錢走進你的生命，或是讓金錢走出你的生命。」他還告誡世人，「千萬別說錢很難賺，錢會聽到你說的話，也會照著做。」

這個道理也適用在數字上，與其認為數字讓妳一頭霧水、既困難又無趣，不妨問問自己，「如果數字既有趣又令人著迷，那會怎麼樣呢？」

數字的奧妙

一旦妳擺脫掉對數字、數學、財務和金錢的負面想法，接著就是妳擁抱數字的時候，這時妳就能善用數字的神奇力量。

數字是什麼？數字是股票的本益比（price/earnings ratio, P/E）、是房地產或事業的營業收入淨值（net operating income, NPI）、是任何一項投資的投資報酬率（return on investment, ROI）。如果這些字眼妳都很陌生，就要查查它們的意思並加以定義。就像我的一位老師說的，「如果妳無法定義它，就無法擁有它。」所以，如果妳不會計算或定義投資的現金流，妳就無法擁有現金流。

請注意：字彙是學習的關鍵之一，根據研究發現，如果妳看書或閱讀文章時，發現自己看到昏昏欲睡或同一段文字重複看了好幾遍，那麼妳可能看到一個自己不懂的字。在那個時候，妳就要回頭看看還沒晃神時看的內文，從那裡開始往下看，妳就會發現自己不懂哪個字。一旦妳找到那個字，就查查那個字的意思並加以定義。在上課或聽人講話時，情況也一樣，當妳聽到昏昏欲睡、精神不濟時，就表示妳先前聽到一些自己不懂的事。

對許多人來說，投資數字就像謎一樣，看起來既嚇人又讓人傷腦筋。事實正好相反，數字不是謎，反而是我們解開謎底的線索。

每項投資都有自己的故事，每次有人找妳做特定投資，他們都會跟妳說故事，比方說：

「這家公司剛發現治療癌症的新藥，五個月內就會推出這種神奇產品，股價就會飆漲。」

「這棟有二十四間公寓的大樓，剛好位於德州房價持續看漲的地段，波音公司明年就要在那裡開設新廠，所以租屋需求即將大增。」

「我和我的合夥人為大學女生設計新的服飾系列，我們從事服飾業有二十五年之久，到目前為止，有三十間知名大學都挑選我們設計的服裝。我們已經取得口頭協議，在接下來的六個月，顧客數目將成長為二倍。」

每項投資都有一個故事，人們會惹上麻煩的原因是，大家光聽故事就行動，沒有仔細推敲數字透露的事實。數字可能訴說同樣或不一樣的故事，重點是妳要揭露真正的故事，去把謎底解開。

數字就是線索

數字本身沒有意義，我從來沒把投資分析的數字只當數字看，而是把數字當

富女人的貼心叮嚀

如果妳無法定義它，妳就無法擁有它。

成線索。數字的存在不是要讓妳困惑，而是要給妳線索。所以，請把妳要進行的每項投資當成一個待妳解開的謎題，數字就是指引妳開發實情的線索，妳要問的問題不是「誰做的」，而是「這是怎麼回事」。這項投資是什麼？這項投資真正的績效如何？我們可以預期這項投資日後有怎樣的績效？

回到先前提過「奇蹟發生了」那個漫畫，這就是許多投資推銷辭令的做法，他們拿印製精美的簡介給妳看，給妳許多關於產業的數據，卻沒有提供特定公司、城市或物業的數據。我們的投資夥伴、也就是富爸爸顧問團隊（RIch Dad Advisor）的不動產顧問和富爸爸系列之《不動產投資基礎》（*The ABCs of Real Estate Investing*）的作者肯・麥克羅（Ken McElroy），有一天跟我一起檢視某項房地產投資那厚厚一疊的資料時，我們邊看資料邊笑，那些資料沒有談到以往的投資績效，卻對未來的績效做出好到不像是真的那種預測。這倒是讓我們想起這個規則：**說明手冊愈大本，交易就愈有問題。**

如果一項投資提案說得不清不楚，很可能投資內容一點也不讚。所以，別想用不切實際的推測難倒我。

如果確實是一項好交易，那麼：

1. 就給我看數據，比方說：過去的營業數字、未來最佳狀況和最壞狀況的預測數字。
2. 說明這項投資日後會增值的原因和做法。
3. 讓我知道進行這項投資的預期投資報酬率。

「我想這邊你該說清楚點。」

假設妳聽到的故事是這樣，「過去二年，我們公司的產品銷售額是五千美元，如果有妳的資金挹注，我們預測明年的產品銷售額會達到十萬美元。」

聽到人家這樣說時，妳只要問一個問題，「怎麼辦到？」誰都知道，如果沒有備妥可靠又有效的計畫，根本不可能讓銷售額從五千美元暴增到十萬美元。要是對方無法向妳說明如何達成目標，那麼那十萬美元的預測就毫無意義可言。

光是數字並不代表什麼，十這個數字是沒有意義的，但是如果數字十代表一棟有二十間公寓的出租大樓，其中有十間公寓空著沒租出去。那麼這個數字就代表某件事，也引發一個問題——為什麼這棟大樓有一半的公寓沒租出去？接下來，謎底就要揭曉。

數字一千不代表什麼。但是，如果數字一千是一家小公司每個月虧掉的金額，那就會讓想投資這家公司的人產生這個疑問：為什麼？接著，謎底就要揭曉。

數字的用意是讓妳找出哪裡有問題，事實跟說法哪裡有出入。數字協助妳發現事實究竟是怎樣並提出疑問：為什麼？所以，可別把投資數字當成一堆數字，而要把數字當成故事的一部分，是協助妳揭曉謎底的線索。

解開數字之謎

假設妳正在考慮買下一棟雙層公寓大樓，賣家告訴妳這棟大樓的營運費用很低。聽起來好像很不錯，但是妳檢視去年的數字發現，屋主根本沒花什麼錢維修這棟大樓。這項數字讓妳產生疑問（可能是一個線索），所以妳進一步打聽。妳知道，屋主只告訴妳部分事實。沒錯，這棟大樓的營運費用很低，但是進一步檢查後發現，屋主並沒有告訴妳，那是因為他根本沒花錢維護這棟大樓，所以要讓這棟大樓租得出去，必須先把許多地方維修好。原屋主的維修費用低，但是賣給妳以後，妳就要花一大筆錢整修大樓，才能開始收租。

請注意：這樣講的重點並不是要妳別買那棟大樓，而是讓妳發現有更實用的資訊，知道這項投資是否對妳有利。

如果妳打算買上市公司的股票，那麼數字同樣很重要，大多數人聽信謠言、小道消息和目前的新聞買賣股票。當妳買進某家公司的股票，妳就是那家公司的股東，如果妳打算投資一家公司，難道妳不想把這家公司當成自家公司，檢視一下這家公司過去的績效數字和未來的預期目標？

投資鉅子華倫．巴菲特（Warren Buffett）說自己對股市了解不多，所以只依據公司的整體潛力挑選股票，他會檢視每家公司的整體狀況，真正進場投資某家公司時，不會關心股價起伏，而是關心公司表現好不好，能不能幫他賺錢。

透過練習和經驗累積了解任何投資的數字，只要妳對這件事感到愈自在，妳就能成為更成功的投資人。如妳所見，數字不只是紙張上的數字，而是解開事實真相的線索。所以，我們就繼續解開數字之謎吧！

CH14 不再對數字麻木不仁

要發揮妳內在的富女人特質，就要……

如果妳知道要從數字中找出什麼線索，那麼每項投資的相關數字就變得相當有趣；數字是每項投資的血脈，是活生生的東西，讓妳知道每項投資的過去與現況。只要妳能發揮創意運用數字，妳就能預測出每項投資的前景。

我們談的是什麼數字？

我們談的數字並不像人們想的那樣錯綜複雜，在金錢的世界裡，有三種財務報表，就是：

1. 損益表。
2. 資產負債表。
3. 現金流量表。

先前我們已經談過損益表，就是特定期間（月份、季度或年度）的收入與支出的記錄。我們也討論過資產負債表，意即資產和負債的記錄。現金流量表則告訴妳現金的流入與流出，以及特定期間結束時還剩下多少現金（期末結餘）。

先前我們也討論過資本利得和現金流的差異，上面談到的這些財務報表中，就有妳需要知道的大多數數字。

我們把這三種財務報表更進一步地簡化，妳在分析一項投資時，要專注在以下這四個方面：

1. 收入。
2. 支出。
3. 債務（負債）。
4. 投資報酬率。

收入、支出和債務

不管妳是檢視投資

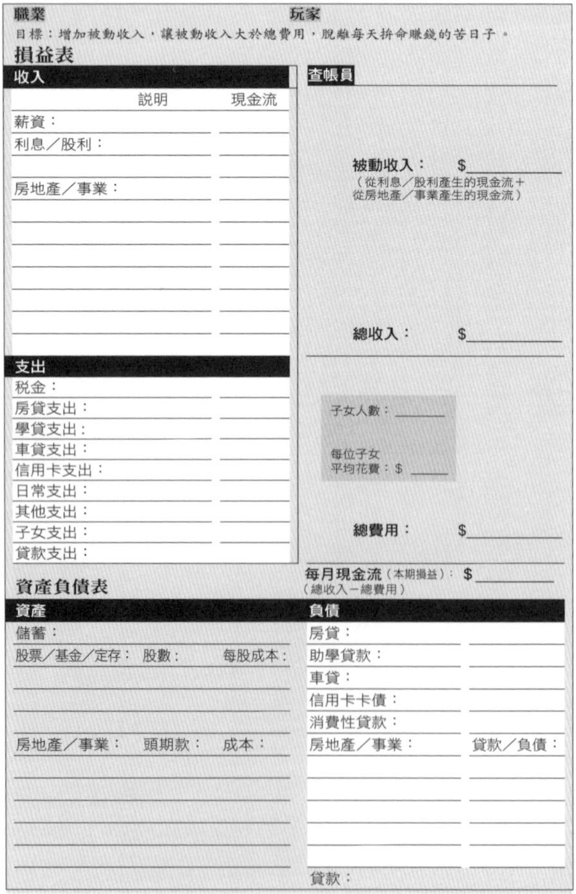
職業　玩家

目標：增加被動收入，讓被動收入大於總費用，脫離每天拚命賺錢的苦日子。

損益表

收入

說明	現金流
薪資：	
利息／股利：	
房地產／事業：	

查帳員

被動收入：$
（從利息／股利產生的現金流＋從房地產／事業產生的現金流）

總收入：$

支出

稅金：
房貸支出：
學貸支出：
車貸支出：
信用卡支出：
日常支出：
其他支出：
子女支出：
貸款支出：

子女人數：
每位子女平均花費：$

總費用：$

每月現金流（本期損益）：$
（總收入－總費用）

資產負債表

資產

儲蓄：
股票／基金／定存：　股數：　每股成本：
房地產／事業：　頭期款：　成本：

負債

房貸：
助學貸款：
車貸：
信用卡卡債：
消費性貸款：
房地產／事業：　貸款／負債：
貸款：

朋友經營的事業、上市公司股票或出租物業，首先妳要看的三項數字就是：

1. 收入。
2. 支出。
3. 債務。

這三項數字牽涉到整個損益表和資產負債表的負債欄位（投資報酬率這部分會在後續章節討論）。

順帶一提：在考量投資時，業主擁有的資產不一定是考量因素，講到資產這個欄位，我最有興趣的是，**我自己**擁有多少資產，而不是別人擁有多少資產。

收入

在考量一項投資時，妳要問的問題是：這項投資標的可能從哪方面增加收入？如果妳想投資某家公司，就要看看這家公司正在拓展新市場嗎？有新產品上市嗎？如果妳想投資公寓大樓，就要看看能在每間公寓裡加裝洗衣機／乾衣機，藉此提高租金？租金有調高的可能嗎？俯瞰游泳池景觀的公寓能收高一點的租金嗎？

換句話說，就是可以從哪裡下手增加收入？

支出

就算不是專家也知道怎樣刪減支出，只不過，那樣做未必是最好的做法。妳反而該問：怎樣把錢花在刀口上，才能改善某個物業或某家公司的價值？舉例來說，公司為了省錢可能決定將所有員工的薪資減半，但是如果此舉引發眾怒，讓全體員工憤而離職，那麼這樣做就不是刪減支出的最佳解決方案。或許多撥一點錢讓行銷部門推出創新產品上市，這樣做或許才算是善用支出，增加公司的整體價值。以投資出租公寓大樓來說，花錢鋪地毯、粉刷、做好景觀和照明，讓公寓大樓煥然一新，希望藉此調高租金，這或許是讓妳收入增加的好方法。

個人支出的情況也一樣，沒有思考力的「專家」會告訴妳要盡量減少支出，但事實上，花更多錢在能增加個人資產欄位價值並創造額外現金流的資產上，其實更有道理。

債務

不懂理財的人大都會把債務當成不好的事，其實大家都有這種狹隘的想法，因為我們從小到大就被教導最好別負債。可是，並不是所有債務都不好，有些債務可以是好債，取得好債很可能是妳追求財務自主計畫中的一個重要部分。

債務是好或壞就看資金如何運用。如果借來的錢只是用於消費，比方說：刷卡去渡假、買珠寶或買鞋，那麼這種債務就是壞債。每個月要繳的汽車貸款也是壞債。

債務是好或壞就要看錢由誰償還來決定。壞債是妳自己掏錢還清的債務，好債是別人幫妳還清的債務。我們的稅務策略專家湯姆．惠爾萊特（Tom Wheelwright）自己開會計師事務所時，就借錢發展自己的事業，這項債務就由會計師事務所創造的正現金流來償還。當妳買下一項物業（房子或土地）打算收租，妳很可能是跟銀行申請房貸或其他抵押貸款。如果妳把這項物業管理得很好，每個月能拿租金來還貸款，那麼這種債務就是好債。

一九七三年時，羅勃特在夏威夷上了一堂房地產投資課，後來他就開始在夏威夷四處尋找能為他創造正現金流的出租物業。他很訝異自己竟然遭到房地產仲介的阻撓，對方跟他說，「你在夏威夷找不到這種交易，夏威夷的房價太貴了。」這些房地產仲介自己並不是房地產**投資人**。羅勃特堅持要找到這種物業，最後終於找到一位懂他講什麼，又有現金流出租物業可以介紹給他的不動產經紀人。這位不動產經紀人介紹的那棟公寓大廈，每間公寓售價只要一萬八千美元。不過，那可是一九七三年的事。當時羅勃特看上其中一間公寓，仔細看過相關數字，也清楚頭期款就是售價的十分之一，付一千八百美元就能買下那間公寓。後來，羅勃特怎麼做呢？他拿出信用卡刷了一千八百美元買下那間公寓。現在，大多數人的卡債都是壞債，大家刷卡到高檔餐廳用餐，替汽車換新的輪胎，或幫客廳換新的燈具。但是，以羅勃特買那間公寓這件事來說，他的卡債卻是好債，因為每個月從出租公寓拿到的收入，就可以用來支付卡債和相關費用。

在借錢購買事業或不動產等資產時，妳該問的問題是：我怎樣爭取到最

富女人的貼心叮嚀

債務負擔通常是妳要支出的最大筆費用，也可能是現金流呈正值或負值的差別所在。

有利的融資條件？融資條件包括利率、貸款年限、貸款成本和提前還款違約金等事項。債務負擔通常是妳要支出的最大筆費用，也可能是現金流量呈正值或負值的差別所在。

數字會說故事

接下來，我分別用出租物業和企業這二種投資標的，讓大家知道數字怎麼說故事。

讓數字告訴妳該投資哪一個物業？

有二個大小差不多的公寓大樓，一棟有十間公寓，另一棟有十二間公寓，都座落在同一個城市的同一區。從投資觀點檢視這二個物件時，光看收入欄位的幾個數字，妳覺得哪一棟大樓比較吸引妳？

還記得先前講過，數字會給妳線索。現在，把物件一跟物件二的收入比較一下，當妳檢視這些數字時，妳看到什麼？有哪些數字讓妳產生疑問？如果有，是哪些數字，為什麼有疑問？花一點時間檢視這些數字，妳有看出來數字在講什麼故事嗎？

現在，檢視一下這二個物件的一些費用：

把物件一跟物件二的費用做比較時，妳有發現什麼問題嗎？這二個物件各自有什麼問題？檢視這二個物件的費用時，妳比較喜歡哪個物件？

接下來，我就跟大家分享我從這些數字中看到的線索：

收入

空屋率

空屋率是指沒租出去的單位占所有單位的百分比，物件一的空屋率是二％，表示有九八％的單位租出去或有在使用。物件二的空屋率是三〇％，也就是只有七〇％的單位租出去或有在使用。顯然，二％的空屋率比三〇％的空屋率要好；不過，事實真的是這樣嗎？

問題就是從這裡產生，故事開始浮現。空屋率二％有沒有可能是租金太低，或低於市場行情？這表示租金有調漲的可能，那收入就可能增加。要查明這一點，只要把物件一的租金跟同區內類似公寓的租金做比較就會知道。

物件二的空屋率較高，那怎麼可能是一件好事呢？要是妳能把那些單位租出去，不就能大幅降低空屋率？而且，

物件一	收入	物件二	收入
總收入	$6,000	總收入	$7,800
洗衣	$125	洗衣	$80
遲交租金罰款	$0	遲交租金罰款	$100
淨收入	$6,005	淨收入	$5,640
大樓總價	$550,000	大樓總價	$744,000
單位數	10	單位數	12
空屋率	2%	空屋率	30%

物件一	費用	物件二	費用
電費	$1,700	電費	$300
水費	$800	水費	$400
管理費	$900	管理費	$300
粉刷費	$30	粉刷費	$280
地毯清潔費	$20	地毯清潔費	$100

這樣做不就能讓收入大幅增加？對妳來說，公寓大樓的價值直接跟大樓能創造的收入有關，要是妳能增加大樓的收入，妳就能增加大樓的整體價值。

遲交租金罰款

遲交租金罰款是指房客無法準時付房租時，要額外付給房東的金額。物件一沒有遲交租金罰款，這表示所有房客都準時付租金；物件二的遲交租金罰款是一百美元，因為每個單位的遲交租金罰款是二十五美元，所以有四位房客遲交租金。這項數字告訴妳什麼？

它告訴我，這棟大樓不但有三〇％的空屋率，房客也不準時付房租。好的房客會自己打理住處、很少抱怨，也準時交租金。分析至此，妳覺得這二個物件中，哪一個物件比較好？

支出

電費

跟物件二相比，物件一的電費高很多，這表示什麼？這或許表示物件一是用總電錶，整棟大樓只有一個電錶，電費都由房東或屋主支付。那麼高的費用可能讓妳的現金流減少，如果電費都由房東支付，最好委請有經驗的公司計算房客需要支付多少電費，這樣就能讓電費大幅減少。

水費

物件一的水費是物件二的二倍，這可能表示一些事，比方說：物件一可能有某個地方漏水了，也可能表示物件一進行過一次大規模的整修，所以有一、二個月的水費暴漲，但這只是一次性的費用，卻能讓整棟大樓的價值大增。

粉刷及地毯清潔費

粉刷及地毯清潔費高表示房客轉換頻繁，也就是房客沒住多久就搬出去，有新的房客入住。房客轉換頻繁會讓屋主支付一大筆費用。根據數字顯示，物件二的房客轉換頻繁，這讓人不免想問，為什麼房客轉換如此頻繁？

管理費

物件一每個月支付管理員九百美元，物件二只支付三百美元。相較之下，顯然物件二在這方面比較優，真的是這樣嗎？妳必須考慮到管理員做了什麼或沒做什麼。物件二的管理費雖然低，但空屋率那麼高，而且房客又不準時交房租，這可能就是管理費低的後果。

概要

經過這些分析，究竟這二個物件哪一個是比較好的投資標的？

答案是……看情況。這要看妳檢視這些數字時提出哪些疑問，又如何回答這些疑問。

物件一或許是不錯的投資標的，尤其是如果租金低於市場行情，電費又能由房客自付，這樣看來就很值得投資。但是，從另一方面來看，如果妳能解決空屋率高、房客素質不佳和房客轉換頻繁這些問題，那麼物件二或許是一塊未經琢磨的璞玉。物件二其實是物業管理不當的一個例子，要是妳能引進優秀的物業管理，將這棟大樓徹底改變一番，最後這棟大樓或許能為妳創造相當不錯的現金流。數字引發問題，讓妳為「這是怎麼回事」這個問題解開謎底，一旦解開謎底，就由妳決定，依據財務考量，哪一個物件才是對妳有利的投資標的。

讓數字告訴妳該投資哪家企業

下面這二家飲料公司位於同一個城市，都販售飲料給飯店和渡假村。二家公司的老闆都在找投資人，要為拓展事業籌募資金，他們跟妳接洽，想了解妳有沒有興趣投資。請花一點時間檢視以下的數字，比較一下二家公司的收入和費用，妳會產生什麼疑問？妳看出任何警訊嗎？看到這些數字後，妳有興趣投資嗎？在妳看來，這二家公司哪家比較值得投資？

我把這些數字要說的故事摘述如下：

非營業收入

這二家公司的數字都顯示出相當高的獲利潛能，營業收入淨值（收入扣除費用）約為營收的五〇％。以營收數字來看，B公司的表現稍微好些，但B公司只有二位顧客，這一點就讓人憂心，要

每月損益	A公司	B公司
營收	$100,000	$115,000
顧客數目	6	2
營運費用		
薪資與工資	$40,000 （三名員工）	$45,000 （五名員工）
交通費	$3,000	$3,000
辦公室租金	$1,000	$2,500
差旅費和業務費用	$5,000	$2,500
雜支	$2,000	$3,000
總費用	$51,000	$56,000
營業收入淨值	$49,000	$59,000
辦公室整修（一次性費用）	$4,000	$1,000

是流失一位顧客，等於顧客流失掉一半，對公司的營收會造成什麼影響？B公司顧客人數少，是因為鎖定大顧客嗎？要是這樣，如果爭取多一個顧客，就能迅速讓營收大幅增加。相較之下，A公司有六個顧客，要是流失一位顧客，風險就沒有那麼大。

薪資和工資

B公司的員工平均薪資比較低，A公司比較高。但是，就員工人數來說，A公司員工只有三位，要是有員工離職，就會對公司營運造成比較大的變動。而且，A公司支付比較高的薪資，要多聘請員工就要花更多錢。

辦公室租金

A公司的租金費用比較低，辦公室也比較小，也花了四千美元做了一次整修。由於業務員都到飯店拜訪顧客，所以辦公室有必要整修嗎？這樣真的是把投資人的錢做最好的運用嗎？B公司的辦公室比較高檔，若有必要整修辦公室，需要的整修費用也比較少。

差旅費和業務費

A公司的差旅費和業務費是B公司的二倍，是A公司在這方面太揮霍，或是業務員更積極拜訪客戶，做更多飲料促銷活動吸引新的生意上門？要注意的是，A公司有六位顧客，B公司有二位顧客，顧客數目也可能是影響這類費用的一項因素。

雜支

雜支的問題是：究竟包括什麼費用？員工人數和顧客數目增加，雜支就會跟著增加嗎？

一個深入問題

這個市場有無其他競爭者？要是有的話，A公司跟B公司如何突顯自己，讓自己跟對手有所區別？如果這個市場目前只有A公司和B公司互相競爭，新競爭者進入市場的可能性有多大？

了解數字、善用數字

只要檢視上面這些數字，謎底就會慢慢揭曉，故事開始浮現出來。這就是了解及善用數字的重要。妳要做的只是，區別哪些數字闡述事實，哪些數字則是虛構。

CH15 債務有好壞的分別

想從獲得財務保障到擁有富裕人生，就要……

壞債（bad debt）這種說法其來有自，因為這種債務不好！卡債、車貸和房貸都讓我輾轉難眠，我自己就有過切身之痛。

羅勃特跟我曾經背負一筆金額龐大的壞債，當初我們因為創業失敗破產，也把信用卡都刷爆了。羅勃特的生意失敗欠下一堆債務，害得我們連覺都睡不好，常在夜裡驚醒，擔心接下來沒錢繳房貸，或要放棄哪一筆開銷。這種日子真是不好過，也讓我內心掙扎不已，因為我一直告訴自己，「這種事不該發生在我身上！」債台高築也讓羅勃特跟我之間的關係變得很有壓力，我們就是鐵睜睜的案例，可以證明夫妻間最容易為了錢吵架。

對於正在為壞債傷腦筋的人，我確實有一個解決方案可供參考。我可不是在推銷，而是推薦妳使用一項工具，要不要採用決定在妳。

羅勃特跟我面臨幾十萬美元的壞債時，我四處尋找解決辦法，但是聽到的建議都一樣：

1. 先把利率最高的債務還清。
2. 每個月慢慢償還各項債務。
3. 縮減每個月的開銷。

我照做其中一些建議，卻一樣深陷龐大債務困境，情況跟原先一樣糟。後來，我發現一項公式對我很有效，我開始進行提早還清債務計畫，這項計畫由九個步驟組成，羅勃特跟我將這項計畫製作成《富爸爸教你提早還清債務》（*How We Got Out of Bad Debt*）有聲書，我把一些重點摘要如下：

1. 列出所有債務並決定還款順序，除了最優先償還的債務外，其他債務都只繳最低還款金額。
2. 我不是從最高利率的債務開始還，而是先把金額最少的債務還掉。為什麼？因為我想要讓自己有好的開始，證明自己有辦法把錢還清。
3. 我沒在每月開銷上做任何改變，沒有減少開銷或剪掉信用卡。唯一做的改變是，每個月想辦法多賺一百美元。假如妳連每個女人都能做到的這件事都辦不到，那妳根本很難獲得財務自由。

如我所說，這是一個由九個步驟構成的計畫，而且這個計畫對羅勃特跟我都有效。大多數人利用這項計畫，都能在五到八年內跟壞債說再見。所以，如果妳正為了還清許多壞債而苦惱，不妨考慮採用這項計畫。

誤把好債當壞債

妳借的錢並非全都是壞債，好債與壞債的區別在於，妳怎樣使用妳借來的錢。了解好債並取得好債，就是懂理財者比不懂理財者多具備的一項優勢。

不過，有些女人抗拒這種構想，因為她們多年來深信所有債務都是不好的。

克服對債務的恐懼

美國退休主管服務團隊（Service Corps Of Retired Executives, SCORE）是一個很棒的組織，這個組織為小公司老闆提供援助。二〇一〇年時，這個組織的官方網站SCORE.org上刊登的一篇報導，就是由我的朋友里娃·萊森斯基（Rieva Lesonsky）執筆。這篇報導的內文如下：

如果妳跟我認識的許多女性一樣，講到錢時都特別小心。這就是所謂的「拾荒婦女症候群」，許多女性沒來由地害怕自己最後身無分文，儘管有些人銀行裡有高額存款，還是有同樣的恐懼。這種心態當然也會影響到我們經營事業的方式。

以目前的經濟情勢來看，減少開銷似乎是經營事業的必要手段，而且就某種程度來說，的確是如此。但有時候，減少開銷反而讓妳因小失大。對許多自己創業當老闆的女性來說，實在很難分辨什麼時候該減少開銷，什麼時候不該減少開銷。

我們就以安卓亞·艾芮拉（Andrea Herrera）的故事做說明。艾芮拉犯了女企業家的通病：害怕負債。她自己開公司，十年內就讓公司銷售額達到六十五萬美元，但她拒絕貸款，因此公司缺乏資金擴大規模。

後來一個顧問指導組織終於說服艾芮拉，該是她咬緊牙關接受嚴酷考驗的時候了。艾芮拉為公司申請一筆貸款，三年後公司的銷售額已高達一百三十萬美元，還爭取到脫口秀女王歐普拉這個大客戶。艾芮拉也招募新員工幫她處理一些業務，讓她有時間為公司擬定長遠規劃，這樣公司的生意就能愈做愈好。

艾芮拉把費用當成負債，沒發現那其實是讓事業獲得成長的機會。事實上，她取得的貸款幫她賺錢，沒有花她的錢，所以這種債務就是好債。

接下來是，另一位女性學習克服債務恐懼的故事，故事主角是唐娜・瑟琵羅（Donna Serpiello）：

我跟我先生在二十七年前結婚，當時我才十八歲，他二十五歲。我們沒錢買自己的房子，也不想花錢租房子，我爸媽提議大家住在一起，這樣我們就能多存點錢。三年後，我們還是跟我爸媽一起住……而且，我們生了二個小孩，我還懷了第三胎。可是，我們還是沒錢買自己的房子。

我哥哥是一名律師也投資房地產，他告訴我有一間雙層公寓要賣，他建議我們想辦法買下，再考慮該怎麼做。我們可以繼續跟爸媽同住，把公寓租出去，這樣就有租金收入。或者，我們可以搬進其中一間公寓住，把另一間公寓租出去，這樣我們就有自己的家。

因為我們沒有錢，我真的覺得去看那間房子只是浪費時間，但我爸跟我哥都堅持我們先看再說，後續再搞清楚細節。

我記得去看那棟雙層公寓那天，我爸跟我哥也一起去，我們仔細地看過房子，提出一些不同的選擇方案。我的看法是，「放棄，因為房子有很多地方需要整修。」

我爸認為，「妳要買下它！這房子實在很便宜，就算買四面牆也不只那些錢。」屋主要價二萬美元，我哥同意了。

我先生則拿不定主意，因為他知道這房子有很多地方需要整修。後來，我們決定要買，所以現在的問題就是怎樣籌出頭期款。

檢視過不同方案後，我們覺得最好的方案就是，跟房貸公司借比原先預期更多的錢，這樣我們就能把多餘的錢拿來付頭期款。不久後，我們就成為這棟屋況不佳雙層公寓的屋主。

買下那間房子後，我暫時還是跟我爸媽住，我先生負責把二間公寓重新整修，等完工後再租出去。我們每週拿到薪水，就把錢用於整修房子，經過一段時日，房子終於整修好。

我們搬進其中一間公寓，把另一間公寓租出去，租金收入剛好拿來支付整棟雙層公寓的房貸和其他費用。我們就在這間公寓住了將近三年的時間。

後來，我們買了第二間房子當成自己的家。買第二間房子時，我實在很害怕，因為這樣我們就要負擔二筆房貸。我哥再次說服我想辦法做到，他說：「雙層公寓其中一間公寓的租金足以支付房貸，另一間公寓的租金就能幫妳解決第二筆房貸。」

雖然我哥這麼說有道理，但我還是擔心萬一有什麼意外，「萬一公寓沒租出去怎麼辦？萬一房客沒交房租怎麼辦？萬一、萬一、萬一……怎麼辦？」

最後，我哥說：「做就對了。如果妳覺得太困難，妳隨時可以把房子賣掉。」我想他知道只要我做了，我就會學到怎樣應付「萬一」這類突發狀況。

過了幾年，我們從那間雙層公寓獲得的收入增加了，收入足以支付貸款還綽綽有餘。在那幾年裡，我先生負責雙層公寓的所有維修工作，所以對他來說那是他的一大負擔，這也是我們想把雙層公寓賣掉的部分原因。況且，我們也想做另外的投資，畢竟買下那間雙層公寓是二十年前的事了。

我們以為把賣掉雙層公寓賺的錢拿來買新房子，這個構想應該很棒。畢竟，這樣做很合理，不是嗎？這樣一來，我們就能減少貸款，把要交的房貸金額變少。我再次跟我哥請教，他認為我們應該把二間房子都留下來，利用租金收入，支付第三間房子的貸款。但是，恐懼再次讓我失去理智，這次我因為害怕，反而沒聽我哥的話。不管怎樣，我們決定把雙層公寓賣掉，在當時看來這樣做似乎是對的，直到我看了《富爸爸、窮爸爸》和《富爸爸，富女人：女人就是要有錢》這二本書，我才恍然大悟。

我們賣掉雙層公寓時，大概賺了八萬美元，於是我們開始尋覓新家，這樣做有何不可呢？我們有這筆錢可以付頭期款，這主意真好，對吧？錯了。我們花三年的時間尋覓新家，在這三年當中，我們賺的八萬美元開始一點一滴地花掉，最後這筆錢竟然被我們花光了。

所以，我從這次慘痛經驗學到的教訓是：錢存在銀行裡沒辦法幫妳賺錢。妳可以賣掉投資標的，重要的是聰明運用獲利做別的投資。我們當初其實應該拿賺到的錢，為自己買一間房子，再買一間出租物業；不然就是把租金足以支付貸款、每月還能提供我們現金流的雙層公寓留著。其實，我們有很多選擇方案，但我當時卻無法認清事實，我因為恐懼而鑄下大錯。事實上，當初我要是把那二間房子都留著，每個月還能替我創造大約二千三百美元的現金流，就能拿來支付第三間房子的貸款。

不過，現在後悔也沒有用，我只能從這次錯誤中學到教訓，所以我們把第二間房子留著，變成為我們創造現金流的出租物業，因為這間房子沒有房貸負擔，所以每個月的租金收入全數變成現金流。

現在，我獲得財務自由了嗎？還沒有。我還有很多事要學，不過我已經往財務自由的目標逐步邁進！

唐娜當初因為害怕負債而束手無策，有二筆房貸要繳把她嚇壞了，其實這些房貸是好債，每個月能幫她創造二千三百美元的現金流。不過，我要為唐娜鼓掌，她從這次經驗中學到教訓，犯錯讓她現在變得更精明。對唐娜來說，那其實是讓她認清事實、重新振作的時刻。

CH16 投資人得到的獎賞

要獲得財務自主這個獎賞，就要……

投資人的首要關注事項，意即對大多數投資人來說最重要的數字，就是投資報酬率（ROI）。如果妳的投資金額為X，不管是以美元、披索、歐元或日圓投資，這筆金額能幫妳賺多少錢？計算公式很簡單就是：

$$\text{投資報酬率} = \frac{\text{年度投資收入（現金流）}}{\text{投資金額}}$$

賺到的錢就是所謂的**現金流**，也稱為**收益**（yield），因為這項數字顯示出投資產生的結果。假設妳投資一千美元買股票，年度股利收入為四十美元，那麼投資報酬率就是四％（$\$40/\$1,000 = 0.04 = 4\%$）。

妳支付一萬美元現金當頭期款，買下五萬美元的出租公寓，到該年年底時，獲得一千五百美元的正現金流，那麼妳的投資報酬率就是一五％（$\$1,500/\$10,000 = 0.15 = 15\%$），也稱為**現金報酬率**（cash-on-cash return）。

對我來說，現金報酬率是最重要的數字，因為這項數字告訴妳，妳投資的錢究竟賺了多少。換句話說，這項數字告訴妳，妳的錢多麼努力為妳工作。

前面提到的股利和出租物業是屬於現金流投資；不過，投資報酬率也可以應用在資本利得的投資。舉例來說，妳在股價二十美元時買進一股，股價漲到三十美元時賣出，扣除手續費和相關費用後，獲利（或收益）為五美元，那麼投資報酬率就是 $5/$20=0.25=25%。

妳或許聽過**內部投資報酬率**（Internal Rate of Return, IRR）這個比較複雜的財經用語。內部投資報酬率考慮到現值，現值指的是，現在的一美元，經過一年後，價值會超過一美元。內部投資報酬率也假設妳賺到的現金流或收益，馬上全部再投資，而且以同樣的投資報酬率再投資（但事實上這種情況很少見）。內部投資報酬率的一項計算方式如下：

$$0 = -\text{支出} + DCF1/(1+r)1 + DCF2/(1+r)2 + \cdots\cdots + DCFn/(1+r)n$$

（譯註：DCF 是指折現現金流〔discounted cash flow〕）

這項等式就是我不用內部投資報酬率計算個人投資報酬率的原因，也是我喜歡用現金報酬率的原因。如果妳想進一步了解內部投資報酬率，可以在網路上找相關資料，至於想深入了解多少就由妳決定。

請注意：有人跟妳推銷某項投資多好多好的時候，妳要先確定對方講的投資報酬率是現金報酬率或是內部投資報酬率，因為這會對投資的純益產生有很大差異。

投資報酬率多少才算好？

這個問題沒有一定的答案，要看是哪種投資，要看景氣，也要看投資者對財經知識了解多寡而定。

回想一九七九年到一九八〇年時，我爸媽談到他們的銀行定存投資報酬率，當時定存的投資報酬率高達一八％。現在，誰不希望銀行定存的投資報酬率高達一八％？不過，一九八〇年代爆發儲貸危機時，我發現一些有趣的事情發生了：銀行大幅調降利率，基本上就是讓定存提前解約（個人要是那麼做，就會被銀行控告）。

要是妳缺乏財經知識，妳通常不敢奢望自己有高投資報酬率。為什麼？因為妳不知道怎樣找到報酬率較高的投資，最後可能接受收益較低的投資或儲蓄計畫。這就是為什麼理財專員總是跟不太懂理財的人推銷共同基金、定存和儲蓄計畫。這也是為什麼許多人聽到投資報酬率好到不像是真的，在一無所知的情況下還盲目跟進。想要取得並維持高投資報酬率，就要多學習理財知識並累積實務經驗。這種事沒有祕訣、沒有神奇藥丸可以幫妳，妳要花時間和精力研究調查，然後採取行動。

總有人會上當

凱倫跟我是多年好友，有一天她打電話跟我討論最近她在考慮的一項投資。她打算投資五萬美元，那是她這麼多年來的全部積蓄。

她在電話上跟我說：「我看了幾本理財書，也參加一些投資研討會，但是真正要我拿錢投資時就好緊張。本來以為只要看理財書就等於參與投資界，但我就是無法下定決心真正進場投資，我還單身也不認為自己有足夠的理財知識。」

「幾天前，在加州的二名友人打電話給我，他們說自己剛做了一項很棒的投資，而且保證在六個月內能賺一倍。他們有許多朋友和名人都加入這項投資，我最好趕快決定，因為這星期是最後期限。」

我聽到「保證」二字就產生疑問，「六個月內就能賺一倍」，這種交易聽起來好到不像是真的。但是，實際情況是怎麼樣，妳根本無從得知。

我問凱倫，「這些人究竟投資什麼，又如何保證妳能在六個月內賺一倍？」

凱倫跟我說她不知道，但她會去問清楚。我要她在解答那些問題前，先別答應對方要投資。我也不喜歡在那麼短的時間必須做出重大決定，那樣壓力太大了。

幾天後，凱倫打電話跟我說，她沒有投資，我鬆了一口氣，建議她可以調查一下其他幾項可以考慮的投資。

五個月後，我收到凱倫寄來的電子郵件，「我沒跟妳說，我本來跟朋友說我不投資，一週過後朋友跟我說：『妳運氣真好，妳還有另一個機會，對方把期限延後一週，妳還是有機會投資這個案子。我們真的認為妳應該投資。』因為朋友一直大力推薦，我覺得壓力好大，結果就把五萬美元全部拿去投資。現在，五個月過去了，我的錢血本無歸，那根本是一場騙局，我的錢都賠光了。」

當時我人在國外，要是我在國內，我一定會衝去找凱倫，抓著她，不讓她接電話，把她關在房裡不讓她出來，直到我認為她恢復理智。但我一點都不可憐她或同情她，我很震驚、甚至很氣她。她明明很清楚自己被情緒和友情沖昏頭，沒有做好該做的事，沒有好好檢視這項投資。她滿心希望那項投資真的能賺一倍，所以把自己的明智判斷擺一邊，放手孤注一擲。這樣做跟賭博沒兩樣。

這個故事要告誡我們：沒有理財知識，妳就會被那些好像是做夢才會見到的交易給騙了。妳愈缺乏理財知識，承擔的風險就愈高。

迷思：報酬愈高、風險就愈高

妳是否曾經被理財專員或股票營業員問過這的問題：「妳喜歡哪種風險水準？妳是保守型投資人或積極型投資人？」其實這樣問根本就不對。

有一天，我跟一位女友聊天，她是一位傑出企業家，她跟我說：「我沒跟妳做一樣投資的原因是，我對投資抱持保守的看法。」其實，她不是保守，只是缺乏理財知識。

理財專員反而該問：「講到投資，妳有足夠的理財知識嗎？」說自己是「保守型投資人」，就等於告訴別人「我不懂理財，我很害怕，我不知道怎麼做，我也不想花時間學習理財。」

妳看，大多數理財專員的看法就是「報酬愈高、風險就愈高」。其實，這根本不是事實。事實是，「妳愈不懂理財，就要承擔愈高的風險，」以及「妳愈懂得理財，承擔的風險就愈低。」

很多人誤以為投資風險高，說真的，投資本身不是風險的元凶，投資人才是引發風險的主因。不管是投資一家公司、一間房子或某支個股或商品，投資本身只是一項投資。是身為投資人的妳決定某項投資對妳是否有利，並非妳選擇的每項投資都是好投資。沒有哪位投資人在選擇投資時，有百發百中的完美記錄。不過，當妳的財經知識和經驗愈多，能夠找到好投資的機率就愈大。

舉例來說，老練的司機以時速二十哩的速度開車，危險嗎？或許不危險。那麼同樣的車以同樣的時速，只是換成醉醺醺的司機開車，這時這輛車就會變成一項武器。所以，關鍵不是車子，而是司機；同樣地，投資的好壞，關鍵不在投資本身，而在投資人。

我不喜歡拿自己的錢冒險，羅勃特也是，跟我們熟識也做投資的朋友也不喜歡拿錢冒險。我們會花時間研究、調查、增加自己的經驗。我有拿自己的錢冒險的經驗嗎？有的，我曾經投資自己根本不太了解的股票，曾經笨到把錢交給理財經理，盲目聽信對方的建議。我曾經投資自己覺得好到不像是真的那種避險基金，後果果然沒錯，賠錢了。

理財專家為什麼告訴妳報酬愈高、風險就愈高？因為他們假定妳對投資一無所悉。如果妳具備一些理財知識，妳很快就比理財專員懂更多。或許，妳就比理財專員懂更多。

重新定義風險

投資鉅子巴菲特這樣評論風險：「風險就是，**你**不知道自己正在做什麼。」而且，關鍵字就是「你」，而不是投資。

我們的好友和稅務策略顧問湯姆・惠爾萊特（Tom Wheelwright）自己也做投資，他畫了一張簡單的圖表說明風險（如下圖）。

我把風險（RISK）定義為：魯莽（Reckless）、投資（Investing）、缺乏（Sans）、知識（Knowledge）。

我的朋友湯姆・威森柏（Tom Weissenborn）是股票營業員，他認為投資股票有以下這二項法則：

1. 如果你不了解那家公司是怎麼賺錢的，就不要投資那家公司。
2. 看起來好到不像是真的，那種投資通常有問題。

看起來很安全的投資也可能有危險……非常危險

在富女人的投資世界裡算是很安全的投資，卻是許多人眼中相當危險的投資。為什麼？因為被理財專員和「專家」認定為安全的投資，對我來說卻是無知且相當危險的投資。如果妳知道自己在做什麼，那麼在理財專員那些人的世界裡認為風險高的投資，對我來說卻是既安全又穩健的投資。

安全或危險？說到投資，我們就必須把這些用語重新定義

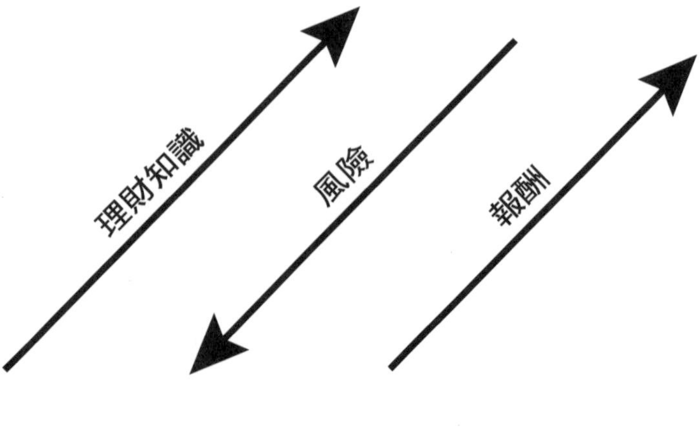

一番。通常，理財顧問會建議妳把錢「投資」到下面這三種安全的投資：

1. 儲蓄。
2. 共同基金。
3. 401(k)退休金計畫。

這些投資安全或危險？通常理財專員會告訴妳，這些投資很安全，但我卻認為這些投資很危險，為什麼？

儲蓄

在美元和其他國際貨幣持續貶值的情況下，妳的錢也跟著縮水，日後能買到的東西也更少。而且，把錢存在銀行所賺的利息也更少，還要付給銀行更多帳戶管理費。從許多例子來看，存錢根本是一項賠本的投資。妳會把儲蓄當成一項安全或危險的投資？一直讓妳賠錢的投資，其實是一項負債。

共同基金和401(k)退休金計畫

基本上，共同基金和401(k)退休金計畫是同樣的東西，共同基金投資股票、債券和其他類似證券，也可能是由一家公司向許多投資人籌募資金，用這筆資金投資股票、債券和其他紙資產。401(k)退休金計畫通常被當成退休儲蓄計畫，是雇主讓員工提撥一部分薪資到這項計畫（譯註：類似台灣的個人退休金帳戶）。401(k)退休金計畫將員工提撥的錢，用於投資共同基金。目前，各國有自行推動的退休金計畫，只是名稱不同罷了，比方說：紐澳二國推動的退休金制度、加拿大的註冊退休儲蓄計畫、日本和英國的退休年金計畫等。

那麼，共同基金和401(k)退休金計畫有什麼風險呢？

許多理財「專家」告訴我們，共同基金和401(k)退休金計畫就是我們的救星，因為，「如果妳現年二十歲，以一千美元投資共同基金或401(k)退休金計畫，以每年投資報酬率八％計算，等四十五年後，也就是妳六十五歲退休時，原先投資的一千美元就增值為十四萬美元。」他們就是用類似的說法跟妳推銷。

現在，我來揭發共同基金的實情，這些事實不是我捏造的，是約翰．柏格（John Bogle）提出來的。他是誰？柏格先生是先鋒基金（Vanguard）的創辦人，也是《邁向資本主義的精髓》（*The Battle for the Soul of Capitalism*）一書的作者，先鋒基金是全球最大共同基金機構之一。現在，這位基金之神卻公開表態，駁斥共同基金公司，他的理由是，基金公司從幫妳管理資金的角色，跨足到推銷本身商品的角色。他們根本是替自己賺錢，不是幫身為投資人的妳賺錢。

以下是柏格先生談到共同基金在〈索取高額成本的暴行〉這篇文章揭露的一些事實：

講起來實在很可怕，我以個人著作中講到的例子說明長期投資，如果有一個人現年二十歲，開始存退休金。那麼到六十五歲退休前，還有四十五年的時間，如果你相信那些精算表，這個人會在退休二十年後壽終正寢。所以說，從二十歲開始投資到八十五歲結束，算起來就是投資六十五年。要是二十歲時投資一千美元，年投資報酬率是八%，那麼經過六十五年的時間，這筆錢大約可以增加到十四萬美元。

現在，以投資共同基金的例子來說，基金公司就從報酬中拿掉二．五%（手續費），所以妳原先的報酬率是八%，但淨報酬率變成五．五%。在六十五年的投資期間，妳原先的一千美元雖然變成十四萬美元，卻有十一萬美元進到基金公司的口袋，只剩三萬美元落入妳這位投資人的口袋。想想看，這表示基金公司不必支付資金成本就有錢可用，不必承擔任何風險還能拿走將近八〇%的報酬。而妳呢？妳這種長期投資，做一輩子投資的人，要支付全部的資金，承擔全部的風險，卻只拿到二〇%的報酬。金融體系就是這樣辜負投資人的期望，因為金融體系提出的理財建議和索取的業務仲介成本（費用），有些隱藏起來，有些公開列出，投資人根本弄不清楚。所以，這種體系必須好好整頓才行。

不管妳買的基金賺不賺錢，共同基金公司、基金經理人和推銷人員一樣有錢賺，而且他們的收入大多跟基金實際績效無關，而跟手續費有關。

所以，妳該問的第一個問題是，「共同基金是一項好投資嗎？」如果妳不懂理財，不知道拿自己的錢做什麼投資，那麼共同基金或許適合妳。相反地，如果妳對理財有一些涉獵，那麼妳應該可以找到比共同基金投資報酬率更高的投資。

接著，妳該問的第二個問題是，「共同基金安全嗎？」很多人把自己這輩子存的錢投資共同基金，卻因為這次全球金融風暴，在過去幾年把錢賠掉三〇%、四〇%或五〇%。

安全投資的一大因素是「掌控」這二個字。理財知識能降低妳投資的風險，因為它讓身為投資人的妳，對自己的投資標的有更多掌控。拿錢投資共同基金，就跟盲目聽從理財顧問的建議，把錢交給他們管理，任由他們處理一樣，妳根本一點掌控權都沒有。這樣安全嗎？在我看來，實在危險極了。

危險或安全

在投資界，沒有哪一項投資有百分之百的保證，沒有哪一項投資是絕對安全的，這裡指的安全是指「穩賺不賠」，也沒有哪一項投資完全沒有風險。當妳要拿自己的錢做投資時，有時妳會賺錢，有時妳會賠錢，這一點我可以跟妳打包票。不過，妳當然可以做一些事降低投資的風險、增加安全。

危險的投資方式	比較安全的投資方式
缺乏理財知識	增加理財知識
盲目聽從理財專員或顧問的建議，把錢交給他們處理。	用自己的錢主動積極地投資，並累積實務經驗。
不了解投資標的，也不清楚投資報酬率。	了解投資標的，並清楚投資報酬率。
出大部分的錢又要承擔大部分的風險，還讓別人拿走大部分的報酬。	出大部分的錢，承擔大部分的風險，並取得大部分的報酬。
無法掌控自己的投資。	可以掌控自己的投資。
過度仰賴理財顧問。	成為自己的理財顧問。

CH17 不一樣的心態

要喚醒妳內心的老闆特質，就要……

老闆想得跟一般人不一樣，如果妳自己創業當老闆，妳就知道我這話是什麼意思。如果妳不是老闆，妳只要看看蘋果電腦創辦人史蒂夫·賈伯斯（Steve Jobs）、福特汽車創辦人亨利·福特（Henry Ford）、玫琳凱化妝品公司創辦人玫琳凱·艾施（Mary Kay Ash），或美體小鋪創辦人安妮塔·羅迪克（Anita Roddick）就知道。妳必須承認，就算妳不認識他們，能像他們那樣成就大事的人，顯然跟常人想的不一樣。

把每項投資當成事業來經營

有一天，我們夫妻倆跟知名個人理財大師大衛·蘭西（Dave Ramsey）共進晚餐，他看著我們說：「你們知道自己跟我們這些教個人理財的人有什麼不同嗎？」我們搖搖頭表示自己不知道。他說：「你們二位用老闆的觀點看待每件事，包括你們的投資，把每件事都當成事業來經營。」

開車回家途中，羅勃特跟我談起蘭西講的話，他說得對，我們把事業、投資、家庭，甚至是婚姻，都當成事業來經營。

那究竟是什麼意思？在投資界，那表示每項投資就是一項事業，有自己的損益表和資產負債表，必須靠業務和行銷來推動，也必須有獲利才能存活，必須有後援團隊，也必須有存在的目的。這些因素是成功事業的重要根基，也是成功投資的重要根基。

聽到這些話，妳或許心想，「這樣啊，可是我只買一點點股票，不需要考慮這些吧。」這倒是很好的例子。股票代表什麼？股票是由公司發行上市，股價就跟公司營運產生連動，公司不就需要業務和行銷、準確的財務報表、實力堅強的管理團隊、有追求的目的或使命、也要有好的營收才能成功經營許多年？當然是這樣。不過，有多少人買股票時認真做好功課，研究投資個股的基本面？這樣做的人相當少。但我可以告訴妳，巴菲特就是這樣做。

進行每項投資該遵守的法則

自一九八四年開始，我就當了老闆，那時既沒有錢又沒有經驗。我開始進行自己第一筆兼職事業，那是透過不斷嘗試、抱持著「破斧沉舟」的精神。透過老闆的觀點，奉行以下投資法則：

1. 這項投資必須能把錢放進我的口袋。首先，我找出能為我創造現金流的投資。接著，我找出有增值空間的投資。

2. 這項投資必須自給自足。這項投資必須靠自己創造的現金流存活，甚至有辦法資助其他投資。

3. 我要盡可能掌控這項投資。在投資房地產和事業經營上，我都要掌控收入、支出和債務。投資股票、私人企業和商品這些我無法控制的事項時，我會盡全力主動監控，讓自己清楚最新狀態。持續想辦法改善投資並增加投資價值或投資報酬。

4.每項投資必須有退場策略或退場方案。這項法則就是：買之前就先想好什麼時候要賣。退場策略可能依據價格、日期、特定市場事件或個人事件。

舉例來說，羅勃特跟我傾向於持有房地產投資，不賣掉。不過，我們知道什麼時候是賣掉房地產的好時機。二〇〇六年房市到達高點，我們名下有一棟幫我們創造大量現金流的公寓大樓，受到買主青睞並出高價要買。我們把那棟大樓賣掉，把賺到的錢拿去買一棟面積更大的公寓大樓，後來這項投資為我們創造更高的投資報酬率。

在市場開始到達高點時，許多股票炒手和炒房客（買進不動產就迅速脫手賣掉）都被套牢了。他們以為股價和房價會繼續上漲，所以市場行情反轉時，他們就被套牢了。他們在漲勢凌厲的市場中受到情緒擺布，沒有備妥退場策略，搞清楚自己什麼時候該賣掉股票或房地產。

退場策略就是妳的好朋友

事先擬定退場策略，妳就有更多掌控權。

投資股票的退場策略

投資股票時，妳要擬妥的退場策略是：

1.股價走勢對妳不利時，何時要賣股出場，以及

2.股價走勢確實對妳有利時，何時要獲利出場。

第一種做法就是所謂的停損單（stop-loss order），即萬一股價走跌，妳決定在什麼價格賣出持股。妳可以事先告訴股票營業員，或相信自己在股價到達停損點時，妳會願意按下「賣出」鍵。第二種做法稱為停利單（take-profit order），應用同樣的道理，只不過停利單指的是，股價漲到預定價格就賣出，妳就獲利出場。

在許多情況下，停損單和停利單就是妳避免自己受到情緒影響的保險措施。妳是不是常聽人說，「我早一點把那支股票賣掉就好。」在股票飆漲或暴跌時，人們很容易會受到情緒影響。停損單和停利單就是妳投資股票時，擬妥退場策略的二個好方法。

投資不動產的退場策略

亞歷桑納州斯科茲代爾市（scottsdale）的一位建商，買了一棟有三百三十個單位的公寓大樓，把這些公寓裝修後出售。羅勃特跟我和一位投資夥伴，買下其中十間裝修好的公寓，讓建商先拿來當樣品屋供買家參觀。我們同意把這十間公寓租給建商，這樣的話十間公寓就能為我們創造現金流。談妥的協議是，建商跟我們簽三年租約將那十間公寓當樣品屋，或租到三百間公寓全部賣掉。那段時間房市大好，所以建商不必簽三年租約，只花十個月時間就把公寓全數賣出。

當時，羅勃特跟我進行這筆投資時，事先擬妥二項退場策略。一旦租約到期，我們可以把公寓租給其他房客，不然就是看當時市場行情把公寓賣掉，把獲利拿去買另一棟公寓大樓。我們擬定退場策略時，還沒看過這棟大樓究竟長什麼模樣，只看過照片，由於那棟大樓離我們家只有半小時車程，我們乾脆開車過去看看，再決定建商不租時，我們要採取哪項退場策略。

我們走進那十間公寓，考量當時房市行情和整個屋況，兩人馬上決定，「把公寓賣掉！」為什麼？因為我們知道房市走勢失控，這些小公寓每個月的租金約在八百美元到一千美元左右，公寓才剛整修，所以屋況相當好，在斯科茲代爾市可以賣到四十萬美元。這筆金額現在聽起來或許沒什麼，但是以當時斯科茲代爾市的房價來說，這種小公寓能賣到這種價格已經很不錯。我們知道這種價格不會維持太久，最好盡快把公寓賣掉。我們還在那裡時，就打電話跟好友和投資夥伴肯恩說，「我們有一點錢可以買一棟公寓大樓，妳手邊有什麼好案子嗎？」肯恩笑著說，「妳真會抓時機，我手邊剛好有一個不錯的案子。」

我們遵照退場策略，很快就把十間公寓賣掉，接著就買下一棟有二百八十八間公寓的大樓，到現在這項投資每個月還持續為我們創造穩健的現金流（附帶一提，我們賣掉那十間公寓的十八個月後，房市漲勢就宣告結束）。

每個人都要關注自己的事業

在《富爸爸、窮爸爸》第四章「關注自己的事業」中，羅勃特指的事業就是妳的資產欄位。羅勃特針對財務報表做出以下的評論（見下頁表格）：

收入欄位指的是妳幫別人工作（幫妳公司的老闆工作）。

支出欄位指的是妳幫政府工作，因為繳稅就是妳支出的最大筆費用。

負債欄位指的是妳幫銀行工作，因為妳的車貸、卡債和房貸等，就能幫銀行賺進利息錢。

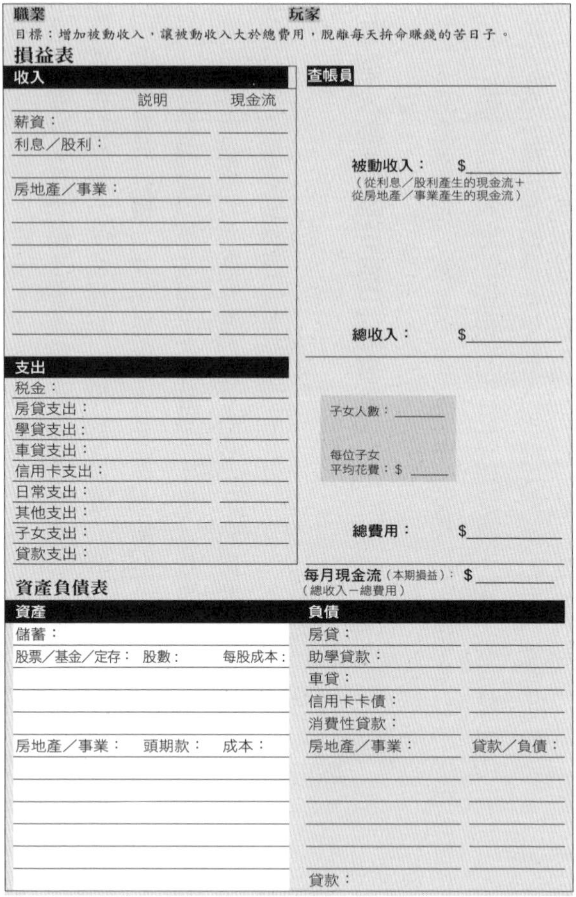
職業　玩家

目標：增加被動收入，讓被動收入大於總費用，脫離每天拚命賺錢的苦日子。

損益表

收入

	說明	現金流
薪資：		
利息／股利：		
房地產／事業：		

查帳員

被動收入：$______
（從利息／股利產生的現金流＋從房地產／事業產生的現金流）

總收入：$______

支出

稅金：
房貸支出：
學貸支出：
車貸支出：
信用卡支出：
日常支出：
其他支出：
子女支出：
貸款支出：

子女人數：______
每位子女平均花費：$ ______

總費用：$______

每月現金流（本期損益）：$______
（總收入－總費用）

資產負債表

資產			負債	
儲蓄：			房貸：	
股票／基金／定存：	股數：	每股成本：	助學貸款：	
			車貸：	
			信用卡卡債：	
			消費性貸款：	
房地產／事業：	頭期款：	成本：	房地產／事業：	貸款／負債：
			貸款：	

妳的資產欄位就是妳的事業

資產欄位指的是妳的錢在幫妳賺錢。資產欄位就是妳的事業，因為這個欄位攸關妳的未來。

我們這輩子大都被教導要關注自己的收入欄位，也就是我們的薪水、工資和時薪，卻沒有人告訴我們要關注自己的資產欄位，那裡才是我們真正該關注的事業。

怎樣像老闆那樣思考

如果妳跟我一樣，從小就被教導，要賺錢就找一份工作。所以，從小到大我就被洗腦，覺得長大後要找工作當員工。問題是，當員工並不是我在行的事。我大學畢業後做的第一份工作，才做九個月就被主管解雇。其他主管認為我有潛力，再找我回去上班。這次我做了六個月又被解雇，不是我工作不賣力或不夠聰明，只是我不太懂得聽命行事，也不喜歡繁文縟節和一大堆規定。沒錯，我的爸媽把我教得獨立自主，很有個性。

五年後我認識羅勃特，我們第一次約會時他就問我，「妳這輩子想做什麼？」我馬上回答，「我想要有自己的事業！」三個月後，我辦到了。

所以，我並沒有替別人工作很久，顯然老是當員工跟不停創業當老闆的心態是不一樣的。**為了關注自己的事業，妳不必辭掉工作自行創業，但妳必須學會如何像老闆那樣思考。**

一切就跟心態有關

我們是自身環境的產物，周遭的人事物和我們秉持的價值觀，都會影響我們成為怎樣的人，也會影響我們的想法。老是當員工的人，跟自己當老闆的人想的不一樣。當員工或當老闆並沒有哪個比較好，也沒有對錯可言，只是想法不同罷了。以下就是員工心態和老闆心態的差異。

員工的心態

1. 重視保障和穩定的薪資收入，勝過取得更大筆財富的不確定。
2. 喜歡沒有什麼問題的工作。

3. 很害怕犯錯。
4. 努力爭取加薪和升遷。
5. 重視工作時間勝過結果。

老闆的心態

1. 即使沒有安全措施也奮力一博，知道辛苦創業未必保證賺錢，或許創業初期那幾年連自己都拿不到薪水。
2. 喜歡解決問題，因為解決問題就有錢賺。
3. 尋找新的解答和新的挑戰，時時刻刻都在學習。
4. 願意犯錯，因為可以從犯錯中學習。
5. 有目的感並以滿腔熱情實現自己的目標和使命。
6. 知道結果最重要，不管花多少時間都要達到預期的結果。

如何將老闆心態實際應用到投資上

如果妳以員工心態做投資，就會遇到二項障礙。首先，妳會重視安全與保障，所以很容易被理財專員講的那些「安全」投資吸引，比方說：定存、儲蓄帳戶、貨幣基金和共同基金。**安全**跟保守其實很像，表示這些投資適合不懂理財又擔心害怕的投資人，他們不知道怎麼做，也不想花時間學。尋求保障和安全的投資人最後就會做這類投資。

以員工心態做投資會遇到的第二項障礙更具破壞力，那就是害怕犯錯。早在我們唸幼稚園時，師長就教導我們，「不要犯錯！」「顏色不要塗到線外面。」「不要跑，會跌倒。」在學校裡，不犯錯就能得到獎賞，犯錯就會被處罰。難怪當我們離開學校進入社會，我們忘記小時候自己喜歡什麼，因為多年來我們被教導要乖乖的，不要冒險，因為我們可能會失敗，可能會犯錯，這種事最好別發生。

事實上，犯錯通常是我們遇過最棒的老師，人類本來就是透過犯錯來學習。就像知名建築師暨發明家巴克明斯特．富勒（Buckminster Fuller）說的，「由於爸媽的愛和恐懼，擔心小孩可能犯錯，反而讓大多數孩童**無法發揮天賦**。」在投資界裡，犯錯是投資的必經過程，也是邁向成功的必經過程。沒有哪一位投資人在投資時百戰百勝，但是我們可以透過一次又一次的投資累積經驗，讓自己變得更精明。

這種員工心態不僅在職場上讓員工無法全力以赴，也會讓投資人的成功受到限制。不管妳是員工、待業中或是老闆，重要的是在投資時要像老闆一樣地思考。要成為成功的投資人並取得高於平均的報酬，妳不能做一般投資人在做的事，妳必須跟他們想的不一樣。

要跟老闆想的一樣其實不難。從先前我們列出的老闆心態中，最需要重視的三項特質就是：

1.了解自己的使命和目的。我朋友金．史奈德（Kim Snider）是一位成功投資人和傑出教育家，她總是問客戶，「妳要把錢用來追求什麼崇高的目的？」

妳跟妳的錢要達成什麼使命？讓妳的錢幫妳工作跟關注自己的事業，能協助妳在生活裡實現什麼？在追求自己的財務目標時，一定要把自己的使命和目的擺在第一位。

2. 記住，結果最重要。投資可能讓人一整天忙個不停，還花很多時間討論、規劃、研究，但是在一天結束時，妳必須問自己：**我的錢幫我賺多少錢？**在投資界，淨利就是一切。而且，想要結果，就需要行動。這就是為什麼，要是妳遲遲未採取行動，那麼在某個時間點，妳一定要採取行動，必須加入投資人的行列，這樣妳才能開始讓錢幫妳賺錢。

在投資時，妳應該把焦點放在結果，放在純益。我們在公司裡常說，「**妳專注去做的事，必然有發展。**」如果妳專注在投資報酬，那麼經年累月下來，妳的投資報酬很可能會增加。

3. 時時刻刻都在學習。尋找新的解答和挑戰嗎？很簡單。妳愈懂得理財，妳就愈成功。學習是無止境的，因為市場持續不斷地變動。而且，現在市場比以往更加波動，新經濟即將出現，日後究竟會是什麼模樣，只有等待時間揭曉。不過，可以確定的是，在當今市場變化莫測的情況下，想要取得財務保障，就需要新的想法、新的構想和新的教育。

如果妳認為經濟情勢會跟以前一樣，或者妳認為以前行得通的做法日後還行得通，那妳很可能會發現自己陷入財務困境。要是妳積極取得理財教育，尋找新的解答，妳就開始在別人不看好的地方發現機會。

講到妳跟妳的錢，無論妳是員工或老闆、是家庭主婦，或還在學校唸書的學生，情況其實都一樣。重要的是，妳用什麼心態看待妳的事業，也就是妳的資產欄位。講到妳的資產欄位，每個人都是事業的老闆。現在，妳只要學會用老闆的心態關注妳的事業（資產）。

CH18 籌資的訣竅

要掌握無窮的機會，就要懂得……

一棟古色古香、有十間客房的精品飯店即將法拍，妳有機會購買，但問題是妳缺少現金。籌資，又稱為善用「別人的錢」（Other People's Money, OPM），將是妳在投資界必須要學會，也必須要做的一件事。

比方說：妳想開一家小公司或想把目前的事業規模擴大，就需要資金挹注，才能讓事業進入下一個階段。於是，妳打電話給幾位可能出資的熟人，可是妳要怎樣說服他們投資妳和妳的事業呢？

另一種情況是，跟妳有幾面之緣的一位女士跟妳聯絡，建議妳投資一家私人風力發電公司，這家公司已經成立五年。要決定這項投資是否適合妳，妳需要知道什麼？

不管是有人找妳投資或妳想找人投資，有人跟妳推銷交易時，妳必須提出四個重要問題。換句話說，要是妳想找人投資，妳就必須把這四個問題的答案準備好。

只有懶人才用自己的錢

許多人只想到用自己皮包裡和銀行帳戶裡的錢資助自己的事業和投資。我也不例外，直到我的良師益友法蘭克（現年九十一歲）跟我說，「金，妳知道嗎？只有懶人才用自己的錢。」

法蘭克的話讓我一頭霧水，我回答他：「法蘭克，我不懂你的意思，我很努力工作賺錢，然後把錢拿來投資。」

他對我笑並反駁我：「用別人的錢，而不是用自己的錢，這樣不是更要花腦筋也更有創意？」我一直想不通那個道理，後來我才明白法蘭克說得對極了。用自己的錢購買資產是很容易的事，但是我必須學習新技能和新策略，說服別人把他辛苦賺的錢，參與我的投資。

現在，要向放款業者借錢投資事業或房地產，變得愈來愈難，這是大家都知道的事。傳統放款業者會對妳做出百般要求，還跟妳索取更高金額的頭期款，放款條件也更加嚴苛。許多私人放款業者和投資人就更加小心，也把放款標準提高。在這種情況下，想要籌資的女性該怎麼做？

這只是常識

其實，籌資並不像許多人想像的那樣神祕，而是一項逐漸為人所知的商業常識。人們常說，個人推銷功力就是籌資的關鍵。對任何創業者或投資人來說，推銷是相當重要的一項技能，講到籌資，就要問，「妳在推銷什麼？」也就是說，放款者或投資人在尋找什麼？

籌資的關鍵可細分為四項因素，如果妳可以向放款者或投資人展現出，妳有能力解開這個謎團的這四個部分，那麼跟他們推銷就不成問題，妳就能籌募到遠超過預期的資金。

我第一次為自己的事業籌資時，當時我並不知道這四大珍寶，所以我向投資人推銷時，只是信誓旦旦地表明我的決心。「推銷」這個部分難得多，因為：**我不知道投資人在找尋什麼，而且**

我只靠自己的說服技巧和人脈，而不是靠健全的生意經。

即使推銷很難，羅勃特跟我還是有辦法跟十位投資人，籌資二十五萬美元。而且最後，每位投資人不但拿回本金，還賺取相當優渥的報酬。不管是有人找我投資或是我想找人投資，我現在懂得採用這種更有效率，成效也更好的做法。

放款者或投資人通常「想要什麼」

要讓投資人把自己辛苦賺來的錢拿出來，通常就得知道投資人想要什麼，答案很簡單：他們想要從投資獲得穩健的報酬，他們想要不錯的投資報酬率。如果我投資妳×元，那麼我會拿回多少錢？通常那就是投資人想要知道的。了解這一點後，接著就是支持妳、讓妳有信心向放款者或投資人表明，他們的投資可能取得穩健報酬的四項因素。

注意：當我講到放款者或投資人，我指的是一般銀行、放款機構、私人機構或個人。不管誰找妳投資，妳都該應用同樣的標準加以篩選。

投資人想聽什麼？

對投資人做的簡報不必太冗長或複雜，最好視涉及的行業或投資，決定簡報內容的難易度。通常，當妳的說詞簡短扼要，就反應出簡報者充滿自信，知道投資人想要什麼，也確信他們有辦法讓投資人得到想要的。以下就是放款者或投資人想要知道的四大關鍵因素：

1. 計畫。

2. 合夥人。

3. 融資。

4. 管理。

如果妳在籌資時，能自信滿滿、清楚地解決這四大因素，那麼妳取得所需資金的可能性就會大增。

計畫

妳要放款者或投資人提供妳資金進行什麼計畫？如果妳要他們投資妳的事業，那麼妳的事業究竟在做什麼？妳的事業在同業中如何獨樹一格？妳的事業具備什麼優勢，讓投資人有信心這項投資能賺到錢？

如果妳正在為一項投資籌募資金，那麼這項投資究竟是什麼，有什麼吸引力讓我該拿錢投資，而不是做另一項投資？

在跟可能出資的投資人推銷某項計畫時，把計畫說得天花亂墜當然是很容易的事。但是，投資人同樣想聽妳說明這項計畫有什麼不利之處，以及妳打算如何克服這些問題。記住，說明時要簡短扼要，而且要貼近事實。

合夥人

這項計畫的主要合夥人是誰？由誰籌劃這項計畫？這些合夥人以往的業績怎麼樣？他們有什麼經驗？

妳要站在投資人的立場去想，比方說：如果要妳投資音樂計畫，妳比較想投資音樂人保羅．麥卡尼（Paul McCartney）或拳王麥克．泰森（Mike Tyson）？要設立創業連鎖學院，妳會投資脫口秀女王歐普拉，或投資女星琳賽．蘿涵（Lindsey Lohan）？

這不是什麼艱深學問，只是一般的經商常識。合夥人能提供什麼經驗，身為投資人，合夥人提出的專業技能水準能讓我安心投資嗎？

融資

給我看實際的數字。對新成立的公司這一點當然有點棘手，因為大多數營收數字都是預估值，又沒有以往的數字可供參考。這部分就要拿先前的經驗克服來這項阻礙，盡量正確無誤地告訴投資人，這項計畫（不管是事業或投資）怎樣賺錢，記住要切合實際。身為投資人，我不想知道狀況最好的數字，我想知道最切合實際的數字，包括日後可能遇到的問題和阻礙。假裝計畫沒有缺點，只是讓妳看起來不專業。

妳總共要籌募多少錢？這筆錢從哪裡來？是跟私人企業、一般放款業者、退休基金或政府方案籌資嗎？借款條件是什麼？舉例來說，如果說有人找我投資一間公寓大樓，要我出資支付頭期款，對方告訴我其他八成款項由知名放款機構出資。有什麼因素能吸引我投資？是以較低的利率借八成的錢，但二年內要重新融資；還是以稍微高一點的固定利率，貸款二十五年？第一個方案看起來似乎有更多不確定因素（二年內利率究竟會調高或調降？），第二個方案似乎讓人安心些。

另外，妳打算如何運用籌募到的錢？這些錢會怎樣分配使用？

給妳一個提示：如果籌資者提到籌募的資金，有部分用於支付事業主或構想提案者，這種投資我就不會跟進。想靠投資案拿薪水的人，乾脆就找份工作領薪水好了。

而且，妳當然必須回答可能出資的投資人提出的這二個關鍵問題：

1. 我多快能拿回本金？
2. 我出錢投資能賺多少錢？

最重要的是：妳的融資結構和條件能吸引投資人嗎？

管理

有句古諺這麼說，「把錢管理好，才會有錢。」我同意這種說法。不過，在籌募資金時，妳要把四大關鍵因素全都解決妥當，不是只解決管理這項因素。

投資人想知道誰負責日常運作，這是任何投資要持續成功的關鍵。就像我們檢視合夥人時那樣，管理團隊有什麼經驗水準？他們是誰？有什麼背景？是什麼條件讓他們成為這項計畫或事業成功與否的關鍵？他們面臨壓力時會如何反應？

如果妳正要創辦自己的事業或是為拓展現有事業籌募資金，那麼合夥人和管理團隊或許是同一群人。如果團隊成員的經驗和專業知識能讓投資人安心，那麼即便是同一群人也不成問題。

講到商用不動產或住宅不動產，管理就是一項關鍵。辦公大樓、購物中心、獨棟住宅或公寓大樓的日常運作，就是妳投資賺錢與否的關鍵。

如果妳投資房地產或打算這麼做，我極力推薦大家看看肯・麥克羅（Ken McElroy）寫的富爸系列之《不動產投資基礎》（*The ABCs of Real Estate Investing*）這本書。

在現實生活中如何運作

接下來，我舉一個實例說明這項公式如何運作。有一位朋友找我跟羅勃特投資，我們跟這位朋友沒有很熟，也沒跟他有生意往來，不過他跟我們的二位合夥人都在商界備受敬重。以下，我們就利用投資（籌資）四大關鍵，將他告訴我們的事列出如下：

計畫

這項投資案的標的是在亞歷桑納州具有地標地位的渡假村，於一九二六年落成，是鳳凰城第一間渡假村，有三座十八洞標準高爾夫球場。這項投資也包括在鳳凰城第二間渡假村的二座十八洞高爾夫球場。兩個物業都由同一業主所有，都進入法拍程序，我們確定可以用原業主投資金額的二五％，買下這二項物業。

合夥人

二位合夥人跟我想買下這二項物業，這是我們一起合作的第五十四件投資案，這份資料列出我們做過的專案和成效。你們認識其中一位合夥人甲先生（甲先生跟二位合夥人都是美國商界名人，不但名聲響亮，投資績效也相當傲人）。三年來，我們積極尋覓值得投資的計畫，也都深感這個計畫就是我們尋覓已久的標的。

融資

我們只跟幾位私人投資人籌資，籌資金額是這二項物業售價的一〇％，用於支付頭期款。另外，有二支退休基金出資×美元；負責法拍這二項物業的銀行，願意貸款讓我們支付剩餘款項。你們可以保守預估投資報酬率是×％，本金能在三到五年內拿回。

管理

至於管理這個部分（這時他把有四英吋厚的檔案夾放在桌子上，還發出砰的一聲），將由這家公司負責管理這家飯店，他們也經營ABC和MNO渡假村（他把另一本四英吋厚的檔案夾擺到桌上），這是負責管理高爾夫球場的公司，這份資料列出他們管理的高爾夫球場。我們仔細調查過這二家公司，也歡迎各位好好查一下這二家公司。

以上就是這項投資的摘要內容，妳們覺得如何？

我們的看法

我們想了五分鐘就說，「算我們一份。」因為我們這位朋友的做法實在很厲害，這是幾百萬美元的投資，他其實可以拿出各種圖表、數字、預測和數據，也可以花幾小時的時間告訴我們這項投資有多棒。但是他並沒有那樣做，他只花十分鐘回答這四個關鍵問題，五分鐘後我們就敲定了。

籌資不必是冗長乏味又累人的事，身為投資人的妳想要什麼，跟妳的投資人想要什麼，其實大家只是要好的：

1. 計畫
2. 合夥人
3. 融資
4. 管理

如果妳能簡單扼要解決這四個關鍵點，讓投資人或放款者相信妳會兌現自己說的話，那麼他們當然願意拿出錢來投資。

最後一項重點就是：**妳最好兌現諾言！**

CH19 好的夥伴關係＝好的交易

要走出豐盛的人生路，就要找到……

我常說，「如果沒有人事問題，經營事業其實很簡單。」我開玩笑這麼講，因為不管是做生意、投資、婚姻或友誼關係，當妳有一位很棒的夥伴，人生就會變得更甜美。

好夥伴是相當寶貴的，羅勃特當然是我的頭號夥伴，我們是事業夥伴、投資夥伴、婚姻夥伴，也是玩樂夥伴。我們二人的關係自始至終都平和愉快嗎？一點也不。真正的夥伴關係並不是那樣，如果夥伴關係沒有讓彼此有表達異議，說出個人意見及質疑對方構想的餘地，那就不是真正的夥伴關係。有一次，我就跟羅勃特說，「我是你的夥伴，不是你的員工。」

對我來說，好的投資夥伴和事業夥伴有一致的價值觀，有寬大的胸襟。目標是讓每位參與投資者都能成功。而且，好的投資夥伴是跟我相處融洽，讓我想跟他們為伍的人，如果我不想跟某人共進晚餐，那我怎麼會想跟他一起做生意？

川普有位同事說過，「跟差勁的夥伴做不出好交易。」這樣講一點也沒錯。不管案子多好，如果妳的夥伴沒有倫理道德、貪婪又沒有同情心，那麼妳們的交易注定會是一項災難。差勁的夥伴可能把交易毀了，好的夥伴卻能讓交易成功。

好夥伴是無價之寶，我很幸運現在我身邊有很好的夥伴。

法蘭克挑選夥伴的二大法則

高齡九十一歲的法蘭克是我的良師，他教導我二項寶貴的教誨，讓我知道怎樣聰明挑選夥伴。他說，「**首要法則是：千萬別找需要錢的夥伴。**」他跟我解釋，要是夥伴人選的首要目標是把更多錢放進自己的口袋，那種人就會做出馬上讓自己賺錢的決定，不會考慮怎樣做才對投資或事業最有利。而且如果對方的首要意圖是為中飽私囊，那麼從一開始我們的理念就不一致。

法蘭克告訴我，「**第二項法則是：如果對方提供的服務是妳能從市場上買到的服務，就千萬別跟這種人合夥。**」假設妳有一間雙層公寓，因為妳還有全職工作、有二個小孩要照顧，還要撫養年邁的母親，所以妳決定請人管理那棟公寓。

妳的女性友人跟妳說，「與其花錢找別的公司幫妳，不如我來幫妳，妳只要給我一〇%的持分。」現在，妳有機會好好考慮一下，是要：

1. 維持自己百分之百的持分（因為當初是妳花時間和金錢買下這棟公寓），每個月支付費用請物業管理公司提供服務。
2. 不請物業公司管理，放棄雙層公寓一〇%的持份，由朋友負責管理公寓。當妳給某人這個物業的部分持分，這個人就變成妳的夥伴。因為他們沒有錢出資，所以他們出力提供服務，這樣一來就違反法蘭克挑選夥伴的首要法則。而且，這樣做等於是把一〇%的現金流交給夥伴，把公寓賣掉時，有一〇%的獲利也要交給夥伴，長遠來說這個方案反而可能更不划算。

我最大的過錯

我曾經被問過幾次，「妳在投資方面犯下的最大過錯是什麼？」在投資上，我犯過許許多多的錯，但我認為那些過錯都沒什麼大不了，可是我從中發現一個共同點：當我不相信自己，我就會犯下最大的過錯，但也是在這種時候讓我學到最多。為什麼我不相信自己，原因或許是恐懼，或是希望好到不像是真的那種事能成真。我從事的幾項投資就犯了這種過錯，結果當然慘賠收場。在挑選夥伴時，我一樣犯過類似的錯誤。

選錯夥伴讓投資慘賠

幾年前，羅勃特跟我到北卡羅萊納州，參加一個談論股票交易的週末研討會。我們在那裡認識史都華，他創辦並經營一支避險基金。避險基金是私人投資基金，運用投資策略讓基金在市場漲跌中賺錢，而且避險基金不受法律規範。

我們花三天時間跟史都華討論他的基金，幾位我們認識且見聞廣博的投資人，也投資史都華的基金，還跟我們說他們投資這支基金拿到驚人的報酬。我們很有興趣，應該是說我們太有興趣了，因為我們甚至專程去佛羅里達拜訪史都華的基金公司，想實地好好了解一下。

史都華聲稱自己已經設計一套獨特機密的交易系統，那就是他成功的祕訣。我們見過他的主管團隊、交易員、祕書和總機，史都華的辦公室才重新裝潢過、辦公室相當氣派，我心想這家公司的經常開支一定很高，不過一切看起來就跟我們聽到的差不多。

當天晚上，他跟主管團隊的幾位成員帶我們到當地高檔牛排館用餐，我們玩得很盡興。幾杯酒下肚後，史都華跟他的同伴開始酒後失態，他們根本是我看過最無禮、最惹人厭那種人，彷彿有雙重人格似的。他們粗俗的言論和滑稽的行為，把在我們旁邊用餐的客人都嚇跑了。當時，我也應該走掉才對，可是我沒有那麼做。

隔天早上，我把昨晚發生的事在腦海裡想過一遍，我想這件事或許純屬偶然。或許史都華只是發洩一些壓力，我問自己，「我真的可以單憑一次事件就評斷一個人的個性嗎？」

當時我為什麼不相信自己的直覺呢？因為貪婪。這支基金的投資報酬率遠高於平均值。而且這支基金的投資人都對史都華讚譽有加，如果真的能讓我賺很多錢，那我當然可以忽略這個小缺點，我把事情這樣合理化。

所以，羅勃特跟我後來決定投資史都華的避險基金，我們收到的書面報告確實告訴我們，基金投資報酬很不錯。我們本來打算拿更多錢投資這支避險基金，這時羅勃特剛好帶一份知名投資報紙回家看，報紙頭條消息就看到史都華坐在沙灘椅上看海的照片，標題寫著，「妳敢把錢交給這個人嗎？」

我看到這個消息時很震驚，接著我開始替這傢伙說話，「這或許是某位不滿員工想要報復。日後一定會證明這是騙人的。」

結果，果然是騙人的，只不過騙人的是史都華，這傢伙詐騙投資人幾百萬美元，把錢拿來買新房子、買新的遊艇、參加鄉村俱樂部、換新的辦公室等。最重要的是：這傢伙現在要坐上好幾年的牢，投資人可能只能拿回一〇%的本金。

這件事讓我學到什麼教訓？當初我要是相信自己在晚餐那個決定性時刻的直覺，我就不會投資史都華的基金，不會找他這種人當夥伴。這次慘痛的教訓讓我學會相信自己的直覺，也因為這次事件，我決定只跟自己會想一起吃晚餐的人做夥伴。

朋友與夥伴

住在澳洲墨爾本的梅兒．珍納（Mel Jenner）經歷被夥伴背叛而學到教訓，以下是她的故事。

這是一九九八年發生的事，到現在還是我投資生涯中讓我「頓悟」最多的時刻。

我先說明一下當時的情況，我先生跟我在澳州南部克萊爾谷有一間鋼鐵製造公司，當初我們進入這個行業時，對我來說並不是什麼難事，因為我父親設計和製作葡萄酒鋼槽，也蓋釀酒廠。小時候，我就跟父親到工廠、巡視釀酒廠，所以鋼鐵這種東西變成習以為常的事。但是對於自己經營事業，我一點概念都沒有。所以創業初期，我認為根本是被公司綁死了。

經年累月下來，我們的生意愈做愈好，事業規模愈做愈大，需要擴大廠址。原本的廠址是跟房東租下一大片空地，所以我們打算跟房東談，再租其他空地蓋工廠。房東是我們的朋友，我們擬妥法律文件，也在蓋新廠前先做好鑑價報告，七天後，工廠就蓋好了。鑑價報告上列出萬一工廠要被賣掉，我們能拿回多少錢，我們擬妥的法律文件也詳載此事。

後來，房東打離婚官司，這塊地要被賣掉。因為我們事先就做好準備，所以我並不擔心賣地拿不到錢。當初我們投資三萬美元蓋工廠，這間工廠現在應該值七萬五千美元。

不過，房東並不打算付我們那麼多錢。因為他是我們的朋友，所以我們打從一開始投資鋼鐵生意就跟他討論，他很清楚當初我們投資三萬美元蓋工廠，因此只願意付我們三萬美元。這位朋友跟我們認識多年，現在終於露出自己的真面目，也讓我們知道他這麼愛錢。就算我們拿出法律文件跟他討論，他也不打算付多一點錢。

坦白說，這次為錢吵架我也很情緒化，因為根本不相信這種事情竟然會發生。我無法相信這個人竟然說話不算話，這種行為違反我從小到大深信的每件事。因為我們是朋友，我也不願意跟他打官司。再者，我覺得這個友誼關係現在已經變調了，也因此付出代價。更糟的是，我走不出這個困境。賣地交易陷入僵局，我們發傳真給對方，卻怎麼談都談不攏。對我來說，整個情況讓我心力交瘁，我花全部的時間想要爭取我們該有的，或者說討回我認為屬於我們的東西。這樣據理力爭、分清是非對錯，讓我在這個僵局中動彈不得。

有一天早上，我又跟先生抱怨這件事時，他只是看著我，然後平靜地說，「梅兒，放手吧。我們別再為這件事傷腦筋，把精神花在其他事情上，我們會賺更多錢。」我先生這番話讓我恍然大悟，讓我原本操心不已、在腦子裡打轉許久的煩惱一掃而空。我拿起文件在上面簽好名字，把這件事徹底做個了結。我也能重新振作，做好自己該做的事。我甚至想不起來，在為這件事煩心那段期間，究竟有沒有按時餵女兒喝牛奶。

現在回想起來，我很慶幸這位「朋友」做的事，對我來說可是一大教訓。當我懂得放下時，我也擺脫自己對金錢的許多情緒，並不是說這些情緒再也無法影響我，而是這些情緒再次出現時，我至少更有能力調整自己面對現實。如果我覺得自己受到情緒影響，我會先把問題擱著，明天再說。而且，現在我也很小心挑選生意夥伴，我花時間挑選夥伴，也對夥伴開誠布公，讓夥伴都清楚我們的投資。我認為夥伴關係就跟婚姻關係一樣，用學習和變通的態度看待這種關係，這樣就能度過難關。我也花錢、花時間擬妥法律協議，讓自己獲得保障，只要我需要法律方面的協助，我就打電話向律師請教，我的經營團隊裡就有律師協助我處理這方面的事，法律事宜就交給他們處理。隨著經驗的累積，我現在已經可以退一步，以客觀的立場分析自己學到什麼。對我來說，那次被朋友背叛的經驗，確實讓我徹底頓悟，回想起來，這個教訓還是很值得。

經過這麼多年，我們現在已經自己買地，也蓋了自己想要的工廠，還蓋了許多辦公室租出去，所以我開始學習如何管理商用不動產，一切真是有趣極了，因為學習永無止境。

相信妳的直覺

前面是梅兒談到別讓自己的情緒沖昏頭而做錯決定。接下來，我就拿自己的故事跟大家說明，我怎樣被情緒擺布，完全不顧直覺對我發出的警訊！

我的手機響了，是羅勃特打來的，當時我人在夏威夷，他在鳳凰城，他說，「我跟萊恩在一起，我們談到湯普森中心，我們有個投資構想，現在請妳先不要有成見，耐心聽我講。」

「不要有成見」可不是好的開場白，羅勃特要說的是，「妳根本不會喜歡這個構想。」萊恩是我們的朋友，也是我們的房仲經紀人，湯普森中心是一間小零售商場，裡面有商店和餐廳，就在羅勃特跟我名下一棟大樓的旁邊。那棟大樓是我們持有的最佳資產之一，為我們創造穩健可觀的現金流，每個月把好多錢放進我們的口袋裡。我們老早就注意到這棟大樓旁邊的零售商場，耐心觀望六年，等待業主願意出售，現在那個時刻終於來了。

我深吸一口氣問，「你們的構想是什麼？」

「嗯，」羅勃特遲疑了一下，「為了讓這個構想奏效，我們必須放棄零售商場旁邊那棟大樓的現金流。」我聽到這句話根本難以呼吸。羅勃特繼續說，「我們從大樓拿到的現金流，必須用來資助零售商場這個案子。」現在，我腦子有一股聲音在大叫，我的直覺告訴我，這樣做根本是瘋了，我的心跳加速。

我根本講不出話來，只能擠出這幾個字，「要放棄我們的現金流？」

「我知道妳不會喜歡那樣做，」羅勃特回答。他接下來說的話倒是很中聽，他說，「聽好，我明天就要出國，這個案子就交給妳，妳看看我們要不要投資。」聽他這樣講，我終於鬆一口氣。

接下來的兩晚，我根本輾轉難眠，腦子裡一直想著數字和不同的情況，我一直告訴自己，「一定有辦法，讓我們可以投資這個案子。」

三天後，我回到鳳凰城跟萊恩和一位有可能借錢給我們的人士碰面，他們跟我說明整個投資案的細節。在聽完他們的說詞後，我把他們告訴我的話重述一遍，「要買這間零售商場，我必須放棄隔壁大樓的現金流，另外還要拿出三百萬美元的頭期款。而且，你們要把這二個物業的貸款併成一筆貸款，這樣我本來那棟大樓的負債就會增加好幾百萬美元。你們的意思是這樣嗎？」他們點點頭。

我開始覺得頭昏眼花，我不喜歡冒險拿錢投資。光是我名下這棟大樓，我就備妥三個應變方案，以免事情出差錯，我盡全力降低投資的風險。現在，他們告訴我，要把這棟大樓跟零售商場合併成一筆貸款，這表示萬一零售商場營運不佳，最後我們不但會賠掉零售商場，還可能連最能幫我們賺錢的大樓都賠掉。這樣根本違反我的投資原則。

「零售商場必須是自給自足的投資，不能靠我現有的物業資助。」萊恩跟那位放款業者覺得這樣根本很難談成投資案，所以悻悻然地離開。

糟糕的是，我們必須在一定的時間內做出決定，我三天內就要出國，但是我通常需要二到三週的時間，為投資案做好事前調查，現在我卻必須在三天內做決定。

我一直問自己，「我們怎麼做才能進行這項投資？」我想買下這間零售商場，因為這間零售商場顯然能增加我們那棟大樓的附加價值，而且地點棒極了。沒錯，我被情緒沖昏頭，我太想要這間零售商場，我甚至願意出高價得到它。但我根本沒搞清楚狀況，把事實跟意見混為一談。

最後，我終於清醒了，我想到自己應該向一些睿智人士請教，該不該投資這種零售商場。我問自己，「這方面誰比我更懂？」我馬上想到可以找二個人問問。

我先跟我們的稅務策略專家湯姆聯絡，湯姆自己也投資房地產，是相當值得信任的顧問，也是我們多年的事業夥伴。我發電子郵件給他，讓他先看過細節，他馬上打電話跟我說，「金，我知道這個案子為什麼讓妳傷腦筋。」

「為什麼？」我問。

「因為這不是妳會做的那種投資，也根本違反妳的投資風格，」他繼續說，「我知道妳想買這間零售商場，但它無法創造妳想要的現金流。而且妳必須每個月投入現金，現在講的還是商場裡店面全部租出去的情況。所以，這個案子根本是顛覆妳原本的想法。」

我聽到自己內心的衝突獲得合理的解釋後，覺得鬆了一口氣。

接著，我打電話給我們在鳳凰城的事業夥伴梅爾，他跟我們一起投資亞歷桑納州的渡假村和高爾夫球場，他曾和自己的事業夥伴幫知名球隊蓋過體育館，也一直參與各種不動產投資，是我認識的人當中最了解不動產收購和運作的精明人士之一。我跟他說明整個狀況和自己必須在三天內做出最後決定。「明天中午我們邊吃午餐邊談。」他說。

梅爾跟我花了三個小時檢視這個投資案。最後他跟我說，「我的結論是，這間零售商場開價過高，而且高出幾百萬美元，所以我建議妳們降低出價，把價格殺低四百萬美元，這樣妳們才願意投資。」我知道賣方不可能答應，不過後來梅爾說的話讓我嚇了一跳，他說，「金，妳知道嗎？其實妳根本不需要這間零售商場。」

「我知道，」我回答，「但是這間零售商場可以增加我們那棟大樓的附加價值。」

「是誰說的？」他問，「開發這個案子要花的時間和成本或許不值得，從財務上、心理上和情緒上來說，你們好好管理零售商場旁邊那棟大樓才是上策。你們那間大樓不但面積更大、地點更好。依我看來，妳不一定要擁有這間零售商場。」

哇，我從沒想過不買這間零售商場，因為太想抓住這次機會，所以壓根兒沒考慮到，其實我可以放棄這次的機會。

那天下午，我跟萊恩和零售商場業主碰面，我們討論幾個方案，最後大家達成共識，這次的交易沒辦法談攏。在談投資案時，有時妳必須知道何時該收手，尤其是當妳受到情緒影響很想談成某項投資時，更要提醒自己該收手就要收手。我不是因為這個案子沒談成才覺得如釋重負，而是因為最後三天，我跟夥伴不帶情緒地做出正確嚴謹的事業決定，讓我認清好夥伴的重要性。

就像我先前說的，跟差勁的夥伴做不成好交易。我因為有優秀夥伴在旁協助，就能及早收手，沒讓自己捲入可能虧本的交易。

PART THREE

肯做

APPLY

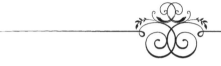

學以致用

Bringing It All Together

CH20 多元投資、分散風險

成為全方位投資人，就要……

首先，妳要忠於自己，妳對哪些最感興趣？妳可以利用一個方法知道自己真正喜歡什麼，當妳真正享受某件事，在做那件事的時候根本不會察覺時間的流逝，妳會完全沉浸其中。我的攝影老師利用 **Photoshop** 軟體後製相片時，就玩到渾然忘我，他跟我說，「昨晚睡前，我決定修改一張照片，我心想大概只要十五分鐘就能完成，結果等我有空看錶時，已經過了二個小時，我實在太愛這玩意兒了。」

上次妳有這種渾然忘我的經驗，是什麼時候的事？渾然忘我的感受就是一種徵兆，表示妳正在做自己喜愛的事。我發現每次我分析房地產物件的數字，就會進入這種狀態（是的，我知道那種行為跟書呆子沒兩樣）。我全神貫注在數字要說什麼故事，根本沒有察覺時間過了多久。但是，我在自己車裡設定廣播電台時，可沒那種耐性。要是三分鐘內沒辦法搞懂怎麼設定，我就會失去耐性，直接找別人幫忙。

妳在取得各種可用資產與投資的知識時，有些知識會引起妳的興趣，有些則讓妳興趣缺缺。請妳多留意是哪些領域讓妳有興趣、願意多花些時間。在這篇妳會認識一些對投資充滿熱忱的傑出女性，她們願意跟大家分享，她們究竟付出什麼代價，才得到財務報酬。她們在追求理財夢的過程裡樂在其中，也學習把這本書裡談到的態度和哲理實際運用到不同的資產類別。

除了股票和債券，還有很多投資可做

大多數投資人，或許高達九五%的投資人都是投資股票、債券和共同基金，也就是投資紙資產。知名財經雜誌大多也以紙資產為報導重點，這些刊物的廣告贊助商都跟紙資產界有關，比方說：美林證券（Merrill Lynch）、網路券商eTrade和保德信集團（Prudential）。

電視財經節目大多也以探討股市為主，有些節目播出時還有跑馬燈秀出即時股價。就連《今日秀》（*TODAY*）、《早安美國》（*Good Morning America*）、《清晨秀》（*The Early Show*）這些人氣最夯的晨間新聞節目，也會在播報新聞時提到股市最新動態。

有一天我在網路上搜尋「投資類型」（types of investments）這幾個字時，我從第一頁搜尋結果找到不同網站對投資類型做出以下評論：

1. 整體來說，投資可分為三種不同類型，包括：股票、債券和現金（這裡講的現金投資是貨幣市場基金或定存）。
2. 了解自己的選擇方案很重要，投資有三大類型：股票、債券和現金等值項目。妳可以直接進行這三種類型的投資，或是透過購買共同基金間接投資它們。妳不妨也可以考慮個人退休帳戶或年金保險，兩者都能利用儲蓄投資特別扣除額的方式節稅。
3. 不同類型的投資跟稅務的關係。這個網站列出六種投資：股票、股票分割、員工股票選擇權、共同基金、債券和股票證券當沖交易。
4. 投資一〇一——投資類型。投資的方法很多，要決定哪些投資工具適合妳，就要了解投資工具

> 的特性。這個網站列出投資人可用的四項工具：股票、債券、共同基金、另類投資（股票選擇權、股票期貨、外匯、黃金、房地產等）。除了股票、債券和共同基金外，其他全都被歸納為「另類投資」。這個網站這樣描述另類投資，「許多另類工具是證券和投資策略的最複雜形式，幸好妳在投資生涯初期不必擔心另類投資，因為這類投資通常是高風險／高報酬的證券，比我們講的股票和債券更為投機。」

這就是我用「投資類型」這幾個字搜尋時，出現的第一頁搜尋結果！

其實，除了股票、債券、共同基金、外幣帳戶和定存外，投資人還可以選擇許多其他類型的投資，我反而認為共同基金、外幣帳戶和定存根本不算投資，只算是儲蓄計畫，而且還算不上是很棒的儲蓄計畫。

我認為先前那個網站對另類投資的描述很妙，「許多另類工具是證券和投資策略的最複雜形式。」他們根本是想告訴妳，「別費心，妳不會懂的。」但是妳從這本書裡看到的一些故事得知，許多女性**真的**搞懂另類投資，而且在本篇，妳會看到更多女性以另類投資致富的例子。

我不是反對大家投資紙資產，我有一些女性友人就投資紙資產賺大錢，包括利用紙資產創造現金流。我不滿的是，理財「專家」讓大家誤以為，股票、債券和共同基金是安全投資的唯一方式，也讓大家誤以為其他投資工具很危險。在缺乏理財知識的情況下，人們盲目聽信這些「專家」講的話，自己反而沒有好好的想想。

多元投資：投資不同的資產類別

我們談過投資要忠於自己，發現自己對什麼感興趣。如果妳對某件事興趣缺缺，就不可能太注意它。在選擇投資哪項資產時，情況也一樣，重要的是挑選最適合妳的資產，也就是挑選最適合妳的個性、價值觀和生活方式的資產。每個資產類別都有利有弊，有些資產類別比其他資產類別更需要花時間和心思。當理財「專家」講到某項投資風險高或錯綜複雜時，他們指的就是這項投資需要深入了解，累積理財知識，也需要多加留意。但是，這些「專家」這樣講或許是因為自己不懂，才會認為那項投資風險高又難懂。理財「專家」們假設，人們想要最快最簡單的答案。許多人是這樣沒錯，所以高達九五％的投資人都投資紙資產，因為這類投資最容易取得，也最容易脫手。

我們經常聽到多元化（diversification）一詞。財經顧問總是告誡大家，「務必讓妳的投資組合多元化。」問題是：多元化究竟是什麼意思？當大多數理財專員和顧問告訴妳要有多元投資組合，他們通常是指股票投資組合。對他們來說，多元化就是投資不同類別的股票，比方說：大型股、小型股、混合型、績優股、高科技類股或替代能源類股。

其實，真正的多元投資，不只是投資紙資產，而是要跨足所有資產類別。我當初是從房地產投資起家，現在羅勃特跟我投資所有資產類別，每種類別的市場反應不同，每種類別內部的各項資產也可能對市場有不同的反應。把妳全部的錢都放在同一個籃子裡（紙資產），或許無法讓妳得到想要的財務保障。

接下來，我就要跟大家介紹四種主要資產類別，其實妳可以投資的資產類型多到數不清呢！

投資事業

妳可以用自己的錢、向別人籌募資金或跟放款業者借錢，來投資自己的事業。不管妳的錢是自己的或是借來的，拿錢投資的目的就是幫自己、幫妳的事業、幫妳的投資人或放款業者賺錢。

或許妳也選擇投資別人的私人事業或公司，而這個事業和業主妳可能熟，也可能不熟。所以，妳要先審慎調查，也就是先做功課，好好研究分析這項事業的：

1. 計畫；
2. 合夥人；
3. 融資；
4. 管理團隊。

我的朋友艾蜜莉最近投資一家私人企業，這家企業製造及行銷授權品牌的女性商品，她跟大家分享自己投資這家公司的理由和投資結果。

我是基於一些理由才決定投資這家公司。

首先，我相信這家公司的計畫和產品，也願意學習理財，所以聘請一位顧問指導我，他自己創辦一家成功的科技公司，也把公司轉賣獲利，本身還是一名會計師。他跟我每週透過 Skype 通話，我們為了這個案子討論三個月。我們仔細檢視這個事業計畫的內容，透過這樣的討論幫我找到許多關鍵問題，讓我明白這項投資有什麼風險。我願意承擔這項財務風險，也從中學到風險不只跟財務有關，也跟健康、關係和人生觀有關。

其次，我覺得自己可以利用這個投資案發揮影響力，我有相當多的產業經驗。先前，我依照自己的柯布量表分數，督促自己發揮最大生產力，我投入資金跟合夥人一起創業，每天從早到晚工作，忙到連週末都加班。辛苦一年半後，合夥人竟然要求我辭去營運長職務，原因是我拒絕提供個人稅務資料，而這份資料能讓合夥人作為額外的財務保證，讓她能在家鄉租用倉庫。當時我們已經拖欠加州倉庫的租金，她的說法是我不願意拿出個人稅務資料，等於讓新投資人認為我「沒有全心投入」這個事業（在創業初期，我只有一點點股份時，我竟然笨到為公司作保，讓公司向小企業管理局〔Small Business Bureau, SBA〕申請貸款，這種錯誤我絕對不會再犯）。

第三個理由是，我先前有跟創業者共事的經驗，當時我跟那位老闆共事愉快並互補所長。錯就錯在即使我看到公司牆上貼的亮麗績效，證實這家公司日漸成長、生意也愈做愈好時，卻沒料到這位合夥人在個人財務出問題，面對沉重壓力時，竟有如此離譜的行徑。我也沒有料到在財務出狀況時，人性的醜陋面就會顯現。從小到大，我都沒有抱持「一切都會沒問題」這種心態。聽到人家說這種話又沒看到對方做什麼努力，實在讓人很擔心。

第四個原因是，這家新公司的主要投資人之一是相關行業的世界級權威。這位投資人曾在市值數十億美元的公司擔任執行長，協助打造那家公司，目前則在該公司擔任董事並相當活躍。在這位業界有力人士的帶領下，我對這家新公司的未來很有信心。

投資這家新公司讓我可以找回自己的生活，況且我還是這家新公司的老闆之一，如果由投資人負責關鍵管理決定，我相信這家公司日後大有可為。我從沒打算要替自己找一個全職工作，現在我可以好好繼續尋找新的投資構想。在投資的過程中，我從錯誤中學習也累積更多經驗，親朋好友也為我加油打氣。

投資房地產

投資房地產有二個原因：一是為了取得出租物業產生的現金流；一是為了取得物業買賣價差的資本利得。我投資房地產主要是因為，現金流符合我追求財務自主的公式，妳可以決定哪種方式最適合妳。

妳可以選擇各式各樣的房地產投資，包括：單一家庭獨棟住宅、雙層公寓、三層公寓、公寓大樓、辦公大樓、零售商場和購物中心，以及像倉庫、飯店和活動屋園區等工業不動產。

投資房地產的最大好處之一就是，能善用槓桿（leverage）這個概念，槓桿是指拿別人的錢購買資產的能力。一個物業的財務槓桿高，表示跟淨值（equity）相比，物業有相當高的負債（淨值等於物業目前的市值扣除負債）。負債比例九〇％的物業，表示業主和投資人只有出資一〇％，跟貸款七〇％、出資三〇％購買的物業相比，前者的槓桿就高出許多。物業的負債愈多，所創造的現金流就愈少；負債愈少，所創造的現金流就愈多。

稍後，妳會看到其他女性如何只花小錢或根本不花錢就能投資房地產，如果妳有辦法買自己的房子，那妳當然也有辦法買其他房子做投資。

投資紙資產

紙資產包括股票、債券、共同基金和退休帳戶這些東西，妳還可以投資股票選擇權、股票期貨和外匯。紙資產包括不動產投資信託（real estate investment trusts, REITs），這類基金只投資不動產；紙資產也包括指數股票型基金（exchange-traded funds）。總之，妳能投資的紙資產工具多到不勝枚舉。

紙資產通常是資本利得投資；不過，股利則被歸類為現金流投資。

投資商品

商品指的是黃金、白銀和銅這類金屬，以及穀物、玉米、咖啡和糖等食品，還有石油、天然氣和棉花等原物料。

商品的價格通常由供給面與需求面決定，如果當年玉米盛產，就會因為供過於求造成價格下跌。相反地，如果當年因為乾旱和氣候不利等因素導致玉米欠收，玉米價格就會上漲。

妳可以跟當地貴重金屬交易商購買黃金和白銀這類商品，或透過期貨交易所購買任何商品的期貨合約。

商品通常是創造資本利得（或虧損）的資產。

投資其他資產

妳可以投資任何妳想得到的東西，有人投資商務旅館客房、監獄、車庫和車位、還有風車、動物園，甚至連公廁都可以投資。妳想得到的投資標的，很可能已經有人投資了。

來自加州聖塔馬利亞的克莉絲蒂．亞當斯（Kristi Adams）白手起家，開創自己的投資生涯，最後跨足上述四大資產類別，她就是多元化投資人的寫照，她的故事相當激勵人心。

我是窮人家的小孩，靠打工賺錢唸完大學。大學畢業前，我爸找我坐下來談談「妳以後要做什麼？」我跟他說，我打算為美國空軍效力，對我爸來說，我這個主意很不錯，因為他跟祖父都從美國空軍退休。幾個小時後，我爸用美國南方人特有的語調宣布，「女兒，我一直在想妳剛才跟我講的話。我跟妳說，有二個地方總是缺人，一個是馬戲團，另一個是軍隊。我認為去軍隊總比去馬戲團來得好。」我選擇從軍是因為想要有穩定的收入和保障，而且又有醫療保險和退休金。我的家人都支持我，他們很高興我找到一份薪水不錯、穩定又有保障的工作。我本來打算在軍中服役二十年，到四十三歲請領退休金。這個計畫還不錯，對吧？妳先別急著回答……

我到空軍服役不到二年，就經歷空軍第一次的「人力精簡」或「軍隊重整」。軍隊人員依照階級從上至下排序，依照一定的百分比，從階級最低的人員開始裁撤。雖然那次裁員沒有我，但這次事件卻讓我開始覺醒。

取得財務自由是一個過程，就像減重十公斤那樣，妳今天決定開始減重，一覺醒來不可能就有凹凸有致的身材，妳必須努力才能達成目標。所以，我開始著手擬定一個流程，讓自己取得財務自由。

為了設計這個流程，我做的第一件事就是花一．九九美元買一本筆記本，我把這本筆記本取名為「我的目標小冊子」。我寫好一年計畫並訂定詳細明確的目標，而不是寫下「我想致富」這種空洞話語。

我當時訂定的目標，其中包括至少持有一盎司黃金、學習如何購買不動產，以及創辦一家有限責任公司。我也估計自己要花多久時間才能獲得財務自由（當時我估計要十二年），另外我也設立階段性目標，比方說：三年內達到二五％的水準，也就是在三年內我的收入至少有二五％是來自被動收入。

最重要的是，當我還在讀理財書籍時我就採取行動了！我買了一盎司黃金和十三盎司白銀，從那時起我就是真正進場的投資人了。

我跟大家說我打算購買能幫我創造現金流的不動產。於是，每天都有人問我買了沒，我跟大家說就是想讓大家督促我，這樣我就能靠這股動力克服恐懼。妳一定知道那種感受，妳心裡那股聲音大聲尖叫地問妳，「妳究竟在做什麼？妳不夠聰明，這個妳做不來！趁還能脫身前，趕快脫身吧！快往安全地帶跑吧！」唯有行動才能消弭這股聲音。

同樣地，我也開始上會計課，學習如何看懂財務報表並製作財務報表。人們嘲笑我並問，「妳以為妳是誰啊？是川普喔？」

我回答，「不是，但我即將是。」

我認為如果我可以精明地投資一些主要資產類別，儘管市場起伏或其中一個市場出狀況也沒關係，因為所有市場和所有資產類別都走跌的可能性相當低。

我打算投資房地產、貴重金屬和我仔細調查過的一家公司（購買該公司股票）。我計算過自己能賠多少錢，所以承擔一定程度的風險。我做好準備讓自己在每個資產類別都有好的投資績效，這樣當市場開始變動，我手上就持有資產可以應變。在房市崩盤，人們需要地方住時，我有什麼呢？我有住宅不動產可以出租賺取現金流。中東政治開始動亂時，我持有的艾克森美孚石油公司（Exxon Mobil）的股票，股價開始飆漲，我也因此大賺一筆。歐巴馬總統跟奇異公司（General Electric）執行長傑弗瑞．伊梅特（Jeffery Immelt）會面時，特別強調創新和全球競爭力，我持有的奇異公司股票股價就漲了一倍，我領悟到奇異公司的廣告語確實沒錯：他們真的為生活創造美好事物！

我知道如果我繼續投資，而且投資夠久，有一天我就能離開軍隊，因為我不再需要軍隊提供的退休計畫。當空軍在下一波裁員前，提出自願離職方案，鼓勵更多人員離職時，我利用這個機會離開軍隊，也把自願離職方案拿到的錢拿去買白銀。

我知道因為通貨膨脹，白銀的購買力漸增，可能很快就能幫我賺一大筆錢，讓我有錢買下能創造現金流的房子。不過，如果就像有些人預測的那樣，景氣在二〇一二年開始大壞，美元大幅貶值，那我已經做好準備，在這次變動中倖存並大賺一筆。

我的公式就是：

理財教育＋勇氣＋行動＝**結果！**

我把這個公式應用在一個資產類別，然後再複製到其他資產類別，我會這樣一直重複下去，直到我實現自己的財務目標。

CH21 尋找獲利驚人的投資機會

要有獨到精準的眼光掌握驚人獲利，就要……

商機（upside）是投資人最想聽到的事。什麼是商機？就是妳可以做一些事來增加資產的價值，讓投資案能獲得投資人青睞，有機會大幅增加收入或增加投資案的未來價值。有商機，就能為投資人創造最大獲利和報酬。

管理不當的公寓大樓有什麼商機？趕走拖欠房租的房客，讓準時交租的新房客入住就有商機。製藥公司宣布研發新藥有突破性的療效，就有商機。政府持續印鈔，造成幣值貶值，黃金就有商機。如果政府停止印鈔，投資黃金就無利可圖（或許這種情況不久後就會發生）。羅勃特跟我投資一家太陽能公司，因為這家公司具有縮小太陽能板面積的革命性技術，我們認為公司有很大的發展潛力；可惜，還有另外二家私人公司也在研究同樣的技術！

找到績效穩健的投資是很棒的事，但是如果妳能找到有驚人商機，讓價值暴增這種投資，就會讓妳欣喜若狂。

喜歡解決問題的人就是贏家

通常，在問題中就能發現商機，看看傑出創業家的故事就知道，許多創業家因為自己在生活中碰到一個問題，努力思索出解決方案，就開創自己的事業，很多媽媽就是這樣變成老闆。最近，我才聽到一位媽媽的故事，她的兒子二歲大，她用水瓶裝水給兒子喝，但是兒子還小不知道怎樣抓穩水瓶，老是把水弄出來，把衣服和褲子弄溼了。這位媽媽發明像鴨嘴杯的杯嘴，把杯嘴套在瓶上，兒子再也不會喝水弄得一身溼。起初，她只是為了兒子喝水方便想出這個點子，其他媽媽看到了，就想跟她要一個。後來，她乾脆做起生意賣鴨嘴杯。所以，只是解決一個小問題，就帶來商機。

蘋果創辦人賈伯斯解決個人沒有電腦可用的問題；福特汽車創辦人福特讓汽車成為大眾運輸工具；美體小鋪創辦人羅迪克解決保養品中含化學成份這個問題，以自家品牌推出天然保養品與個人清潔用品行銷全球；玫琳凱化妝品創辦人艾施透過玫琳凱化妝品讓全球各地的女性自己當老闆，她也是提供女性事業所有權的女先驅之一。

這個道理也可以應用在投資上，能找到某項投資有問題並解決問題者就是贏家。許多投資人會盡量避免有問題的投資，但是問題中其實蘊藏著獲利商機。我們目前的經濟情勢就是如此，有許許多多問題存在，而且問題還層出不窮。要是妳能投資最先解決石油和天然氣短缺並找出替代能源的公司，那會怎樣？要是有人設計出一種可行又能大規模應用的解決方案，解決第三世界國家房價過低的問題，那會怎樣？要是妳率先發明美味可口又零熱量的巧克力太妃糖，那會怎樣？妳認為投資人會爭相投資妳嗎？

找出商機

出租物業的房東要做的事就是，提供房客想要的東西。要在各行各業出人頭地，關鍵就是找到並提供顧客想要的東西。多年來，房客最想要的就是安全，他們想住在讓自己覺得安全那種地方。所以，業主和物業管理者在公寓大樓安排警衛或管理員，整棟大樓夜間有明亮的照明，讓房客可以安心居住。根據研究顯示，經常修剪門窗前面容易隱藏宵小的矮樹叢，就能創造更安全的環境。安全是租屋業的一項主要因素。

不過，根據目前的研究顯示，安全不再是房客最想要的東西，他們最想要的是公寓裡加裝洗衣機和乾衣機。其實，房客這樣想也是基於安全考量，或許是因為社區裡的洗衣房讓他們覺得不安全，在自己家裡洗衣服比較安全。還有一個可能是，許多人在意便利性，到社區洗衣房洗衣服，還要拿著洗衣籃走來走去很不方便。不管是什麼因素，要是屋主能在公寓裡加裝洗衣機和乾衣機，就是吸引房客入住的一大因素。

我們善用這項最簡單的商機，將與夥伴肯・麥克羅和羅斯・麥克卡利斯特（Ross McCallister）共同投資的幾棟公寓大樓，加裝洗衣機和乾衣機。雖然這樣做要預付一筆費用，但好處是營業收入淨值（總收入扣除費用）就會增加。投資物業的價值源自於物業本身的營業收入淨值，營業收入淨值愈高，物業價值就愈高。所以，只要妳能增加物業的收入，就能增加物業的整體價值。在公寓裡加裝洗衣機和乾衣機，雖然每間公寓的房租或許只能調高五十美元，如果整棟大樓有二百間公寓，每個月的收入就能增加一萬美元，每年的收入就增加十二萬美元。光是加裝洗衣機和乾衣機這個步驟，就能讓妳持有的物業價值大增。

尋找額外的收入來源

梅爾和他的二位夥伴在亞歷桑納州買下一間古色古香的渡假村，他們三個人是發現並開發投資商機的專家，他們曾是亞歷桑納州幾支知名球隊的老闆，還蓋過運動場和其他知名物業。這次他們買下的渡假村先前因為營運不善宣告破產，許多地方有待維修，要恢復渡假村原有的優雅樣貌，還有很多事要做。

這間渡假村經過大幅整修後重新開幕，我們夫妻應邀參與盛會。梅爾陪我們參觀這間渡假村時，跟我們說明他們整修這間渡假村的策略和思考流程。他們採用的其中一項關鍵做法就是，仔細檢視這間渡假村的每一寸土地並問自己：創造收入的機會在哪裡？舉例來說，在「圖書室」旁邊有一小間私人交誼廳，這間交誼廳並沒有為業主創造收入，但是如果把這個小房間當成晚餐包廂使用，就可以當成十二人包廂，每晚可以服務二個場次的顧客，為渡假村創造一個新的收入來源。他們把這種做法應用到整個物業，包括新蓋的水岸公園，遊客可以租下有電視設備的岸邊小屋，也可以享用客房服務、按摩服務或讓孩子參加一日營隊，或到附近新開的冰淇淋店吃冰淇淋。他們把渡假村的每寸土地、每個沒有用到的地方，都變成可能讓收入增加的來源。

克勞蒂亞．施密特（Claudia Schmidt）跟我們說一個很棒的故事，她也是從投資房地產起家。她在幫自己解決問題的過程中，反而替自己創造一個驚人商機。

我二十歲那年從加拿大搬到墨西哥，不但依照原定計畫學會西班牙文，也遇到一個好老公。我們一起展開這個旅程。

當時政府給我先生一塊地，條件是他必須在一定期限內蓋好房子，不然就必須把地歸還政府。所以，我們開始大興土木。

我們本來就沒有賺很多錢，所以每天下班後，自己拿著鋤頭和鏟子開始挖地基，這樣每天一點一點地做，不停地蓋了四年的房子，終於在第五年完工。於是，我們將這棟三層樓的房子進行出租。

為了吸引房客，我鎖定墨西哥、美國和加拿大等旅客。這些人當然講不同的語言，主要語言是西班牙語、法語和英語。大多數網站只提供一種或二種語言，所以要找到我付得起又符合我目標房客母語的網站，是一件既浪費時間又讓人洩氣的事。

就連在魁北克想租我房子的房客都跟我抱怨，他們想找墨西哥渡假時住的出租公寓，卻沒辦法找到法文租屋網站提供這類服務。

因此我心想，既然我喜歡網路，我何不建構自己的網站，幫自己和其他人廣告他們的出租公寓。最後，我決定把這個網站取名為「國際易租網」（RentingInernational.com），這樣不管是誰、在什麼地方都可以把自己想租出去的東西，免費刊登到這個網站上，而且這是一個使用多國語言的網站。

起初，我只想到以租屋為主要業務，但是有一天某家租車公司寄電子郵件向我詢問，他們可不可在這個網站上刊登租車廣告，這件事讓我有了另一個構想。我心想，「國際易租網」其實就代表任何類型的出租，所以我決定把所有出租事項都列入，包括：租車、租屋、租船、租飛機、租工具等項目。

後來，我收到更多人和更多公司寄來的電子郵件，大家問我能不能也在這個網站上賣東西。這時候我突然想到，這個網站也可以提供B2B（企業對企業）的平台，讓供應商或製造商可以銷售產品給出租業者，出租業者則將持有的汽車、房子、設備再租給想租的人。我心想這個項目能為我的網站增加更多價值，也有助於讓整個供應鏈更加完整。

所以，就像每天一磚一瓦蓋房子一般，我開始在下班後和週末建構自己的網站——國際易租網。至今已經六年，我最大的錯誤就是找沒有經驗的網站建置公司幫忙，難怪他們費用低廉。長久下來，我反而因小失大，自己花時間三度修改網站。

這樣做究竟有什麼商機？我專心建構網站，從中學到更多知識，也對這個網站更充滿熱忱，最後乾脆把這個網站的生意愈做愈大。

我下一個目標是，存錢在加拿大買一間房子，繼續增加我的房地產投資組合，靠租金收入讓自己獲得財務自主。我們也繼續增加國際易租網的服務，協助出租業者和創業家實現他們的財務目標。

善用妳的創意

投資其實是一個創意十足的過程，妳必須用不同角度看待理所當然的事，這時妳就需要右腦思考。在幫物業或事業創造商機時，就需要發揮巧思，這種過程很好玩，因為當妳檢視投資案的問題時，就會想出各種怪點子來解決問題，反正這樣做又沒有什麼損失。到最後，要是妳提不出一個以上的解決方案，妳猜妳可以怎麼做？妳可以放棄那項投資案。另一個好處是，這種過程也強迫妳找出自己從沒探究過的新解答和專家。

跳脫思考框架

有一回川普邀請我們夫妻去參觀他在洛杉磯的高爾夫球場，也就是川普國際高爾夫球俱樂部（Trump National Golf Club）。川普親自帶我們參觀這個有面海美景的高爾夫球俱樂部時，他走到宴會廳前停下來跟我們說，「我一定要告訴你們這個故事。」我們跟川普、其他成功投資人和企業人士學到的一些最棒教誨，就是從他們個人故事學來的。

這個故事也是從一個問題開始的：川普國際高爾夫球俱樂部的宴會廳最多只能容納一百五十人，無法跟能容納更多人數的其他會場相比。於是，川普國際高爾夫球俱樂部的員工開始尋找解決方案，最可行的做法似乎是把現有宴會廳擴建，工程委外競標，預估擴建成本加上新增桌椅的費用，總共大概要三百萬美元，同時可能要花六到九個月的時間才能完工，實在是花很多錢又耗費很多時間。

某天晚上，川普走進宴會廳，當時宴會廳裡正在舉辦盛大派對，他停下來觀察整個盛會，順便思考怎樣讓宴會廳容納更多人數的問題。他注意到有位老太太坐在椅子上，使勁力氣想要起身。宴會廳的椅子都是那種氣派十足、既笨重又難搬動的大椅子。這時，川普靈機一動，與其擴建宴會廳，何不把椅子換小一點？

隔天，川普的團隊開始研究這個構想是否可行，結果呢？他們找到一樣氣派但體積較小的椅子，這樣一來宴會廳的容納人數就能從一百五十人增加到二百五十人。更重要的是，把舊椅子賣掉拿到的錢，拿來買新椅子還綽綽有餘！現在，川普國際高爾夫球俱樂部的宴會廳可以容納更多人，還能舉辦多達二百五十人的派對。川普先生不但沒有花三百萬美元，反而因為動腦筋解決問題，讓自己賺了不少錢。現在，輪到妳發揮創意，好好想想怎樣才能讓妳的物業價值增加。

追求最大報酬

投資人最想要什麼？投資人最想要投資報酬或投資報酬率。那麼，最大報酬率究竟是多少？有些人認為投資報酬率有百分之一百，就是最大報酬率，也就是說如果妳投資一千美元，這項投資幫妳賺一千美元，對許多人來說就是最大報酬。但是，如果妳投資一千美元，能幫妳賺二千美元或三千美元呢？那妳就有二〇〇％或三〇〇％的報酬率。所以，投資人針對一項投資想要的最大投資報酬率是多少呢？不管妳投資出租不動產、發放股利的股票或自動販賣機，如果妳投資一千美元，拿回一千美元後，就等於把本金拿回來，只要妳沒有把投資標的賣掉，接下來妳就是做無本投資，因為妳的錢都拿回來了。妳只是累積投資標的幫妳創造的現金流，所以當妳拿回本金時，妳還是擁有那項資產，而且那項資產還繼續把現金放進妳的口袋裡。妳會怎麼稱呼這種報酬？我把這種報酬稱為無限報酬（infinite return）。如果妳每個月拿到一百美元的現金流，那麼每年的投資報酬率就是：

$1,200（$100 × 12 個月）／0（因為本金都拿回來了，現在是無本投資）＝∞

無限報酬實例說明

我們夫妻投資一百萬美元，跟投資夥伴肯和羅斯買下一棟有二百五十二間公寓的大樓。這棟大樓的空屋率是三〇％，經過二年後，肯和羅斯及他們的團隊把空屋率大幅降低到二％，還在每間公寓裡加裝洗衣機和乾衣機，並且進行必要維修改善大樓外觀和整棟大樓給人的感覺，讓大樓的價值增加不少。結果，二年內這棟大樓的價值就從一千一百萬美元，增加到一千五百萬美元。當初花一千一百萬美元買下時，我們合資二百萬美元，貸款九百萬美元。現在，這棟大樓增值到一千五百萬美元，銀行願意貸給我們八〇％的錢（一千五百萬美元的八成是一千二百萬美元），這是所謂的高貸放成數（loan to value）。我們利用新申請的貸款一千二百萬美元，還清原本申請的九百萬美元貸款，還可以讓投資人拿回本金二百萬美元，再均分剩下的一百萬美元。這時，這項投資的現況如下：

1. 過去二年，這棟大樓每個月都為我們創造現金流。
2. 我們都拿回當初投資的本金，還拿到一百萬美元均分後的部分金額。
3. 我們對這棟大樓的持分依舊不變。
4. 每個月還是能拿到這棟大樓創造的現金流。

這就是我所說的無限投資報酬！

來自英國倫敦的蘿溫娜．拉賓諾（Rowena Rabino）是一位傑出女性，也是值得全球女性學習的榜樣。以下是她的故事：

我是菲律賓人，現年三十八歲，是一位單親媽媽，在倫敦擔任管家工作。

我從沒想過自己可能有財務自由的一天。我因為工作簽證出問題，覺得工作很沒保障，開始多存一點錢為日後打算。以前，我會把全部的薪水寄回菲律賓老家，所以從沒想過要是我不能再留在倫敦工作，情況會變成怎樣。我開始編列預算，算好該把哪些錢寄回老家，哪些錢自己留下來。我告訴妹妹要她在菲律賓買一間房子或買一塊地，幸運的是，我在二〇〇五年實現夢想。老家鄰居有人以十二萬披索（三千美元），把房子便宜賣給我們。這間房子很小，但經過我爸改建後，變成二間公寓，而且馬上就租出去。現在，每間公寓每個月為我們賺進一千五百披索，透過這些租金收入，三年半我就拿回本金。現在，我還是擁有這棟房子，也繼續有租金收入，而且更棒的是，我們目前有十九間公寓租出去。

我想跟大家分享我的故事，尤其要提醒所有離鄉背井在國外打拚的勞工朋友，當妳開始拿一部分的薪水做投資，這樣做不但讓家人可以過更好的日子，也能讓妳日後的生活更有保障，同時又能實現財務自由，也讓妳辛苦工作更有代價。

我很開心！現在，我還在學習也享受實現理財夢這個旅程的種種進展。

那就是妳能獲得的最大報酬！

投資事業
BUSINESS

CH22 開始投資事業或自己做生意

要成為出色的事業投資人，就要……

《柯夢波丹》（*Cosopolitian*）雜誌前總編輯海倫・葛莉・布朗（Helen Gurley Brown）說過，「現在讓妳羨慕不已的每位傑出女性，她們光鮮亮麗、事業生涯成功又坐擁財富，當年幾乎都是從某些單調乏味的事情開始做起。」換句話說，我們都必須從某個地方開始著手，一步一步實踐自己的理財夢。妳可以從下面這幾個不同的觀點，檢視事業是否有利可圖：

1. 從自己是事業老闆的觀點
2. 從投資別人事業的投資人觀點
3. 從準時生產作品且作品能一賣再賣的投資人、作家或產品創業人士的觀點。

無論妳採取哪個途徑切入，開始做生意其實沒有妳想像的那麼難。不管妳對投資和創業有沒有經驗，網路已經開創一個新世界，蘋果公司推出apps（applications）應用程式，改變整個遊戲規則。如果妳懂科技界，就可以設計出人們想要的應用程式，投資自己的事業。

電子書的出現讓出版界徹底改觀，我有幾位朋友正在實驗如何自行出版電子書，他們做了很多研究也按步就班地學習整個流程，為了知道這個流程行不行得通，他們還認真撰寫如何出版電子書、內容長達二十頁的教學手冊，並把這個手冊的電子書放到網路上銷售。透過這項「實驗」，他們現在每個月光是賣電子書，就有將近二百美元入帳。這兩位朋友把他們的知識變成一種資產，由此可知，做生意其實可以那麼容易。

瑪莉蓮這個人的弱點就是，常花錢買名牌包，她買了最新款的LV、Armani、Prada、Gucci等精品包。她的朋友偶而會問她，能不能把名牌包借她們用用。有一天，她最好的朋友開玩笑地說，「妳只要把妳的名牌包租出去，就能賺一大筆錢了。」這件事讓瑪莉蓮靈機一動，現在她每個月從自己開的名牌包出租店，賺取相當豐厚的獲利，她還把營業項目擴大到出租其他精品。從這個例子可以知道，從出租**Prada**皮包做起，生意也能愈做愈大。

現在，網路行銷業或直銷業愈來愈流行，妳挑選公司、銷售他們的產品、找人加入這家公司。這時，妳不但能靠自己銷售產品的業績賺錢，連妳找來的人（妳的下線）銷售產品的業績，也能讓妳抽取一定百分比的利潤，這就是所謂的被動收入。直銷的妙處就是，直銷公司提供事業體系和教育教導員工如何成功。妳可以挑選最適合妳的直銷公司，也就是挑選跟妳的目標和價值觀最一致的直銷公司，更重要的是，這家公司必須用心栽培妳，協助妳成為一位成功的創業家。

妳甚至可以動動腦，把一些負債轉變成資產，比方說：有位相當成功的作曲家參加我們夫妻出席的一場三小時座談會。這位作曲家聽完我們的理財經，回到公司馬上召集同仁開會，他問大家，「有什麼東西花我們的錢（負債），其實可以拿來幫我們賺錢（資產）？」這家公司有兩輛運動休旅車，買來當公務車用，後來他們乾脆開辦主管用車服務，把這二輛車提供公司有錢的客戶和同仁租用。現在，這二輛車不再是每個月只讓公司花錢的賠錢貨，而是能幫公司賺錢的金雞母。

開始投資事業或做生意，只是從一個構想揭開序幕，構想人人都有，關鍵是有沒有採取行動落實構想。

我在接下來的章節中會跟大家分享一些真人實事，這些女性當初也是在前景不明的情況下，大膽落實自己的構想。

自己做生意的好處

1. **有掌控權。**妳握有全部掌控權，可以掌控收入、費用和債務。
2. **拿別人的錢投資，善用財務槓桿。**如果妳選擇為自己的事業籌資，妳就能拿投資人的錢創辦事業或讓既有事業有所成長。如果妳投資別人的私人公司，別人就是拿妳的錢幫自己打拚事業。
3. **善用別人的時間。**到最後就能善用別人的時間，讓自己完全不必花時間。如果妳替別人工作打拚，別人就在利用妳的時間。
4. **無限報酬。**妳跟妳的公司能賺多少錢是沒有上限的。
5. **稅務優勢。**大多數國家的稅法都傾向於為企業主減稅，幾乎所有企業費用都可抵稅，這表示妳從收入中直接扣除費用，需要課稅的收入就變少了。如果妳投資別人的公司，這家公司營運虧損，妳就能從投資其他事業或不動產的收入中把投資虧損扣除。而且，投資企業是以稅率較低的長期資本利得稅率課稅。
6. **時間上比較有彈性。**妳可以自己安排時間。

7. **有表達自己意見的自由**。事業可以支持妳真正做自己，妳可以徹底表現真性情，以及妳想透過事業傳達什麼理念。

8. **家庭式事業**。小孩一起幫忙，對小孩來說，這是再好不過的教育。

自己做生意的缺點

1. **困難**。在四大資產類別中，做生意的進入門檻最高又最難維持下去。如果妳打算投資私人公司，就要考量這個主要因素，所以這家公司以往的營運績效和未來成長性，就是很重要的參考指標。
2. **失敗率高**。十家公司有九家在創業五年內倒閉。
3. **工時很長**。自己做生意就要投入很多的時間，不是朝九晚五那種工作。
4. **不保證有錢拿**。做生意不保證賺錢，不像上班那樣有穩定的薪資收入。
5. **人事問題**。做生意必須應付及管理人事問題，包括：員工、客戶、顧問等。人事問題牽涉到員工、客戶、顧問各自不同的個性、情緒和怪癖。除非妳很擅長處理人事問題，否則這項工作就會很吃力。

CH23 靠發明致富

金・芭傑克（Kim Babjak）的故事

金・芭傑克的個性很好，大家都喜歡跟她在一起，她幽默風趣又充滿活力，也主張女性要自己創業賺錢，實現理財夢。金開始創業時，只有一點點錢，也不懂怎麼做生意，因為她根本沒有經驗。一路走來，金面臨許多的阻礙，許多女性遇到這種困境可能早就放棄了，她卻堅持下去。金為我們樹立了傑出典範，讓我們知道要在商業界出人頭地究竟要具備什麼條件。

——金・清崎

我從小就夢想成為一位發明家，我會擬定並設計一些小計畫，我想發明好多東西，所以大多數情況下，很多計畫做到一半或想到一半，就先擱在我房間裡。經年累月下來，這些東西和構想就愈堆愈多，只是擺在房間牆上，完成的機會相當渺茫。家父是我們家的發明家，所以他從我年紀很小時就培養我的發明才能，我很感激他。

一九七〇年代初期，我住在亞歷桑納州鳳凰城一個中產階級社區，當時我們這條街上家家戶戶的男主人都有自己的工作室，這些人週末時就在裡面做一些小玩意兒。他們會做鳥舍、嬰兒床和一些有趣的東西給小孩玩。鄰居的工作室既安靜又乾淨，而且東西擺放得整整齊齊。但我爸爸的工作室卻截然不同，既嘈雜又髒亂，還相當忙碌。

我經常在他的專利律師辦公室裡陪他，這樣我就能玩玩他發明的所有新玩意兒，我很喜歡待在那裡，這種把玩過程給我很大的啟發，也培養我獨立思考構想及製作產品的能力，讓我日後的事業獲益良多。

我堅信不管怎樣，每個構想都是好構想；不過，並非每個構想都能商業化或適合銷售。我知道好的構想，再加上許多努力和十足的毅力，才能協助並實現妳想達成的夢想。

過去十年，我努力打拚事業，從零開始把 KimCo 股份有限公司建立起來。一開始，我靠這三樣東西成立公司：借款一千美元、老公比爾的大力支持，以及我非成功不可的堅定決心。

早在決定自己開公司前，我們就面臨一個危機，我老公在知名航空公司上班，但有可能被裁員。那段時間我們都提心吊膽，覺得自己得趕緊做些事，才能對家中財務有點貢獻。當時，我還是家庭主婦（現在也是），而且我很喜歡這種生活。不過，我們正面臨殘酷的事實，我必須開始工作增加家庭收入。

可是我高一就休學，所以要找一份正職實在很難，況且我有過動症，在生活中遭遇許多挑戰。我每天都要努力保持專注，我知道自己有這個問題後，就明白自己不可能找到高薪工作，但我也知道不管怎樣，都得做點事補貼家用。所以當時我心想，唯一能做的事就是到麥當勞打工。

起初，我在麥當勞炸薯條，後來一位老同學也到這裡打工，我就調去當收銀員。我記得這位同學這樣跟我說，「唸書時我以為妳以後會出人頭地，可沒想到妳後半輩子在這種地方煎漢堡肉。」當時我覺得自己好丟臉，就在那個時候，我很清楚不管是為了我的家庭或為了我自己，這絕對不是我想要的生活。回想起來，那天被這位同學一激，反倒是幫我一個大忙。她讓我檢視自己的人生及活在世上的目的，我知道自己本來就該做大事。

既然我一直都以發明為樂，所以從這項最拿手的才能著手，當然再合理不過。我以前有個構想或許能發展成一項生意，我發明過容易拆換的拉鍊式床裙，因為市面上賣的床裙都很難拆換，所以我才想辦法解決這個問題。

那時候我遇到的問題是，自己一個人沒辦法把床裙拆掉，跟我認識的一些人一樣，我的床很大，至少有一百四十公斤重。要順利拆下床裙又毫髮無傷的唯一方式就是，至少找三位鄰居太太幫忙，不然只好等到週末我先生在家時跟我一起弄。每次請我先生幫忙，他就會說：「妳不能想個好辦法解決這件事嗎？」就在那個時候，我心想，「是啊，我可以，我來想想看。」就在我人生中那個重要時刻，我知道自己必須想出更簡單的方法把問題解決掉。

於是，我把那既醜又髒的破舊床裙拉起來，開始狂熱地工作，我發現一家生產長拉鍊的公司，於是我的新產品拉鍊式床裙（Zip-A-Ruffle）就此誕生。我把這個產品做得盡善盡美，也找到能配合的供應商，後來就上全美電視購物頻道 QVC 試賣，那是十年前的事，現在這項產品仍然在這個購物頻道販售。

現在，我開了一家相當成功的全方位產品開發公司，針對消費性產品和事業發展等領域提供各種諮詢服務。**KimCo** 股份有限公司協助企業進行產品授權、開發、原型製作、製造和零售通路配置。

我熱衷於協助創業家做好產品設計與開發，因為許多年前我自己就是這樣苦過來的，當時我知道自己有一個好構想，也有決心改善家庭財務狀況，我知道誰也無法阻撓我。

金・芭傑克｜ Kim Babjak
現居美國科羅拉多州丹佛市
www.kimbabjak.com

金創辦KimCo股份有限公司，她育有四名子女，是一位企業家、發明家、作家和演說家。儘管只唸完高一就休學，她還是下定決心這輩子不要領死薪水過活。

KimCo股份有限公司是一家全方位產品開發公司，針對消費性產品和事業發展等領域提供各種諮詢服務。該公司協助企業進行產品授權、開發、原型製作、製造和零售通路配置，擁有龐大的零售商人脈能協助廠商將產品透過像QVC等電視購物頻道銷售，以及在沃爾瑪百貨（Walmart）、目標百貨（Target）、家庭倉庫（Home Depot）、好市多（Costco）和許多其他大賣場中販售。以超過二十年的零售經驗和海外採購，金和她的專業團隊能協助廠商創造成功的產品創作和通路配置。

金也是協助廠商將商品透過QVC和HSN等電視購物頻道銷售的知名女性，她以在電視頻道銷售產品的專業知識讓客戶知道，這種銷售方式就能協助客戶接觸到數百萬名新顧客。金也找產品授權這一行的翹楚史蒂芬・基（Stephen Key）合作，協助客戶跟迪士尼（Dinsey）、繪兒樂（Crayola）和樂高（Lego）等公司交涉，談妥獲利豐厚的交易。

金是二〇〇五年八月《創業家》（*Entrepreneur*）的封面人物，這篇報導講述金順利透過沃爾瑪百貨的當地採購計畫，將自己的產品成功上市。二〇〇七年時，《華爾街日報》（*Wall Street Journal*）大篇幅報導金的經商才能與豐富經驗。

金定期接受電視節目訪問，也在 Startupnation.com 網站撰寫〈從想像到商業化〉（*Mind to Market*）這個跟產品開發有關的部落格，並且在 InventRight.com 等相關事業網站撰文，她熱衷以自己獨特的諮商服務，協助創業家做好產品設計與開發。

CH24 選擇與旅程

麗莎・蘭諾（Lisa Lannon）的故事

從警官到社會企業家，麗莎的人生一點也不無趣，她是我認識的人當中，最懂得付出的女性之一，也是「肯想、肯學、肯做」這套哲理的具體化身。麗莎大膽追夢，而且她的夢想崇高偉大，她好學不倦，也比別人更迅速將所學加以運用。她是我的好友，我感謝她跟我們分享自己的故事，也感謝她給我和全球各地願意勇敢追夢的女性十足的鼓勵。

——金・清崎

我邁向富女人之路，一切就要從我替自己的人生發聲開始講起。金常說，對有些女性來說，她們需要經歷一場事件才能覺醒並做出改變，我也不例外。我有一份很好的工作，也賺很多錢，我先生也是。除了房貸以外，我們沒有別的債務。不過，我卻是因為一次事件開始覺醒，原本這件事情跟財務無關，後來接二連三的事件，讓我終於想通要追求財務自由。

讓我覺醒的事件不是一夕之間發生，而是在六年之間不斷地重複發生，我看著我先生因為成癮症自甘墮落。有一天，我實在受夠了，我決定要把自己的意見講出來，打算給他一次機會。我把決定權交給他，我跟他表明我日後的打算，要不我離開他，要不我們一起打拚，但前提是他必須先去勒戒中心。

所幸，他做好心理準備，選擇接受治療。他結束治療，離開勒戒中心的那一天，我們買了富爸爸系列的《你可以選擇富有》（*Choose To Be Rich*）有聲書。我本來對財務數據一竅不通，看完這本書讓我領悟到，即使我賺不少錢，卻仍在原地打轉，我每天辛苦工作，但是上班領薪水這種方式，根本無法讓我的生活有什麼改變。

我明白自己可以選擇要替別人工作或是選擇改變，擁有自己想要的自由。以前我聽過也看過其他理財書籍，但是《富爸爸，富女人：女人就是要有錢》這本書的內容真正打動我，羅勃特跟金傳達的理財教育真的很有說服力，也很激勵人心。

我們夫妻經過這項新的學習後，決定自己開一家戒癮中心，並且進入經商與投資的世界。我們發現成癮行為這個社會問題（其實，我們自己就是受害者），知道可以善用這個問題賺錢，也能服務並回饋當地社區。如果我能讓我心愛的先生回心轉意，成功戒癮，也同樣能夠幫助別人。我有很強烈的「動機」要從事這個行業；即使我不是唸這一行，但我打算聘請戒癮中心需要的醫生、治療師和人員。我先生賈許跟我則一起經營這個事業。

我知道會遇到許多挑戰，因為我們有很多問題要解決，比方說：戒癮中心要蓋在哪裡、要遵守哪些法規、要找哪些人加入我們的團隊，以及要從哪裡籌資開創這個新事業？而且……當時我正懷第一胎，不但有全職工作還有孕在身，還要自行創業，簡直是一大挑戰！況且，我以前根本沒做過生意，我們夫妻都沒有這方面的經驗，根本是邊做邊學，也犯了許多錯誤。

幸運的是，我先生跟我一起學習也一起成長，我們樂在其中，讓整個過程變得容易許多。我認為這個決定是對的，因為我們夫妻有共同的方向和目標，我希望我們的小孩在正常的環境中長大。因為我們自行創業時，我先生還在一家夜總會當經理，我則在警局擔任警官，為了兒女著想，我們很快就做此決定。

但是，我們面臨的重大挑戰之一就是親友的反對，他們跟我們說，我們「不能做那個」或「那樣做太危險了」。他們問我們，「為什麼要放棄安穩的工作不做？」我打從心裡知道，除了安穩工作外，人生還有很多的選擇，而且我已經找到我的人生目的。對我來說真正危險的是，如果我先生繼續在夜總會上班，癮頭再犯，我就會失去他。所以，我選擇自行創業、改變現況。

當時我們也面臨缺錢創業這項挑戰，不但需要創業資金，也需要支付買下戒癮中心場地的頭期款，但口袋裡根本沒有錢。因為我們除了車貸或個人貸款外，就沒有申請過其他貸款，所以對我們來說籌資也是一項新領域。在幾度跟銀行貸款不成後，我們向一位私人投資人籌到資金，這又是另一次重大勝利！

我們在這一行根本是年紀輕輕的菜鳥，雖然成功機會似乎有點渺茫，但是我們下定決心要做好，而且我知道如果能自己的錯誤和失敗中學習，就會愈做愈好。

起初，我們擬定的事業計畫真的很遜！經過多次修改，才讓投資人對我們有信心。我們擬定的整體計畫預計開設多家中心，並將事業版圖向海外拓展，我設定了一個遠大目標，但我知道我們做得到。在創業過程中，偶而會感到恐懼、會擔心失敗，在進入未知的領域時，難免會有「萬一……該怎麼」這種想法。但是，我們很清楚自己的目標和方向，即使眼前有層層阻礙，還是下定決心、大膽前進。

在我先生戒癮的一年後，旅程療癒中心（Journey Healing Centers）開幕了。我們的女兒也在我們買下第一間不動產的那個月份出生。現在，我們在美國兩個州開了幾家療癒中心，也正努力把事業版圖擴大到澳洲。我知道只要下定決心、堅持到底、有熱情、有勢必要達成的目標，任何女性都能獲得財務自由。

後來，我也開始創辦自己的公司，是除了療癒中心以外，自己做的投資，而且我繼續增加自己的財務ＩＱ，讓自己的理財實力就會愈來愈強。對我來說，因為當初的覺悟，讓我的人生徹底改觀。當時我面臨可能離婚，身陷在自己養活自己的危機，所以必須勇往直前，不能沉於過去也沒有退路可走。現在，我們全家幸福美滿，親子關係和樂融融，人生充滿無限的希望與可能性，這一切都要歸功於我們在尋求理財教育時所做的選擇。

麗莎是一位社會企業家，是旅程療癒中心國際集團共同創辦人暨創意地產開發公司（Creative Land Development）創辦人。她負責管理集團的物業投資組合，並為集團物色符合品質標準及營運拓展的地點。另外，麗莎也督導集團的公關事務，包括接受《時人》（*People*）雜誌、《今日美國》（*USA Today*）、MTV音樂頻道、公共電視台（PBS）和福斯新聞台（Fox News）等全國媒體的採訪，同時也持續參與集團的全球事務與管理。

麗莎・蘭諾｜Lisa Lannon
現居美國猶他州鹽湖城
www.JourneyRecoveryCenters.com

麗莎和她的先生賈許（Josh）在二〇〇二年於猶他州開辦集團的第一家療癒中心，當時她在拉斯維加斯警局擔任警官，天天跟成癮者接觸後，她發現自己對自行創業很有興趣，提供世界級的安全療癒環境，協助成癮者與親友走過戒癮和療癒這段艱難時期。

麗莎跟賈許為集團買下第一間物業後，就開始投資房地產，此後麗莎培養精準獨到的眼光，為集團物色符合其世界級療癒標準的物業，讓客戶能保有尊嚴，在受到尊重的舒適環境中康復。另外，麗莎也投資公寓社區和商品，並指導女性如何投資。

麗莎擁有刑事司法學士學位，曾任職於花旗銀行（Citibank）、貝拉吉歐賭場（Bellagio Casio）和拉斯維加斯警局。現與先生及女兒哈莉（Haley）、兒子傑克（Jake）定居於美國亞歷桑那州史卡茲代爾。

CH25 自我應驗預言

翠妮達・阿普馬雅塔（Trinidad Apumayta）的故事

翠妮達的故事激勵人心，有許多次，其實她可以放棄自己和小孩，但是她選擇堅持下去，也向世人證明，只要願意付出代價，任何人都能讓夢想成真。

網絡行銷或直銷產業的興起，讓許多女性有機會出人頭地。在大多數情況下，這些產業已經有包括支援體系在內的事業結構和體系，協助個人創業成功。通常只需要相當少的金額就能開始做生意，而且妳可以選擇要兼差或全職投入。翠妮達現在就把直銷事業經營得有聲有色。

——金・清崎

我想起自己看到的世代變遷，真的讓我感到驚訝。不到二十年的時間，我的人生有了戲劇性的變化。當我看著兒子拿起背包上大學時，這些回憶最觸動我的心。我兒子五年內就畢業，即將成為一名工程師。

我從小家境貧寒，小時候我偶爾會在夢裡想像自己得到最想要的東西，那就是：能吃到一塊麵包。現在，我三十八歲了，以前我從沒想過自己有辦法供應兒子上大學，但是我做到了。

五歲時，我就沒有爸爸，是由媽媽獨自扶養長大的牧羊女，在秘魯弱勢族群中，這種情況很常見。我住在農場裡，那裡經常發生內亂。現在，過了三十年，自己獨立照料四名子女後，我看著大兒子開心地迎向自己的未來，真的讓我感到欣慰。

為了逃離恐怖主義，我跟媽媽和兄弟們搬到附近的城市萬卡約（Huancayo），當年才八歲的我就開始在街上當小販。我堅持要唸書，也一直唸到高中畢業。

後來，我到秘魯首都利馬借住親戚家，我還是在街上賣東西，半工半讀想完成護校學業，可惜有一位親戚把我的錢都偷走了。

於是，我從親戚家搬出來，自己租了一個房間，一切必須重頭再來，這時我認識一個男生，陷入熱戀後結婚生子。我們夫妻在市場賣衣服，幾年後就向銀行貸款開了一間做衣服的小工廠，生意相當不錯，所以貸款很快就還清。

那幾年生活相當忙碌，要養四個小孩又要經營事業。可是，後來我生病了，事業必須交給先生經營，結果卻發生另一件讓我受挫不已的事。由於管理不當和缺乏知識與經驗，我先生把我們所有的資產都賠光了。有一天，我回到家發現，他把我們所有家當都帶走了，丟下我跟四個小孩不管，我們沒有錢，連原本的事業都破產了。

這件事讓我大受打擊，開始認為自己所有的計畫和夢想都失敗了，後來是我兒子讓我重新燃起生機。我知道自己必須重新開始，但是這次我選擇一條不同的路。我受邀成為秘魯保健食品專家服可欣活生公司（FuXion ProLife）的一員，這家公司生產及行銷保健食品，並利用多層次傳銷策略銷售產品。

一開始時，我並不了解網絡行銷的意思，我只想賣產品維持家計，但我必須參加會議並找人加入這家公司一起銷售產品。起初，我以為這樣做一定跟貸款有關，所以我拒絕了。後來，我回到家裡看著鏡中的自己說，「妳一點價值都沒有，妳是廢物。」

儘管這些感受不斷折磨我，我還是繼續參加活生公司的會議，有一位獨立配銷商跟我接洽，我開始直接把產品（營養補給飲料、花草茶和營養蛋白素）賣給朋友，這樣就能透過人脈關係增加我的下線人數。不久後，我收到第一批佣金支票，但我還是既氣餒又困惑。最後，感謝活生領導學院（ProLife Leadership School）讓我發現自己是有價值的，而且是一位出色的女性銷售員。

我學會如何改善自己的內在溝通，開始了解自我貶抑的想法欺騙了我，讓我認為自己的人生很失敗。我開始欣賞自己，回顧自己這輩子完成的許多目標，我覺得自己很棒，也開始看重自己從經驗中學到的寶貴教訓。

富爸爸系列叢書作者羅勃特．清崎在活生公司大會的演講，讓我明白自己打拚的事業如何創造價值。富女人系列作者金．清崎也跟大家分享，女人自己打拚事業、創造未來，就能不靠先生、家庭、工作或政府津貼度日，能靠自己的事業致富。

遇見活生公司執行長艾瓦洛．蘇尼加（Álvaro Zúñiga）是我生命的關鍵轉折，他面帶微笑地接待我，鼓勵我勇敢追夢，也讓我感受到十足的活力和使命感。我決定要繼續維持他給我的這股活力，我從小就缺少父愛，現在我找到這位值得讓我學習的長輩，我要向他學習，以滿腔熱忱專心投入事業。

在協助別人找到自己發現的同樣價值和商機時，我發現原來自己對別人來說有多麼重要。後來，我成為活生配銷網絡的領導人，也繼續成長並支援整個組織拓展事業。在此同時，我每個月的收入也逐漸增加，現在我的平均收入已經比秘魯當地的醫生或工程師的月薪還高，我四處出差並受人尊敬，這讓我和我的直銷網絡大受鼓勵，大家同心協力追求成長。這一路走來，我從錯誤中學習，也學會原諒那些過去傷害過我的人。我學會面對自己的恐懼，因為這樣我就能克服阻礙和負面想法，我也學會改善自己的溝通技巧，並且協助別人找到自己的方向。

我進入活生公司打拚自己的直銷事業前，每個月的收入不到一百美元，現在我每個月的收入超過五千美元。重要的是，我還能幫助其他人依照這個證明有效的途徑，追求成長與成功。

現在，我覺得自己是一位有自信、相信沒有什麼事做不到的女性。我知道自己還有待努力，人生的旅程也才走完一半，但是我生活上的改變已讓我知道，正面積極的信念就是自我應驗預言，這種做法引導我邁向財務自由。

翠妮達．阿普馬雅塔｜Trinidad Apumayta
現居秘魯首都利馬

翠妮達是一位直銷商，育有四名子女，她的故事向世人證明，毅力和良師能讓一個人的人生產生多大的改變。翠妮達在秘魯長大，比大多數人面對更多的挑戰，但是她以謙遜、耐性和意志力克服種種挑戰，並從中獲得成長。她善用自己對事業的熱忱，經營直銷事業維持家計，在這個過程中也蛻變成實力堅強且信心十足的富女人。

CH26 甜蜜的啟發

艾琳．史畢塔尼（Eileen Spitalny）的故事

在我認識艾琳以前，已經吃過她做的布朗尼。童話布朗尼（Fairytale Brownies）獨樹一格，艾琳也是。她是那種不計代價要實現夢想的女性。我該怎麼形容她呢？她有毅力、知道自己想要什麼、個性很好、大家都喜歡跟她在一起。她願意花時間跟大家分享自己的知識，我很榮幸能邀請她跟大家分享她的故事。

——金．清崎

我跟事業夥伴大衛．克雷維茲（David Kravetz）決定創辦童話布朗尼時，我們很確定一件事，那就是我們想要烘焙出世上最棒的布朗尼，當初我們以為這個目標很簡單。那是一九九二年的事情了，當時我們才二十五歲，根本不知道怎麼做生意或烘焙布朗尼，也不知道烘焙出世上最棒布朗尼這個夢想，意謂的是開一家生產布朗尼和直接銷售布朗尼的公司。我們根本不知道自己即將陷入什麼狀況，或許是初生之犢不畏虎，反而讓我們不會瞻前顧後。

大衛跟我在亞歷桑那州鳳凰市唸幼稚園時就認識了，我不記得我們在幼稚園運動場認識彼此時說了什麼，但是我們一定很投緣，所以才培養堅定不移的友誼。不過，有件事我很肯定，我第一次去他家時，一定嚐過他媽媽做的布朗尼。

大衛媽媽的布朗尼是我小時候的美好回憶之一，她總會在廚房裡的長桌上放一盤布朗尼，想吃的人就可以去拿來吃。後來，我們還是學生時期的好搭檔。我還有過遠大的夢想，「有一天我們要一起創業」，大衛知道我們需要怎麼做才能讓夢想成真。

高中時期，大衛跟我就說過「我們長大後」，要一起做生意。我會說：「我負責需求面，你負責供給面。」後來我們才明白，我們日後會用這個典型經濟學模型銷售布朗尼。大學時期，我們進入不同學校就讀，大衛進史丹佛大學唸機械工程，我到南加大唸商業管理和西班牙文。

我唸南加大時就參與創業家計畫（Entrepreneur Program），透過這項計畫，學生有機會接觸到顧問委員會（Advisory Council）並聽取他們的實務建議。我就是在這項計畫中學到向專家請益的重要性。

幾年後，大衛跟我都從大學畢業並投入職場，我在鳳凰城一家西語電視台工作，大衛在辛辛那提州一家大型消費包裝公司擔任工程師。我們在管理、行銷、流程和人力資源等方面，取得一些專業訓練和實務經驗，也學到自己創業時有哪些好技能可用，哪些不好的技能最好別用。

我在銷售方面做得很好，大衛則是一名出色的工程師，但是在企業界工作將近六年後，我還是很想自己當老闆，自己闖出一些名號，大衛也有同感。所以，大衛毫不猶豫地向女友求婚，兩人搬回鳳凰城，並且請他媽媽提供布朗尼食譜，因為大衛媽媽免費提供食譜，所以我們就開始踏上創業之路。

我很想告訴你，我們很快就全心投入這個事業，租了一間零售場所，買了一台攪拌機和一台烤箱，開始烘焙布朗尼。但，事實可沒那麼戲劇化，我們太按步就班，我們做的第一件事就是撰寫事業計畫，第二件事就是存夠一年的生活費。

那時我們都還有正職，我們開始徵詢多方意見，把自己的事業計畫請當地製造廠老闆過目，這位友人說，「看起來很棒，不過在向銀行申請貸款前，先把卡債還清。」我們聽從他的建議把自己的卡債還清，接著我們就向銀行申請貸款。我們看起來一定像剛畢業、不知天高地厚、拿著事業計畫就想借錢的毛頭小子，銀行人員仔細打量我們，不說也知道，我們當天白跑一趟，最後是由我跟大衛的爸媽出面當我們的保證人，我們才申請到銀行貸款。不過，在短短一年後，我們就跟小企業管理局申請到第一筆貸款，也把銀行的貸款還清，這樣爸媽就不必為我們的事業操心。從此以後，大衛跟我就是各持半數股份的合作夥伴。

創業第一年沒有賺錢、第二年和第三年也一樣，顧問告訴我們，如果我們想要成功，就要像《財星》一百大（Fortune 100）企業那樣思考和行動，他說，「要先想好目標，準備好就往目標前進。」這個建議很棒，但是這表示我們必須熬過一段苦日子，只能拿一點點薪水，把賺到的錢都投入事業，想像我們就跟歌帝梵巧克力（Godiva Chocolates）、班恩傑瑞冰淇淋（Ben & Jerry's Ice Cream）和哈利與大衛（Harry & David）巧克力這些知名品牌一樣。

二十六歲時，我就把個人退休帳戶的錢提領出來，這樣我的男友麥克（後來變成我先生）跟我才有錢繳房租。當時，麥克是我們的烘焙師，只領最低工資，大衛跟我則不支薪，這樣我們就能把營業額全數再投資到這個事業，而且那個時候我甚至連醫療保險都沒有，現在想想這樣做實在很不明智。

不管妳相信與否，就算沒有很多錢，一樣也可以有「大人物」的舉止。像財星百大企業那樣思考，並非完全是癡人說夢。我們開始設計日後可能會用到的系統和流程，對我們來說，要把事業做大，產品必須有良好穩定的品質。

我們以信用卡無息分六期繳款，買下第一台布朗尼切割機器，這樣做等於不必付利息錢就有一筆閒錢可用。所以，我們繼續利用其他信用卡的無息分期取得資金。有了這台切割機的協助，就能保證生產出一定大小的布朗尼，每塊布朗尼都長三英吋寬三英吋，不但整個流程的速度加快，也維持產品品質的穩定。

起初，我們為死忠顧客維持穩定的品質，但是效率方面卻不見起色。我們沒有烘焙經驗，都是在下班後到一位朋友家的宴會廚房烘焙布朗尼，我們烤好幾盤布朗尼，然後坐在外面等布朗尼放涼到室溫，如果烤出來的成品不佳，就馬上丟掉。對我們來說，品質和產品的穩定度是我們給顧客的第一印象，所以絕對馬虎不得，絕對不容許出錯。

我們都知道，一定有更好的做法能改善現有流程。所以，我們再次尋求協助。我們向任何願意傾聽我們心聲的人請教，包括向親友、鄰居和當地小生意拓展服務求助。

友人家的宴會廚房有一位點心主廚貝絲，幫我們引介一位進口商，這樣我們就能為自家布朗尼食譜找到最棒的巧克力。貝絲告訴我們，我們一定會成功，她對我們有信心。

當時我們已經忙到體力不支，但是我們不願意放棄。我們以世界各地生產的巧克力做實驗，烤出一批又一批布朗尼。我會在盤子上做好標示，白天上班時拿給同事和客戶試吃，請他們比較哪種巧克力烤出的布朗尼比較好吃。我跟他們說，我朋友想開一家布朗尼公司，需要一些真心的建議。最後，他們才知道原來我的「朋友」就是我，而且這些「試吃顧客」後來就變成童話布朗尼的忠實客戶。

我很難指出創業那年有哪件事最棘手，因為我們碰到太多挑戰時刻，這些時刻也是讓我們學習的大好機會。我們在那一年做的每件事都很新奇，也必須做出許多重要決定。那一年我們從經驗中得知「第四季」就是布朗尼生意的旺季，我們剛好在第四季開幕。

第四季是一年當中最忙的送禮季節，我們真的忙翻了。但是，第一個夏季來臨時，隨著氣溫升高，業績卻持續下滑。我們領悟到兩件事：在夏季氣溫飆升到攝氏四十五度的亞歷桑那州，銷售及運送巧克力製成的布朗尼實在太不明智。幸好，運用大衛的工程技術知識，這個問題很容易就解決掉。我們很快就運用真空包裝、冰袋和保冷盒。不過，我們領悟到的第二件事就比較難解決，就是「沒有訂單上門」，因為夏天沒有太多人買禮物送人。

不過，在那個艱困的夏天我們卻獲得一大勝利，因為當時我們有很多布朗尼賣不出去又沒錢做廣告，乾脆把布朗尼送給報章雜誌的美食編輯，希望他們會跟我一樣喜歡童話布朗尼。令人訝異的是，《紐約時報》（*The New York Times*）竟然在那年六月美食版上撰寫有關我們的報導！在美食界，那就像是千載難逢的大好機會，就像中了樂透一般。那篇報導讓我們有生意上門，讓開業第一個夏天的業績不算太差。

在業績增加、生產系統效率不見改善的情況下，我們決定向一位烘焙專家請教該怎麼解決效率問題。我們找到一位專家教導我們更快的烘焙程序，在他的指導下，我們利用不同材料，省略一些烘焙步驟，這樣就能省時省力。起初，我們認為這樣做實在太棒了，但是我們很快就發現這種捷徑並不是童話布朗尼要發展的方向，一直以來我們的目標是要成為世上首屈一指也最美味的布朗尼。

那件事對我們來說是一大教訓，專家建議通常很有用，但妳不必照單全收。現在，我還是會向專家請益，如果有一位以上的專家提出同樣的建議，或許就值得一試。但最重要的是，我會憑直覺判斷哪些建議值得採信。

不久後，我們的生意就愈做愈好，有資源可以幫自家布朗尼好好打廣告。別以為之後的生意就一帆風順嗎？情況可不是那樣。有一年，我們在假期送禮季節，把布朗尼都賣光了，造成供不應求的窘境。

那時發生的情形是，郵購的訂單來了一大筆，但是店面也充斥了很多客人想要購買禮盒的訂單，但依照順序我們應該把郵購的單先消耗，才能應付實體客人。為此，我們甚至控制了門市的訂單，這樣做實在讓人心痛，尤其是讓顧客看著櫃台後面正在烘烤布朗尼，也看到店裡到處堆滿布朗尼，但是他們卻買不到。

如果妳是自己做生意、凡事親力親為那種人，妳就會碰到一個又一個的挑戰。有一天，我們走進烘焙廠時發現，發現電話線被全部剪斷了。對做郵購生意的公司來說，當然大事不妙。還有一次，房東強迫我們搬到另一個空間更大的地方，這樣做當然好，可是他還在一年中生意最忙的時候，搞得我們身心俱疲。而且房東請來的搬家工人還不小心把我們的生財器具「攪拌機」掉到地上，這種種不便讓我們學到教訓。從那時候起，我們變得更精明，更設想周到地處理每件事，租約協商這件事當然不例外。

自己做生意當老闆，每天都會面臨大大小小的挑戰，但因為是自家生意，所以妳會充滿熱情，努力克服所有挑戰。妳一天工作十八到二十個小時也不介意，因為妳的熱情支持妳繼續前進。最棒的是，看到自己的生意愈做愈好，實在讓人欣喜若狂。

不過，在這種欣喜若狂的時期中，當然有得有失，我的體重增加將近五公斤。工作忙到忘記吃東西，有時則暴飲暴食，尤其是做布朗尼這種糕點生意。

我忙到不見人影也無法陪伴家人，創業是我的夢想，卻不是我先生的夢想。有自己的事業這個構想讓我很興奮，但對我先生來說卻興趣缺缺。所幸，即使我們不知道未來會發生什麼事，我先生還是支持我實現夢想。

好消息是，一個設計妥當的健全事業，最後就會帶來兩全其美的結果：讓創業家為圓夢而興奮，也讓妳跟妳所愛的人在需求和欲求上取得平衡。對我來說，自行創業讓我擁有的自由、彈性和成功，讓先前經歷的考驗與磨難有了代價，也遠比替別人工作領薪水要好得多。

其實，回想創業維艱是很累人的事，因為我知道自己這一路走來有多麼辛苦。有趣的是，即使在創業受苦那個當下，我們從沒想過要放棄。或許妳跟我一樣有同感，一旦妳看到自己的事業和員工都有所成長，妳絕不會想放棄。妳會全力打拚事業、克服挑戰、即使完成微不足道的事也令妳欣慰歡呼。妳跨越的每項阻礙就是事業達成的一項功績和里程碑，在這種過程中，妳的事業開花結果，變得更有實力也更有價值。

我跟大衛開始創業時，想要創造出某種既特別又難忘的東西，回顧過往，我們似乎已經讓這個童話成真。

艾琳．史畢塔尼｜Eileen Spitalny
現居美國亞歷桑那州
www.brownies.com

艾琳跟兒時玩伴大衛為了一圓創業夢想，打造童話布朗尼這家郵購美食公司，每年銷售超過三百萬個布朗尼和餅乾。現在，這家公司的年營業額超過九百三十萬美元，曾接受《鳳凰城美食》（*Edible Phoenix*）和《生活與風格》（*Life & Style Weekly*）的報導。

艾琳是創業家組織（Entrepreneurs' Organization）、亞歷桑那大學藝術博物館（ASU Art Museum）、慢食（Slow Food）和女食客社（Les Dames d'Escoffier International）等單位的成員，於二〇〇二年榮獲南加大校友年度企業家，二〇〇六年榮獲小企業管理局的亞歷桑那州年度模範小企業主。另外，艾琳也是美食書《跟女食客一起烹調美食》（*Cooking with Les Dames d'Escoffier*）報導的人物之一。

富爸爸富女人

態度決定你的荷包深度

投資房地產

REAL ESTATE

CH27 房地產入門

要成為出色的房地產投資人，就要……

川普曾說：「從我的觀點來看，房地產是有形的、實在的、美麗的，也充滿藝術感。我就是熱愛它。」我同意這種說法，更棒的是，我熱愛房地產帶給我的現金流。

我總是再三告訴大家，我認識的房地產投資高手，不管是男或女，都是從小投資案起家。如果妳也投資房地產，我想妳也是從小投資案做起。房地產投資有很多事情要學，這表示出錯的機率也很高，不過犯錯是投資必經的過程。但是，從小案子開始做起的好處是，妳花小錢學經驗，總比一下子就拿一大筆錢出來，萬一投資出差錯可就血本無歸。

在此，我提到的房地產是指能創造正現金流的出租房屋。有人說，要累積資金購買能創造現金流的出租大樓，就要從買賣房屋獲利開始做起，最後就能累積到購買出租大樓所需的資金。請注意：這種做法唯有在房價看漲時才有效，要是房價看跌，根本不可能賺到錢。

講到出租物業，「房地產」（real esate）一詞就涵蓋一整系列的產品，比方說：單一家庭獨棟住宅、雙層公寓、三層公寓、公寓大樓、獨棟辦公大樓、多棟辦公大樓、零售商店、零售購物中心、大賣場、自助式倉儲設施、工業用倉庫，以及工業園區。

我的小姑是跟著達賴喇嘛修行的比丘尼，法名丹增華頂，她雖然發誓出家為尼，但可沒發誓要過苦日子。因為修行人無須過苦日子，只不過她的生活相當儉樸。丹增因為醫療費用高得嚇人，讓她明白自己雖然是修行人，卻不能不理財，於是她開始學習投資理財。經過一番研究後，她找到不必花太多錢又容易進行的做法，她開始投資房地產並以活動屋為投資標的。在全球許多大都市裡，活動屋並不常見，這類房屋大都是預先做好的組合零件或是本身就已組裝好，是活動的，可以遷移。許多以活動屋為家的人就開著拖車，把活動屋載到活動屋園區。

丹增發現自己可以花三千美元買一間中古活動屋，每個月拿到二百美元正現金流。對她來說，這樣的投資報酬很不錯，她也發現在她住的地方（加州），活動屋被當成交通工具，所以不必像購買房屋那樣要經過複雜的程序，只要到車輛管理局（Department of Motor Vehichles）登記一下取得牌照。身為比丘尼又有許多無法產生收入的責任，這種做法對丹增來說是一個可行的解決方案，也讓她的資產欄位項目開始增加。

柯琳妮卡．賀南德茲（Clinica Hernandez）談到另一種不那麼為人所知的房地產。當時她找到一位很出色的女性投資人，主動要求幫她工作，不在乎錢的多寡，就是為了跟她學習。我很開心地完成她交給我的功課，在過程中我終於決定自己要追求哪種投資，那就是投資廣告看板！

我對廣告看板這種事一無所知，我總以為那是市政府所有，後來我得知廣告看板被當成房地產，可供出租卻無須房客！當時，廣告看板的收入幾乎高達一〇〇%，景氣好時不怕沒人租，景氣不好時也不怕租不出去，因為這種廣告花費最低廉。投資一面廣告看板，每個月就能賺一千到五千美元不等。我以前從沒想過能做這種投資，現在我看到廣告看板，就想到錢、錢、錢。

我記得走在洛杉磯市區街上，看到大樓旁邊的巨幅廣告。這些大樓的業主放置自己的廣告看板，以前大樓牆面一片空白，現在則是讓公司登廣告、幫業主創造收入的好地方。其實，不管是飛機座椅的椅背、車窗、甚至是廁所，只要能貼廣告的地方，都是值得投資的不動產。

將負債轉變成資產

我的朋友夢娜跟她先生一直想在亞歷桑那州的山區買間小屋，希望鳳凰城進入酷暑時，能到山間小屋避暑。他們走訪不同的山間小鎮，物色有沒有自己喜歡的小屋，最後買下一間可能當避暑小屋的房子。

他們不喜歡負債，但是要買避暑小屋就一定要貸款，在物色避暑小屋的過程中，他們發現這個地區的出租物業很少，鳳凰城有很多人都在找這種避暑小屋！所以，問題解決了，他們只要在小屋衣櫥裡加一把鎖，變成屋主的衣櫥擺放私人物品，就能開始經營渡假小屋出租生意。夢娜跟先生買下一間房子，這間房子讓他們負債，但是他們腦筋一動經營出租生意，把這間房子變成創造收入的資產。而且，這樣做甚至還有意想不到的好處：因為夢娜夫婦不滑雪，但他們知道冬天時，很多人會到亞歷桑那州山區滑雪，這就是另一個商機，這間房子一年四季都能幫他們夫婦創造收入！

就像川普說的，房地產充滿「藝術感」。在房地產的世界裡，不管是有二十間公寓的辦公大樓或只是一小間淋浴間，全都充滿無限的創意，關鍵在於「妳如何看待它！」

投資房地產的優點

1. 善用他人的錢。 妳付一成、二成、三成的頭期款，銀行或放款機構或私人放款者提供其餘資金，所以妳只要出資一、二萬美元就可以持有價值十萬美元的不動產。

2. 現金流。 在買對物業並管理得當的情況下，每個月創造獲利或現金流的機會就會大增。

3. 增值（經年累月後，物業的價值增加）。如果妳名下的物業價值增加，當決定把這個物業賣掉，妳賺到的錢就是所謂的增值。現金流和增值就是出租物業創造的二種收入。

4. 有掌控權。 妳可以掌控名下物業的收入、費用和債務。

5. 不受市場波動影響。 能創造現金流的物業不會因為房市每日波動而受影響，這種物業通常是一種長期投資，所以房市看跌就是進場買房的最佳時機。

6. 稅務優惠。

· 折舊：通常每年繳稅時能依照物業價值的某個百分比當成折舊，從收入中扣除折舊費用藉此抵稅。

· 低收入住宅、古蹟重建和其他特定不動產投資可以扣抵稅額（tax credit），也就是直接從妳欠的稅款中扣除該筆金額。

· 有些國家，房地產銷售產生的資本利得可以無限遞延，只要這筆收益再投資到其他房地產。

7. 有充裕的時間可以慢慢來。 通常妳有時間自己做功課、進行比較、分析數字，再做出最佳投資決定。

8. **增加持有房地產的經驗**。如果妳會買自用住宅，妳就會投資房地產。

9. **家庭式事業**。在購買每項出租物業時，都可以帶著小孩一起參與，讓家庭成員一起學習！

投資房地產的缺點

1. **時間落差**。從出價、議價、鑑價、驗收、融資，這些事情全都很花時間。

2. **缺乏流動性**。流動性指的是將資產變現的能力，投資房地產是無法迅速取得和脫手的，時間落差或整個購屋過程曠日廢時，這可能是一項優勢；不過，如果妳想趕快買進後迅速脫手，這種耗時過程反而變成一大缺點。

3. **困難度高**。在四種資產類別中，投資事業和自行創業的難度最高，投資房地產的難度次之，因為你偶爾必須處理空屋率和壞房客這些棘手問題。

4. **很花時間**。要找到一項好交易是很花時間的，而且持有物業後，也必須做好日常管理。

CH28 將問題變成獲利

雷絲莉．布萊斯（Lesley Brice）的故事

在我認識的物業管理界人士中，就屬雷絲莉最精明能幹，她為什麼這麼傑出呢？因為她每天要管理幾千間公寓。我相信她對這些公寓的狀況都瞭若指掌。雷絲莉也是一位非比尋常、實事求是的女性，她既親切又體貼；不過，要是妳遲交房租，她可是會變臉的。

談到物業管理，實務經驗最重要，因為這種事沒有實務經驗是做不來的。我從出租物業業主和經理人口中聽到的故事，遠比電視節目講的天花亂墜更貼近事實。

我名下一棟公寓大樓出狀況時，就是靠雷絲莉幫忙才能起死回生，我很感謝她和她的團隊，她幫我將一大筆負債變成投資績效出色的資產。

——金．清崎

金分享她犯的大錯誤……或者應說是學習經驗

十七年前，我們夫妻在亞歷桑那州史卡茲代爾的黃金地段，買下一棟有十八間公寓的大樓。我先前講過，我喜歡購買並持有房地產，從買下那棟大樓的第一天起，我就督促大樓管理員密切留意這棟大樓的收入、支出和現金流。

幾年前有一次，因為我們全面檢視自家理財教育公司，所以我把大多數時間都專注於那項事業，沒有注意這棟公寓大樓的管理。我以為經過那麼多年，就算我不注意，這棟大樓的管理員應該能把事情做好，畢竟我們沿用原先管理那棟大樓的女士，我心想，「哪有可能會出錯？」不過，我特別指派同事泰瑞莎幫我跟大樓管理員、維修技工和會計聯繫，讓我知道那棟大樓的營運狀況。可是，泰瑞莎從來沒有管理物業的經驗，所以後續發生的事跟她的能力或智力無關，是我太笨了，責任應該由我承擔。

妳有過這種經驗嗎？覺得事有蹊蹺，卻又說不出哪裡有問題？妳的直覺告訴妳是某件事有問題，但妳沒有證據支持自己的想法。每個月我檢視這棟大樓的損益表和現金流量表時，我注意到維修費用持續增加，我得到的解釋是大樓裡有許多公寓需要整修，管理員和維修技工一次只能整修一間公寓。讓我生氣的是，這棟大樓的現金流原本有穩健的報酬，卻因為維修費用漸增導致現金流呈現負值，我們每個月反而要花錢支付這棟大樓的營運。這根本違反我投資房地產的首要法則，我實在無法忍受。

在備感受挫許多個月後，我向我們的投資夥伴肯求助，他是一家大型知名物業管理公司的老闆。但是，這棟大樓只有十八間公寓，規模太小不適合交由肯的物業管理公司處理，不過肯卻願意幫忙，所以我才有機會認識雷絲莉。雷絲莉全心投入這個案子，以下是她的發現。

從我們買下這棟大樓就負責管理大樓的那位女士年紀愈來愈大，無法負荷每天管理十八間公寓的工作量，所以把大部分工作交給兒子畢特去做。畢特當時失業，因此受雇成為這棟大樓的維修技工。

結果，畢特做得每項工作都跟我們索取過高的費用，不過這還不是最大筆的費用。有房客搬走時，畢特沒有找新的房客，反而把空掉的公寓當成儲藏室，妳一定納悶他在儲藏室裡放什麼東西？畢特放了洗碗機、微波爐、修理工具，以及他要我們出錢、用來更新公寓用的地毯。但是，畢特根本沒有用這些物品裝修公寓，他買這些東西是給自己用，要不就是拿回自己家裡，不然就是賣掉求現。難怪這棟大樓無法為我們創造現金流。

這就是物業管理不當的代價，我沒花心思管理這個物業，不久後這棟大樓的收入就開始減少，支出開始增加，現金流也就從正值轉為負值。

我們的救星……雷絲莉的故事

二〇〇八年時，肯跟我接手金在亞歷桑那州史卡茲代爾市中心那棟有十八間公寓的大樓。金是在一九九五年買下那棟大樓，也雇用一名現場管理員負責那棟大樓的運作。金日漸擔心那棟大樓的運作不如預期，每個月還必須掏錢讓這棟大樓得以持續運作。當時租屋市場需求仍高，但是這棟大樓的空屋率卻高居不下，加上維修費用似乎失控，整個營運狀況似乎很有問題。通常我們公司管理更大規模的大樓，不過因為我們跟羅勃特和金有很好的合夥關係，這次他們夫妻需要幫忙，我們當然義不容辭。

我們知道金透過一位長期雇用的管理員，負責這棟大樓的收租、協議租約和一般維修工作。長久以來，這項做法運作奏效，大樓給為他們夫妻創造不錯的收入。不過，再過一段時間後，現金流開始從正值逐漸變成負值，讓金憂心忡忡，趕緊找我們幫忙。

我們先從財務分析開始下手，在實地查訪那棟大樓前，我們請金提供相關營運報表和租金帳簿給我們過目，結果找出幾個可疑項目，所以我們迅速擬定作戰計畫。以下是我們的發現：

1. 我們發現收入是最大的問題，這棟大樓營運虧損三六％，大多是因為空屋率過高，其餘房客的租金又有折扣優惠，導致大樓每月租金收入減少。大樓空屋率達三三％，也就是十八間公寓中有六間閒置。
2. 營運費用已是一個問題。薪資、水電費和維修費都啃蝕獲利，讓大樓必須有一五〇％的出租率才能達到損益平衡，妳或許會問，「這怎麼有可能？」當然不可能，除非妳能加蓋九間公寓！
3. 資本改善費用高得嚇人。這個項目隱藏在總帳中，我們發現木工、地板材料和電器用品的汰換費用相當高。
4. 我們也進行一項租金調查，將洛洛馬威士（Loloma Vista）這棟大樓跟方圓二英哩內其他公寓的租金做比較。我們發現這個地區的出租率都超過九〇％，但是洛洛馬威士大樓的出租率只有六七％。跟相同屋齡和大小的公寓相比，租金不上相下。

備妥財務分析和市調數據後，我們擬好一項計畫，知道實地造訪時該檢視哪些項目。該大樓給人的初次印象很好，地面很乾淨，草坪也很整齊，游泳池的水也清澈見底（這是一個好現象）。

接著我們把焦點轉移到最大的問題，也就是沒有租出去的公寓，我們參觀完所有公寓也確認有六間公寓沒租出去。但是，其中有四間公寓根本無法住人（或說「狀況很差」），因為裡面擺滿設備，還有長年失修的問題。另外二間公寓正在重新裝修，要鋪設木頭地板、換新櫥櫃、加裝大理石檯面和新的家電用品，每間公寓至少要花上七千美元！

這些景象當然解開「為什麼出租率這麼低？」和「資本費用為什麼這麼高？」等問題。這六間公寓不但都還無法租出去，有些公寓還裝修過頭了。這從投資來說根本無利可圖，因為重新裝修過的公寓，跟沒重新裝修的公寓收的租金一樣。

我們繼續檢查下一個重要項目：營運費用。我們想找出原因說明，跟其他同面積大樓相比，經營這棟大樓的薪資費用為什麼比較高。我們發現管理員雇用自己的兒子擔任維修技工，讓經營有十八間公寓大樓所需的經常性開銷加倍。也發現先前買的工具、地板材料、燈具、櫥櫃和其他物品，都丟在大樓裡。

更觀察到這棟大樓的冷暖空調和管線有問題，包括管線漏水，讓水費增加不少。而且在狀況很差的四間公寓中，有一間公寓的水泥板下方漏水，那是無法修理的。管理員告訴我們，每次要修理這個漏水問題，幾呎處就有另一處漏水。所以，他們只好把這間公寓擺著不租出去，而且那是幾年前的事！

我們當然趕緊接手管理這項資產，聘請新的兼職員工迅速採取行動，在無須重大整修的情況下，將六間公寓弄好出租，以古蹟區古樸生活風的口號吸引房客上門。藉由提高出租率、維持低空屋率這種做法，我們讓收入增加三〇%。另外，從收取水電費用、家電用品費、提高每戶租金、不退還管理費等地方著手，增加額外收入。這些做法再加上減少費用支出，讓整體現金流增加三五〇%。此後，這棟大樓就由我們一直負責管理至今。

現在，妳或許想問，「金名下的大樓怎麼會發生這種事？」答案是：這種事情可能發生在任何人身上。在多年來營運順暢且持續獲利的情況下，人們理所當然會認為原本的情況會持續下去。金勇敢提出問題，明智採取行動，雇用比自己更懂物業管理的專家幫忙，讓一切回歸正軌。

雷絲莉・布萊斯｜ Lesley Brice
現居美國亞歷桑那州格蘭岱爾
mccompanies.com ｜
mcresidential.com

雷絲莉為ＭＣ住宅社區（MC Residential Communities）公司合夥人暨總裁，負責監管企業層級的物業管理。二十多年前投身房地產事業，對集合住宅社區有相當豐富的經驗，專精房地產開發、投資、資產管理和公寓大樓改建。雷絲莉是一位有遠見的企業家，她做事認真負責也以自己管理的物業為榮。

雷絲莉起初是以大型公寓社區住戶代表的身分投身房地產界，後來取得租賃方面的專業知識，擔任企業房仲專員、升遷為副理、經理、資產經理，最後晉升為ＭＣ管理公司的總裁。

雷絲莉擁有房地產經紀人執照，並擔任亞歷桑那州集合住宅社區協會董事，同時也是執行委員會的主席。雷絲莉相信教育的重要性，她提供員工各種極具挑戰的機會，讓員工得以成長學習。雷絲莉也是一位充滿熱忱的教育家，她受邀參與二〇一〇年富女人論壇（Rich Woman forum）開幕式，並在富爸爸公司舉辦的幾場教育活動中擔任演講嘉賓。另外，雷絲莉也是美國公寓協會代表、亞歷桑那州商用不動產女性組織成員，也參與史卡茲代爾地區房地產商協會和美國房地產商協會。

雷絲莉曾入選亞歷桑那州集合住宅社區協會年度物業管理人，她所管理的物業及帶領的員工經常入選及榮獲亞歷桑那州集合住宅社區協會和美國公寓協會的獎項。她也參與UMOM組織的大愛牽小手活動，希望能盡量減少亞歷桑那州的遊民人數。

雷絲莉現與先生和三名子女定居美國亞歷桑那州格蘭岱爾，閒暇時除了陪伴家人，她還喜歡戶外活動，並熱愛烹飪、閱讀與旅行。

CH29 承擔計算過的風險

麗塔．卡格拉姆（Rita Khagram）的故事

麗塔從小成長的文化背景就教育男性，而非女性成為生意人和維持家計者，但是她認為自己也做得到，所以她反抗傳統規範，努力發揮自己的影響力，不但要改變自己的生活，也要改變周遭人的生活，尤其是改變她的愛女。我請麗塔跟大家分享她的故事，因為這個動人故事告訴我們，一位母親能對女兒的財務前景產生多大的影響。

——金．清崎

我在肯亞出生，家裡有四個小孩，我排行老三。家父十三歲時從印度到肯亞發展，當時他既沒有錢又沒接受什麼教育，不過幾十年後，家父創辦的公司業務已遍及四個國家，雇用員工多達幾千人。但我認為他最偉大成就是身為人父，他是我們的偶像，是子女們崇拜和景仰的長者。

我們家的教育是重男輕女的，男生要好好唸書以後做生意養家，女生找個好人家嫁就行。以印度文化來說，男生要負起養家的責任，這一點讓我很難過，因為我覺得女性沒有獲得平等的機會。

我在英國唸書時認識我的丈夫，他是個聰明人，但沒有經商背景。家父很擔心我跟他交往，我記得跟家父提起這個人時，家父還說，「世道險惡，尤其妳一個女人家離鄉背井又沒錢，這樣

實在不太好。」

我把這件事當成一個挑戰，我向家父發誓，也對自己發誓，我會跟家父一樣成功。那可是我人生中最重大的挑戰之一，因為當時我還以為要有錢才能賺錢。後來，我成為眼鏡商也開始做一些生意，我認為累積經商經驗，日後就更容易成功。當時我雖然工作幾年卻沒存什麼錢，只好把車子賣掉，才有錢經營眼鏡行。而且，我每週工作超過六十個小時，努力打拚事業！

我很愛我的女兒，她是我生命中最寶貴的事情之一，我心裡總想著，我這麼努力就是為了給女兒最好的。時光飛逝，女兒漸漸長大，我經常忙到沒時間陪女兒，後來我發現女兒交了壞朋友，變成問題青少年。有一次，女兒甚至跟我說，「妳怎麼敢跟我說『我該怎麼做！』妳是誰？妳只擔心妳的工作。」我聽了心一沉，幸好我先生很支持我，也相信我。

那是一個轉捩點，我必須在生活中找到某種平衡，要是每天能多出幾小時，要是有更容易的方法可以成功，那該有多好！

我決定把眼鏡行賣掉（當時我經營二家眼鏡行），我心想先找份兼職工作，讓我有更多時間陪女兒。當時我根本不懂理財，所以犯了很多錯，但我總會把女兒的教育費用事先準備好，才不會在財務上捉襟見肘。所以，兼差工作這項決定讓我還頗為滿意。

幾個月後，我接到稅務單位寄來的繳稅單，發現我賺的錢竟然有六〇％拿去繳稅！會計根本沒給我適當的建議，先前我因為缺乏財經背景，不知道該問什麼問題，結果陷入這種困境裡。我那麼努力工作、投入那麼多時間、那些年打拚事業，害我無暇關注女兒長大，這一切讓我覺得好受傷、好難過。

不過，我答應女兒，我們還是可以去印度玩一趟。印度的貧窮真的讓我嚇了一跳，我也經歷一次讓人生改觀的事件。在參觀孟買一間寺廟時，我看到二個小孩（一個三歲、一個五歲）手牽手在寺廟外面的牆邊乞討，乞丐是不准進到廟裡的。我走過去彎下身子，看著他們無邪的眼神中透露著害怕，我掏錢給他們。但令我訝異的是，他們不想要錢，只想要熱騰騰的食物，以前我以為每個人都吃得到熱騰騰的食物。所以，我帶他們到一間咖啡廳，因為他們不准入內，就在外面耐心等候，我到咖啡廳買了一些熱食外帶。

這時，我先生正在人來人往的大街上等我，他希望我趕快進到計程車裡。我拿著熱食餐盒走出咖啡廳，二名青少年跑過來搶走我手上的食物！我嚇壞了，我只記得我先生趕緊把我拉進計程車裡，我從車窗往後看，在咖啡廳外頭等我的那二個小孩淚流滿面。那一幕讓我永生難忘，連續好幾天都無法入睡，經常想起他們。我知道自己必須做點事幫助他們，我不再只關心自己或自己的家人，我必須做更多事幫忙窮人。

我想賺更多錢，然後捐出一部分的錢幫忙窮人。當時我先看過羅勃特寫的《富爸爸、窮爸爸》，我的好友娜芙塔莉（Naftali）帶我參加富爸爸研討會，我們也學會玩「現金流一〇一遊戲」（CASHFLOW 101），這一切讓我明白如果我想得到自己想要的成功，我就必須學更多東西。

當我開始學習財務槓桿和被動收入這些知識，我的人生旅程有了正面積極的轉變。我採取的第一個步驟就是，用自己的房子申請貸款。我的新思維讓我做出更成功的投資，在剛開始接觸理財教育的三個月內，我就買下六間房子，這些房子全都為我創造正現金流，一切都跟學會如何承擔計算過的風險有關。在那段時間，金．清崎給我很大的啟發。

儘管二年前喪父，但我很高興家父在世時有機會看到我生意做得這麼成功，我是一位成功的連鎖眼鏡商，也是一位成功的房地產投資人。家父告訴我，他以我為榮，儘管我在生活中遭遇挫折，卻能努力不懈，獲得這麼多的成就。

我的女兒也是我的啟發者，她天性聰穎，現在是我的事業夥伴，我們一起成立一個協助孩童的慈善基金，也一起在倫敦推動現金流俱樂部（CASHFLOW Clubs），跟大家分享這個改變人生的理財遊戲。

麗塔·卡格拉姆｜Rita Khagram
現居英國倫敦

麗塔在肯亞出生，她跟女兒暨事業夥伴奈雅（Naiya）一起圓創業夢，努力創造被動收入，也一起面對挑戰和磨難。而且，麗塔跟女兒一起成立慈善基金會，現正透過這個基金會的力量協助孩童，為未來世代塑造美好的未來。

CH30 人生夥伴與事業夥伴

黎安．卡林（Leanne Carling）與安妮塔．羅德里奎茲（Anita Rodriguez）的故事

很多人說，「是啊，金，妳在鳳凰城可以那麼做，但是在我住的這裡就沒辦法那麼做。」黎安住在蘇格蘭格拉斯哥，她就做到了，而且在當地做房地產投資做得有聲有色。黎安跟她的先生葛拉姆（Graeme）一起展開她的理財旅程。跟人生伴侶或配偶一起打造財務未來，是最理想不過的事，不過這未必是最容易的事。黎安以她的故事告訴大家，跟伴侶一起追求理財夢究竟要具備什麼條件。

——金．清崎

黎安．卡林（Leanne Carling）的故事

一九八〇年，我出生於蘇格蘭格拉斯哥，當時產業正蓬勃發展，英國由柴契爾夫人（Margaret Thatcher）執政，是第一位出任首相的女性。從小爸媽就教導我，長大後要找一份安穩又有津貼的工作做一輩子！他們還告訴我，房子是我最大的資產，存錢很重要，最好別負債。

對我來說，上學就是去交朋友，我對課堂上老師教授的內容沒有興趣，我最喜歡的科目是體育和語言。

我十六歲就離開學校，到一家配銷公司上班，這家公司是一間知名零售連鎖店的合作廠商。我喜歡自己賺錢，買自己想要的東西，做自己想做的事。接下來的十一年，我換了幾個工作，從盤點人員升遷到存貨管理經理，我管理自己的團隊並制定每個人的關鍵績效指標（Key Performance Indicators, KPI）。

我很喜歡把即將發生的事情處理好，喜歡在期限內達成使命，也熱愛解決問題，但我總是在尋找其他能發揮所長之處。我是一位獨立自主的年輕女性，十八歲時就買下第一間房子。

二〇〇五年時，我遇到這輩子的真愛、靈魂伴侶和良師，也就是我先生葛拉姆。葛拉姆比我強的地方就是，他早就看過富爸爸系列叢書，也會玩「現金流一〇一遊戲」。葛拉姆送給我的第一個禮物就是金寫的《富爸爸，富女人》。我好喜歡那本書，後來繼續看完富爸爸系列叢書，開始學玩現金流遊戲，也為實現理財夢的旅程揭開序幕。

接下來的二年，我跟葛拉姆談到自由，我們在規劃自己的財務自由時，也開始描繪日後要住的夢想家園，我們希望五年內就能住進那種房子。二〇〇七年九月，我懷孕七個月，葛拉姆跟我放棄安穩有保障的高薪工作，向財務獨立的目標邁進。

我們創辦一家物業投資公司，買下適合的房子，然後把房子租出去，讓這些資產每個月為我們創造現金流。我們在辭職前就先存夠六個月的生活費，所以我們有錢撐到明年一月。之後就需要現金流，否則我們就得重回職場。

我們繼續研究物業市場和抵押產品，但是時間一分一秒過去，轉眼間一月就到了，我們的第一筆交易創造五百英鎊的現金流，讓我們有足夠的錢多撐一段時間。當時我害怕嗎？當然害怕。

我有犯錯嗎？當然有。我從錯誤中學到教訓嗎？絕對是這樣。以後我還會犯錯嗎？一定會。我會繼續從錯誤中學習嗎？當然會。

到了四月，有位七十幾歲女士跟我接洽，她想把自己的房子賣掉再租回來，這樣就不必為了房子留給子孫而煩惱。她這樣做的原因是，子女們已經開始為了爭奪她的財產而失和，她想決定自己能怎麼做。她跟朋友到我家商談後，就準備要把房子賣給我，她還建議朋友也這樣做，後來那位朋友照做了！所以，到四月底時，我們順利買下三間房子，開始朝財務自由這個目標邁進。

二〇〇八年十月，葛拉姆參加富爸爸公司舉辦的「如何預測未來」（How to Predict the Future）大會，回來時他興奮地告訴我，「黎安，如果我們打算發揮所有潛能，我們一定要參與富爸爸團隊。」

二〇〇九年二月底，我們不必再為了錢賣命工作，我們獲得財務自由。我們繼續購買物業，因應市場變動做調整。這樣做很有挑戰性嗎？當然，但是因為我們持續加強理財教育，所以有挑戰性反而令人興奮。

二〇〇九年，我們夫妻三度造訪美國亞歷桑那州史卡茲代爾，參加富爸爸公司舉辦的會議和訓練。我們把所學全部實際應用，比方說：如果想買一些不需要卻想要的昂貴新玩意時，就有資產可以創造現金流，這樣就有錢可以買那些奢侈品。舉例來說，我快三十歲時就用其中一項資產的收入，買下自己夢寐以求的賓士四輪傳動轎跑車。

每年新年，我們利用PERT這個程式規劃來年將購買的資產，並訂定各種投資目標和個人目標。我們每三個月檢視一次目標達成度，進度落後就彼此督促，達成目標時就一起慶祝。

二〇一〇年，我們搬進新家打開行李時，發現三年前描繪夢想家園那張紙，我等不及要拿給葛拉姆看，我們三年內就實現這個原本以為五年才能達成的目標。

我們在二〇〇九年參加「交易的藝術」（Art of the Deal）大會，學到交換（exchange）這種做法，我們把重溫自己所學，持續應用到實際投資上。二〇一〇年七月，也就是我們第二個小孩出生後一個月，我們運用交換和從交易賺到的錢，買下第一個事業。

我知道要是我沒有準備好，沒有掌握眼前的機會，就不可能有今天這般成就。我會繼續加強自己的理財教育，我買的每間房子和進行的每項調查都有不同的故事，也讓我從中學到一些教訓，並為我開拓新的機會。成功不是目的地，而是永無止境的旅程，而且是我樂在其中的旅程。

黎安・卡林｜Leanne Carling
現居英國蘇格蘭丹迪市

黎安現年三十一歲，是房地產投資人、公司負責人和創業家，現與先生葛拉姆及二名小孩定居蘇格拉丹迪市。黎安夫婦一起打造可觀的物業投資組合，也一起開創並收購成功的事業。

夫婦二人大力提倡理財教育，也繼續專注於自家企業與投資組合的成長，因為好學不倦及熱衷教學，二人經常為了汲取理財新知造訪世界各地。

安妮塔．羅德里奎茲（Anita Rodriguez）的故事

安妮塔在美國公立學校擔任校長職務多年，雖然她在教育體系裡工作，卻對教育體系不抱任何幻想，她的四個小孩都在家自學，由安妮塔負責教導。安妮塔一直大力提倡理財教育應納入學校體系，但這可不是一件容易的事。後來，安妮塔成為投資理財的終生學習者，現在她有資產證明自己學有所成。要是我們的學校體系主事者都像安妮塔一樣，那該有多好！

——金．清崎

我跟先生發現富爸爸提倡的財務自由理念時，當時我們就跟一般夫妻一樣，努力工作拚命把錢存進退休帳戶，希望股市能配合，讓我們準備退休要把錢領出來時，能獲得不錯的報酬。

但是，在我們的理財知識漸漸增加時，我們的心態也開始改變，接著我們的做法也跟著改變。與其仰賴工作收入，希望股市看漲，我們學會運用財務槓桿取得資產，我們選擇的資產就是單一家庭住宅，我們買進這類資產後再租出去。

購買自己的房地產資產，不但每個月有現金流讓我開心不已，最讓我滿意的是，我從這個過程中學會採取行動克服恐懼。我們從風險較小的小房子開始買起，然後透過經驗和學習，開始買更大間房子，承受計算過的更高風險。

我們現在開始涉足法拍屋（trustee sales），這種過程相當嚇人，因為我們通常無法看到標的物的屋況，而且法拍屋沒有驗收期，標到就不能取消，完全現金交易。

可是，如果妳做好功課，就能以低價得標，就算有風險還是值得。幾年前我們第一次標到法拍屋時，只花四萬美元就買到價值超過二十萬美元的房子。當我們用鑰匙打開那間房子的大門，想進去看看我們買的房子究竟長什麼模樣時，一進到屋裡，我們真的欣喜若狂，屋況很好，只是需要重新粉刷和清理。幸好，那項交易結果非常好，也為我們創造豐厚的現金流。後來，我們透過這種法拍屋交易，競標到其他房子。

不過，我要提醒大家一件事，每間房子都帶給我們不同的學習體驗，妳絕不可能說，「我完成目標了」或「我全都懂了」這種話，因為每次的體驗都相當獨特，總有一些新鮮事可學，也就是說，這是一種過程。

就拿我們最近買的一間房子來說，我們學到也親身體驗到「拿錢換鑰匙」（cash for keys）究竟是什麼意思。我們以低價買到一間法拍屋，遺憾的是，我們發現前屋主夫婦還住在那裡，他們不急著搬出去。他們已經一年多沒繳房貸，看來他們似乎想賴著不走，除非被迫搬走。

我們對於逐出前屋主的作業或相關法令一無所知，我先生艾爾開始打電話向房地產律師、警察和政府機構請教，看看我們可以怎麼做。我們發現可以直接透過法院驅逐前屋主，但是這樣做要花一到二個月的時間。更糟的是，要是把前屋主惹惱了，他在搬家前就會在房子裡搞破壞。我們看過很多法拍屋原本屋況很好，後來有的廚房櫥櫃不見了，有的牆上出現大洞，有的則是牆壁充斥塗鴨。

所以，我們決定採取從未做過的做法，試著跟前屋主協商，希望他們能自行搬家。其實我們會選擇這樣做，是因為我先生很勇敢，並認為這種做法可行。要是我的話，當然不想這麼做。

在做了很多調查並仔細研究逐出前屋主的相關法令後，艾爾到那間法拍屋的前門按下門鈴，他有點害怕，不知道剛失去房子心情沮喪的屋主會做何反應。艾爾此行前，我們還先用心祈禱，祈求上天賜他勇氣與福報，希望事情能圓滿解決。

經過三次不同的會議，艾爾跟前屋主達成友好的協議，並獲得前屋主的信任，前屋主相信我們不會用法律威脅他們遷出，我們答應給他們時間清理房子準備搬家。結果，跟上法院強制驅逐所需的時間相比，透過協商反而讓我們省下一半的時間。

還記得我先前提到「拿錢換鑰匙」這件事吧?那是指前屋主答應在某個日期搬家，答應維持良好屋況，就能拿到大家談妥的一筆錢（前屋主拿到現金，新屋主拿到鑰匙）。我們發現以當時的行情來說，「拿錢換鑰匙」通常要花二千美元。但是，因為艾爾努力協商，對方接受以八百美元成交，也願意維持良好屋況（不過，後來他們帶走吊燈，還把每個燈泡、煙霧警報器裡的每顆電池都拿走、還把冰箱裡的所有層架和抽屜也帶走！）透過這次截然不同的體驗，我們學會憐憫和協商。

在等待及協商日期、決定哪些家電要留下來、留下來的狀況，以及談定其他所有細節的那幾週，我們覺得壓力好大，有幾次都懷疑自己出面協商是不是錯了，或許我們應該請別人幫忙。現在回想起來，我們很慶幸自己有過那種經驗。就像富爸爸的信條這麼說，我們採取「信仰的跳躍」（leaps of faith），也「不容許恐懼阻止我們」。

即使有這麼正面積極的成果，要是還有下次，我們不打算自己處理這種驅逐作業。不過，我們親身參與學到的知識和成功達成使命，讓我們增加見識、更有信心也更有實力成就更重大的目標，締造更好的投資佳績。透過克服恐懼和採取行動這個過程，我們變得更強大。

安妮塔・羅德里奎茲｜
Anita Rodriguez
現居美國亞歷桑那州鳳凰城

安妮塔是富爸爸公司的教育主管，她也跟先生艾爾一起透過自家公司 Equity Investment 投資法拍屋。二〇〇八年金融海嘯後房市崩跌，鳳凰城一帶的房價更是暴跌，讓安妮塔和艾爾可以用房市谷底價買到法拍屋，為投資人獲得優渥的投資報酬。

安妮塔畢生大多數時間參與不同的教育方式，她讓四名子女在家自學十四年，由她負起教導職責，她的二個兒子都申請到西點軍校、海軍大學和空軍大學，也都從美國空軍大學畢業，她的大女兒後來拿到計量分析碩士學位，小女兒現在是一名律師。在家教導子女課業十四年後，安妮塔進入公立學校擔任班導師，後來成為高中輔導老師及校長。

在對公立教育體系的許多層面不抱期望，又發現富爸爸公司的理財教育深感共鳴後，現在安妮塔將她豐富的教育知識應用到理財教育界，她跟富爸爸及富女人團隊一起合作，負責跟有興趣教導理財教育的學校和社團組織聯繫。安妮塔有滿腔熱忱，希望將富爸爸富女人的訊息跟大家分享，因為她自己就在生活中實踐這些原則，為自己開創富裕自由的人生。

CH31 熟能生巧

史黛西．貝克（Stacey Baker）的故事

如果妳曾跟自己這樣說，「我做不到，因為我沒有錢」，那麼請看看史黛西的故事。史黛西是紐西蘭人，她開始追求財務自主時，還靠失業救濟金過活。即使她可以找藉口打消念頭，但她並沒有那樣做，她反而發揮自己的創意反問自己，「這件事我要怎麼辦到？」以下就是她想出的辦法。

——金．清崎

一九八二年時我十六歲，我離開學校進入職場，當時我覺得自己實在沒什麼前途可言。我做過各式各樣的工作，長久以來一直是月光族，失業時就靠失業救濟金過活，這件事讓我覺得很丟臉，我討厭過窮日子。我的生活就這樣持續下去，直到一九九〇年代後期我看了《富爸爸，窮爸爸》這本書，我對金錢的態度才徹底改觀。我開始透過現金流紙板遊戲學習理財字彙，當時我不但沒有工作靠失業救濟金過活，還是位有幼兒要養的單親媽媽。我記得自己還擔心怎麼籌到十美元，幫兒子交幼稚園的費用。那時候日子真的很難熬，但是因為我對金錢的態度不同了，加上我以正面積極的想法面對一切，我開始找尋機會。就像在現金流遊戲中那樣，我知道一定有辦法讓自己擺脫為錢賣命工作的這種苦日子。

我就長話短說，當時我跟一位醫生一起合租一間房子，那位醫生朋友在當地社區診所上班，她跟我說診所的屋主想把房子賣給她，通常我對這種事沒有太大的興趣，不過因為看了《富爸爸，窮爸爸》這本書，我看事情的觀點變了，我只注意有沒有賺錢的機會。經過一些討論和反覆思索後，我跟那位醫生一起做出提案。醫療保證協會（Medical Assurance Society）審查過這家診所的財務狀況後，提供我們二成五的貸款，原屋主願意提供其他七成五的貸款。於是，這間診所就是我們的。

突然間，我擠進律師和會計師的世界裡，對我來說那是相當陌生的世界。買下那間診所是讓我心驚膽跳的一大步，但是我很慶幸自己這麼做。有時候，想要成就大事，就必須克服恐懼大膽行動，我從不後悔做出這項決定。我們在三年內就把貸款還清，而且我們根本沒花半毛錢就買下這間診所。

不過，對我來說，我一直對房地產投資最感興趣。透過這次購買診所的經驗，現在我有資金可以開始找房子投資。在看過更多書也參加購買出租房地產的研討會後，我在二○○二年買下二間房子，開始當起包租婆。只要我有興趣學的東西，我就會認真學習，並且學以致用，想辦法買到物超所值的房子，這表示我能讓名下的房子為我創造正現金流。因為這二間房子創造的現金流讓我有錢繼續投資，所以我在二○○三年買下第三間房子，一樣是低價得手。我利用這些房子創造的現金流，在二○○四年買下另外二間房子。二○○六年時，我重新整修其中一間房子，因為那間房子的屋況愈來愈糟，我打算整修後把房子賣掉。不過，原來的房客在房子整修前就跟我談好，等房子整修好，他們想繼續租。我仔細算過後才發現，這棟房子為我創造最大筆現金流，所以我沒把房子賣掉，繼續租給原來的房客。接著，我在二○○七年一月買下第六間房子，後來這間房子變成我的住家。當時，我的名下有許多房子出租，但我還在為實現財務自由而努力。

二〇〇九年時，房地產陷入不景氣，我利用自己對房地產累積的知識與經驗，斷定當時是進場買房的好時機，我以超低價買下另外四間房子，所以名下出租物業增加到九間房子，這些房子都在紐西蘭奧克蘭市。對於十幾歲就離開學校，前途黯淡的人來說，能有這種成就已經很不錯。

我慢慢在房地產界打穩根基，就算過去十年房市暴起暴落，我名下的物業價值卻持續增加，我剛開始買的那幾間房子，房價已經漲為二倍。我跟那位醫生朋友一起買的診所，現在仍舊為我創造被動收入，我的投資讓我可以過自己想要的生活。

從擔心自己去哪兒籌出十美元幫兒子交幼稚園費用那天起，我努力實現理財夢，現在我有錢讓兒子上有名的私校，接受很好的教育。而且，喜歡旅行的我每年也能去歐洲玩玩，有空就到澳洲旅遊。我是一位成功的企業女性，我還年輕，還可以善用財務保障和財務自主，好好享受人生。現在我有自己的公司，而且從一九九八年起，我就只替自己工作，再也不必幫別人賣力工作。

史黛西・貝克｜ Stacey Baker
現居紐西蘭奧克蘭

現年四十多歲的史黛西有獨立自主精神，在奧克蘭南區長大的她目前定居於奧克蘭西北區。以前她認為自己根本「沒有能力」，能有現在的成就，完全要歸功於熱衷追求理財教育。史黛西高中沒唸完就進入職場工作，她透過理財知識和經驗的累積，培養獨到精準的投資眼光，抓準進場時機，買下物超所值的物業，躍身為成功的包租婆。

投資紙資產

PAPER ASSETS

CH32 什麼是紙資產？

要成為出色的紙資產投資人，就要知道……

投資紙資產是很容易的事，在網路券商蓬勃發展的現在，任何人都能透過網路下單買賣股票，不過決定買賣標的和時間點才是難題所在。

股票只是目前可供選擇的幾百種紙資產中的一種，妳或許聽過「衍生性商品」（derivative），這個用語經常出現在報章雜誌中，是什麼意思呢？衍生性商品的字源就是derive，有「從某樣東西衍生而出」之意。

如果妳自己搾過柳橙汁，那麼妳可以這麼想，妳把柳橙切片，把切片搾成柳橙汁，柳橙汁就是柳橙的衍生性商品。

股票就是股票發行企業的衍生性商品，股票選擇權（stock option）也就是賣權或買權，則是股票的衍生性商品。所以，要投資紙資產，一開始就要學習股票、債券、共同基金和所有衍生性商品常用的一些財經字彙。

先前我們談過，投資要忠於自己，所以妳必須決定哪個資產類別最適合妳、跟妳的價值觀及想達成的目標最為一致。

多年來，我一直大聲疾呼，呼籲女性要學習理財，我自己當然不例外。不過，我不懂股市，所以我採取當時看似最聰明的做法，至少大家都叫我這麼做，那就是找一位營業員幫忙。所以我找馬克這位營業員幫我，我跟馬克說，「我有一點錢想投資股票，妳有什麼建議？」

馬克說，「買可口可樂的股票準沒錯，過去三個月股價一直走揚。」

當時我對可口可樂公司一無所知，只知道我從小就愛喝可口可樂，所以我跟馬克說，「好吧，我用四百美元投資。」一年過後，我聽到關於這家公司的一些消息，既然股價已經漲了一些，我心想就獲利了結，所以我打電話跟馬克說，「馬克，我要賣掉可口可樂的股票。」

「現在賣不好，太早出場了，繼續持有比較好，」他建議。

「不了，有賺就好，我要賣掉。」

馬克繼續堅持自己的主張，也提出更有說服力的說詞，反正長話短說，最後我並沒有把股票賣掉。幾週後，可口可樂的股價跌破我當初買進的價格。我很生氣，我氣馬克叫我別賣，但我更氣自己不相信直覺。我打電話給馬克，並且態度堅決地跟他說，「賣掉！」我認賠出場，而且受到情緒影響才出場。不然還要因為什麼理由把股票賣掉呢？我不知道該從哪裡著手，看吧，我知道自己不懂股市，現在我知道馬克也不懂股市。我氣到再也不想跟股市有任何關係。

後來，當我冷靜下來，明白自己可能需要多了解股市，再決定是否不投資股票。結果，我上了股票選擇權的課程和當沖交易研討會，也看了相關書籍。我參與一家公司從創業到股票發行上市的整個過程，在我撰寫這本書時，則是另外一家公司的投資人，我清楚股市、債市和衍生性商品市場的動態，因為這些市場波動會對全球經濟影響甚鉅，我可沒笨到不注意這些事。

不過，為了忠於自己，我知道自己並不想為這類資產花時間，因為紙資產無法點燃我的熱情，也沒辦法讓我腎上腺素激增。這就是為什麼我再三強調，有優秀又可信任的顧問是多麼重要。我還是想參與紙資產投資，但我不想成為明星投資人，有些人就熱愛紙資產，靠紙資產致富，也在紙資產的世界裡找到他們的熱情。

我們夫妻的股票營業員湯姆，後來就跟我們變成好朋友。當初我們為什麼挑選湯姆為我們服務呢？原因有三個：

1. 湯姆從來不會拿小道消息來唬我們。
2. 他給我們的每項建議都經過仔細周嚴的調查，他會搭機實地造訪企業總部跟企業主管商談。有一次，他認為有一家替代能源公司值得投資，他在洛杉磯安排一場晚宴，邀請我們夫妻跟他的一些客戶跟這家公司的創辦人見面。他希望我們跟他的客戶有機會向那家公司的創辦人提出一些棘手問題，之後再決定要不要投資。
3. 湯姆建議我們的每項投資，他自己早就參與投資，他是那種言行一致的人。湯姆認為投資股票要堅守下面這二個原則：
   - 如果你不了解那家公司是怎麼賺錢的，你就別投資那家公司。
   - 如果一切看起來好得不像是真的，那麼或許就不是真的。

   湯姆是一位教育家，雖然他自己或許不知道，但是每次跟他共事，就讓我的知識增長。

投資紙資產的優點

1. 流動性高：紙資產能迅速買進、迅速脫手。

2.進入門檻低：投資股票、債券等紙資產，不必花太多時間或精力（不過，還是得做好功課）。

3.現金流：發放股利的股票就能提供長期現金流，如果妳學會這個策略，還有其他紙資產工具也能創造現金流。

4.稅務優勢：持有一年以上的紙資產，其利得（或獲利）就依照稅率較低的長期資本利得稅課稅，股利也是依照稅率較低的長期資本利得課稅。

5.家庭式事業：可以教導小孩一起投資，跟妳一起學習！

投資紙資產的缺點

1.沒有掌控權：妳投資的公司如何賺錢、花錢或管理本身的債務，妳都沒有掌控權（除非妳是那家上市公司的老闆）。

2.波動性：股價可能暴漲暴跌，尤其在景氣前景不明時波動更大。

3.無法善用財務槓桿：一般投資人必須支付百分之百的資金，才能擁有紙資金，無法借錢購買共同基金或股票。

4.手續費和相關費用高：以大多數紙資產來說，不管是買或賣都會收取高額手續費和相關費用。

接下來，我要跟大家介紹一些傑出女性，這些女性對紙資產這個世界充滿熱情，她們幹勁十足，懂得聰明投資賺大錢，在紙資產世界裡出人頭地，也締造傲人的佳績。

CH33
專注基本面

唐娜・米勒（Donna Miller）的故事

唐娜是紙資產界的理財教育家，而且她很擅長指點人們、尤其是指點女性突破自我設限，大膽發揮所長。唐娜因為遇到讓人生徹底改觀的事件而有所覺悟，開始懷疑自己的未來，特別是擔心自己日後的財務狀況。唐娜讓我最欣賞的一點是，她是相當出色的投資人，而且她天生就懂得激勵女性採取行動，她關心身邊的人也希望大家都能開創出成功的人生。

——金・清崎

我們夫妻在二〇〇二年開始投資股市，當時我們以為只要看看新聞、翻翻《華爾街日報》（*The Wall Street Journal*），就能知道有關投資的大小事。畢竟，投資哪會有多難呢？我們開設網路交易帳戶，拿所有資金買下一家知名零售業者的股票，陸續買進持股，最後持股超過三萬股。

當時我們根本不懂得運用停損減輕風險，也不會檢視技術線圖預測走勢或了解公司基本面的種種狀況。簡單講，這家公司因為股市空頭走勢導致股價重挫，但是收購傳聞甚囂塵上，所以我們還抱著一線希望。我們把這項投資當成日後的退休金，只希望股價上揚十個百分點。後來，收購傳聞沒有成真，股價疲弱不振，我們每天看著股價跌跌不休，讓我既無助又束手無策。

我先生相信只要有更多新聞或消息，這支股票的股價就會走揚，我們只要耐心等待，股價還是會回漲到當初買進的價格。但是，這些事情都沒有成真，後來這支股票竟然下市，公司也宣告破產。我們從這麼慘痛的經驗學到一個寶貴的教訓，當持股股價下跌時，妳很容易替眼前的狀況找理由，現在我知道原來這就是所謂的「續抱持股、期待反彈症候群」（hold-and-hope syndrome）。

其實我心裡知道，我們可以投資股票，不過我們夫妻最後決定要先多方學習再進行投資，於是我們在網路上搜尋各種課程，最後選定富爸爸公司開的紙資產課，也就是之前稱為「教我交易」（Teach Me to Trade）這門課。起初，我坐在先生旁邊，沒太專心上課，我心想就讓先生負責投資，我在旁觀看就好。我每天要忙著上班、照顧小孩和處理家務，所以我只要扮演好先生的有力支柱。後來，我覺悟到萬一我先生有什麼意外，那我怎麼辦？我開始認真上課，努力鑽研股市，做好未雨綢繆。幾年後，我們真得遇到先前假設的狀況，我先生兩度因為癌症，接受幾個月的密集治療。

由於先生罹癌，我們在生活上必須做許多犧牲，其中一項就是我們家連續好幾年都沒辦法出遊，不過我們把這些時間投注於交易和了解市場動態，我們一有空就看書、研究圖表和觀賞交易影片。這段期間還有一件令人難忘的事，那就是參與女兒的游泳訓練。我每天帶女兒參加泳訓，要花很多時間等她，我剛好利用那段時間研究市場資訊，不再只是空等女兒完成訓練，自己沒做什麼事浪費時間。

我認為要牢記知識就要反覆運用，所以我只能一股腦兒地往前衝，要了解股市就需要毅力和全心投入、要花時間也要懂得自我管理。我通常會用「堅忍不拔」（stick-to-itivenss）形容逆境仍屹立不搖那種能力。放棄很容易，但對我來說，放棄不在我的選項中。人生中值得擁有的東西，就需要費心爭取。

我把這些道理灌輸給子女，我的兒子最近拿到航太工程學位，現在是海軍飛行員，女兒正在唸美國空軍官校。子女會模仿爸媽的所做所為，我很慶幸他們跟我們一樣幹勁十足，堅定果斷，現在他們努力實現自己的夢想，也都前途似錦。

股市向來被認為是「男人的世界」，我開始投身股市時，還沒有太多女性投資人，這一點讓我有點意外。不過，許多股市資深投資人一再地告訴我，女性是更厲害的交易員，為什麼？因為一般說來，女性不那麼自我導向，更能在投資或交易時擺脫情緒的影響。

二〇〇四年時，我成為富爸爸公司紙資產理財課程中唯一一位女性導師。有一次跟一位市場資深投資人的談話讓我銘記在心，當時我們正在討論交易和市場情勢，他話講到一半突然說，「哇，我真的很驚訝，我不知道妳竟然懂得如何交易！我以為妳在這家公司只是花瓶。」從那時候起，我贏得他的尊敬。現在，我是公司裡知名的技術分析師之一。

唐娜・米勒｜Donna Miller
現居美國肯塔基州路易斯維爾

唐娜是我們公司的傑出學員，她從二〇〇二年起開始參加我們公司的課程，我們很欣賞她的技能和能力，所以在二〇〇四年挑選她加入我們公司，擔任課程導師，由她負責期貨與商品交易課程，並負責教授線上課程和交易實驗室。

CH34 從破產再把錢賺回來

金．史奈德（Kim Snider）的故事

我跟金認識時就知道我們可以一起做更多事，後來確實做到了，我們二人有同樣的投資哲學，都為了現金流而投資，也增加現金流讓自己過想要過的生活。金把這項策略應用到紙資產，讓我大開眼界。當時她面臨人生中重大的財務關卡，許多女性遇到這種情況早就被打敗了，但是對金來說，她學到教訓，東山再起，現在她教導大家如何做到她做的事。金是跟我志趣相投的朋友，我感謝她願意跟大家分享她生命的重要歷程。

——金．清崎

我目前是作家和電台節目主持人，跟大家談論退休規劃與投資這個主題。我教導幾千名投資人如何應用現金流投資這種方法，不過那可是後來的事。起初，我只是為了解決自己的問題才想出這種方法，當時我面臨破產，絞盡腦汁想知道：我要怎樣確定自己再也不會落得如此下場？

這種「下場」就是，不到二年的時間就從有錢人變成身無分文。或許有些人知道我在講什麼。二十年前，我在一家電腦用品批發商工作，當時那家公司規模還小，年營業額約在三千六百萬美元左右。我才大學畢業沒幾年，從採購部門辦事員做起。後來，我一路升遷，最後做到資深管理階層，每升遷一次我的職責就更重，但薪水增加不少，也分到不少股票選擇權。

一九九五年一月，我任職的這家公司發行股票上市，當時這家公司的年營業額逼近五億美元，不久就突破十億美元大關。在我們公司的股票代號首度出現在證券交易所的看板時，我突然間變成有錢人，我擁有比一輩子工作賺錢還多的財富，而且我才三十一歲。

我對投資或理財都一無所知，其實公司股票上市時，我跟其他人一樣都是月光族，雖然我薪水很高，但根本沒存什麼錢。雖然，我唸的學校都是名校，在高中時唸過商事法，大學時取得商學學位，唸過幾門企業財務，也懂複式簿記法，可以跟妳談論供需曲線，也會電腦程式設計，就算要我讀一本法文小說也難不倒我。但是，從小到大卻沒有人坐下來跟我說明該怎麼做好個人理財或投資。很奇怪，不是嗎？

所以，從小看電視長大的我，當然做出看似最合理的事，我找了一家大型券商，問他們我該如何處理這筆財富。他們告訴我，營業員很樂意幫我處理這筆錢，用這筆錢做投資。太酷了！問題解決了，我沒責任了……我是說請別人處理就行。

不過，我可要提醒妳，我不是隨便找家券商這樣做，我是請幫忙我們公司股票發行上市的投資銀行提供建議，我的營業員在業界口碑很好，就在幫我們發行股票上市那間投資銀行的母公司上班，而且這家券商有名到無人不知、無人不曉。

坦白說，我先承認自己沒有做好理財，我把很多錢浪費在一些蠢事上。因為公司股票上市讓我獲得意外之財，我決定辭職，好好玩一陣子。年輕時以為錢都花不完，就會做出這種蠢事，但是妳知道嗎？我的營業員也做了很多蠢事。

我不清楚那位營業員在做什麼，坦白說，我甚至沒有設法了解他在做什麼，畢竟他是專家，不管他建議什麼我都同意。我怎麼可以不同意呢？我根本沒有任何資料可供決策參考，我就像浮萍一樣隨波飄流，我怎麼知道這條河流會帶我走向萬丈深淵。

不到二年，我就破產了，我必須向上帝和世人坦誠，我把一生難得一見的大好機會搞砸了。每天早上我看著鏡子裡的自己，我真懷疑怎麼會讓自己落得如此下場。我窮到身無分文，還積欠大筆債務，不得不把家當都變賣掉，連我在摩天大樓的時髦公寓都以超低價格賣出，害我多賠不少錢，但是自己賣掉總比被法拍好。我的信用破產又沒有工作，窮到連買狗食的錢都沒有。最糟的是，我跟媽媽借錢才有錢過活，其實這還不夠糟，面對我老爸才是最難熬的事，那段時間簡直是我人生的低潮。

不過，這次事件也是一個催化劑，因為這次經歷，我跟自己說，「我再也不會靠別人替我理財，如果我自己理財卻賠錢了，那麼至少是我自己做錯，我必須為自己的財務健康狀況負責。」

所以，我開始學習理財，開始利用投資做實驗，期間當然有成功也有失敗，但我發現我學到愈多，就愈懂得掌控。我不再向以前那樣談到錢就覺得無望無助，我開始覺得自己有能力管控好財務狀況，我為自己的財務狀況負責，那是世界上最美妙的感受。

經過十二年，現在我的財務狀況跟當時截然不同，我不但很懂得理財，也教導別人如何理財。人們常問我，為什麼我這麼積極要把自己的故事和教訓跟別人分享，為何不管好自己的事就好，不必那麼費心？

我這麼做是有原因的，首先，我的故事告訴大家，如果這種事會發生在聰明年輕、前途似錦的企業主管身上，那麼想像一下，會有多少人因為個人財務掙扎不已。但更重要的是，我破產後東山再起，這件事就向世人證明，不管妳過去多麼不懂得處理自己的錢財，還是可以下定決心好好改變現況，學會理財並成功投資。

其次，我認為如果妳夠聰明，妳總會從自己的錯誤中學到教訓；如果妳有福報，就有機會將慘痛經驗中學到的教訓，並拿自己的經驗來幫助他人。其實，我相信這是做人應盡的本分。

再者，現在人人都迫切需要理財教育，根據調查指出，我們的理財知識無法趕上我們對理財知識的需求，對女性、弱勢族群、年輕人和教育程度較低者來說更是如此。

當人們問我，我如何在十二年內從破產中翻身，讓自己再度擁抱財富，我告訴大家，「因為我下定決心。」事實就是這樣，沒有承諾和決心，妳或許無法做到，因為想在財務上獲得成功，就必須做出艱難的選擇。通常這表示妳必須放棄現在想要的東西，這樣妳才有機會擁有更美好的未來。我知道，這一點很難做到。

但是，想想看只要現在忍耐一下，妳就能獲得甜美的報酬，能獲得財務成功。對我來說，財務成功的定義就是「能做自己想做的事，想買什麼東西時，不必擔心錢的問題。」我認為能有這種回報，再怎麼辛苦也值得。

金．史奈德｜Kim Snider
現居美國德州達拉斯／福和市
www.KimSnider.com

金是史奈德顧問公司（Snider Advisors）創辦人暨總裁，這家公司是在美國證券交易委員會註冊有案的投資顧問公司，金運用史奈德投資方法®（Snider Investment Method®），幫客戶管理九千萬美元的資金，另外也替史奈德投資方法工作坊學員管理超過三億二千萬美元的資金。

史奈德顧問公司於二〇〇六年榮獲南美以美大學考克斯商學院卡魯斯創業研究所，評選為達拉斯／福和市地區成長最迅速的私人企業之一。在二〇〇八年和二〇〇九年，該公司名列《Inc.》雜誌的美國五千大成長迅速私人企業，在達拉斯／福和市地區排名第三十四，在金融服務業排名第五十四。

金除了打造及經營史奈德顧問公司外，還是一位作家暨演說家，著有《家庭財務長要怎麼當》（How to Be the Family CFO）一書。

CH35 好好評估妳的人生

芭芭拉・安德森（Barbara Anderson）的故事

芭芭拉熱衷研究並學習全球經濟、景氣預測和景氣對投資的影響，她好學不倦的精神讓我望塵莫及，我也一直以她為榜樣。而且，芭芭拉總能不慌不忙、一派優雅地完成許多工作，讓人覺得不可思議。芭芭拉也是一位慈善家，她以滿腔熱忱協助弱勢的年輕女性，讓她們更有機會實現自己的人生夢想。芭芭拉是值得大家效法的榜樣，也是勇敢做自己的女性。

——金・清崎

我是在四名子女都上大學後才開始投資，當時我剛跟結婚二十四年的先生離婚，我先生是很出色的企業人士，婚後二年就創辦自己的石油公司。

跟先生分居後我才明白自己沒有信用記錄，也沒有任何財務記錄（只有前夫的帳戶可供參考），我試著申請自己的信用卡，卻很快遭到退件，所以我到銀行找行員協助。行員趕緊幫我申請，我才拿到威士卡和美國運通卡，到現在我還是只用這二張信用卡。現在，大多數女性從高中起就開始以信用卡建立信用記錄。

我開始學習投資理財時，列了一張「待辦清單」，清單上的第一個項目就是上一堂為期三十天的稅務課程。由於我好學不倦，接著我開始閱讀財經書籍和報紙，參加當地舉辦的理財研討會。我看的第一本理財書是《班傑明．葛拉漢傳》（*Benjamin Graham*），但是這本書對我來說實在太難了。後來，我看了華倫．巴菲特（Warren Buffett）寫的書，以及一些談論巴菲特合夥人查理．蒙格（Charles Munger）的文章。接著，我開始看巴菲特的媳婦瑪麗．巴菲特（Mary Buffett）跟大衛．克拉克（David Clark）寫的《巴菲特原則》（*Buffettology*）及《和巴菲特同步買進》（*The New Buffettology*），這二本書都特別標示出巴菲特如何挑選優質企業。吉姆．羅傑斯（Jim Rogers）是我最有興趣探討的投資人之一，他可是人稱「財經界的印地安納瓊斯」。

二〇〇〇年時，我進行第一筆股票交易，我挑選的個股是菲利浦莫里斯公司（Philip Morris），當時這家公司因為訴訟纏身所以每股股價為五．〇七美元。我研究這支個股後發現，該公司認為除了一個涉及多州的案子外，其他案子應該會獲得勝訴，而且該公司在營運計畫中已把主要訴訟案敗訴列入考量，所以我買進五千股，況且菲利浦莫里斯公司除了生產香菸，還有許多其他產品。後來事情果然如菲利浦莫里斯公司預期，主要訴訟案敗訴，需分期交付款項給提告的那幾州。加州以八％的殖利率發行菸草債券，我買了一些債券一直持有到現在。菲利浦莫里斯公司後來改名為高特利集團（Altria Group Inc.），該集團最後讓菲利浦莫里斯公司獨立出去，擺脫菸草商的形象，所以我還是拿到五千股的股票，後來高特利集團又讓卡夫食品公司（Kraft Foods Inc.）成為獨立的子公司，我又拿到三千四百六十股，這些股票持續發放股利，到現在我仍續抱持股，也把股利繼續轉投資。

二〇〇一年時，我前夫把公司賣掉，當時因為離婚和解金，我拿到公司的一些股票，在加拿大這些股票被視為是贈予要課稅，我繳完稅後就搬到美國亞歷桑那州鳳凰城，恢復美國居民的身分。當時有很多金融服務公司跟我接洽，想幫我管理資產，但我沒有把理財這件事交給別人負責，我花時間做研究，慢慢開始買進我想要的股票，也從沒後悔自己做了這樣的決定。

二〇〇二年時，我買了幾家公司的股票，這幾家公司全都發放股利，所以我拿股利的錢繼續買這些股票。我都是依據《巴菲特原則》那本書提到的選股策略來挑選股票，不過，我在二〇〇四年買的一支個股並不符合巴菲特原則，那支個股就是蘋果（Apple）。當時，我跟女婿討論要買什麼股票，他認為我應該買微軟（Microsoft），他想知道我打算買蘋果這支個股的理由。我跟他說，「每次我走進蘋果電腦專賣店要買東西，裡面就擠滿了人，連結帳都要排隊等好久。」現在，蘋果電腦專賣店已經把這個問題解決掉了。但是，我一直搞不懂華爾街人士為什麼一直抗拒蘋果這支個股，或許是因為他們已習慣使用微軟系統的個人電腦。

不過，我選股並非支支賺錢，其中有幾支個股也賠了不少，當然也讓我學到一個很好的教訓，因為那些讓我賠錢的個股，都是我先前沒花時間仔細研究的股票，其中有二支個股只是聽人推薦就買。所以，我得到一個教訓：**自始至終**堅持妳的選股原則，股票就跟巴士一樣，這班沒搭上，還有下一班可搭。我學到教訓了，不要聽到消息就急著進場，先好好研究再做決定。

我剛開始投資股票時，目標是要保住本金並創造成長。幸好，科技股不符合我的選股標準。不過，二〇〇七年時，我因為沒有聽從自己的直覺，沒有獲利了結出場靜觀市場變化，結果因此慘賠，花二年時間才把錢賺回來。不過，這倒讓我有機會學習以黃金和白銀當成避險工具。

經過初期投資後，我增廣見聞也開始注意其他國家的投資機會，現在我家屋頂加裝衛星電視設備，只因為我想收看德國國際新聞台「德國之聲」（Deutsche Welle），這個電視台每隔一個小時有英語新聞，收看這個電台的節目讓我增廣見聞，也對世界經濟情勢有更深入的了解，當然也更了解世界經濟跟美國經濟的互動。從另一個國家的觀點看待我們這裡發生的事，通常會發現一些新鮮事，我認為這實在很有趣，也能學習從不同觀點看待事物。

除了投資股票以外，我對財經特別有興趣，近幾年更是這樣，我熱愛研究，這是永無止境的學習。我很慶幸參加幾次富比士投資者巡航（Forbes Cruises），那也是很棒的學習體驗，我發現史蒂夫．富比士（Steve Forbes）相當實事求是，我喜歡他寫的《單一稅制革命》（*Flat Tax Revolution*），這本書概述他偏好單一稅制的原因。富比士投資者巡航活動邀請幾位不同講者，以各自的觀點評論財經界的不同層面，最棒的是，妳會在那裡找到志同道合的朋友。

二〇〇七年時，我參加富爸爸系列叢書作者羅勃特．清崎舉辦的一場研討會，那是我這輩子參加過最棒的研討會之一。李察．鄧肯（Richard Duncan）先上台講了二個多小時，談論「美元危機和資本主義的崩壞」，接著金開始談論女性如何理財。參加這些研討會後，我更清楚聯準會（Fed）的由來和創立原因，以及貨幣的制定及貨幣在銀行體系中的運作。

二〇一一年七月三十一日星期天，那天晚上我跟營業員談到隔天我想出脫持股。到了隔天，也就是八月一日星期一，我要營業員知道，不管股市發生什麼事，我的決定都是理智的。我把大多數持股都賣掉，打算出場觀望一陣子，我無法確定美國最後是否會同心協力做出正確的事。根據我的研究顯示，美國股市的前景看壞，這次我打算相信自己的直覺，先出場觀望再說，時間會證明我的策略是否正確。

我鼓勵我認識的女性要熱愛生命，做自己喜歡做的事，享受人生，參與當地社群，多為社會貢獻心力。慎選朋友，跟好人為伍，讓身邊的人都是願意支持妳的人，不要找一些小人扯妳後腿。就像婚姻一樣，大家都要全心投入，才能經營美好的婚姻生活；投資理財和人生也一樣，要成為贏家，妳也必須全心投入，並跟願意為妳全力以赴的朋友為伍。

芭芭拉・安德森
| Barbara Anderson
現居加拿大

芭芭拉扶養四名子女長大成人後，在旅居加拿大期間，曾參與艾德蒙・希拉蕊爵士基金會（Sir Edmund Hillary Foundation），並擔任該基金會董事職務多年。芭芭拉在二〇〇一年搬到鳳凰城，有機會參與她最熱愛的二件事：一是協助女性、一是投身教育。新開始女性基金會（Fresh Start Women's Foundation）讓芭芭拉有機會設立一個獎學金以紀念她的母親，這個獎學金讓女性有機會接受教育。為美國而教（Teach for America）這個營利組織讓芭芭拉可以資助鳳凰城的教師，並且協助當地社區的許多年輕學子。芭芭拉喜歡音樂、高爾夫、閱讀和旅形，過去十年來也以個人理財為樂。

投資商品

COMMODITIES

CH36 商品入門

要成為出色的商品投資人，就要……

市面上可供投資的商品有很多，包括：

1. 農產品（例如：黃豆、小麥、牛奶和棉花）。
2. 畜禽（例如：牛隻和豬隻）。
3. 能源（例如：石油、天然氣和乙醇）。
4. 貴重金屬（例如：黃金、白銀、白金和鈀金）。
5. 工業金屬（例如：銅、鉛、鋅和錫）。

跟其他資產類別一樣，商品本身就是一門學問。在本書中，我們想要力求簡潔，所以把討論重點放在目前許多人談論的幾項商品，剛好這幾項商品似乎也是日後最有賺頭的商品。讀者若想深入了解商品市場如何運作，請參閱《商品投資入門》（Commodities for Dummies），我開始投資商品時，就是從這本書開始看起。

白銀

白銀是目前相當熱門的話題，幾年前社會大眾還不會討論白銀，現在電視財經節目卻經常討論白銀價格飆漲。白銀為什麼這麼有吸引力呢？白銀是一種消費性商品，用於製造電腦、手機、電視、燈泡、汽車、鏡子、藥品和淨水器等。隨著新興國家的經濟迅速成長，即使白銀的供給量持續減少，但需求一定會呈指數成長。結果，我們將看到史上頭一次出現黃金供給量超過白銀供給量的情形，而且數量約為五倍多。因此，當需求量增加時，白銀的價格應該會看漲。

我的第一筆白銀交易

我在一九八五年進行第一筆白銀交易，雖然當時羅勃特跟我都沒什麼錢，但是我們走進加州拉霍亞一家貴重金屬商店，詢問白銀的價格。當時，白銀每盎司六美元，我們決定採取行動，買了重一百盎司的銀條。

如果妳跟我們當時一樣都很窮，那麼六百美元可是一大筆錢，我們拿著銀條走回公寓，把銀條藏在臥室衣櫥裡。我們決定，與其把錢放在銀行帳戶裡，只要我們存夠錢就買銀條，多年來我們一直堅持這項策略。

一九八八年時，我們即將買下第一間房子，也打算自己住，我們已經打拚事業三年，但還沒有「固定的工作」，所以對銀行來說，我們並沒有穩定的收入。加上我們有很多壞債，信用記錄又不是很好，所以當我們為新家申請到房貸時，簡直就像天降神蹟一般。賣房子給我們的房仲就是那間房子的屋主，他跟我說，「我們必須加快作業。」我知道她想要趕快成交，因為我們跟她說，如果她保證能幫我們解決貸款問題，我們就不跟她殺價。「我們兩天內就交屋！」她通知我。

「太棒了！」我心想。「我等不及想搬進去。」

接著她說，「所以，妳們明天電匯二萬四千美元的頭期款給我。」

「二萬四千美元！」我尖叫一聲。「我去哪籌二萬四千美元？」當時羅勃特出國又聯絡不上。我告訴房仲，「沒問題，我這裡有錢。」我掛斷電話後，趕緊想辦法，「一天內我究竟要到哪裡籌到這筆錢？」

後來我突然想到那些銀條，我打開臥室衣櫥，那些銀條還在那裡。我算了一下總共有多少銀條，我想這些一定足夠支付二萬四千美元頭期款。我拿了一個牛皮紙袋把銀條放進去，我拿著銀條走過三條街，到錢幣收藏店兌現。而且，我走到第四趟時，手已經很酸了，但是我還得繼續拿銀條去換，要換到二萬四千美元付頭期款買新家。在把最後一批銀條賣掉後，我電匯二萬四千美元給房仲，於是羅勃特跟我有了新家。對當時的我來說，白銀真的是非常「貴重」的金屬。

黃金

全球經濟惡化時，金價就會持續走揚，其中一個原因是，黃金有實質價值。在我撰寫本章內文時，黃金一盎司將近一千九百美元。政府印愈多鈔票時，貨幣價值就愈來愈少。二年前，一美元能買到的東西，比現在一美元能買到的東西還多。當美國經濟惡化時，包括個人和外國政府在內的投資人就會對美國的償債能力失去信心；因此，投資人就不想投資美元，所以美元就會持續貶值。

從古至今，黃金是有其價值的有形資產，也是實質貨幣，美元、披索或歐元都不是實質貨幣，只是流通貨幣。有什麼差別呢？實質貨幣本身是有價值的，有內在價值（intrinsic value）。目前，一盎司金幣約能兌換一千九百美元，在世界各地都能購買物品和服務。真正的貨幣始終是流通貨幣，因為可用於購買其他有價物品。不過，流通貨幣未必是實質貨幣，因為流通貨幣本身沒有價值。舉例來說，妳從皮夾裡拿出一張面額二十元的美元或歐元紙鈔，妳認為這張紙真的有面額那個價值嗎？沒有，那張紙本身可能只值五分錢。流通貨幣具有價值的唯一方式就是，人們對發行流通貨幣的政府有信心，大家同意那個流通貨幣有一定的價值。當這種信心逐漸減少時，流通貨幣的價值就跟著下跌。

所以，黃金就成為對抗弱勢貨幣和通貨膨脹的一項避險工具，也可能是一項好的投資。

石油和天然氣

石油和天然氣的價格是熱門話題，這二種商品的價格會對我們生活的許多層面產生影響，比方說：油價上漲，開車族的油錢就要增加，機票也會調漲，天然氣價格上漲，家裡的暖氣費用就會多一些。以投資來說，我發現最重要的是區別妳要投資的石油和天然氣等商品的不同類別，這些商品可分為四大類別：

1. **運作中：**油井或油氣井正在生產石油和天然氣。
2. **證實已開發：**證實確有石油和天然氣的蘊藏量，也開鑿好油井或油氣井，但是目前油井或油氣井沒有運作及生產。

3. **證實未開發：**證實確有石油和天然氣的蘊藏量，但目前還沒有進行鑽井作業。
4. **探勘中：**這個地區正進行鑽井作業，探勘石油和天然氣，但是目前尚未確定是否有石油和天然氣的蘊藏量。

在這四種類別中，**運作中**的油井或油氣井的報酬最小，因為風險也最小，這種油井或油氣井已經正常運作。通常，**證實已開發**這種類別的報酬比較高，因為已確認石油和天然氣的蘊藏量，只要進入生產作業就能有獲利。

跟證實已開發這個類別相比，**證實未開發**這個類別能帶給妳更高的收益，因為要把取得石油和天然氣所需的時間和費用考慮進去，風險較高，報酬就更大。要注意的是，證實有石油和天然氣，未必表示取得石油和天然氣是具有成本效益的。妳會發現**探勘中**這個類別的風險最高，專家們做過調查，他們認為那裡有石油和天然氣，但事實如何，就要等到鑽井才能揭曉。於是，他們籌資鑿井，希望能挖到石油和天然氣，並不保證一定能成功。

我一向不太熱衷投資石油和天然氣，羅勃特倒是比我有興趣。從我們相識以來，他一直都有投資這二種商品。不過，要是我們有出錢投資，通常都會親自了解，所以我們去了一趟洛杉磯。當時我們剛投資加州長灘外海一座運作中的油田和油氣田。投資公司邀請我們夫婦去參觀現場運作，我們手上拿著安全帽登上一艘小船，十分鐘後就踏上這座人工島，接著花三個小時參觀現場，了解石油和天然氣的生產。對我來說，實地參觀學習，是讓我在最短時間內增長知識的最佳做法。現在，石油和天然氣仍然不是我最偏好的投資，但至少我對我們在這方面的投資有更多的認識和重視。

近期可投資的商品

知名投資人吉姆．羅傑斯（Jim Rogers）是我最欣賞的投資人之一，他曾跟投資巨鱷喬治．索羅斯（George Soros）共同創辦量子基金（Quantum Fund），我欣賞他總是實話實說，現在他創辦一支商品基金。最近，羅勃特跟我在一個廣播節目中訪問他，我問他目前投資哪些商品，他提到黃金和白銀。

接著，羅傑斯談到食品，他預測不久後全球將出現嚴重的糧食短缺。他提到其中一個問題就是農民人數減少，他認為務農的獲利不高，讓年輕人沒興趣從事這個行業。他提出一個解決方案，他認為提高糧食價格就能創造更高獲利，藉此吸引更多年輕人投入農耕這個行業。他認為在糧食日漸短缺的情況下，結果一定會造成食品價格飆漲。

所以，現在我正在調查哪種投資？我在研究食品投資，我該投資哪種食品？尤其是該著重在哪些特定商品？理財教育真是學無止境。

投資商品的優點

1. 進入門檻低：舉例來說，買金幣或銀幣就很容易，會買麵包的人就會買黃金和白銀，至於買其他商品則跟買紙資產一樣容易。

2. **原物料需求會隨著經濟成長而增加：**比方說，隨著中國和印度的經濟成長，石油、天然氣、食物、銅和鋁的需求就大增。

3. **作為對抗通貨膨脹和弱勢貨幣的避險工具：**黃金就是一個好例子，貨幣貶值時，商品價格通常會上揚。當投資人對貨幣失去信心，就會轉向商品，尤其是黃金。

4. **稅務優惠：**不同商品有不同的稅務優勢，幾乎所有商品投資都是以比一般所得或薪資所得更低的稅率課稅。舉例來說，投資石油和天然氣，就能讓投資人享有相當棒的稅務優惠。

5. **家庭式事業：**連小孩都能輕易購買一些銀幣，每天追蹤圖表查看現價。妳在投資商品時，也可以讓小孩一起學習，從投資商品開始教導子女理財，是一項很棒的理財入門方式！

投資商品的缺點

1. **無法創造現金流：**大多數商品都無法創造現金流，投資商品屬於資本利得投資。
2. **無法善用財務槓桿：**一般投資人無法借錢投資商品。
3. **受到經濟情勢影響：**景氣不好時，原物料需求就減少。
4. **波動性大：**商品價格波動性可能很大，有時會出現暴漲暴跌。

CH37 投資白銀

崔娜．懷特—馬度羅（Trina White-Maduro）的故事

崔娜在芝加哥貧民區長大，她曾跟我開玩笑說，「量入為出？那還比我的處境好多了！」崔娜這位美麗的女子出身貧寒，但她透過自己的信念投身服務並樂於助人，也以身作則樹立榜樣。她跟我們一樣在投資過程中時而賺錢，時而賠錢，但是她把賠錢當成學習。崔娜就是「堅持不懈」一詞的寫照，有她這樣的朋友讓我與有榮焉。

——金．清崎

以前，我只在聖經裡看過談及黃金和白銀的故事，一直到三十六歲才聽到貴重金屬這種商品。我對貴重金屬一無所知，當然也不會注意投資貴重金屬這種事。所以，後來我竟然成為白銀投資者，其中的轉折實在很不尋常。我從事社會工作、青少年觀護和青少年事工，我在芝加哥貧民區長大，在那裡我們唯一交易的東西就是食物券。長大後，我到鳳凰城南區市中心管理一個兒童群益會（Boys & Girls Club），也擔任志工為社區發聲。在我的辦公室裡，成堆的青少年發展課程和問題兒童檔案中，最引人注目的就是《富爸爸，窮爸爸》這本書。

二〇〇六年秋天，在我認識羅勃特和金的前一個月，我在禱告後馬上感受到上帝的召喚，我大膽地向大家宣布，我打算在這個都市社區裡，在二十年內培養出二十位百萬富翁。誰想加

入百萬富翁的行列？結果，少年監獄裡近四十位少年全都爭相把手舉高，高聲喊著，「選我！選我！」那間少年監獄似乎是這種願景最不可能成真之處。不過，這就像是對願景所做的堅信禮，我覺得聖靈充滿了我的身心，我告訴他們，我不知道要怎麼辦到，但我知道我們一定做得到。

一個月後，我認識羅勃特．清崎，他來到鳳凰城南區兒童群益會看看這裡的青少年，也跟我們分享他的現金流遊戲。經過四十五分鐘的參觀，我總算有機會跟羅勃特談起，我給少年受刑人擬定的願景。二十四小時後，富爸爸團隊的一位成員打電話告訴我，羅勃特希望提供理財教育和資源，協助我實現我的夢想。所以，我開始接受六個月的理財課程，接受密集的指導並學習資產投資的相關知識。

後來，羅勃特告訴我，要激勵其他人也成為百萬富翁，我自己就要先成為百萬富翁，而且我需要理財教育和良師指點。坦白說，這對我來說實在難以承受，我心想自己怎麼會弄成這樣，我以為投資是住在富裕社區的有錢人做的事。所以我問自己，「我怎麼可能在孩子們都生活困苦的殘破社區，教導致富法則？」

身為兒童群益會分會經理，我在毒品和娼妓泛濫的社區，努力對抗種種令人沮喪的狀況。這個社區有九成孩童吃免費午餐，七成以上的孩童來自單親家庭，我開始懷疑我怎麼跟街上那些毒販競爭，畢竟替毒販跑腿很快就能賺取暴利。所以，我帶著恐懼不安的心情，召集三十名左右的青少年（有些人是被強迫來的）教他們玩現金流遊戲。這些青少年當中有皮條客、有娼妓和毒販，我以為他們會開始詛咒我，五分鐘後就會開始亂砸東西，但是三個小時後，我們還在玩現金流遊戲。當我們必須結束遊戲時，他們反而很生氣。

這次玩現金流遊戲讓我發現許多事，我看到有些青少年有識字問題或算數問題，但是他們沒有因此受到阻撓而不玩下去。他們開心地交易、買房子和買事業，手上拿著好幾百萬的紙鈔。這種遊戲讓他們全神貫注，也燃點他們的想像力，他們開始對投資抱持夢想。其中有一位少年名叫李奇，他是附近一帶人盡皆知的毒販，玩過現金流遊戲後，他很想學習房地產投資。另一名少年大衛則是要求母親，別再讓他上輔導課，讓他到一般班級上課，後來大衛他們家還買了現金流遊戲一起玩。這些孩子都對現金流遊戲很感興趣，不久後他們就問我，「接下來要玩什麼？」我告訴他們，我不知道，因為我也在學習。

在教導這群青少年這段期間，我學到像白銀這類商品，我對白銀很感興趣，接著我大叫說，「我們可以做這個！我們可以投資白銀，學習利用這種簡單、有形的實質商品來觀察市場。」當時，白銀一盎司十一．五〇美元，我決定買一盎司感受一下整個流程。我們全部的人包括孩子們和家長及兒童群益會的同事，一起學習觀察市場。學習實驗室裡的所有電腦，都把貴重金屬市場的網站加入我的最愛，方便大家使用，大家在兒童群益會裡面七嘴八舌地討論市場波動。

當時，這股興奮感持續高漲，在發薪日時，我們的同仁雖然薪資微薄，卻會到當地交易商購買一盎司白銀。我跟大家說，「辦公室不能唱空城！」所以，我們每週輪流買進白銀，直到我們累積將近一百盎司的白銀。後來，我們成立一家有限責任公司並將公司取名為白銀百萬公司（Silver Million），我們利用累積的白銀協助創辦微型事業。這個經驗讓我覺得如釋重負，也覺得自己更有能力，我們相信藉由購買白銀這種方法，按步就班就可能取得資產並累積財富。

回想起來，當時我想送李奇去唸房地產學校，這樣他就不必賣毒品。其實我應該準備一個更好的計畫，幫助這些孩子創業。不過，這個願景還是可以實現的，我現在就努力讓這個願景成真。可以確定的是，我相信不管在任何情況和環境下，一切都是可能的。如果這些貧民區的小孩都做得到，任何人也做得到。所以，當機會出現時，我們沒有藉口閃躲，我們必須振作起來掌握機會。對我們來說，白銀就是我們的機會。

從學會現金流遊戲並接受教導以來，除了投資白銀以外，我還開了一家公司，我領悟到被動收入和持續收入就是真正的財務自由，我也知道我的錢該替我工作。

應用富女人原則對我的生活產生直接又深遠的影響，我的被動收入也穩定增加。現在，我擁有一家網路行銷公司，這是我在家經營的事業，也是無紙化作業。我知道網路購物的熱潮，讓購物模式從實體商店轉移到線上點選訂購，也進一步證明工業時代的結束。在這個資訊時代裡，我在電子社交媒體商務中占有一席之地，為了要帶領都市百萬富翁世代，我自己必須先加入百萬富翁的行列。為了學習並了解最新趨勢變動，我必須成為理財教育的終生學習者，活在這個電腦時代裡，我不能有「打字員的心態」，否則我就會被淘汰。

我的目標是擁有心靈充實、身體健康的富裕人生，而且財務狀況同樣要健康。我感謝上帝，我正邁向充滿恩賜與自由的富裕人生，現在就是我掌握機會、採取行動，永遠破除貧窮的惡性循環。

崔娜・懷特—馬度羅（Trina White-Maduro）
現居美國伊利諾州芝加哥

崔娜是企業女性、投資人、社會企業家，也是貴重金屬投資人。她創辦一家超連鎖事業（UnFranchise），也積極資助社區和信仰團體。崔娜在芝加哥南邊的貧民區長大，從小就看到暴力、毒品和幫派如何侵害社區。她是單親家庭出身，跟十四名親友同住，家境貧寒又缺乏物資。崔娜在體育方面表現傑出，原本以為打職籃才是她獲得成功的一項工具。後來，崔娜選擇從事社會工作，透過非營利組織和教會，投身青少年觀護工作長達二十一年。現在，崔娜是一位社會企業家，她了解如何運用資源創造機會，讓她服務的那些人擁有更美好的人生。

CH38 資產是女人最好的朋友

要發掘妳與生俱來的投資天賦，就要……

找到適合妳的資產類別，或許妳已經找到了，也主動積極地進行投資。如果還沒的話，那就做一些研究，找出哪種資產類別最吸引力。在四種資產類別（投資事業、不動產、紙資產、商品）中，哪種資產類別跟真正的妳最相符，哪些投資最吸引妳，最讓妳想一展所長？

練習投資並讓自己精通投資，這樣妳的資產就會創造現金流和穩健的報酬。當妳愈懂得理財，妳進行另一個資產類別的投資時就能愈安心。在這本書裡，我們已經重新定義多元化的意義，多元化投資不是只做紙資產投資，而是要將投資分散到四個資產類別。

記住，每個資產類別對於國內經濟和全球經濟的持續波動，會做出不一樣的反應。今天看漲的資產明天可能就暴跌，反之亦然。妳個人資產負債表中的資產欄位，就是妳要打拚的事業，跟做任何生意一樣，妳必須持續觀察妳的資產欄位。

每個資產類別都有自己的優缺點：紙資產容易買賣，容易變現；房地產的買賣比較花時間，也不容易變現。妳認為是優點，在別人眼中卻可能是缺點，所以我再三強調，投資要忠於自己。

還要提醒大家，任何投資的風險都出在投資人，而不在投資本身。當妳拿錢投資妳不懂的**任何事項**，風險當然高。所以一開始投資時，要先進行金額較小的投資，慢慢累積經驗，這樣才能降低投資風險。

最後，我們談到四大資產類別，其實只要妳發現有不錯的投資報酬，要投資什麼都可以。人們投資的項目可說是琳琅滿目，從葡萄酒到藝術品，從古董車到芭比娃娃，投資的世界沒有侷限，關鍵在於妳要發揮想像力，找出別人沒有察覺的投資商機。

所以，在探討資產類別時，好好享受其中的樂趣吧，保持好奇心，大膽行動，為妳的投資歷險記揭開序幕，向妳內在那位天賦異稟的投資人致敬！

富爸爸富女人

態度決定你的荷包深度

PART FOUR
肯實現

實現你的理財夢
Realizing Your Financial Dreams

CH39 讓一切歸位

要獲得財務自由這個獎賞，就要……

肯想

選好妳要實現的夢想，設計一個明確的願景，讓妳知道自己的財務夢想是什麼，財務自由對妳來說是什麼景象。在追求夢想的旅程中，要堅守願景，為實現理財夢而努力。

肯學

為採取行動做準備，取得必要的知識、教育、事實、數字和資料。肯學階段會一直持續下去，因為市場和景氣總是持續變動，而身為投資人的妳必須時時學習，才能了解市場和景氣的最新動態。

肯做

利用肯做的精神，將妳肯學到的東西，在現實世界中實際應用。採取行動，學以致用，利用妳學到的一些知識，妳就能迅速邁入肯做階段。只要肯做，一步一步慢慢來，最後就能學到更多，也能產生成效。

肯實現

實現理財夢這整個過程的一項關鍵就是，每天做一件事讓妳向實現理財夢更邁進一步，也就是要第四個A——「肯實現」（Achieve）。在追求理財夢的旅程中，妳會實現大大小小的目標，會獲得大大小小的勝利或成功。記得，每贏得一次成功，就要替自己慶祝一下。因為在實現目標、締造佳績這種振奮時刻，妳就會發現真正的喜悅。

光看不做沒有用、行動才能改變思想

羅勃特跟我給自己一個禮物，我們到亞歷桑那州吐桑的峽谷牧場渡假一週，這個牧場是知名的身心靈整合養生渡假村。我們到那裡好好休息，讓身心靈充充電。

在那裡渡假時，一位健身專家指點我健身，他問起我的飲食習慣，我告訴他，通常我一天吃二餐：早餐或午餐，加上晚餐。我跟他解釋，有時候一整天忙到有空看錶時，已經是晚上六點，那時我才明白自己一整天都沒吃東西，我不是很在意吃的人。那位健身專家有點不認同我並跟我說，「妳一天必須吃三餐。」這我當然知道，大家都這麼說。

「從以前到現在，我都不信一天要吃三餐這種說法，」我告訴他。「我認為如果我一天吃三餐，我就會變胖。」

他笑著說，「白天要多吃一點，因為白天都在活動，所以說早上和中午多吃一點，晚上活動量少時就少吃一點。」因為我這個人活力十足，健身專家繼續解釋如果我沒有吃足夠的量，身體反而無法燃稍脂肪，而把肌肉燃燒掉，況且我的運動量又不夠。

但我還是認為一天吃三餐會變胖，不過既然我來峽谷牧場是為了我的健康著想，我想這幾天就試試一天吃三餐吧。

所以，我連續七天每天出現在餐廳三次，我並沒有減量，反而每天三餐都吃得很飽。我馬上發現一件事，我的精神比以前更好，早上容易生氣的情況也減少了，一整天活力更加充沛。所以，我持續七天每天吃三餐，我不但沒有變胖，其實還減輕幾公斤。我很幸運自己從來沒有因為體重問題而困擾，所以我跟那位健身專家再次碰面，讓我訝異的是，他竟然說我必須增加自己每天的食物攝取量，我實在嚇了一跳。

我跟大家分享這個故事，是想告訴大家打破既定信念的重要性。雖然我從年輕時就聽過一天該吃三餐這種說法，但我從不相信這樣做有什麼好處。我空有資訊卻沒有用，等到我實際去做，每天持續吃三餐，我從親身經驗中知道，怎樣做對自己最好，也從實作中得到真正有用的知識。

同樣的道理也可以應用到理財和選擇投資方式上，妳愈快也愈頻繁地應用妳學到的東西，妳就會更快看到成效，也更快知道哪種做法最適合妳。

簡單到連八歲小孩都會做

二○一○年時，富爸爸公司在倫敦辦了一場單日活動，我們的司機布倫特到機場接我們，送我們到旅館，所以我們一路上開始聊起來。我們得知布倫特打算有一天要拿自己多年存的錢，開一家豪華禮賓車公司，他說自己一直努力工作，但是能自己開公司再好不過。布倫特熟悉富爸爸公司的教學和理念，也教導兒子阿尼爾理財投資，他告訴我們下面這個故事：

我跟一位房仲專員約好去看一棟有十間公寓的大樓，但是一位客戶打電話來要我載他去機場，我沒有跟房仲專員取消看房，反而說，「我會派我兒子去幫我看房子。」

阿尼爾出現在那棟公寓大樓時把房仲專員嚇壞了，房仲專員打電話跟我說，「先生，你說你兒子會來看房，但是來這裡的男孩才八歲大！」

「沒錯，」我回答，「請帶他參觀那棟大樓，他回來會跟我報告他看到什麼。」所以，房仲專員帶阿尼爾檢視那棟大樓。

後來，我在我們舉辦的活動會場見到阿尼爾，我問他在那棟大樓裡看到什麼，他說那棟大樓年久失修，空屋率比房仲專員說的還高，營業收入淨值也沒有把幾項重要費用列入。他最後做出結論認為這棟大樓不是一筆好交易，要是他爸爸買下這棟大樓，就要花很多錢進行維修，還要設法提高住房率，這些費用加總起來就會超出布倫特的預算。

「真是難以置信，」我心想，「他才八歲大！」

二個月後，我接到布倫特的電子郵件，他跟我說自己的事業和投資的最新狀況。他說阿尼爾有一天放學回家跟他說，「爸，我在學校出了一個狀況。」布倫特問，「什麼狀況？」阿尼爾有點遲疑地回答，「我懂得比老師還多。」布倫特微笑以對，什麼也沒說，因為講到經商、金錢和投資，阿尼爾確實比老師懂得多。

布倫特以身作則為兒子樹立榜樣，現在我們有更多傑出女性，為我們的女兒、姪甥女和世界各地的年輕女性們樹立榜樣，讓女性一起出頭天。

一位年輕媽媽的故事

有一次我跟五名女性一起擔任嘉賓討論投資，整個會場裡都是對投資有興趣的女性，有一位年輕女性拿起麥克風問了一個問題，她有點怯懦地說，「我覺得自己是一位差勁的投資人和媽媽，我很喜歡學習股票和商品的相關知識，也一直參加相關課程，看這方面的書，開始透過網路進行投資，我真的很喜歡投資！」她愈講愈興奮。「問題是，我覺得自己是一位壞媽媽，因為我認為自己該多花一點時間陪三歲大的女兒。」

在場有一位女性聽到這番話後馬上站起來，對那位年輕媽媽大聲說，「我的天啊！難道妳沒發現自己正在為女兒樹立一個好榜樣嗎？我知道要兼顧投資與家庭會很辛苦，但是不久後妳就能教導女兒理財，這樣不就是給女兒一個絕佳優勢。」這位女性興奮地跟在場所有女性問到，「妳們當中有多少人，恨不得自己年輕時，媽媽教過妳理財？」話一說完，全場掌聲四起。

這位女性回頭跟那位年輕媽媽說，「我相信讓妳的女兒傳承妳的知識跟經驗，對妳女兒未來產生的影響遠超過妳的想像。我恭喜妳能這麼做。」全場再次響起如雷的掌聲。

這位年輕媽媽聽了滿心歡喜地說，「謝謝妳，我再也不會那樣想了，我會繼續努力。」

影響其他女性的生活

先前我們談過了解一項投資的相關數字是很重要的，數字是有力量的。當全球女性愈來愈懂得理財，女性就愈有能力影響其他女性的生活。每位女性都必須面對自己的獨特挑戰，不過，當我聽到那麼多女性的故事後，我知道許多女性正經歷我經歷過的事。

我和一起去法國單車行那四名女性，只要有空就會聚在一起，大家七嘴八舌地討論人生，因為我們志同道合，所以每次聚會都彼此加油打氣。我們樂觀面對生活，也都有自己要追求的目標和夢想，而且我的這些女友具備一項最重要的特質就是，樂意支持並鼓勵彼此實現自己的夢想。這種親密感和連結實在難以用筆墨形容，就是**無比珍貴**。

富女人團隊跟我支持並鼓勵每位追求理財夢的女性，我們為每位願意以身作則為其他女性樹立榜樣的女性喝采。我們也由衷地讚揚每位願意為自己財務自由與幸福而努力的女性。

富女人社群的設計宗旨就是，集結志同道合、努力實現夢想的女性，讓每位女性有信心採取行動，踏上實現理財夢的旅程，追求財務保障與財務自主。

讓每位女性**肯**想出自己的夢想，**肯**學習必要知識，**肯**做出行動學以致用，**肯**實現妳的夢想，得到妳想要的一切。

最後，還有一則故事要跟大家分享……

浪來了也不能停下來

我住在夏威夷那麼多年，總是很羨慕會衝浪的人。我不會衝浪，只跟朋友借過幾次衝浪板玩，但都沒抓到竅門。我記得許多年前有一次，我趁著浪比較小的時候做練習，我好興奮，因為我差一點就站起來了。但我沒注意到後面有一道大浪過來，我很快就被衝浪板打到落入海中，還撞到尖銳的珊瑚礁，害我痛得要命，從此再也不衝浪。

羅勃特跟我不一樣，他住在夏威夷希洛島，從小就會衝浪，現在我們有時候會回夏威夷住一陣子，所以羅勃特買了衝浪板，他想玩玩新的衝浪板，於是我們到威基基海灘衝浪，我花每小時十美元的費用租了初學者用的衝浪板。我們倆人迎著浪划水，但我划了一個小時，還是沒辦法在浪來時站到衝浪板上。

後來，我看到左方有一名年長的當地衝浪教練，正在教三名十歲左右的小孩衝浪，我划過去聽他講什麼。教練按步就班地解說，從趴在衝浪板上，到用膝蓋起身，再站起來。我把他講得全都記起來。

教練看到我也在聽就跟我說，「妳今天想衝浪嗎？」我點點頭說是。「那好，」他說，「照我說的做。把衝浪板面向海灘，我說划水時就拚命划水不要停，我大聲說『站起來』時，就站起來。」我點點頭說好。

「我做得到。」我心裡這麼告訴自己。

「準備，」教練說。「浪來了。」我轉身看，有一些小浪形成。「划水！」教練大聲喊。「划水、划水、用力划、再用力！」

我拚命地划，但是浪卻過去了。教練只是看著我，「我說划水時，妳就划水。但是浪來時，妳就停手了，妳真的想衝浪嗎？」他生氣地問。

「想！」我大聲回答。

「那就照我的話去做，不要放棄，」他發號施令，「各就各位。划水！」教練大聲命令，「划水。」

我開始死命地划水，之後衝浪板就浮在浪上，浪在推我的衝浪板，我好興奮幾乎忘了接下來要做什麼，後來我聽到那老傢伙大叫，「站起來!現在站起來！」

我害怕我不照做就會被教練修理，所以我先用膝蓋起身，接著就站起來。「哇！」我心想。「我站起來了！」當我這麼想時，我就跌倒了。但我體驗到騎在浪上究竟是什麼感受。我等不及要划向另一道浪，再次體驗那種快感。

教練結束那些孩子的課程後，跟我揮揮手說，「現在妳就自己摸索，剛才做得很好！」

「謝謝你的教導！」我大聲告訴他。

後來，我繼續在海上待了二個小時，最後我真的學會衝浪，可以一路騎浪滑行回海灘上，我好喜歡衝浪！

這個故事要告訴我們什麼

我肯想，想要騎在浪上。在沒人指點下，衝浪讓我挫折沮喪，又困惑不解，浪來了，但我不知道怎麼做。於是，我被浪打倒了。

其實，一切只需要一點學習，只要我肯學會一些知識，知道該怎麼做。划水、錯過幾道浪、就再拚命划，直到抓準時機在浪上起身。我肯做，肯應用我學到的知識，肯實現騎在浪上的夢想。

而且，神奇的事就在這個時候發生了，我不但騎在浪上，我也愛死這種體驗！

女性追求理財夢的過程也是一樣，要肯想、肯學、肯做、肯實現，妳就會愛死那種體驗。女性開始出頭天的時刻到了，姊妹們振作起來，努力實現妳的理財夢，美好的未來正在等著妳！

【後記】

女人崛起的時候到了！

現在，是妳排除萬難，追求理財夢的時刻。

現在，是妳擺脫自我設限，發揮聰明才智、鼓起勇氣採取行動，創造結果的時刻。

現在，是妳發揮理財天分，為自己的人生創造奇蹟的時刻。

在這本書裡，妳看到許多女性認真實現理財夢的故事，現在妳知道要實現自己的理財夢，究竟要付出怎樣的代價。這些女性跟妳一樣出色，也都不懂理財，沒有任何優勢，而且她們都只有一點點錢，有的根本沒有錢。她們有的優勢是，願意不計一切代價，讓自己的夢想成真。她們當然要鼓起勇氣振作起來，一路上也會經歷許多磨難，但是她們懂得細細體會成功的滋味，不論是小小的勝利或是大大的成功，都讓她們增廣見聞。現在，她們因為這些經歷變得更聰明也更有實力，她們實現自我的夢想，也變得更幸福快樂。

我相信這本書對時下的女性來說相當重要，因為不管妳個人和財務生活的現況如何，妳知道自己想要改變。問題很簡單，「什麼時候？」妳什麼時候能鼓起勇氣，為了爭取妳想要的人生而做出改變？這就是在場邊觀看跟實際上場的不同。

我相信我們女性想要這一切：我們要做自己，要對社會有貢獻，要讓世界變得更美好。當妳振作起來追求自己的理財夢，妳馬上成為周遭女性的榜樣。我們需要更多大膽追夢的女性，以身作則為其他女性樹立榜樣，讓姊姊妹妹勇敢站出來替自己發聲。

每當妳在追求理財夢的旅程中感到猶豫時，請把這本書拿出來翻翻，證明自己這樣做是對的。或許事情進展未必總能如妳所願，但是妳要做的只是跌倒了就爬起來，鼓起勇氣繼續前進。實現理財夢的旅程就像是一場奇幻的冒險，這一路上妳會增長智慧和經驗，也會讓自己有所成長，妳要對發生的一切幽默以對（是的，有時後我們必須拿自己開玩笑），看到驚人成果時就為自己歡呼一下，妳還會遇到一些讓妳恍然大悟的覺醒時刻。好好享受這個旅程，因為它讓妳真正做自己，也讓妳得到妳理應得到的獎賞。

我很榮幸有妳這位讀者，人生只是我們所做選擇的結果，所以妳要為自己做出明智的選擇。現在，就是妳出頭天的時候了！

只要有勇氣追尋，所有夢想都能實現。

——迪士尼公司創辦人華特．迪士尼（Walt Disney）

謝辭

首先，我要向世界各地正努力發揮理財天賦的女性致敬。

其次，我要感謝在這本書裡大方跟我們分享個人追求理財夢故事的女性。

還要感謝富女人團隊和富爸爸團隊，你們是最棒的團隊成員，謝謝你們激勵我，讓我展現出最好的一面。

接著，我要謝謝莫娜・甘貝塔（Mona Gambetta）排除萬難，讓這本書得以付梓出版。

另外，我要感謝世上最棒的出版團隊：安媞雅・羅德里奎茲（Antia Rodriguez）、朗達・希區考克（Rhonda Hitchcock）、馬汀・梵・戴克（Marian Van Dyke）和麥克・喬（Mike Joe）。

感謝麗莎・藍儂（Lisa Lannon）不辭辛勞地投入時間和知識，鼓勵全球各地的女性成為精通理財的富女人。

感謝羅勃特，你是我的知己、我的事業夥伴、我親愛的老公……

最後，我還要由衷地感謝**妳**閱讀這本書。

損益表

收入

	說明	現金流
薪資：		
利息／股利：		
房地產／事業：		

支出

税金：

房貸支出：

學貸支出：

車貸支出：

信用卡支出：

日常支出：

其他支出：

子女支出：

貸款支出：

查帳員

被動收入： $

（從利息／股利產生的現金流＋從房地產／事業產生的現金流）

總收入： $

子女人數：

每位子女平均花費：$

總費用： $

每月現金流（本期損益）：**$**

（總收入－總費用）

資產負債表

資產

儲蓄：

股票／基金／定存：　股數：　每股成本：

房地產／事業：　頭期款：　成本：

負債

房貸：

助學貸款：

車貸：

信用卡卡債：

消費性貸款：

房地產／事業：　貸款／負債：

貸款：

參考書目與相關資源

富女人網站： RichWoman.com
富爸爸網站： RichDad.com
現金流 101 紙板遊戲（CASHFLOW 101）
現金流俱樂部（CASHFLOW Clubs）
富女人顧問（Rich Woman Coaching）
富爸爸教育團隊（Rich Dad Education）

【參考書目】
金．清崎的著作
羅勃特．清崎的著作
羅勃特．清崎與唐納．川普合著書籍
投資事業及創業相關書籍
富爸爸團隊顧問 Garrett Sutton 的著作
富爸爸團隊顧問 Blair Singer 的著作
富爸爸團隊顧問 Tom Wheelwright 的著作
投資房地產相關書籍：富爸爸團隊顧問 Ken McElroy 的著作
投資紙資產相關書籍：富爸爸團隊顧問 Andy Tanner 的著作
投資商品相關書籍： Mike Maloney 關於黃金與白銀的相關著作

【本書介紹的女性投資人】
金．芭傑克（Kim Babjak）、KimCo LLC ； kimbabjak.com
雷絲莉．布萊斯（Lesley Brice）、 MC 住宅社區公司； mccompanies.com/mcresidential.com
麗莎．蘭諾（Lisa Lannon）、旅程療癒中心； www.JourneyRecoveryCenters.com
金．史奈德（Kim Snider）、史奈德顧問公司； www.KimSnider.com；著作：《家庭財務長要怎麼當》（*How to Be the Family CFO: Four Simple Steps to Put Your Financial House in Order*）
艾琳．史畢塔尼（Eileen Spitalny）、童話布朗尼； www.brownies.com

【其他資源】
柯布量表（Kolbe Index）； kolbe.com/itsrisingtime
富爸爸工具網； richdad.com/resources/tool.aspx

高寶書版集團
gobooks.com.tw

RI 260
富爸爸，富女人：態度決定你荷包的深度
It's Rising Time! What It Really Takes For The Reward of Financial Freedom

作　　者　金・清崎（Kim Kiyosaki）
譯　　者　陳琇玲
編　　輯　王馨儀
校　　對　吳怡銘
排　　版　趙小芳
美術編輯　黃鳳君
出　　版　英屬維京群島商高寶國際有限公司台灣分公司
　　　　　Global Group Holdings, Ltd.
地　　址　台北市內湖區洲子街88號3樓
網　　址　gobooks.com.tw
電　　話　（02）27992788
電　　郵　readers@gobooks.com.tw（讀者服務部）
　　　　　pr@gobooks.com.tw（公關諮詢部）
傳　　真　出版部（02）27990909　行銷部（02）27993088
郵政劃撥　19394552
戶　　名　英屬維京群島商高寶國際有限公司台灣分公司
發　　行　希代多媒體書版股份有限公司/Printed in Taiwan
初版日期　2012年12月

First Complex Chinese Edition Publish Date: [December] [2012]

國家圖書館出版品預行編目（CIP）資料

富爸爸，富女人：態度決定你荷包的深度/
金.清崎(Kim Kiyosaki)著；陳琇玲譯. -- 初版. -- 臺北市：
高寶國際出版：希代多媒體發行, 2012.12
　面；　公分. --（致富館；RI 260）
譯自：It's Rising Time! What It Really Takes For
　　The Reward of Financial Freedom

ISBN 978-986-185-757-2（平裝）

1.個人理財　2.投資　3.女性
563　　　　101016900

至少王室後裔仍留在馬德里，

他們遲遲未動身，好似他們從未放棄西班牙

但是法蘭西王國元帥繆哈(Joachim Murat)下了一

七騾馬車和敞篷四輪馬車將搭載這些西班牙年輕王儲

當時人民喊道：「他們劫持我們的王室！大家快拿

就像被綁住手腳的人看到自己的小腿將被外科醫生切

那天是5月1日，繆哈現身在皇宮的陽臺上，立刻引起

隔天5月2日（光榮的「5月2日」），一群失眠又情緒激動的
馬德里人民咒罵著法國官員，巡邏隊過來驅趕他們。
大廣場擠滿了武裝平民。波蘭槍騎兵在阿卡拉街發動攻擊，
西班牙人紛紛中彈倒地。東方廣場上，法國步槍掃射，
加農砲發射，這些子彈打穿了一群愛國者所在的通道。
兩個小時以後，馬德里發生武裝暴動。
每間房子就是一個要塞：陽臺、家具、胡椒袋、
滾燙的油全砸在這些親法陣營的人身上。

負責指揮皇家禁衛軍的將軍，被一只花瓶擊中倒下。
在太陽門，女人撲向馬匹，砍斷牠們的腿筋。
在郊區，馬德里人從後方偷襲紅衣阿拉伯奴隸騎兵，
扯掉他們的馬鞍並殺掉他們。
這些舉動惹惱法國軍隊，於是展開瘋狂屠殺，
屋子窗戶遭到掃射的居民則無一倖免。
這些輕步兵撞破一間修道院的門，
而修士的頭顱血濺街道。

唐路易斯總督聽了這事，害怕得不發一語，
縫合淌血的碎肉時，在血泊中顯得不知所措。
他看著自己的夢想就這麼消逝。
一位砲兵說道：「5月2日早上，法國仍是我們的盟友；
但從那晚起，她成爲全西班牙的敵人。」

法國作家莫杭(Paul Morand)
《塞維爾的鞭笞派教徒》，1953年

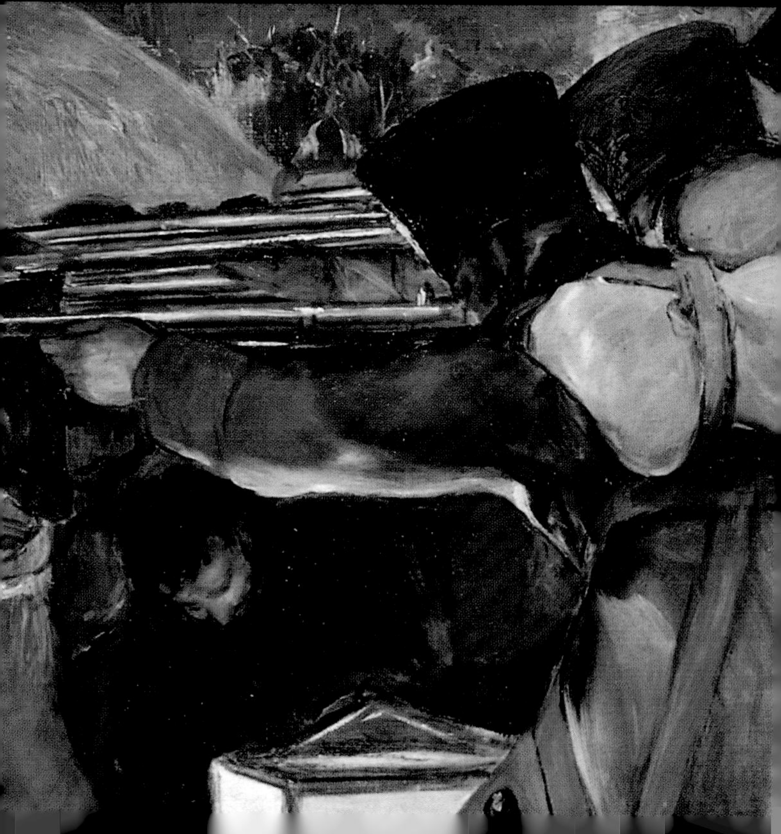

5月3日，法國人拿下馬德里，在警政部設立軍事法庭。
從黎明到夜晚，在街道上穿梭的大貨車載滿了
雙手捆綁背後、衣襟拉開、不發一語的西班牙愛國者。
他們成群結隊、成堆地在僻靜處、農村房子裡、皮歐王子山、
耶穌修道院、善果教堂、塞哥維亞門、孟克羅亞等地遭到射殺。
到了日暮，法國軍事法庭不再審判，
繆哈命令搬運兵在廣場上處決所有馬德里人。

目次

Jeannine Baticle

畢業於羅浮學院(l'Ecole du Louvre)，1945年進入繪畫部門，擔任助理一職，
日後成爲羅浮宮博物館榮譽館長。
是現今研究西班牙繪畫的傑出專家，鑽研西班牙歷史與民情風俗多年，
使她得以從社會、政治環境角度爲繪畫作品重新定位，了解背後的創作動機。
對哥雅的作品特別有研究，撰寫過數部西班牙繪畫史著作，
並於1988年1月在巴黎策畫Zurbaran的回顧展。

廖慧貞

國立中央大學法文系學士，國立中央大學藝術學研究所碩士。
曾任桃園縣私立新生醫校音樂教師。目前爲鋼琴教師、音樂文字工作者。
譯有：《白遼士——浮士德的天譴》。

哥雅

既華美浪漫又殘酷寫實

原著＝Jeannine Baticle
譯者＝廖慧貞

時報出版

1746年5月30日，哥雅出生於西班牙東北部沙拉戈薩(Saragossa)西南方約50公里的小鎮：芬德托多(Fuendetodos)。父親約瑟(José Goya)在亞拉岡首府沙拉戈薩發跡，從事鍍金師職業；這份工作在西班牙獲利很高，因爲不論是教堂的祭壇裝飾屏，還是木雕或金屬雕刻的裝飾，從底座到頂端都是鍍金的。

第一章

出身亞拉岡

芬德托多這小村莊位處一片乾燥平原上，有一百多位居民。哥雅的母親很快就離開家鄉到沙拉戈薩發展，這座大城市是商業活動中心，充滿濃厚的藝術氣息。

沙拉戈薩的聖殿——比拉(Pilar)大教堂的司鐸們，委託手藝不凡的約瑟負責檢驗所有鍍金雕刻的品質；這些雕刻在當時多是出自亞拉岡藝術家之手。

我們因此可以想像哥雅在孩提時便緊跟在父親身旁，以欽羨的目光緊盯著這些建築師、畫家與雕刻家的裝備，他們從1750年起即不斷改造、翻新與裝飾宏偉的比拉大教堂。哥雅一定夢想有天能像著名的西班牙壁畫家委拉斯蓋茲，登上巨大的腳手架；委拉斯蓋茲於1753年裝飾一座大教堂的圓頂，這圓頂距地面近40公尺高。哥雅心想：能夠在那麼高的地方，按照自己的想法獨自作畫，該有多麼幸福啊！他年紀輕輕就明白自己想要做什麼，唯一欠缺的只是技法與經驗。

1763年初，另位年輕沙拉戈薩藝術家巴佑(Francisco Bayeu)，從一群頂尖西班牙畫家雀屏中選，獲派協助首席宮廷畫家孟斯(Raphael Mengs)。這項至高榮譽讓巴佑不久便在1763年7月成爲聖費南度皇家學院院士。

根據傳說，紀元初，聖母馬利亞在沙拉戈薩向聖雅各顯靈，賜給他一根柱子(pilar)，象徵建造第一座教堂獻給馬利亞。日後，比拉(Pilar)的顯靈聖母便成為信徒的朝聖目標，而這座教堂也在這根柱子周圍重建了好幾次。

對哥雅而言，只有一種方式可以出人頭地，就是效法巴佑，申請學院的獎學金

1763年12月4日，哥雅參加聖費南度學院的入學考試，考題是設計半人半獸席勒諾斯的鑄模雕像；哥雅日後不諱言說自己討厭石膏像。1764年1月15日，考試結果出爐，他一張選票也沒得到。

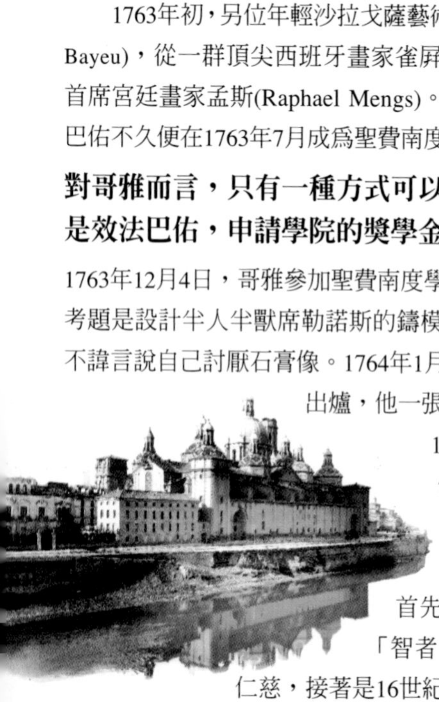

1766年的考試，他再次落榜。這次主題是畫出西班牙古老歷史：首先描繪11世紀國王「智者」阿豐索十世的仁慈，接著是16世紀西班牙軍隊的英

勇行爲。然而這並不是描繪當代或是亞拉岡的一切，哥雅對這類題材一點興趣也沒有。再說，巴佑也是審查委員，他偏好嚴謹的形式與學院派的唯美創作，肯定不喜歡這位年輕參賽者的狂亂粗糙畫作。哥雅因此沒有獲選，倒是巴佑20歲的弟弟拉蒙(Ramon)拿到第一名。不過事後證明，溫和的拉蒙只不過是二流畫家。

當哥雅與同學們埋首應付學院考試時，1766年3月發生了著名的「艾斯奇拉許事件」(Esquilache)。當時因禁止人民配戴披肩與傳統禮帽，引發了一場全國性暴動。次年在不同宗教修會間的大力抗爭下，又突然發生一件大事：耶穌會教士被驅逐出西班牙。在哥雅日後帶有批判色彩的畫作中，西班牙傳統教士與天主教知識份子之間的對立將扮演重要角色。

直到18世紀上半葉，學徒必須在畫師的畫室裡學習繪畫藝術。1752年，聖費南度皇家學院在馬德里創立，此後正規教育取代了私塾授課。這股改變卻引發一些問題：新學院要求學生臨摹古代藝術及義大利藝術，試圖把這些美學觀強加在天生就非常反對這些價值的西班牙畫家身上。然而哥雅卻在那裡學習到形式的結構與構圖的原則，而有助於他日後發揮創作才華。

哥雅20到25歲時在做什麼？1766年7月到1771年4月在羅馬期間，他的生活是個謎

「這四位年輕人，其中一位將小公牛趕進圍籬，另一個則擺好架勢用紅披肩逗引小牛作樂，其他人則在一旁觀看。」

哥雅

1767年，33歲的巴佑成爲宮廷畫家，哥雅是否願意屈就在他的陰影下，繼續待在馬德里？19世紀有許多記載哥雅生平的小說，都大肆渲染他放蕩不羈的生活和不安分的年輕歲月。事實上，他自己的一些言談的確讓人見識到他的年少輕狂。哥雅日後在一些語帶挖苦與玩世不恭的書信裡，回憶起兒時一起浪蕩的玩伴薩巴特(Martín Zapater)。他還提到，若是他們死後還想要上天堂，就得在有生之年爲過去的所作所爲好好懺悔。此外，他還跟詩人兼劇作家好友莫拉丁(Leandro Moratín)誇口說他已知道如何拿劍鬥牛，什麼都不怕。

其實在〈鬥牛〉裡，他化身鬥牛士，給人高大威猛、精力充沛與體魄強健之感。他那旺盛的生命力以及對生命的不凡體驗，與優雅虔誠、一本正經的巴佑截然不同，也迥異於貧乏的提也波洛(Giambattista Tiepolo)或孱弱的孟斯，正是這特質爲他帶來好勇鬥狠的惡名。即使他強悍好鬥，但對當代藝術非常狂熱，還受到提也波洛1762到70年繪於馬德里皇宮的濕壁畫的重大影響，尤其是這威尼斯大師最重要作品：御座廳的圓頂濕壁畫〈西班牙的勝利〉。當時可能只有哥雅懂得利用提也波洛的日光效果與寬敞有力的空間形式手法，並使用明亮色彩，即使在遠處也看得很清楚。

有段時期，皇宮的牆壁覆蓋掛毯，這些掛毯根據大型底圖的樣本編織而成，而這些大型底圖的繪製也成為某些畫家的主要工作。右頁這幅圖繪於1780年(上圖是細部)，用來裝飾阿斯圖利亞親王巴度宮的私人會客廳。這時期哥雅已經表現出比較自由的畫風：生動的構圖、個人的特徵及自然的姿態。

1771年春，哥雅到了羅馬，沒人知道他何時離開西班牙。其實他此時正參加帕爾馬(Palma)美術學院舉辦的會考，並自稱是羅馬人與巴佑的學生。當時義大利的君主是菲利普王子，也就是西班牙國王查理三世的兄弟。這次會考的主題是關於古代文化。1771年6月27日考試結果公布，由波羅尼(Paolo Borroni)得到第一名。波羅尼的畫作色調精緻勻稱，而哥雅的「偉大漢尼拔」則被批評過於生硬。當哥雅仍處於狂亂畫風的那幾年，是無法獲得支持精緻學院派畫法的愛好者青睞。這位年輕亞拉岡人雖獲得六票認同，卻未得名。

1771年10月，哥雅的名字重新出現在沙拉戈薩，接下第一樁委任

或許因爲在羅馬期間表現出色，哥雅引起比拉教務會的注意，向他提出創作聖母祭壇小禮拜堂圓頂的草圖，這個教堂正對面即是建築師羅德里蓋茲(Ventura Rodriguez)所建造的大教堂。這次彩繪的主題是〈天使禮讚上帝之名〉。11月初，哥雅展示一幅濕壁畫以表達他對技巧的認知。這項工作由教務會批准，1771年11月11日議事司鐸決定委任他，也因爲他只要求15000里爾(real，西班牙古銀幣)；同樣的工作給委拉斯蓋茲來做，則要支付25000里爾。15000里爾對新手來說是筆可觀

提也波洛1696年出生於威尼斯，1770年逝於馬德里，公認是歐洲18世紀最偉大的裝飾藝術家。在繪畫史上，他大力倡導運用日光。他的構圖豐富完整，具有科學上的空間透視，這些都深深影響哥雅。1764年，提也波洛負責裝飾馬德里皇宮御座廳的圓頂，旨在宣揚西班牙君主的偉大。這幅畫的透視效果令人讚歎，姿態大膽，人物造型強勁有力，堪稱是提也波洛的傑作。圓頂周圍的檐壁上則描繪西班牙各地區的農民和莊稼，以及西班牙的美洲土著，就像左圖這個細部描繪。這種結合寓意與寫實的表現手法，深深影響了年輕的哥雅。

數目，相當於宮廷畫家一年的待遇。1772年1月27日，他交出圓頂的草圖，受到教務會人士的喜愛，請他立刻開始上色彩繪。哥雅當年25歲，終於交上了好運。

1772年7月1日，所有工作都完成，腳手架也撤除了。這是哥雅第一幅濕壁畫，儘管受到委拉斯蓋茲的義大利老師賈昆托(Corrado Giaquinto)影響——他在西班牙有很多畫作——卻也展現哥雅與生俱來的天賦，受到亞拉岡上流社會注意。因此哥雅又被委託裝飾索布拉迪(Sobradiel)皇宮祈禱室，因爲祈禱室的一些壁畫已損毀。這工作也爲他帶來出身亞拉岡望族的議事司鐸皮納帖利(Ramon Pignatelli)的贊助，哥雅將於1791年爲他畫像。無論如何，巴佑如今看得起哥雅了，同意妹妹荷西琺(Josefa Bayeu)與哥雅的婚事(因雙親早逝，巴佑很年輕即擔負扶養弟妹的責任)。1773年7月在馬德里，27歲的哥雅與26歲綽號「貝芭」(Pepa)的荷西琺結爲連理。哥雅透過妻舅曼紐爾(Manuel Bayeu)引介，接受沙拉戈薩西北12公里處嘉都西(Carthusian)修道院的僧侶委託，裝飾教堂的聖母生平繪畫。1772至74年，哥雅總共創作11幅巨大作品，現今只留下7幅，儘管大幅修繕過，但依然可清楚看出原作的樣貌。

〈天使禮讚上帝之名〉是幅色彩明亮、構圖佳、從地面即可清晰看見的壁畫，已具備哥雅的特色：恢宏的格局、接近圓雕式的視覺、僅畫出少許人物，使動作更協調。我們也發現哥雅最具成效的做法：在預先畫好的赭紅色底層上，畫上帶有光線的有力圓臉，精確呈現額頭、鼻子與下巴的外形。這些顏色儘管顯得暗沉飽和，但在接下來幾年將變得清晰明亮。

歐拉戴的嘉都西修道院建於15世紀，1809年遭到損壞，但是哥雅的畫作已被修復。左頁，人物的某些部位已經發現運用光線的手法，一如之後〈黑色繪畫〉裡宛如面具般的陰影。

在沙拉戈薩受到禮遇，哥雅如今想征服馬德里

哥雅趁孟斯回來負責監督皇宮掛毯草圖繪製的機會，在馬德里與他結識。哥雅似乎是在1775年移居首都，也是從此時開始與好友薩巴特通信。多虧有這些私密信件，世人才得以一窺哥雅衝動、玩世不恭、有時粗野卻總是精打細算的一面。這些書信內容大多關於錢的問題，因爲薩巴特是精明商人，會

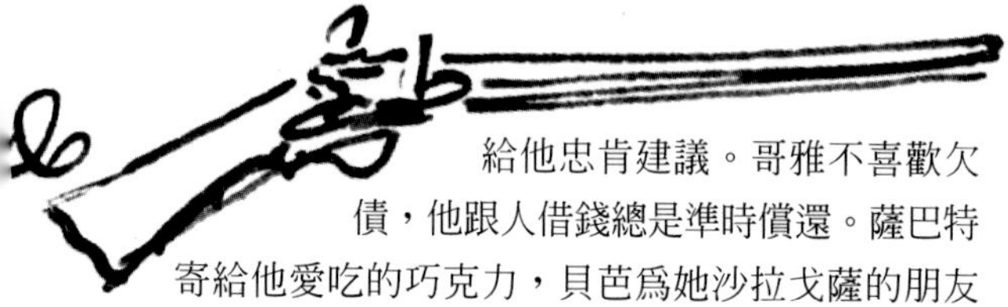

給他忠肯建議。哥雅不喜歡欠債，他跟人借錢總是準時償還。薩巴特寄給他愛吃的巧克力，貝芭爲她沙拉戈薩的朋友挑選裙子與披巾。每個禮拜總有薩巴特與他們的共同朋友喬可奇亞(Juan Martín Goicoechea)寄來或送去的衣服、糖果和酒類包裹，有時甚至是隻獵犬，因爲打獵是哥雅最喜歡的活動。哥雅擁有一手好槍法，他侃侃而談自己的打獵成績：打山鶉就像打蒼蠅一樣容易，打野兔就像打關在籠裡的兔子般簡單；還常在許多信裡提到喇叭口火槍的品質，詢問槍砲匠的意見。因此透過這些信件，他的個性逐漸鮮明起來：充滿熱情和缺點、慷慨熱心、熱愛生命、觀察敏銳、熟門熟路。

在馬德里，畫家必須時常出入宮廷與上流社會：哥雅對此始終感到不自在

1775年，哥雅接受宮廷第一次委託，繪製艾斯科里亞宮用來裝飾阿斯圖利亞親王飯廳的系列掛毯底圖；這位親王就是未來的查理四世。這些底圖正好表現狩獵場景，從中看出很有趣的雙重性：生硬筆觸與精準神韻、動作與細節。即使在哥雅成熟時期的作品裡，爲官方所作的繪畫總是比私人畫作來得細膩。巴佑因嫉

妒哥雅，就跟織錦廠說自己負責創作這些掛毯的底圖，然而從存疑的五幅作品的畫風來看即不言而喻。

這項工作讓哥雅賺得八千里爾，他非常滿意，但不久便對這種必須透過編織作品來展現才華的方式感到不滿厭倦。1775年底，他寄出〈野餐〉構圖，並指出作品的創意。這個底圖後來成爲裝飾阿斯圖利亞親王在巴度宮(Pardo)飯廳的系列掛毯之一，於1776至78年隨另外九幅畫一起展出。在這些畫中，有些成爲哥雅的第一批成名作，如：〈曼札納勒岸邊的舞會〉、〈小酒館的械鬥〉、〈瑪哈與面具〉、〈風箏〉或令人讚歎的〈洋傘〉(創作靈感來自提也波洛)，這些作品顯示繪畫藝術最基本的主要價值：光與空間的意義；社會形式、態度、習俗的眞實面；創作技巧、形式的塑造力、色彩的熱與美、藝術家特有的風格。在歐洲，沒有畫家可以把日常生活的表現提升至歷史層面的水準而又不失其旨趣。

「老友，你的上一封來信有如利刃穿心。你能想像嗎，當你提到打獵，我有多麼羨慕你。[…]對我來說，這世上沒有比打獵更有趣的活動了。我只有一次沒參加，但無人超越我的成績：擊發19槍，命中18個獵物：兩隻野兔、一隻兔子、四隻小山鶉、一隻老山鶉與十隻鶺鶺，唯一失手沒打中的是隻松雞。我特別開心有如此好手氣，因為我帶了兩支性能絕佳的當地獵槍出門。我在獵人圈已小有名氣(不諱言，他們也都是射擊高手，而我們三個獵捕野味更是拿手)。就為了打獵，我得不時上距馬德里7古里(即今28公里)遠的深山裡。」

寫給薩巴特的信

兩起事件：一私人一公衆，爲哥雅創作甚豐的那幾年留下註腳

1777年1月21日在馬德里，哥雅有了第一個兒子。他非常驕傲又高興地告訴薩巴特：「貝芭生了個漂亮男孩。」但這名男嬰並沒有存活下來，就像哥雅的幾個孩子一樣早夭。

宏偉的艾斯科里亞修道院，以灰色花崗石建造，也是儲放皇室收藏品的大型博物館。

同一年，另一樁事件緊接發生，改變了政治局勢：在選擇國家領袖時，國家主義油然而生。自從查

理三世1759年登基統治西班牙，即偏好任用外國政客，尤其是義大利人。然而在1776年底，他辭退原籍熱那亞的基瑪迪(Grimaldi)侯爵，由前侯爵摩尼諾(José Moniño)，也就是弗羅里達布(Floridablanca)伯爵遞補，他出身上層貴族階級。事實上，對這些西班牙貴族而言，從法官中挑選出來的大臣很難不是外國人。

然而也就是這些在西班牙具崇高地位的法學家，再次延攬想要使國家從中世紀進步到現代化的「學識淵博」菁英份子(ilustrados)。爲首的是康波馬尼(Pedro de Campomanes)，他是著名的經濟學家暨法學家，也是弗羅里達布伯爵的朋友。康波馬尼與當時在塞維爾服務的年輕法官荷維雅諾(Gaspar Melchor de Jovellanos)關係友好，他是當時具有自由思想的先驅。荷維雅諾這名字得記下來，因爲在提及哥雅時會不斷出現，他是哥雅的精神導師。國務大臣弗羅里達布召集一群現今所謂的技術官僚，並致力舉薦當時的菁英份子；

西班牙國王查理三世(1716-1788)是波旁王朝腓力五世的第四個兒子，1759年登基，在道德上享有盛譽，被視作「光明西班牙」的國王。左圖這幅國王身著打獵裝的肖像畫，據推應作於1786至88年間。

荷維雅諾即在1778年10月於馬德里被任命爲國會首長。出身阿斯圖利亞貴族世家的荷維雅諾熱愛藝術，還是詩人及劇作家，1780年成爲歷史學院與聖費南度皇家學院成員，爲人優雅傑出，立刻成爲康波馬尼在馬德里著名晚宴的座上賓，晚宴上經常可見西班牙文化界菁英群聚一起。也就是在那裡，荷維雅諾認識了哥雅、版畫家薩普維達(Pedro González Sepulveda)，並與金融投機份子卡巴修(Francisco de Cabarrús)友好；後者將對他的工作有不良影響。那時卡巴修只是居住在馬德里的巴斯克批發商，育有六歲女兒泰蕾莎，日後在法國大革命成爲知名的達利安夫人(Mme Tallien)。

哥雅在〈小酒館的械鬥〉（又名〈新開張〉)描繪一間小酒館：「聚集了來自西班牙各地的馬車夫和趕騾者，他們正要玩牌時，一位莫夕亞人被兩名同伴襲擊，一場打鬥於焉展開。」西班牙小酒館惡名昭彰，許多旅人在自己的遊記裡都多所抱怨。

1783

哥雅33歲了，父親是工匠，
母親是目不識丁的農婦，靠自身的
優異稟賦與敏銳嗅覺，躋身一個身分特殊、
迥異於宮廷的社會環境——菁英份子的世界。
我們可以想像，他那些歷史學家、思想家、
經濟學家、文學家朋友在他面前討論一些問題
——是他從沒想過有這麼嚴重且如此感興趣——
力圖對抗這些西班牙積習已久的弊病。

第二章

菁英份子的西班牙

哥雅受到周遭知識份子的影響，以繪畫表現他們關心的主題：教會對國家組織的影響、文化與工業的落後、貧窮、犯罪、瘋狂等等。

哥雅的朋友教他獨立思考，表達想法，看清生命的複雜，因而激發他日後創作版畫集〈隨想曲〉。哥雅向來對蝕刻有興趣，是當時少數精通兩種領域的畫家，因此獲得將委拉斯蓋茲的畫作製成版畫的機會，作品新近重新安置在1765年峻工的新宮(即今馬德里皇宮)。

儘管多數畫家的作品在生前已製成蝕刻畫，但是得等到哥雅蝕刻西班牙最偉大畫家委拉斯蓋茲的畫作，這種蝕刻畫才廣爲流傳。1778年7月與12月的《馬德里報》報導了臨摹委拉斯蓋茲畫作的版畫問世。哥雅把這兩則新聞寄給薩巴特看，說「這件工作眞的讓他吃足苦頭」，但他終究完成了，國王也有了這些版畫。從委拉斯蓋茲大師的畫作裡，可以想像年輕的哥雅看到了「雄心壯志的魔力」與利用在一片平塗上加上些許厚塗的筆觸，產生臉部、虹彩質感、珠寶般的奇幻效果，也看到了透明色調及嚴謹的用色：利用赭紅色、白色、黑色以及少許藍色與紅色，並巧妙運用透明淡色，製造出顏色多變的整體印象，而畫中人物則栩栩如生，彷彿可以觸摸並與之交談。哥雅克服萬難，僅僅借助推刀將畫面轉換成黑色與白色，成爲委拉斯蓋茲繪畫的最佳詮釋者。哥雅之後曾說：「我有三位老師：林布蘭、委拉斯蓋茲與大自然」。藝術史學者旁滋(Ponz)認爲，「哥雅已在作品中展現對國家服務的才智與熱忱」。1780年代，哥雅逐漸在充斥委拉斯蓋茲作品的皇宮大廳及康波馬尼沙龍嶄露頭角；後者也是荷維雅諾和卡巴修大展身手的場域。

1656年，委拉斯蓋茲創作〈侍女〉(右頁，前稱〈腓力四世一家人〉)。我們注意到畫面中央是五歲的瑪格麗特及其侍女(也就是貴族青年侍從)，而畫家本人則出現在左邊他自己的巨幅畫作前。這是一幅重要傑作，寫實的畫風帶有一股詩意，結構緊密完整，重現栩栩如生的幻覺，讓觀者宛如身歷其境在看這幅畫。下圖是哥雅仿這幅畫而作的版畫細部，試圖捕捉這股氛圍。

王位繼承人查理與妃子瑪麗亞・路易莎(María Luisa)公主非常喜歡新居巴度宮的裝飾，哥雅爲她注入一股新活力

他們非常喜歡注視哥雅筆下這些優秀年輕人、俊俏男人、豐滿女人、漂亮領主與可愛小孩。哥雅於1778至80年仍在繪製他們臥室的7幅掛毯底圖與接待廳的13幅。西班牙老百姓的生活最後呈現在他們眼前，如：〈洗衣婦〉、〈陶器商人〉、〈醫生〉、〈回力球遊戲〉，都是極富娛樂效果的畫作。在這對王子公主眼裡，法蘭德斯畫家泰尼耶(David Téniers)的掛毯顯得平庸過時，他們很喜歡當代藝術，如果活在20世紀，也許會任命畢卡索爲首席宮廷畫家。他們對藝術的喜好有助於哥雅在宮廷施展才華。1779年1月9日，他高興宣布他已獻上四幅畫作給國王和阿斯圖利亞親王夫婦。他說：「他親吻他們的手，感到前所未有的莫大幸福。」國王與阿斯圖利亞親王夫婦向他表示滿意。哥雅對薩巴特說這次的成功也爲他樹立不少對他懷恨在心的敵人。

不久，他相信可要求宮廷畫家的職位，卻遭拒。巴佑並未注意到這位年輕妹夫與自己謀求

相同職位，因爲自從孟斯前往義大利後，巴佑即被視爲首席宮廷畫家，受到方濟會修士暨御前告解神父艾樂塔庇護。巴佑的優雅作品來自裝飾家無懈可擊的構圖及明亮用色，與哥雅狂放宏偉的形式截然不同，這也就能解釋他們不合的原因與難以相容的美學觀念。

根據哥雅表示，〈陶器商人〉(左頁)描繪一瓦倫西亞人正在展示他的陶器。畫家並不想如實呈現老百姓的露天市集：中景有一輛馬車經過，像是要從法國劇作家博馬榭(Beaumarchais)的戲劇舞臺走出去一般；而在後面的僕人顯得極為可笑；相反地，只看到背影的馬車夫與透過車窗玻璃看到的富有詩意的女人形象，則是以哥雅獨有的特殊風格來描繪。

巴度宮從中世紀以來就是皇室的寓所，位於距離馬德里14公里的拉科魯納(La Corunna)路上，查理五世曾下令重建，之後在查理三世任內大大擴建，而哥雅也在此時獲得許多宮廷掛毯底圖的委託。

BRIDGE OF TOLEDO
MADRID

哥雅有天縱才華，也有務實一面。當他賺進一筆十萬里爾收入時(當時園丁一年的收入也不過才350里爾)，便問精打細算的商人薩巴特該如何投資這筆錢。

藝術工作享有讚譽，物質生活不虞匱乏，哥雅樂觀面對人生。然而1781年在沙拉戈薩，他將遭受職業生涯最大侮辱

比拉教堂的教務會一直希望哥雅能到沙拉戈薩。1780年5月，哥雅在皇家織錦廠的工作因財務出問題而暫停，因而多出時間，便答覆對方可以合作。

透過巴佑居間協調，雙方簽定六萬里爾的合約，聘請哥雅彩繪教堂的大圓頂。

馬德里的面貌因18世紀西班牙波旁王朝大興土木而大為改觀。開闢道路，翻新廣場，建造市公共建築、宗教建築，以及取代中世紀摩爾人風格的皇宮，另外還成立海關、皇家醫院、專科學院、聖法蘭西斯科大教堂及慈幼教堂。這個在當時擁有15萬居民的城市，其迷人之處就在於廣場中的雄偉橋樑，如左圖的托雷多橋(Toledo)。

1780年10月5日，哥雅回到沙拉戈薩，交出兩幅比拉教堂濕壁畫的草圖，它們被接受了，因此哥雅開始上色。他很高興終於能實現年輕時的夢想了！圓頂高28公尺，直徑12公尺，裝飾面積達212平方公尺，正對著聖亞辛教堂。就像所有優秀的濕壁畫家，哥雅工作速度非常快，他將這幅作品劃分成41塊來畫，包括準備的時間，大約花了四個月。

1780年12月14日，事情有了變化。巴佑彩繪另一個圓頂並監督整個工程，他告訴比拉教堂濕壁畫的管理員阿呂耶(Canon Allué)議事司鐸，他妹夫拒絕修改他要求改善的地方。這位議事司鐸也開始一起批評哥雅濕壁畫的「缺失之處」，認爲哥雅對他的大舅子工頭不知感激。1781年2月11日，哥雅被催促完成圓頂裝飾，並交出穹隅的草圖。到了3月，議事司鐸們將這些草圖打回票，認爲這幅濕壁畫的「顏色、姿態與布幔皺褶的處理」是「未完成」且「不完善」、「應有的仁慈卻沒有」、「草圖的底部太暗沉，不夠細膩」。阿呂耶建議讓哥雅修正他在濕壁畫裡「引起民怨」的錯誤。多麼差勁的藉口……事實上，除了巴佑與其工作夥伴外，沒有人可以攀登到這麼高的腳手架上。無論如何，從地面是無法評估高處上有關皺褶的質感與一幅畫的筆觸。很明顯，這是巴佑火上加油，他所彩繪的比拉教堂圓頂就像是在畫架上的畫，人們在地面上是無法看出濕壁畫的任何形式。哥雅對這一切感到非常生氣，在教堂工坊周圍強烈抗議，他認爲藝術家的創作是自由的，並傲慢地拒絕把這份工作移交給巴佑，他在這次事件的所作所爲令人不恥。

哥雅深受打擊，身爲畫家好友的嘉都西修會修士

濕壁畫家每天的工作時間稱「一次」或是「工作日」。濕壁畫必須畫在潮濕的畫板上，因此事先必須安排好各階段要完成的時間表，每天每次的工作量可以完成三到四平方公尺，並加以仔細修補。從面積大小即可知畫家創作濕壁畫得花多少工作天。

薩賽多(Felix Salcedo)，奉命前來安撫哥雅並要他聽聽反對的理由。最後哥雅屈服了，依據巴佑的指示重畫草圖並完成圓頂的彩繪。1781年5月29日，議事司鐸阿呂耶要求哥雅歸還尚欠他的45,000里爾，並對哥雅當天會面接待他時態度不佳感到生氣。5月30日，哥雅一償還這筆錢，馬上回到馬德里與家人團聚。他非常討厭巴佑與這些亞拉岡神職人員，後來再沒回去這個出生地。他跟薩巴特說：「想到沙拉戈薩和那幅畫，就讓他非常光火。」

哥雅的這件濕壁畫預示了20年後彩繪於聖安東尼奧教堂圓頂的大膽風格。率性的構圖、光學的知識與純熟的技巧，在在顯示這是一幅傑作。哥雅已經了解羅馬大師的技法，尤其是米開朗基羅，也知道在30公尺的高度不能以一般視覺來呈現這些畫中人物。哥雅創造出〈榮耀聖母〉的天堂世界，在聖母的四周，世俗的禮節也處理得很自然，燦爛的面部表情洋溢著幸福，藝術家率眞地表現出自己虔敬的信仰。和諧的色彩已完全戰勝議事司鐸的意見。

哥雅也許是那時唯一可以與提也波洛相提並論的人，但貴爲藝術愛好者與宗教贊助者的亞拉岡神職人員卻無法慧眼視英雄。

哥雅回到馬德里，馬上獲得豐厚的回報

幾年下來，哥雅幸運地可以在馬德里獲得支持，其中包括他的朋友喬可奇亞與位高權重的議事司鐸皮納帖利；後者在宮廷深具影響力。1781年7月25日，哥雅揚揚得意地告訴薩巴特：「陛下決定讓我創作裝飾馬德里聖法蘭西斯科大教堂的祭壇畫，就像『偉大的巴佑』與梅拉(Mariano de Maëlla)。」教堂的重建工作從1760年便持續進行，建築師薩巴丁尼(Francisco Sabatini)負責監工，完工後由哥雅進行這項宮廷指派的工作。彩繪的主題是關於西耶納的聖伯納的生平。1781年8月底，哥雅開始畫草圖〈聖伯納向亞拉岡國王傳教〉。不久，哥雅把這份草圖拿給弗羅里達布伯爵，看樣子是他負責監督。哥雅寫信向他解釋會選這個主題，是因爲交給他的樣式過於狹窄(大小約5×3平方公尺)，很難讓他盡情發揮。一如以往，他常被空間形式所困擾。1783年1月11日，這些畫安放在聖法蘭西斯科大教堂，但直到1784年12月8日，艾樂塔神父(他的

最近這幾年，由於新的史料出現和鮮為人知的作品出版，加上運用X光照相術，才讓人得以重新認識哥雅的作品。1983年發表的比拉教堂濕壁畫的彩照細部，讓人終於可以細究它的卓越之處。假若比拉教堂的圓頂就像十公尺高的聖安東尼教堂般輕易可見，藝術史學者應可早早見識到哥雅年輕時的過人才華。

敵人叫他「笨蛋神父」)在此主持一場莊嚴彌撒，國王才蒞臨這座新教堂。三天後，哥雅獲得各方的讚美。這個作品雖然有點令人失望，但仍有些不錯的地方(哥雅將自己畫在作品的左側，容光煥發。他非常喜歡這類人像，便處理成自畫像)。

1780年代，荷維雅諾的資助的確在哥雅的人生扮演重要角色。同時期，卡巴修則越來越具影響力。1782年，他獲准建立第一座西班牙國家銀行：聖卡洛斯銀行。卡巴修靠荷維雅諾的幫助來檢核中美洲的帳務。哥雅很快就在這家銀行投資基金，因為「他在那裡有幾個朋友」。

1783年1月底，他受託為弗羅里達布伯爵畫肖像。其實肖像畫藝術在哥雅作品中占有重要地位，因為他可以像昆蟲學家般研究每位被畫者的心理個性，留下豐富的系列畫作〈人間喜劇〉，猶如巴爾札克在小說裡用洞悉一切的觀察力來描摩人性。

透過哥雅的書信往來，可知弗羅里達布伯爵肖像畫的進度：4月26日他已經畫了「栩栩如生」的頭部。逼真是最基本的要求，接下來潤飾或淡化身體缺陷就不成問題了。人物僵直的姿勢、明暗效果處理不佳、不太協調的色調，在在體現哥雅在官方人物面前很不自在。因顧及宮廷禮節，他的寫實主義風格大打折扣，但他很快就知道該如何融合這兩種必要條件。

肖像畫家的崛起

1784年初，哥雅因為弗羅里達布伯爵已將他遺忘而失望不已。這位大人物當時只跟他說：「哥雅，我們以後再見。」哥雅猜想也許弗羅里達布伯爵不是很滿意他的肖像畫。

幸好，哥雅並未喪志，繼續發揮優異的創作才

聖卡洛斯國家銀行是卡巴修在1782年所創立，受到郭薩(Gausa)伯爵、財政部長與弗羅里達布伯爵資助，由阿塔米拉伯爵、亞爾巴公爵的舅子等貴族負責管理。銀行的經營於創辦頭幾年在歐洲非常成功。

華。他轉向其他顧客，而非顧影自憐；其中最重要的是查理三世最小的弟弟：49歲的唐路易斯親王。1776年，他以王室成員身分迎娶亞拉岡17歲平民美少女瓦拉比嘉(María Teresa Vallabriga)。這門親事並未門當戶對，唐路易斯親王必須離開宮廷生活。他擁有幾處住所，其中之一位在馬德里西方180公里、葛瑞多斯山(Gredos)南坡的亞力那斯・得聖佩得羅(Arenas de San Pedro)。這裡宛如天堂，建築師湯瑪斯(Domingo Tomas)在這兒建造一座大皇宮，但後來並未完成。

弗羅里達布伯爵暨摩尼諾親王(1728年生於莫西亞，1808年卒於塞維亞)，原本是律師，後受拔擢擔任高級官員，很早就因法學家的背景成名。1772年，他是西班牙駐羅馬大使。1777年被任命為國務大臣，相當於現今的總理。為了改革，文人出身的他必須克服西班牙上流貴族的反抗，因此讓他成為西班牙菁英份子的首腦人物。1792年，法國大革命對西班牙政治造成衝擊，導致莫尼諾的失勢。因此對哥雅來說，接受這樣一號人物的委託實非同小可。他在薩巴特荅應嚴守祕密的情況下告訴他這件事，除此之外只有妻子荷西珐知道。哥雅說午餐後與國務大臣相處兩小時，他並沒有要求為他作畫，他甚感自豪。有些畫家如哥雅常會因替這些官員畫肖像，而在宮廷待上好一陣子，得以一窺這個神祕世界，有時甚至還被捲入某些政治祕辛裡。

1783年9月20日，哥雅從亞力那斯疲倦返家，寫信給薩巴特說道：「陛下對我非常禮遇，我爲國王、皇后與王子公主畫肖像，意外大獲成功，其他四位畫家都沒辦到。」他陪唐路易斯親王去打獵兩次，在亞力那斯待了一個月。唐路易斯親王的槍法也不錯。親王非常慷慨，餽贈一千杜羅(douros，相當於兩萬里爾)給哥雅，並送他妻子綴以金銀的室內便袍。哥雅向服裝店的職員打聽，這件衣服竟值三萬里爾。

透過哥雅的信件，明確可知唐路易斯親王家族肖像的創作日期。在兩幅唐路易斯親王與妻子的側面像習作的背面，記載著創作日期與所花時間：每次三小時。我們很難去評斷唐路易斯親王與瓦拉比嘉兩人的肖像畫品質，因爲從未看過原畫。然而可以得知的是，小孩的肖像畫非常迷人，小女孩的背景是群山環繞，小男孩則身穿漂亮鮮豔的藍色衣服。

上圖是哥雅為建築師羅德里蓋茲畫的肖像。羅德里蓋茲站在一根富象徵意涵的支柱前，手裡拿著他剛完成的比拉大教堂設計圖。

1784年10月，哥雅再次回到亞力那斯，親王付他三萬里爾創作兩幅畫：很可能是〈瓦拉比嘉夫人騎馬肖像〉和出色的〈唐路易斯親王家族肖像〉；該畫是哥雅首批傑作之一。也是這個時期，據信唐路易斯親王委托哥雅畫他喜歡的建築師羅德里蓋茲。這是一幅重要且優異的肖像畫，整幅畫呈現均勻的暗沉色調。哥雅第一次拋開被畫者的社會地位，不僅還原建築師的眞實面貌，也描繪出其心理的細微變化。

瓦拉比嘉夫人1759年生於亞拉岡的貴族世家，1776年嫁給波旁王室國王的弟弟唐路易斯親王。她虔誠信仰比拉教堂的聖母，獻給比拉大教堂一顆珍貴的鑽石，這是唐路易斯親王送她的結婚禮物。

哥雅透過右圖這幅〈唐路易斯親王家族肖像〉，帶我們一探親王家族的私生活。親王正在玩牌，在他身邊的是他兩位年紀較長的孩子，妻子在朦朧的燭光下讓人梳理頭髮，最小的孩子則抱在保姆手中。這幅畫的構圖就像林布蘭的夜景畫，哥雅效法大師手法，完美融合晦暗光線與溫暖色調，以類似浪漫派畫家的創作方式大幅揮灑，只帶少許幾筆厚塗。

唐路易斯親王(畫面中央側坐的那位)，在八歲即成為紅衣主教(即今樞機主教)。1746年還俗，過起有點放蕩的生活。直到與瓦拉比嘉成婚才讓他安定下來，享受幸福的家庭生活。左邊靠近畫家的小女孩，就是秦瓊女伯爵，後來嫁給政治家戈多伊(Manuel Godoy)。1800年，她是哥雅肖像畫中的美麗人物。

1785年，哥雅結識佩那菲爾侯爵夫婦，侯爵日後將成爲歐蘇納公爵，是哥雅30年的忠實顧客

佩那菲爾(Peñafiel)侯爵夫人也是貝納芬提(Benavente)女伯爵，是西班牙上流社會的社交名媛。她是高貴優雅又有教養的好母親，慷慨贊助詩人、演員、藝術家與音樂家。哥雅很快就成爲她鍾愛的畫家，於1785年爲她畫像。〈貝納芬提女伯爵暨女公爵肖像〉模仿維潔-勒布朗(Vigée-Lebrun)的肖像〈瑪麗安托內皇后〉，就連裙子都一模一樣。然而，哥雅成功擺脫宮廷虛假的形象。這是善於用色畫家的驚人之作，顯現出整體

哥雅對鬥牛很感興趣，有幾幅畫都在表現這個題材，例如1816年的〈村莊的鬥牛賽〉及其他有名的版畫系列。在下圖的〈村〉畫裡，哥雅描繪當時最享盛名的兩位鬥牛士：戈斯提拉(Costillares)與羅梅洛(Pedro Romero，右頁)。羅梅洛鬥牛技術精湛，長相俊美，儼然成為大眾崇拜的偶像，受到歐蘇納公爵們的資助保護。

和諧感，不論是藍色、綠色、灰色與玫瑰色，都用得非常成功。哥雅於是成爲當時最好的肖像畫家，之後他爲國王與鬥牛士創作的畫作也同樣栩栩如生。哥雅與佩那菲爾侯爵相處愉快，常陪他打獵。從他獵捕到的獵物數量來看，哥雅跟薩巴特說「他眞的很了不起，讓人不注意他也難」。該是向宮廷開口施恩的時候了。1785年2月2日，他應徵聖費南度皇家學院副校長的職位，5月4日獲得錄取。他答應薩巴特一完成勒雷納部長的肖像畫，即在8月去拜訪他。但他卻改變主意，跑去秦瓊(Chinchon)打獵15天；秦瓊是在馬德里附

「到處都在流傳著，說西班牙已對鬥牛賽失去興趣，說這項文化即將失傳。若真是如此，這將是文化的一大損失，因為鬥牛賽是人類發展出的精湛演出。但這一天還沒到來，只要讓這些多愁善感、憂心忡忡的作家們置身於星期一4、5點間的阿卡拉門，他們就會相信這種殘酷血腥的娛樂仍未完全消失。」

法國詩人高蒂埃
(Théophile Gautier)
《西班牙之旅》，1845年

近的美麗小鎮，他哥哥加米羅(Camilo)在那裡的小教堂當牧師。哥雅非常孝順母親葛拉夏(Gracia Lucientes)，她於1785年去世，而父親則逝於1781年。

下圖〈受傷的砌石工〉表揚查理三世為保護勞工而頒布法律。他委託哥雅創作這幅畫的目的，是想在皇宮裡提醒自己關心並改善人民的經濟狀況。畫家對苦難的同胞心懷悲憫，在畫裡添加富戲劇性的色調，以讓畫面產生強烈效果。

哥雅四十幾歲時創作臻於巔峰

持續不懈的工作及堅強的意志，讓哥雅克服作畫的缺點。在這段寧靜生活裡唯一的缺憾，就是唐路易斯親王於1785年去世。多虧這位王儲，哥雅才知道寬容與仁慈也是偉大的情操。儘管這位文藝贊助者的辭世影響很大，但是哥雅1786年在事業上的發展依然成果豐碩。他的才華如今盡情施展，之後的表現雖不能說頂好，卻很獨特，而讓他獨特的最重要一點，即在於他擁有隨人事物不同而採用不同風格的特殊能力，而且每一次都能予人嶄新的印象。此時他的藝術反映「太平盛世」最後幾年的風光，接下來他將以無聲的方式痛陳戰爭的可怕。

成功帶來財富：收入雖然增加，仍未合乎哥雅的期望

哥雅提到，他一年的收入包括銀行的獲利與學院的報酬，不過才拿12000到13000里爾。但很幸運的，他在1786年6月25日獲任命爲宮廷畫家，每年將增加一筆15000里爾的固定收入。之後他馬上花了7000里爾買下小型二輪英式敞篷馬車，這輛馬車金光閃閃到讓人駐足注目。才第一次出門，馬車就摔進水溝。哥雅奇蹟似脫身，只在腳踝受到輕傷。

他擔任御前畫家可能是因爲他與巴佑達成和解(因巴佑曾誇耀已幫他爭取到這個職

位)。1786年，哥雅爲巴佑畫了幅出色肖像，有著令人讚歎的筆觸與紅棕色調深淺的運用。

哥雅在宮廷主要的工作仍是繪製掛毯底圖。1786年夏天，他接到新訂單——製作巴度宮皇室飯廳的新系列掛毯。9月12日，他告訴薩巴特他正在畫草圖。隔年秋天，他把這些草圖拿到艾斯科里亞宮給國王與親王們過目，他們都很滿意。事實上，〈賣花女〉、〈夏天〉、〈冬天〉等草圖的確畫得非常好，之後還有〈受傷的砌石工〉、〈泉水邊的窮人〉。藝術家發揮才能創作這些傳統主題，賦予它們煥然一新的視覺感受。這些根據草圖繪製的底圖，成爲今天哥雅最著名的作品：〈採收葡萄〉的寫實情景、金色陽光〈夏天〉的收割場景，以及結冰的〈冬天〉，他都達到完美的平衡，並帶有裝飾藝術風格。他底部的用色比平常來得多樣，也明亮、透明些，有效製造出一股立體感。他還從委拉斯蓋茲那裡學習到觀察顏色在光線下的變化，以便獲得最佳的立體感，而不是靠強烈的明暗對比。哥雅隨時都在構思繪畫，即使在打獵，他的眼睛與大腦也會自動記錄下鄉村景致的形式與色彩，之後再憑記憶重現在畫布上。

〈泉水邊的窮人〉(1786-87)同樣也是描繪不幸的人民，西班牙國王效法17世紀的歷任先王，希望藉客廳牆上掛的畫作，不斷提醒自己人民悲慘的境遇。哥雅在畫裡利用刺骨寒風來突顯物資缺乏的窮人的艱難處境。

1786至87年冬天，工作量大增

哥雅爲聖卡洛斯銀行畫肖像：〈阿塔米拉伯爵〉與〈查理三世國王〉。前者是駭人的畸形人偶，後者則異常醜陋，也許是因爲哥雅有感於自己的處境而透過畫筆眞實表現這股不自在。那年他完成了一系列作

與17世紀的國王相反，波旁王朝的親王們不喜歡表現悲慘和死亡的意象。這些改革者認為呈現人民生活的樂觀面和幸福時刻，才會鼓舞大家努力改善生活水平。這就是為何不需將哥雅的掛毯底圖視作是當時社會的真實見[redacted]相反的，只需將它[redacted]一種宣傳意圖，而哥雅的才華稟賦為它注入一股旺盛的生命力。儘管這只是一個虛構世界，他仍賦予它真實面貌：畫中人物跳脫傳統形象，宛如有血有肉的人。

在系列底圖〈四季〉裡，〈秋天〉(又[redacted]〈採收葡萄〉)是最有名的一幅(左圖)。哥雅採用無限延伸的藝術手法，將前景的高雅人物與中景山下採收葡萄的實景連結起來。左頁的〈春天〉(又稱〈賣花女〉)，在舉止優雅的年輕女人身後，跟著一個在逗弄兔子的有趣人物。

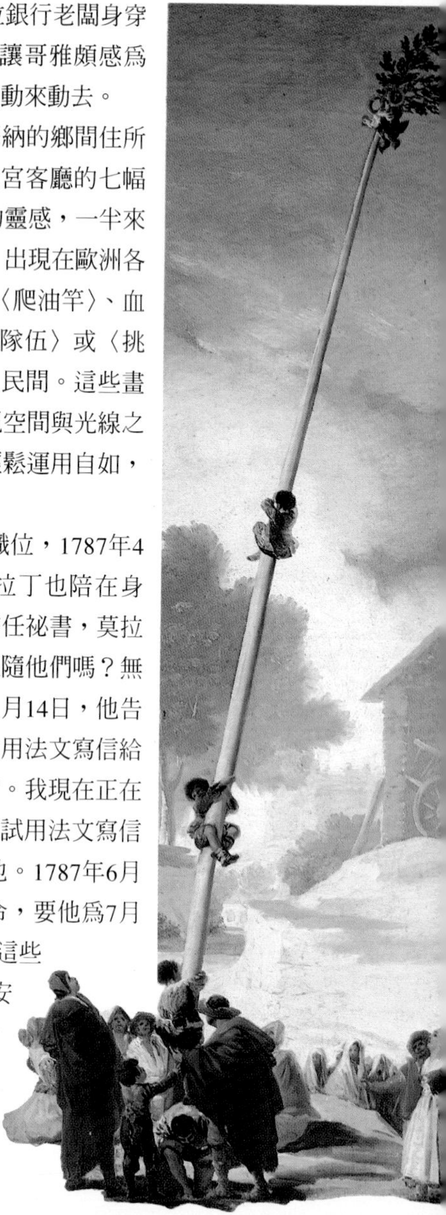

品與卡巴修沒有布景的肖像畫，這位銀行老闆身穿杏綠色絲質衣服，一派輕鬆的模樣讓哥雅頗感爲難，因爲他不喜歡模特兒在他作畫時動來動去。

1787年4月22日，哥雅回到歐蘇納的鄉間住所阿拉梅達(Alameda)，交出裝飾小皇宮客廳的七幅畫。這些畫的主題一半來自洛可可的靈感，一半來自當代：〈摔跤的驢子〉和〈鞦韆〉出現在歐洲各地的小客廳。相反的，農夫的遊戲〈爬油竿〉、血腥殘暴的〈攻擊馬車〉、〈宗教儀式隊伍〉或〈挑選公牛〉(現已佚失)，題材都是取自民間。這些畫富有童話故事色彩，筆法敏捷，呈現空間與光線之感，日後也成爲哥雅繪畫的特色，輕鬆運用自如，就像呼吸空氣般自然。

卡巴修在法國財政部擔任高階職位，1787年4月底到8月住在巴黎，年輕詩人莫拉丁也陪在身旁，有人說是荷維雅諾推薦莫拉丁擔任祕書，莫拉丁後來成爲哥雅的密友。哥雅有意跟隨他們嗎？無論如何，他開始學法文了，1787年11月14日，他告訴薩巴特：「親愛的朋友，我大膽地用法文寫信給你們，因爲我曉得你們喜歡這個語言。我現在正在學法文。」哥雅坦承這是他第一次嘗試用法文寫信給薩巴特，還要薩巴特寄本字典給他。1787年6月初，他告訴薩巴特已接到國王的命令，要他爲7月26日聖安娜慶典繪製三個偉大人物，這些畫要裝飾在瓦雅多利(Valladolid)的聖安娜修道院的祭壇。這些畫就是〈聖約瑟之死〉、〈聖伯納〉與〈聖路加〉。那時，他還沒開始作畫，雖然距離交畫時間只剩五個星期，但他心情愉快。他說「騾子好得很，四輪馬車也才試過」。這些作品想必畫得很快，可能還有一個助手幫他。然而，對於皇室訂單，他不敢在草稿上直接作畫，雖然這樣他會容易些。奇怪的是，這些作品帶有新古典主義特色，這在哥雅的作品中很少見。隔年，歐蘇納公爵爲了向祖先波吉亞的聖方濟致敬，委託哥雅裝飾瓦倫西亞大教堂裡聖方濟的祈禱禮拜堂。這兩幅令人讚歎的畫作讓他大獲成功，分兩年領到這筆三萬里爾的報酬。若說聖安娜修道院的畫帶點學院派，這次〈聖方濟與家人永別〉則顯出「遊唱詩人」畫派的風格，幾近威尼斯式的筆觸與色調，也預示了〈聖方濟救活垂死者〉的未來形式；畫中第一次出現〈隨想曲〉與〈黑色繪畫〉裡的惡魔。絕佳的明暗對比讓人想起林布蘭的作品特色。

卡巴修(1752-1811)是位傑出的財政家與經濟學家，1780-1800年在西班牙扮演要角。上圖是哥雅1787年為他畫的肖像。

哥雅開始朝向版畫發展。這時他寫信給薩巴特說他「老了，滿臉皺紋」，令人懷疑是否屬實。不過當他朋友說「要不是他的塌鼻子與凹陷雙眼，幾乎認不出他來」，則讓人相信哥雅此時應該有點年紀了。

1788年，哥雅坦言工作負荷過重

1788年5月31日，他寫信提到接下巴度宮親王臥室的委託，必須細心創作，因爲「國王得過目」。「這個主題不好發揮，挑戰極大，尤其要描繪聖依西朵平原(San Isidro)在節慶這天的熱鬧景象」。今天我們所知道的〈聖依西朵平原〉的馬德里絕佳景色是繪於1788年，比人們推想的還早了10年，證據顯示光憑藝術家風格來判定哥雅作品的正確日期，往往很危險。法國畫家柯洛(Jean-Baptiste Corot)說得不錯：「這個非凡的全景讓人印象深刻，玫瑰色夕陽照射在五月的馬德里，至今我們仍可以在馬德里看到相同的背景與閃爍的光線。」

哥雅說〈爬油竿〉是描繪「村莊的廣場上，豎立著一根五朔節柱，一群男孩正攀爬其上，以奪取懸掛在竿頂的雞隻與糕點等獎品，其他人則在下面注視他們。」哥雅在這幅畫裡運用了一些個人符號，如竿子下的漂亮房子及農民的自然神情。

其他畫作還包括阿塔米拉伯爵夫人(也就是亞爾巴公爵夫人的姨子)與她女兒的肖像，畫中令人驚艷的珠寶藍與玫瑰紅讓人想起雷諾瓦，而她兒子們的肖像〈塔斯達馬伯爵〉與著名的穿紅衣小男孩〈曼紐・歐索里歐〉，年紀大約三、四歲，也都畫得很好。

哥雅這次畫小孩的肖像有掌握到精髓：迷人、優雅、天眞。我們感覺到爲人父的畫家透過觀察自己兒子的自然神情，如今已知如何區分在其他小孩身上令人發噱或感動的地方。一如委拉斯蓋茲，他在親密的肖像畫裡也不用布景。因此在〈歐蘇納公爵家族肖像〉可看到大膽的構圖，在保留被畫者的眞實性時，也避免過於矯飾造作。

1788年12月，查理三世去世，阿斯圖利亞親王登基，成爲查理四世，皇后是瑪麗亞・路易莎。坦白說，這對夫婦並沒有太難過，就是他們不斷策畫陰謀，對付這個仍掌控他們的老國王查理三世。儘管宮廷仍在服喪期，哥雅諷刺地懇求「不要這麼多黑紗」，皇后瑪麗亞・路易莎才放鬆起來，開始拔擢她的寵臣暨情夫——年輕侍衛戈多伊。1789年4月30日，哥雅被任命爲宮廷畫家，幸好有查理四世的支持，也多虧了荷維雅諾的堂兄弟瓦德卡薩納(Valdecarzana)侯爵簽下委任狀。哥雅在瓦德卡薩納與書記官及「許多權威人士的見證下」，宣示就職。

馬德里在每年5月15日慶祝聖依西朵節。哥雅的〈聖依西朵平原〉描繪民衆在蒙札那勒河右岸、聖法蘭西斯科隱修院前面聚會，對岸就是皇宮與聖法蘭西斯科大教堂。哥雅30年後就在這區買下「聾子之家」。

歐蘇納公爵家族肖像畫創作於1788年，曾有傳記作者弄錯作畫年代。公爵夫人的前幾胎小孩都不幸早夭，所以畫中的小孩年紀都還很小，儘管她當時已經36歲了。年紀最大的是五歲的瑪紐拉(Manuela)，再來是三歲的華金娜(Joaquina)，即未來的桑克魯茲(Santa Cruz)女侯爵，哥雅日後將為她畫肖像。長子是兩歲的法蘭西斯科・波吉亞(Francisco Borgia)，以及一歲的佩德羅(Pedro de Alcántara)。這幅家族肖像畫得很出色，和諧細緻的灰色調尤其顯現哥雅的過人筆法。

哥雅(左頁左上圖是其自畫像)看待小孩有別於其他傳統宮廷畫家，他的目光較為和藹可親。他寧可不去強調小孩的皇室背景或公爵身分，而是以歡愉的心情來觀察這些小孩玩玩具的自然生動一面。他也許是被喚起為人父關愛兒子的天性。

「我的兒子四歲了，長得非常漂亮，走在馬德里街上，大家都會盯著他瞧。他前陣子生了重病，嚴重到我都活不下去。感謝主，他現在好多了。」

寫給薩巴特的信

左圖這位紅衣小男孩叫曼紐(Don Manuel Osorio Manrique de Zuñiga)，正在玩喜鵲，一旁的貓對這隻喜鵲虎視眈眈。貓在哥雅眼裡是不吉祥的動物，之後在版畫〈隨想曲〉裡將呈現牠可怕的一面。左頁下圖是歐蘇納公爵的兒子佩德羅(59頁畫的細部)，後來成為畫家，也是聖費南度皇家學院的成員與普拉多美術館的負責人。左頁右上圖是法蘭西斯科親王(Francisco de Paula-Antonio)，也是瑪麗亞・路易莎最寵愛的兒子；這幅草圖曾用來創作大幅畫作〈查理四世家族肖像〉。

1789年，歷史介入哥雅的生命。
5月5日，三級會議(教士、貴族、平民三個階級)
在法國召開，揭發古老歐洲的種種弊端。
法國大革命的第一次小型武力衝突，
西班牙人民猶不知情，但馬德里宮廷與
內閣總理已獲知消息，且憂心不已。
很快地，法王路易十六就完全控制不了局面，
緊急從巴黎向德國的堂兄查理四世發出
祕密求救令——1789年7月14日革命爆發後，
他曾想過流亡西班牙。

第三章

命運捉弄

〈傀儡〉(左頁)，哥雅藉由描繪一種民間遊戲「傀儡」(pelele)，用嘲諷手法暗示當時的政治動亂，以及1792年突如其來的國務大臣人事異動。

遠離這一切紛亂，哥雅因創作幾幅查理四世與瑪麗亞·路易莎的系列肖像畫(這些畫作大多令人失望)而獲得升遷。可是統治權的改變與法國政治的動亂，造成宮廷裡人心惶惶，沒有人想要繼續裝飾皇宮，掛毯底圖的工作於是停擺，這就影響到哥雅。一些有錢人可能擔心收入減少，給哥雅的訂單也就減少。他此時只完成一幅瓦德摩洛教堂的祭壇畫。

這段期間，哥雅周遭朋友都獲得重要升遷。1789年8月，薩巴特投身解決沙拉戈薩的貧窮，受封爲亞拉岡的貴族。1789年12月26日，卡巴修獲得弗羅里達布支持，接受伯爵頭銜，但被年老的財政部長勒雷納懷恨在心。最危險的是，瑪麗亞·路易莎討厭卡巴修與荷維雅諾(她也討厭弗羅里達布)。很快我們將察覺，眞正掌權者其實不是國王，而是瑪麗亞·路易莎。

權力時常曇花一現。繼榮耀之後，厄運降臨

發生在西班牙菁英份子間的驟變，沒人知道原因。1790年6月25日，勒雷納下令羈押卡巴修，把他打入大牢。荷維雅諾連忙跑來馬德里聲援他，但年初被派去「看人們如何採煤給阿斯圖利亞親王」(這也就是說他是被強行帶走的)。一切努力都徒勞無功，各種營救管道都沒了，失望的荷維雅諾被迫流放到希洪(Gijon)，長達七年。哥雅則在1790年7月17日突然接到許可，准許他到瓦倫西亞「去呼吸海洋氣息」。

這次遠行沒有太久。8月，哥雅就回到沙拉戈薩替薩巴特作畫。1790年的耶誕節，哥雅回到馬德里，

薩巴特是哥雅的同輩友人，是富有的未婚商人。從1775到1801年，他與哥雅定期書信往來。透過這些信件，讓人更了解哥雅的個性，但有部分已不幸被薩巴特的繼承人他的外甥審查而不予公開，他認為裡面內容涉及與政治有關的「自由思想」。

發現時局丕變。他才剛生了一場病，就要帶著惶恐不安的心情去晉見國王，因爲這些「卑鄙小人」竟然跟查理四世說哥雅已經「不願再服侍他了」。他寫信跟薩巴特說「這件事，實在讓我嚇得臉色鐵青」。

我們現在知道是宮廷畫家梅拉向高層告的狀，說哥雅不想也沒資格繼續製作這些掛毯底圖。織錦廠的負責人直接寫信向國王抱怨。勒雷納也參一腳，之後哥雅接到命令。事態嚴重，哥雅失去一些贊助者。巴佑出面調解，哥雅只得屈服，不再生氣卻很擔憂。1791年5月6日，他完成〈婚禮〉草圖，是掛在艾斯科里亞宮國王辦公廳最大一幅掛毯底圖。這幅傑作描繪怪異老人與美麗少女的婚禮。國王想要滑稽題材，大

下圖的〈婚禮〉，有人認為其中蘊涵當時的社會與政治背景，但哥雅的創作目的也許很單純：他受命描繪一生的三種年齡：左邊是孩童，中間是新婚者，右邊則是老年人。事實上，哥雅在取笑這對新人，因為年輕女孩驕傲地嫁給年紀足以當她祖父的男人，只因看上他的財富或頭銜。

家只有多創作這類畫來滿足他，哥雅的另一幅出色底圖〈傀儡〉即是帶有這種意涵的創作。同一年，哥雅輕鬆地從詼諧的諷刺作轉換到可愛的小孩肖像畫，如帶有金色、玫瑰色、藍色的〈唐路易斯・希斯杜耶〉。

馬德里新宮，依據義大利人薩奇蒂(J. B. Sacchetti)的設計而建造，受皮埃蒙特(Piedmontese)的巴洛克風格影響。宮中內部則裝飾吉亞昆托、孟斯與提也波洛的作品。

1791年10月，哥雅回到沙拉戈薩，可能爲議事司鐸皮納帖利畫肖像(如今只剩下複製品)。1791年12月，他出示一份他人生最後七幅掛毯底圖的備忘錄。1792年2月，他寫了一封奇怪的信給薩巴特，自封爲「偉大的哥雅」，不久便談到他的家譜，因爲也許他會被封爲貴族。他還堅持言行必須端正，不能再像以前那樣聽民謠來消遣娛樂。這並非不可能，哥雅曾想過向宮廷謀個榮譽職位，像委拉斯蓋茲那樣擺脫畫家這個體力勞動者的身分。

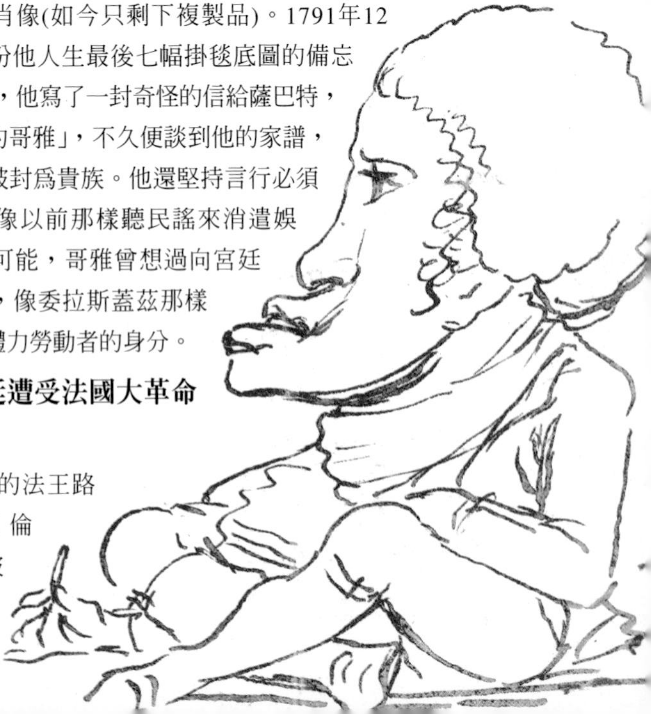

同時間，宮廷遭受法國大革命的影響

1791年，在逃的法王路易十六於瓦倫(Varennes)被捕，使得西班牙對任何

形式的自由主義皆抱持反對態度。1792年初，勒雷納去世。許多事情即將生變。1792年2月，有些人認爲弗羅里達布不適任，有些人覺得他礙事，於是弗羅里達布就被撤換下來，由阿藍達(Aranda)老伯爵取代。到了1792年11月，這個位子突然由金髮、強壯的戈多伊瓜代，他是25歲皇后的寵臣，同時也是阿庫迪亞(Alcudia)公爵與西班牙軍隊將領。1792年8月，法國國王遭罷黜，被關進聖殿騎士修院，西班牙擔心法蘭西共和國已經發動對日耳曼帝國的戰爭，或許將蔓延到伊比利半島。情勢遽變。1793年1月，路易十六被處死，使得歐洲的權力關係完全改變。

瑪麗亞・路易莎皇后熱中權謀，是為人正直卻不善掌政的國王的妻子。她透過寵臣戈多伊來鞏固權力，戈多伊盲目地成為她的官方發言人，受她操控，使她得以成為掌權人。一位法國外交官後來提到她說：「50歲的皇后猶處心積慮，自以為年輕貌美，賣弄令人無法消受的風情。」上圖是哥雅1789年為她作的肖像畫。

關於哥雅在1792年的生活，我們所知不多。哥雅如何在1792年的冬天至1793年，從令人敬愛的畫家而被打入冷宮？動盪不安的政治局勢的確對宮廷造成影響，而法國大革命的結果與哥雅幾個贊助者的免職，也都讓他的職業生涯起了波瀾。在這關鍵的一年，他幾乎沒有寫信給薩巴特，也沒有來自皇室或私人的訂單。唯一的文獻資料是一份6月的備忘錄，記載要製作生平最後一幅掛毯底圖與一些筆法、5月與7月研究族譜的結果，以及在初秋回覆一個推薦請求。

9月2日，他出現在聖費南度皇家學院，並於1792年10月14日送交一份關於藝術教育的重要報告到學院，之後就沒了聲息。

屋漏偏逢連夜雨。哥雅生了場大病，導致失聰

1793年1月17日，哥雅在信裡提到自己已經臥病在床兩個月(直到11月才逐漸康復)，並說他後來獲准回到塞維亞與卡地茲(Cadiz)。至此，事情越來越奇怪，這封信是從馬德里發給歐蘇納公爵的財務主管，當時哥雅在卡地茲，至少是在1793年1月5日之後，這件事才從薩巴特寫給接待哥雅的馬丁尼茲(Sebastien Martinez)的信裡得到證實。馬丁尼茲是出身卡地茲的富商與收藏家，提到哥雅已經病懨懨地從塞維亞來到他家。此外，宮廷侍從長弗里亞斯(Frias)公爵在1月同意他「到

西班牙的宗教裁判所在趕走伊斯蘭教徒與排擠猶太人上扮演重要角色，但在18世紀喪失權力，因為人們批評它將異端與人道主義混淆不清。然而到了18世紀末，它再度興起，在這幅〈宗教裁判所一景〉，哥雅反對這個過去大家希望終結的裁判所又死灰復燃。

這幅令人讚歎的水墨自畫像，據信作於1795-97年。哥雅在這幅畫中把自己畫成受夢魘所苦的沉思者。

安達魯西亞」休假兩個月，但未指明日期。在一些充滿暗語的信件裡，他的朋友難過地提到他得了癱瘓症。薩巴特影射哥雅因「輕率」而得病，明確指它跟一草率的致命決定有關，但並非罹患性病，雖然這種事在當時頗常見。

爲什麼哥雅在安達魯西亞的居留並未事先經過官方同意？難道他被捲入一場企圖拯救路易十六的失敗計畫裡，而他卻偷偷告訴卡巴修？是有些跡象可循，但沒有確切證據。事實上，西班牙波旁王室正盡全力阻止他們的堂兄弟被處死。哥雅的孫子稍後將述說穿越摩勒那山的離奇逃亡故事，其中也許可見端倪。另

「我跟平常沒什麼兩樣，至於健康方面，有時我會覺得很生氣，連自己都受不了自己的脾氣，有時則覺得很平靜，就像我現在寫信給你一樣。但感覺很疲倦，我能跟你說的是，如果上天允許，星期一我想去看鬥牛，而我希望你能陪我一起去……」

給薩巴特的信

西班牙宮廷氣氛已緩和不少，哥雅趁機尋求新客源，這些新客人其實大多是他舊客戶的親朋好友。軍委員會主席卡皮歐(Carpio)伯爵是聖卡洛斯銀行委員會一員，也是荷維雅諾的至交。他37歲的妻子索拉娜(Solana)女侯爵出身巴斯克望族，請哥雅爲她作畫，也許是想給獨生女留個紀念，因爲她不久便去世了。

1795年遇到最有名的被畫者：亞爾巴公爵夫人

1795年7月，法國簽下巴塞爾和平條約，戰爭結束了。

一些榮譽稱號落在貴族階層上：戈多伊受封和平親王。哥雅受託爲亞爾巴公爵作畫，之後是他妻子的站立像，這幅作品是哥雅相當有名的肖像畫。1795年這個由白、紅、黑三個主要顏色繪成的人像，突出於杏綠色山巒與藍色天空構成的背景前，似乎是畫家第一次把模特兒放在「眞實風景」前。

法國浪漫派作家爲公爵夫人與失聰畫家虛構了一個愛情故事。這有可能嗎？其實在當時並無任何文獻或證據可資證明。有的話，也許就是〈隨想曲〉裡的幾幅版畫。哥雅與公爵夫人

「我倒希望你來幫我畫亞爾巴公爵夫人。昨天她來到我的工作室，希望我幫她上妝，之後她就化這樣的妝出門。說真的，比起把她畫在畫布上，我還比較喜歡這樣。我還得為她創作站立的肖像，等我完成正在進行的騎馬的阿庫迪亞公爵的草圖，她再回來讓我畫。」

給薩巴特的信

聖路加畫冊的來由並不是很清楚。畫冊中的這幅水墨畫是亞爾巴公爵夫人(左圖)。我們知道公爵夫人曾在1796-97年間，在大西洋沿岸的安達盧西亞港口巴拉梅達的聖路加旅居過，哥雅在1796年5至7月也待在那裡，但是大家不知道他這次旅行的原因為何。畫冊包含18幅速寫，其中亞爾巴公爵夫人出現兩到三次，而有些則在版畫〈隨想曲〉裡再次出現。

社交女媛索拉娜侯爵(下圖)是劇作家，樂善好施，長期資助孤兒院。她常訓誡愛聽民歌與嫉妒漂亮民女的亞爾巴公爵夫人(左圖)。

透明的藍灰色底層，頭巾上的輕盈薄紗，別在髮梢的粉紅蝴蝶結，全以一種幻覺手法來處理。雖說索拉娜女侯爵的相貌平凡，哥雅卻捕捉到她的堅定意志與仁慈心腸。我們可以感覺到他欽佩這位明白自己即將死去的勇敢女性，卻仍堅強地挺直虛弱的身子，堪稱西班牙驕傲的象徵。哥雅此時才剛逃離死神，重聽似乎使他的創造力大增。

的確是舊識。她個性大而化之、好幻想，不怕與地位低下的老百姓、鬥牛士、學生甚至農夫爲伍。50歲的哥雅與35歲的美麗公爵夫人，兩人因作畫而經常毫無顧忌地共處一室，因此畫家很可能瘋狂愛上他的模特兒。她認爲與可憐藝術家玩玩沒什麼關係，卻沒料到畫家在〈隨想曲〉版畫集裡，透過無情的蝕刻痕、鋒利的筆法與三幅懺情畫，讓她化爲永恆，流傳後世——也許這並非她當初能預料的。1795年一幅小畫則以幽默較不帶愛意的筆觸，表現公爵夫人及其侍女。

巴佑於1795年7月去世，哥雅並非記仇之人，在學院展出一幅妻舅的未完成肖像，表現出非常細膩的心理描繪。在透明薄塗裡，巧妙地刷出灰白色變化。哥雅託人請戈多伊向國王爲自己美言幾句，因爲他想獲得首席宮廷畫家的職位，但戈多伊拒絕了，並訝異巴佑身後留下許多遺產(五萬里爾)。伊利亞也向負責官員說項，但也失敗。然而到了9月，哥雅被遴選爲聖費南度皇家學院繪畫部主任，享有四千里爾的薪資。1795年11月，卡巴修最後被釋放，並恢復一切權力地位，這件事多虧戈多伊居中斡旋，其實也因爲這位老銀行家是可靠的金融顧問，在投資上幫了戈多伊不少忙。卡巴修是無可救藥的樂觀主義者，他的菁英朋友們在獲得權力之前，他絕不輕言放棄，但是他並未注意到時局已經變了。

1796年1月4日，王室爲了瞻仰在塞維亞的聖斐迪南遺體而來到安達魯西亞。亞爾巴公爵陪同這些親王一起去。5月，哥雅正好也在安達魯西亞，來到巴拉梅

哥雅身為宮廷畫家，為在西班牙地位崇高、僅次於皇后的亞爾巴公爵夫人畫幅私密肖像〈亞爾巴公爵夫人及其侍女〉，代表社會氣氛轉變。這幅作品類似18世紀中英國畫家霍加斯(William Hogarth)的諷刺主題。在亞爾巴公爵夫人的遺書裡，載明畫家與她的兒子以及幾個忠心僕人，每天可領十里爾報酬。

哥雅的妻舅巴佑1734年生於沙拉戈薩，是野心勃勃的優秀工藝家。在被畫家孟斯注意以前，就已經為沙拉戈薩的教堂工作。之後，孟斯請他到馬德里參與皇宮的裝飾工作。巴佑是偉大的工作者，但也吹毛求疵，事事不滿意，總是忙於批評和討債，如果人們給他的條件他不滿意，他就處處找碴刁難。他畫了許多濕壁畫與少數小幅畫作。儘管肩負全家生計，他仍然栽培了兩位弟弟拉蒙與曼紐爾成為畫家，還有兩位妹妹，其中荷西珐成為哥雅的妻子。巴佑過世時留下一筆可觀的遺產。

達的聖路加(Sanlúcar Barrameda)，亞爾巴公爵家族在這兒擁有一座宮殿。6月9日，亞爾巴公爵在塞維亞去世並葬在那裡。莫拉丁於1796年底回到西班牙，從他的日記可知哥雅又生病了，在卡地茲修養。也許就在1796年，他爲卡地茲的聖古瓦(Santa Cueva)祈禱室創作三幅巨畫。這些作品的構圖大膽，技法特出，用色精緻，賦予基督生平的傳統圖像嶄新面貌。

哥雅爲聖路加畫冊所設計的構圖，包含了取材自現實生活的首批眞實習作。他在其中注入個人巧思與關注焦點，就像他禁閉自己的耳聾世界裡。亞爾巴公爵夫人在畫冊裡出現過兩三次，描繪成非常漂亮的不知名年輕女人，幾乎一絲不掛。1797年，哥雅再次爲公爵夫人畫了一幅傑出肖像，並在畫中沙上落款「只有哥雅」(Solo Goya)。公爵夫人穿著平民婦女的裙子，頭罩黑紗，站在像是海邊的明亮風景前。微弓的身形、高傲的神態——儘管表情略顯輕挑憂傷——在在顯示哥雅十分清楚如何表現這位著名模特兒那毫不造作的本性，技法如此純熟，以致讓觀者一開始很容易忽略這些細節。1797年春天，哥雅考量自身健康狀態，請辭聖費南度皇家學院繪畫部主

荷維雅諾(右頁下圖)是哥雅的贊助人暨好友，他的肖像畫以簡單自然的手法呈現，左手肘靠在辦公桌上，手撐著頭，神情輕鬆。燕尾服的上衣是作工精緻講究的灰淡紫色絲質，顯示他是嚴守古風的人。在這幅肖像畫裡，哥雅成功表現被畫者的面貌，與欲表達的情感和想法一致。另外，高禿的前額也顯示出被畫者是高級知識份子。他正面看畫家的眼神很坦率，但也流露其憂鬱猜疑的個性。

任一職。他開始創作偉大的版畫集〈隨想曲〉。

巴黎督政府對和平親王戈多伊非常不放心，因爲他拒絕服從所有要求。此外，戈多伊在跟王室家族到安達盧西亞途中，認識了美麗的佩皮塔・杜朵(Pepita Tudo)，他對她的熱情，使得他跟王后的關係緊張；王后1797年要求他娶秦瓊女伯爵，也就是唐路易斯親王與查理四世堂妹的女兒。戈多伊處在複雜權謀的環境，尋求投靠自由派份子，並聽從卡巴修的建議，讓他的朋友擔任政府要職，如荷維雅諾

戈多伊1767年生於巴達荷茲(Badajoz)，1784年進入侍衛隊，受到瑪麗亞・路易莎的注意。1789年起，瑪麗亞・路易莎成為皇后，公開向他示愛。戈多伊因此獲得拔擢，晉升軍隊最高職位。1792年，他被任命為總理，1795年受封為和平親王，權力不斷擴增。直到1808年，拿破崙軍隊入侵西班牙，他差一點被暗殺。之後他流亡法國和義大利，1852年在巴黎去世。上圖是哥雅1801年為他作的肖像畫。

擔任司法部長，伊利亞擔任農業部長，薩維德拉(Francisco Saavedra)擔任財政部長。

1797至98年，哥雅與他們相處愉快，受託爲他們畫肖像。講究禮節的伊利亞戴上撲粉的假髮，自信滿滿；優雅傑出的荷維雅諾若有所思，像被憂慮的重擔壓得喘不過氣來，卻親切地看著哥雅，因爲他非常尊敬眼前這位畫家。法國督政府祕密要求將和平親王革職，他因幫助英國而遭起訴。1798年3月28日，戈多伊失勢，自由黨政府才剛運作就在夏天被迫解散。

1798年春天，瑪麗亞·路易莎命令哥雅負責裝飾馬德里的聖安東尼奧皇室教堂

哥雅這時52歲，喪失聽覺，健康狀況不佳，卻毫不猶豫登上腳手架，再次彩繪圓頂，偉大的圓頂啊！是當代最著名的圓頂。這回，沒有吹毛求疵的巴佑，也沒有嘮叨的議事司鐸，他終於可以隨心所欲，在圓頂的座圈周圍呈現眾所皆知的場景，逼真的彷彿看到聖安東尼就在十公尺高的地方宣道。灰色與藍色和諧並

17世紀起，獻給聖安東尼的聖殿建於皇宮公園下方、拉弗羅里達的領地上。查理四世與瑪麗亞·路易莎想要奪取這塊領土，以擴充皇室範圍，並決定建造一座新教堂：聖安東尼奧教堂(上圖是其內部)。該教堂在1799年7月11日舉行落成儀式。

多虧了哥雅，聖安東尼隱修院成為馬德里的藝術勝地。在上圖這幅濕壁畫的細部上，可看到單調的環狀欄杆突然被信徒的誦禱隊伍的大白布給遮蔽。畫面左邊的人物讓人想起米開朗基羅畫中的女預言家：哥雅的濕壁畫深受米開朗基羅影響。

存，間或夾雜黃色，創意十足的濕壁畫顯現作品的自由風格。從1798年8月1日到11月底，總共創作了四個月。他非常仔細挑選顏色，直接在未乾的石漿上構圖，並在作畫過程中，靈巧且專業有素地修改初稿。穹拱的天使宛如出自雷諾瓦的畫室，因爲風格比起當代前衛許多。

1798年6月，哥雅交給歐蘇納公爵六幅小畫，描繪公爵在阿拉梅達鄉村的房子，預示了某些出現在〈隨想曲〉裡的場景，如〈大山羊〉，而在亞拉岡流行的惡魔形象，則可看出哥雅歷經這幾年危機後的創作動機。哥雅對自己的技巧完全掌控自如，在畫布上投射他的夢想與縈繞在心頭的想法，就好像在拍電影，只要腦海一浮現畫面，手就立刻跟著畫出來。

哥雅的創作非常多產。1799年初，他現身學院，爲托雷多大教堂聖器室創作〈基督受難圖〉，畫中的夜間光線效果清楚可見，讓人彷彿與耶穌一同經歷這場悲劇，其充滿尖叫吶喊的環境似乎產生一種神奇的「氛圍魔力」。

1799年2月6日與19日〈隨想曲〉出版：在德松加諾街1號哥雅寓所的香水店販售

香水商後來提到，這些出版品在出售兩天即因宗教裁判所下令全數收回，只賣出27件，其中四件被歐蘇納公爵買走。很明顯的，這種富批判性的藝術品被認爲過於放肆聳動，不能落到一般人手裡，即使收藏者只是不了解內情的門外漢也不行。這些作品無情地諷刺社會行爲，也暗諷宮廷醜聞，而某些版畫設計成畫謎，必須根據歷史脈絡才能解讀。

偉大作品的本質，就是以普世共通的語言，揭露社會日常生活的弊病。哥雅蝕刻師的才華是如此罕見，如此富原創性，他的想像力旺盛，技巧熟練，讓他能夠賦予那些自由主義朋友在社會批評上有其重大意義，創作出如賣淫、迷信、宗教裁判所、野心勃勃、貪贓枉法與權力濫用等主題。他總是能將這些想法轉化成生動的圖像。

〈隨想曲〉包括格言式的圖畫、對社會直接或間接的批評，以及取笑巫師從嘲弄到憤怒的生動構圖。

法國大使基馬德(Ferdinand Guillemardet)很可能將一本〈隨想曲〉畫集藏在大使館的閣樓裡；哥雅曾免費爲這位前勃艮地醫生、現任外交官作畫，這幅絕佳的肖像畫1799年展示在聖費南度皇家學院。基馬德曾愛上聖克魯茲侯爵夫人，她因爲姻親關係，是亞爾巴公爵夫人的年輕姑母，而與哥雅關係密切。〈帶頭紗的肖像〉有可能畫於1799年，是幅非常好的作品，在這幅畫裡，畫家一如往常，在熟悉的被畫者前總能自由發揮創意，卻不忘捕捉栩栩如生的容貌。這兩幅肖像畫現藏於巴黎羅浮宮。

聖克魯茲侯爵夫人(右頁左圖)，原名Marianna Waldstein，出身奧地利的大家族，是國王侍衛隊長聖克魯茲侯爵的第二任妻子。在一則奇怪的記述裡，暗示哥雅愛上年輕的S女侯爵，而該女侯爵是年老侍從的妻子。由此看來，聖克魯茲女侯爵很可能就是故事裡的女主角。

基馬德生於1765年，據說因精神病發作死於1809年。他是國民大會議員，曾表決處死路易十六。法國畫家德拉克瓦(Eugène Delacroix)出生時，基

馬德也在場，德拉克瓦的父親是外交部長查理・德拉克瓦(Charles Delacroix)。我們不知為何基馬德會被任命為駐馬德里大使，因為他當時的政治活動主要以組織軍醫院為重心。上圖是哥雅1798年為他畫的肖像。

王公貴族看不懂〈隨想曲〉，也不覺得有趣。
1799年9月，瑪麗亞·路易莎皇后
要求哥雅爲她畫幅新的肖像，畫中她戴頭紗。
她非常滿意，10月9日提到
哥雅已分三次爲她創作騎馬肖像畫，
說他對她的姿勢要求非常嚴格，
也說整幅畫很逼眞，不論是她自己
還是那匹叫「威武」(Marcial)的坐騎。

第四章

宮廷畫家

哥雅進入政治權力圈，看到西班牙王朝的衰落。他的畫作表面上頌揚皇室家族，但似乎透過版畫對他們猛烈批評。

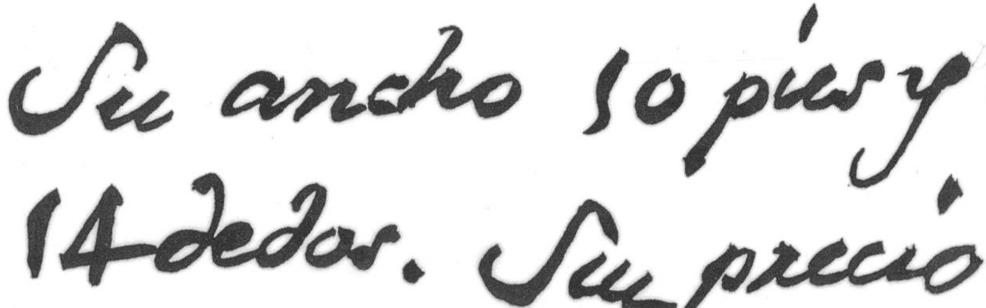
Su ancho 50 pies y
14 dedos. Su precio

這次皇后高興極了。她寫信給戈多伊說：「人家說這次畫裡的她比起戴頭紗的肖像來得更像。」事實上，這幅巨作的確是哥雅的偉大成就。畫裡有著可與委拉斯蓋茲匹敵的瓜達拉瑪山脈視野，以及卓越的「大自然的眞實感」。畫中的皇后頭往後仰，以一種和藹可親、默契十足、不在乎的逗趣神情看著畫家，足以讓後代子孫辨識出她多樣的個人特質。

「我若看不到別人，就不高興。不要遲到[…]別忘了把我的眼鏡帶來，因為我什麼都看不到。」

1792年給薩巴特的信

法國1799年霧月18日(共和國曆法的10月22-23日至11月21-23日)，波拿巴(Bonaparte，編按：法國皇帝拿破崙出身的科西嘉家族)開始攀上邁向王位的階梯，其專制君主統治逐步向歐洲各地擴展。而在馬德里的西班牙政府，戈多伊很快就向波拿巴俯首稱臣。這意謂菁英政黨已不復存在，遑論卡巴修與女兒泰蕾莎・達利安；後者已成爲銀行家烏哈(Gabriel Julien Ouvrard)的情婦，在財經利益上反對波拿巴，一開始就被無情打入冷宮。

哥雅的自畫像表現其樸實又固執的個性，時常自我反省又不滿現狀。

哥雅則保持意識清楚，帶著現實眼光看著他周遭的世界，不願參與政治或任何意識形態團體。他已學會凡事小心謹愼，不願失去辛苦掙來的成果。

1799年10月31日，哥雅終於被任命爲首席宮廷畫家，每年有五萬里爾的薪俸。他告知薩巴特這次重大的升遷，毫不諱言：「那些王公貴族愛死我了。」

1799年，他爲女演員「女暴君」畫了幅動人的站立像，畫中女演員穿著督政府時代流行的仿古裙子，飾以一條玫瑰色綴金的綢緞披肩，讓人印象深刻。一如往常，在這類親密作品裡，哥雅的風格與筆法完全揮灑自如。1799年7月16日，他創作〈莫拉丁肖像〉，一樣在心理描繪上具有驚人的敏銳度。1800年1月在莫拉丁的陪同下，哥雅去參觀一些房子。實際上他也被迫搬家，因爲從1778年起，他住的這間房子已被戈多伊買下送給情婦杜朵。1800年6月，哥雅花費234,000里爾鉅資，買下在德松加諾街轉角、瓦維德街15號的房子。哥雅終成屋主。

莫拉丁(下圖)是劇作家暨詩人，其才氣縱橫的風格與書信中的文采，與哥雅的草圖一樣，都能引人遐想。

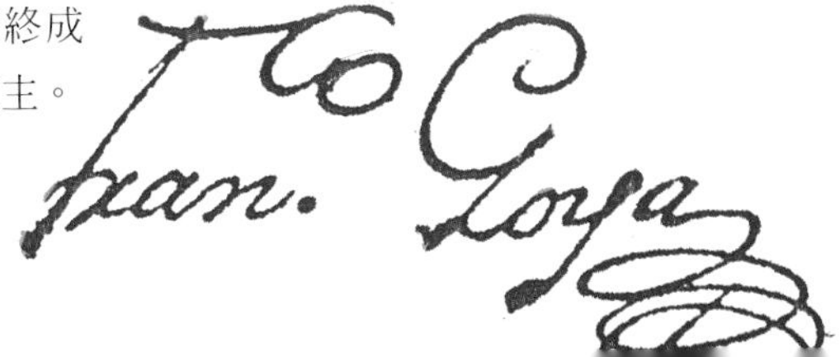

身爲宮廷畫家，哥雅一視同仁地發揮才華，爲社交名媛、親王夫人、部長與國王作畫

〈裸身瑪哈〉很可能畫的是戈多伊的情婦，而非亞爾巴公爵夫人——儘管大家都這麼揣測。這幅畫掛在戈多伊皇宮的小房間裡，一旁掛著另幅知名裸身像：委拉斯蓋茲的〈鏡中維納斯〉。戈多伊失勢後，這幅畫直到1900年前都藏在聖費南度皇家學院的陰暗房間，到了1901年與〈著衣瑪哈〉一同放在普拉多(Prado)美術館。

哥雅與杜朵非常熟稔，於是有人臆測她就是〈裸身瑪哈〉的模特兒。這幅畫作於1800年11月，掛在戈多伊皇宮的客廳，受到許多藝術愛好者注意。西班牙繪畫裡鮮少有裸身像，哥雅這幅畫算是例外。瑪哈的身裁窈窕，神情挑逗，光滑的肌膚宛如以白蠟雕塑而成。

1800年4月22日，瑪麗亞·路易莎寫信給戈多伊，說哥雅專心在畫他的妻子秦瓊伯爵夫人，即唐路易斯親王的女兒。還說到哥雅最好的女性肖像畫〈索拉娜〉流露一股親密感，儘管被畫者的姿態稍嫌保守。很明顯的，哥雅比較喜歡迷人的秦瓊伯爵夫人，而非撩人的杜朵。畫中銀白色的薄紗連衫裙在沒有布景的底部散開，一頭散亂金髮稍稍遮掩住甜美的臉龐，戴上麥穗，象徵即將到來的母性特質。不久，和平親王夫人

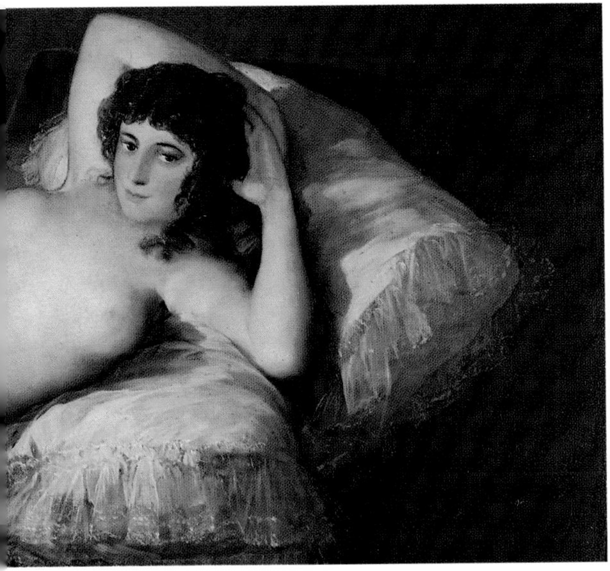

戈多伊的妻子秦瓊伯爵夫人小時候曾被哥雅畫過，就是1783年的〈唐路易斯親王家族肖像〉。1797年底，荷維雅諾受戈多伊邀請共進午餐，卻很憤慨看到戈多伊坐在妻子與情婦中間用餐，右邊是和平親王夫人，左邊是杜朵。荷維雅諾痛苦地寫下「無可救藥」，這句話後來被哥雅如警語般題在版畫集〈隨想曲〉其中一幅的底部。

便無法忍受自己被行爲舉止像是老爺的戈多伊嘲笑，她被他瞧不起，儘管皇后發出警告，她還是不跟他說話。哥雅善體人意也擅長察言觀色，他在她身上看到覺醒與友情，並捕捉她內心與面容上的祕密，使得這幅肖像成爲他最動人的畫作。皇后寫信跟戈多伊說：「一旦他畫好你的妻子，他就要畫我們的團體像了。」

1800年8月，〈查理四世家族肖像〉的草圖已畫好。哥雅作畫速度很快，因此據推畫作應該在一個月後完成。畫中，皇室家族成群站在皇宮大廳的牆壁前，國王與皇后身處最前面，散發高貴的氣質。我們察覺到哥雅出現在畫面左邊陰暗處，比起〈侍女〉裡的委拉斯蓋茲顯得低調許多。他還畫了兩幅〈國王與皇后的站立肖像〉(包頭巾)，以及最好的系列畫〈查理四世騎馬肖像〉；但後者比不上瑪麗亞·路易莎的那幅。所有畫作完成於1801年6月。

〈查理四世家族肖像〉真實體現人物的心理狀態，也散發一股氛圍魔力。觀者在觀看畫中這些王室成員時，也許會感到一絲不快。而根據一些外界報導，可知難看的皇后與她可笑的裝扮非常相配：正直的查理四世並不是聰明人，他的妹妹也是如此；帕爾馬親王則最走運(上圖細部)。瑪麗亞・路易莎發現哥雅忠實表現這些被畫者，證明他已知道改進創意，而不是只為這些王公貴族創作諷刺畫。

宮廷爆發新一波動盪：1800年底，當路西安·波拿巴以法國大使身分來到馬德里，戈多伊重掌政權

1801年5月，國王發動攻打葡萄牙的戰爭，稱爲「奧蘭治之戰」。戈多伊從這場戰爭中獲利，也許功勞並不完全屬於他，但足以讓他請哥雅爲他作畫，表現常勝將軍一副毫不在乎的模樣。坦白說，這實在是幅令人失望的作品，畫家似乎無法捉摸這位寵臣的心理，除非他對這位被畫者一點都不感興趣。1801至03年，哥雅創作四幅有關商業活動的圓飾畫(tondos)，用來裝飾戈多伊的皇宮。同時期作品還包括〈著衣瑪哈〉，畫裡人物疑是戈多伊另位情婦。

1802年7月，亞爾巴公爵夫人去世，得年40歲，並非被毒死，雖然她去世後一個月有人這麼謠傳。哥雅爲公爵夫人的墓園設計草圖，創作水墨畫，可看到畫家透過動人筆觸回憶這位女贊助人的閉眼小臉。1803年7月，哥雅提供〈隨想曲〉的銅版與未售出的版畫給國王，放在皇宮的銅版畫陳列室，以獲報償資助兒子去旅行。1808年以前，這是哥雅與宮廷的最後一次接觸，儘管哥雅繼續領取宮廷薪資。至於他的私生活和職業生涯，一點都不像受環境所苦，除了優

〈工業〉中的美麗少女安排在圓形畫的圓窗裡。哥雅巧妙運用圓形的律動，如拱形窗和機器的輪軸，光線則從後方照亮畫面。

渥薪資外，幾年下來，他的多產已使他累積一筆不小財富。1803年，他在馬德里的羅斯雷耶街買下另間房子。同一年，薩巴特去世。兩個朋友的聯繫為什麼在1799到1803年間中斷呢？難道這位亞拉岡商人聽從哥雅的懇求，來到馬德里生活了？還是兩人發生齟齬，彼此斷絕往來？再次缺少文獻資料可證明，也不可能更進一步做重大假設，但大家還是想知道，對友誼如此忠誠的哥雅，與同甘共苦、情同手足的朋友分開，又作何感想。

努涅茲(Fernán Núñez)伯爵是西班牙駐法國大使，也是藝術贊助人，1804年成為聖費南度皇家學院的一員。在遴選學院新主任時，他與其他八位院士投給了哥雅，而另外29位成員則投給二流藝術家菲洛(Gregorio Ferro)。由此可見努涅茲的品味，也向這位剛為他作畫的藝術家表達感激之意。

直到1808年獨立戰爭爆發前，哥雅致力於創作肖像畫

1803到04年間，哥雅創作兩幅他最佳的年輕男子肖像畫。1803年的〈費南·努涅茲伯爵〉，是查理三世一位密友的24歲兒子，身裁高佻，體魄強健，身穿傳統黑色披肩，佇立在風景優美的背景前。俊俏的棕頭上戴頂大兩角帽，優雅的曲線看得出取法委拉斯蓋茲。哥雅在這幅畫裡展現爐火純青的技巧，完美融合寫實主義與風格化的表現手法。

此後，這位西班牙典型男貴族其瀟灑神態與迷人面貌，令人難忘。1804年，哥雅受託為卡巴修的朋友畫〈聖阿德里安侯爵〉，他是位優雅又有教養的人，出身納瓦爾(Navarre)的貴

族世家；這張肖像的雙腿交叉站姿，取法英國繪畫的模特兒，西班牙畫家礙於禮教，鮮少會這樣畫。這是一幅傑作，藝術家在筆法和用色上，以及在處理年輕臉孔坦率又善解人意的表情上非常用心。同個時期，他還畫了兩個可愛小孩：克拉拉(Clara de Soria)與她的弟弟。

哥雅對第一批資助人和顧客忠心耿耿，他們也很照顧他。亞爾巴家族成員絡繹不絕來到他的畫架前，請他畫肖像〈維拉弗朗卡侯爵夫人〉，畫中她拿著畫筆與調色盤專心畫她的夫婿，圓潤臉孔並不漂亮，洋溢生活的喜悅。1805年，多虧哥雅，其他漂亮夫人的容顏才得以流傳下來，如〈伊莎貝爾．德羅波．伊波賽〉，她穿著一身安達魯西亞優雅服裝，髮帶上別著飾有黑紗的高聳壓髮梳。她深邃的褐色雙眸流露出充滿自信的溫柔眼神，性感嘴唇，完美輪廓，零缺點的上半身，使她成爲繪畫史上的美麗佳人。哥雅的第一批文藝贊助者——歐蘇納公爵夫婦的次女，嫁給聖克魯茲侯爵的兒子；畫裡她躺在躺椅上，就像雷卡米埃夫人，是個優雅與靦腆的繆斯，筆法與〈裸身瑪哈〉雷同，運用這種技巧可畫出年輕肌膚的光滑緊實感，這是哥雅作品表現女性的典型視覺特色，但他對布料處理則較自由。

伊莎貝爾．德羅波．伊波賽於1802年嫁給安東尼奧．波賽(Antonio Porcel)，後者是卡斯提爾議會的議員，也是哥雅的好友。

維拉弗朗卡侯爵夫人托瑪莎(Tomasa Palafox)，即赫赫有名的沙拉戈薩英雄巴拉弗克斯將軍的堂妹，透過這層關係而成為亞爾巴公爵夫人的小姑，在公爵夫人去世前曾照料她。經過她親口證實，我們才知道亞爾巴公爵夫人並非如當時所謠傳的是遭毒殺身亡。

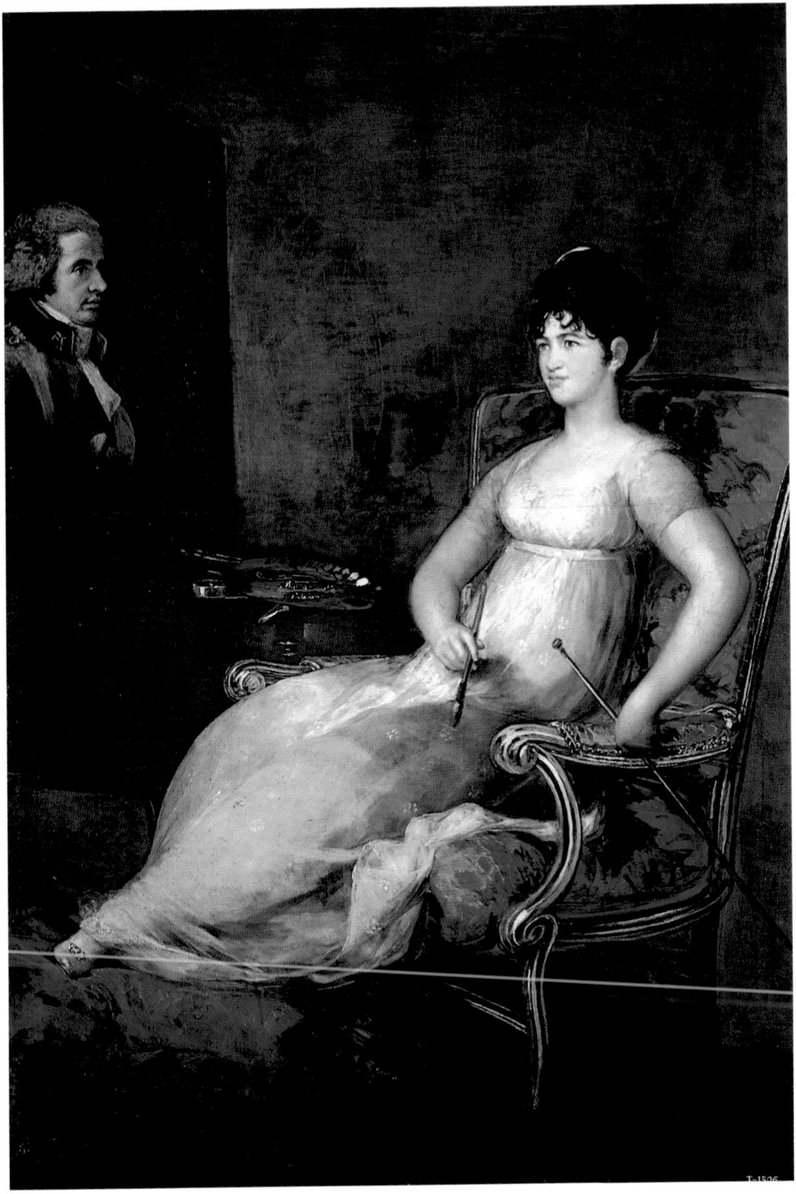
T-1596

1805年，哥雅的兒子哈維爾21歲。這個在哥雅眼裡是馬德里最漂亮的小男孩，如今已長成翩翩青年，他自稱是畫家，但這位被溺愛的富有子弟一點也不像已度過塗鴉階段。儘管聖卡洛斯銀行的前任負責人遭流放異地，哥雅仍繼續他在金融生意上的投資買賣。他安排兒子哈維爾與沙拉戈薩的喬可奇亞的遠親古美辛妲(Gumersinda Goicoechea)成親，媳婦的舅舅不是別人，正是聖卡洛斯銀行負責人加拉薩(Leon Galarza)。哥雅的兒子因而靠定期利息的收入即可過活。

哥雅畢生非常看重金錢

哥雅非常清楚藝術家的自由是建立在經濟獨立上，這個自由可讓他畫他想要畫的，而非別人要他畫的東西。他個人的財富是靠辛苦工作掙來的，而他與商界的關係，將使他經歷多次重大的政治危機。不過他感激這些危機開啓了他的心靈，如果他只生活在宮廷的狹小世界裡，他將不會擁有如此豐富的收穫。哥雅爲兒子這樁婚禮創作了兩幅各具美感的肖像畫：新郎身穿灰衣，看起來溫柔又眞實，是具有豐富繪畫力的形體；新娘則是細緻、纖細、修長，打扮得像個小印第安人。這對新人一開始先住在哥雅家，之後搬到哥雅送給他們在羅斯雷耶街的房子，1806年，他們的兒子馬里安諾(Mariano)出生。在祖父哥雅眼裡，這個孫子宛如世界第八奇

右頁這幅畫的主題是從19世紀受歡迎的版畫——漫畫〈讚美上帝〉——汲取靈感。其中一幅版畫裡，有位名叫札帝維亞(Pedro de Zaldivia)的僧侶，被外號「馬拉加托」(里昂地區的運貨馬車夫)的強盜皮涅羅(Pedro Piñero)襲擊。這位僧侶靠著勇氣與決心制服了強盜，讓他成功就逮。這些作品(這裡我們只看到六幅中的一幅)的現代性頗震撼人心，因為哥雅以類似電影的分鏡手法來發展情節。畫中人物都是特寫鏡頭，其姿態顯示事件的進展與情勢的逆轉。顏色清新透明，筆法快速果斷，每一筆都有其存在價值。哥雅並非動作派畫家，卻是展現力道與暴力的畫家，畫中人物的移動就像強力的機器一般。

「目前我能說的就是，我一向認真嚴肅看待我的工作，以及我所感興趣的事物，不會向任何敵人妥協，也沒有人可以支配我。我不願向人低頭，我生活過得去，我不會白白犧牲自己。」

給薩巴特的信

蹟，爲我們留下幾幅他的肖像。哥雅當時60歲，但他面對生命時，就像多年來依然無法克制自己的情緒。

新興富有的中產階級成爲他的主要客源：〈波賽〉是美麗羅波的夫婿，在肖像畫裡，他與獵犬在一起；〈阿扎拉的菲力斯〉是位博物學家；〈蘇雷達〉是布昂雷堤洛(Buen Retiro)瓷器廠的負責人；〈薩芭莎・卡奇亞〉是另個富詩意的神祕女性；馬松(Maria Mazon)的出色肖像畫〈卡瑞塔斯街的書店〉；〈佩德羅・摩卡特〉看起來像退休鬥牛士。哥雅依據被畫者的個人特質、風度、個性來描繪他們，並在姿勢與表情上表現出豐富的變化及令人讚歎的色彩層次感。

1806年，強盜馬拉加托(El Maragato)遭逮捕，若非哥雅，這則新聞也許就沒沒無聞。哥雅以20世紀記者的報導方式創作六幅插圖，闡示這個對人民有重大影響的獨家新聞，也再次展現畫家的另一番才華。

哥雅為兒子的婚禮創作一系列喬可奇亞家族成員的畫作。下圖及左頁是哈維爾及其年輕妻子。

1805年10月20日，法國的盟友西班牙，
在特拉法加(Trafalgar)失去重要的海軍艦隊。
雷卡米埃與烏哈爲首的法國銀行家，
在西班牙從事的金融活動徹底破產，
日後拿破崙更癱瘓了整個西班牙的財政。
此外，拿破崙想剷除最後統治歐洲的波旁王室，
而任命他的弟弟約瑟夫來繼承西班牙王位。

第五章

進入黑暗期

當〈巨人〉(左頁)一轉過身背對人群，這些驚慌失措的人就四散逃命。這幅畫可能影射戈多伊引發暴動，隨後卻棄人民於不顧。右圖蝕刻畫出自〈戰爭的禍害〉系列。

1807年法國在軍事上獲得輝煌勝利，但財政吃緊，處境岌岌可危，因爲拿破崙決定進攻伊比利半島。戈多伊失勢，西班牙君主政體分崩離析，讓拿破崙趁虛而入。王位繼承者斐迪南腦袋不靈光，聽信讒言，竟要求拿破崙罷黜自己的父王查理四世，並趕走戈多伊。

一如往常，西班牙人民對動盪政局仍毫無警覺，但他們是如此厭惡戈多伊，才會視拿破崙爲救星。1807年，法國軍隊入侵西班牙，剛開始頗受人民歡迎。但到了1808年3月，當繆哈被任命爲駐西班牙的皇家中將、穿越庇里牛斯山去指揮從老卡斯提爾到加泰隆尼亞的法國軍隊時，馬德里宮廷開始害怕了。3月18日，阿藍赫斯(Aranjuez)皇宮發生暴動。斐迪南親王的支持者暗殺戈多伊不成，讓他逃到法國。查理四世爲了兒子好，讓位給其子斐迪南七世。3月23日，無知的馬德里人民迫不及待迎接新國王，並滿心歡喜接待繆

1808年3月底，新國王斐迪南七世登基掌權有如曇花一現，在馬德里曾被視為救星。一個月後，當人民獲知他們的國王竟被囚禁在巴永，可見有多麼絕望。

哈。查理四世與瑪麗亞・路易莎則被帶到巴永(Bayonne)，愚蠢的斐迪南七世不久便緊跟在後，跑來答謝在西班牙邊境的拿破崙。他正好自投羅網。在斐迪南七世出發前，4月6日下午2點30分，哥雅受聖費南度皇家學院之託爲國王作畫。但他從那時即再沒見過斐迪南七世，臨摹次數大大減少，只得憑記憶作畫。

這幅斐迪南七世的站立肖像繪於1815年。儘管哥雅對國王並無好感，仍為他創作兩幅絕佳肖像畫：下面這幅收藏在普拉多美術館，另一幅則藏於亞拉岡運河公司。

1808年4月底，西班牙人民終於了解到拿破崙並不是救星，而是征服者

當西班牙人民知道最後的波旁王室得離開馬德里到巴永，感到非常生氣。此後，拿破崙就把皇室家庭拘禁在巴永。5月2日，馬德里爆發激烈衝突。5月3日，繆哈殘酷地鎮壓這些暴動。六年後的1814年，哥雅將這兩天畫成〈1808年5月2日〉與〈1808年5月3日〉，永垂千古。

1808年6月15日，沙拉戈薩遭到可怕圍攻，8月，法國首度攻下此城。巴拉弗克斯將軍激起亞拉岡人的愛國精神，號召哥雅到沙拉戈薩「看看這座傾毀城市，並把當地居民的壯烈行爲畫下來，哥雅

無法拒絕感興趣的事，尤其是關於祖國的榮耀」。1808年12月，法國發動新一波攻擊顯然阻止了這項計畫。

六年間，西班牙陷入政治軍事困境，奮力掙扎

大多數的西班牙人民是激進的愛國者，組織游擊隊驍勇地對抗敵人。貴族階層與自由派份子很難決定向誰靠攏。弗羅里達布、荷維雅諾與薩維德拉等人選擇支持中央政務會的國民政府；其他如莫拉丁、伊利亞、烏奇侯(Urquijo)、卡巴修等哥雅的贊助人，則歸附拿破崙的弟弟：約瑟夫國王，這些人被稱爲「親法陣

上圖是〈軍營裡的槍決〉(1808-10)。這些游擊隊員毫不遲疑地槍斃敵軍，以及任何遭懷疑與他們有關的人。哥雅在該畫強烈表現暴力場面，他很少這麼做，較常表現的是事件爆發的前一刻，所以此畫特別令人震撼。

「當時全西班牙人都把法國人當敵人看待。西班牙各地都武裝起來對抗法國人。西班牙南部由國會掌控，安穩地以約瑟夫之名正當執政。北部則沒有統一政府，完全不受約瑟夫控制，政權四分五裂，在艾爾帕斯托(El Pastor)的游擊軍、礦山土匪幫，以及著名的安貝西那多(Empecinado)的拉梅斯塔(La Mesta)牧羊人的掌控下。一旦法國人落入這些強盜幫手裡，要不被切成兩半，要不活活燒死。然而法國人的兇殘也不遑多讓。」

阿德勒·雨果
(Adèle Hugo)
《雨果論雨果》

營」。哥雅當時年事已高，在種種分歧中可能已經無所適從，但從1810年起，他將在精神上從事愛國活動。

兵荒馬亂的這幾年，英國、西班牙、法國軍隊交相征伐，造成饑荒與死傷無數，哥雅找到充分的物質與精神上的靈感來源，創作一系列偉大畫作，如：〈露臺仕女〉、〈少婦與信件〉、〈老婦們〉、〈鐵匠舖〉、〈爲盲人指路的小孩〉等，確立了他風俗畫家的卓越聲譽。這些作品的風格與技巧，比起同時代的作品前衛一百年。

〈少婦與信件〉(左頁)、〈老婦們〉(或稱〈妳好嗎?〉,左圖),是哥雅1808至12年的作品,一如其他世俗畫,多用單色調,並大幅使用亮黑色和深黑色、溫暖的赭紅色、生硬的藍色與暗綠色,與到處出現的搶眼紅色形成對比。面部陰影時常以黑色的透明薄塗處理,濃稠的顏料用調色刀塗覆,呈現出強烈的立體感與豐富的色彩感,跳脫畫室手法,展現驚人的視覺效果。〈老婦們〉問鏡子「妳好嗎?」,也許是在諷刺瑪麗亞·路易莎,因為其中一位老婦頭上佩戴著名的鑽石箭,與〈查理四世家族肖像〉裡皇后配戴的一樣。這個令人驚奇的事實,證明這幅畫只可能創作於1808年之後,因為當時全西班牙都把戰敗的責任歸咎給戈多伊與皇后。

1810年，連綿戰禍震撼了哥雅，他發出怒吼，重新拿起推刀創作一系列蝕刻版畫

這些畫以沉重手法痛陳戰爭的可怕與苦難，經常安排畫中人物成爲無辜犧牲者，可媲美古代的偉大史詩。比起集體痛苦，個人苦難才是讓哥雅感到氣憤。感情充沛的他發揮才能作爲無言的抗議，而不是被動忍受痛苦。他在強烈氣憤下以繪畫方式來回應暴力行爲。

多數的畫作都是重複同樣的主題，強調明暗對比與悲愴特點，讓人不禁拿他與林布蘭比較。只有兩幅關於軍事戰爭的畫作：〈製造子彈〉與〈在(亞拉岡)塔迪安山製造火藥〉，創作手法細膩。同時，他也抨擊宗教裁判所，畫了充滿政治意味的〈沙丁魚的葬禮〉。1812年6月，哥

在右頁上圖的〈製造子彈〉與右頁下圖的〈製造火藥〉，哥雅扮演戰爭記者的角色。在一片深綠色中出現明亮赭紅色畫面，人物以銳利筆觸處理，以捕捉他們的瞬間動作。

「這些是遭處死的吊死鬼、一堆堆被剝光衣物的死屍、遭強暴的婦女、被運走的傷患、遭槍決的囚犯、被搶劫的修道院、逃難的人民、淪落街頭行乞的家庭、處絞刑的愛國者，所有這一切以一種幻想式的對焦與誇張的表達方式來處理，讓人以為這是14世紀塔塔爾民族的入侵。然而這些人群深刻細膩的外貌，像是偶然隨性地源自銅板刻刀。」

高蒂埃

《西班牙之旅》

在哥雅眼裡，監獄與醫院代表兩種剝奪自由的主要象徵。沙拉戈薩有間西班牙最大的精神病院，哥雅的朋友瓦戴(Meléndes Valdés)，是個詩人也是法官，曾試圖讓人改革這些醫院的運作，使其世俗化，但這就觸犯了教會，因為長期以來這些醫院都是由教會負責管理，卻成效不彰。在左圖〈鼠疫患者醫院〉裡，作為背景的建築與聖費南度皇家學院的〈瘋人院〉的相似，兩幅畫繪於同個時期，都有著絕佳的背光效果。不幸罹患鼠疫者的姿勢，一如往常融合寫實主義與悲憫的深刻情感，而非泛泛的多愁善感。

這兩幅小畫咸認是描繪掠奪的場景，但更可能是表現可怕的戰爭所引起的搶劫與偷竊。左圖〈剝掉女人衣服的強盜〉顯示哥雅在表現裸女上已臻完美，儘管是幅小畫，卻擁有近乎仿古的特性。這幅畫和左頁的〈槍決囚犯的強盜〉，都有完美的構圖、光影的質感、和諧的色調，令人聯想到林布蘭與委拉斯蓋茲這兩位哥雅最欣賞的繪畫大師。

雅的妻子荷西珐去世，享年65歲。哥雅與兒子哈維爾為了分配她的財產，詳列一份財產及特殊股利清冊，這是自1800年哥雅與薩巴特彼此斷了音訊後，關於其家務的唯一資料。哥雅當時的財產將近36萬里爾。

1812年，拿破崙在俄羅斯大草原的戰況陷入膠著，勢力大弱。英國威靈頓公爵則在西班牙贏得一次又一次勝仗，於1812年8月攻進馬德里

哥雅受託為威靈頓公爵畫肖像，公爵來到瓦維德街讓畫家作畫。但是他們彼此不對盤，於是肖像畫裡的英國將軍像個眼神空洞的傻瓜，就像諷刺畫所表現的那般。據說畫家與將軍之間發生激烈口角，因為前者很滿意自己的作品，後者則覺得自己被冒犯。也在1812年，西班牙召開國會，會中制定了極端自由、甚至是踰矩的憲法。1813年的冬天至1814年間，約瑟夫國王與法國軍隊撤離西班牙後，國會在馬德里成立。哥雅當時創作〈1812年憲法的寓意畫〉，是發自內心對政治信念與理想的告白，也表示贊同自由主義。當斐迪南七世被拿破崙釋放，所有人都希望能建立君主立憲，但斐迪南七世只想復辟最專制的體制。

為了頌揚西班牙愛國主義，國會舉辦一場畫家會議，內容是關於紀念1808年5月2日的暴動。1814年2月24日，哥雅寫信給攝政委員會，該會是由波旁王室樞機主教，也就是唐路易斯親王的兒子所掌管。哥雅向他建議「透過畫筆，把我們英勇反抗歐洲暴君的最高尚行為，讓後代子孫永遠知道」。1814年3月9日，委員會採納他的建言，於是哥雅創作1808年5月2日與3日的著名場景，用於1814年5月2日在馬德里舉辦的紀念典禮，西班牙舉國上下沉浸在光榮的回憶與團結的氣氛裡。一如畢卡索的〈格爾尼卡〉，哥雅避免平鋪直敘來

1809年，威靈頓公爵(上圖)擔任伊比利半島的英國軍隊總指揮官，與拿破崙軍隊奮戰四年。1813年6月21日，他在維多利亞打敗拿破崙軍隊；兩年後贏得滑鐵盧一役。

馬德里嘉年華在聖灰星期三舉行，最後會有一場滑稽隊伍遊行，隊伍裡有奇士巴叔叔、舒斯卡姑娘及「挖心劊子手」華尼洛。在這些人後面，有人拿著一個奇怪的假人，假人上掛著一條小沙丁魚。狂歡的群衆開始進入蒙札那勒河沿岸。哥雅讓左頁的〈沙丁魚的葬禮〉偏離主題：畫中看不到沙丁魚，假人則由畫有面具的旗幟取代，反而更接近另一幅描繪1813年3月法國軍隊出征的滑稽寓意畫。

創作這幅畫。藉由一種神祕力量，一種爲戰爭受難者報仇的強烈意志，他渴望「透過畫筆」讓人聽見受壓迫人民的反抗吶喊，同時賦予這樁特殊事件一個普世價值。若不是哥雅，這事件不會引起這麼大的回響。

1814年5月13日，在廢除1812年的憲法後，斐迪南七世莊嚴隆重地進入馬德里，下令解散國會，並把自由派衆議員打入大牢

獨裁專制、蒙昧主義、遭放逐，一點也沒有改變，「神聖的理性」已宣告死亡。大家急忙在聖費南度皇家學院藏起哥雅的代表作，直到1833年國王去世前都藏在那裡，不爲人知。但西班牙百廢待興，而斐迪南七世卻短缺金錢。他勢必得向金融界求助，而哥雅正好與金融界來往密切。經過一番長期調查，哥雅在法國占領期間對皇室的私人態度，讓他洗刷一切親法嫌疑，因爲他甚至沒拿到一毛報酬。斐迪南七世對他仍懷敵意，但還是讓他安心工作。這時期最好的作品是〈巴拉弗克斯將軍騎馬肖像〉，他是沙拉戈薩被占領期間的英雄人物。

1815年3月30日，菲律賓公司(由卡巴修創立)召開大會，國王竟也破例出席，大會同意撥給國王一筆高昂借貸；哥雅受託作畫，以紀念這樁在西班牙金融史上空前的重大事件。他創作這幅西班牙藝術史上的重要畫作，以非常自由的手法來處理，表現合乎禮節本質的主題，將這些人物安排在大會背景裡，空間與光線成爲作品的眞正主角。在這個場合，公司裡具有影響力的三位成員被哥雅單獨畫出，他們是〈米蓋爾·德拉地札巴〉、〈伊納修·歐穆里安〉與〈約瑟·穆納

從左圖這幅哥雅的兒子贈給聖費南度皇家學院的自畫像上，可看到哥雅似乎心情平靜不少，比起1794到1800年的自畫像較少痛苦表情。在這幅神情輕鬆的肖像畫，他露出敞開的脖子，面容嚴肅，當然也少了自我批判的眼神。也許他當時愛上他媳婦的親戚：年輕的雷歐卡迪雅·魏斯。

有人認為，哥雅反動的社會思想與他實際的政治信念相去甚遠。他的政治理念是邁向君主立憲，是他所希望的西班牙最好政體，與他大部分的贊助人及朋友，如：荷維雅諾、卡巴修、伊利亞、莫拉丁等人的看法一致。他相信公平與組織良好的階級，這點從他依附在首席宮廷畫家的職位就可證明。但同時，尤其是在他生命的最後15年裡，他認為人類不可逆轉的惡運是無法或幾乎不能補救(no hubo remedio!)。然而，他卻如此熱愛生命，樂觀的天性終其一生都在反抗悲觀的經歷。這樣激烈的衝突時常出現在出乎意料的代表作裡，他巧妙地處理這些最嚴肅的主題或是公認的議題，如左圖有名的〈菲律賓公司委員會〉(1815)。

里茲〉，這些肖像畫的色調單一而和諧。相反地，在巨作〈聖卡洛斯公爵肖像〉裡，哥雅極盡所能地使用顏色裝飾。這位大臣很討人厭，被泰利朗(Talleyrand)操弄卻渾然不知；泰利朗竟鼓勵自己的妻子與聖卡洛斯公爵相戀。古老體制的獨裁者，同時迫害自由主義的愛國者與親法陣營的人，因爲他們都想削弱皇室的權勢。國王猶豫不決的政策，對恢復曾被戰爭殘酷考驗過的西班牙秩序，一點幫助都沒有。

此時哥雅已年近70，1815年畫下著名的〈半身自畫像〉，仍像脫韁野馬。他並未喪失年輕的好鬥精神，還爲1816年出版的系列具有民族精神的版畫〈鬥牛〉，賦予史詩般壯闊風格。同一年，〈隨想曲〉再次發行。

哥雅在〈卡拉札的聖約瑟之最後領聖餐〉(右頁)仔細描繪這位聖人的事蹟。1648年8月10日，卡拉札的約瑟病入膏肓，儘管身體虛弱，仍最後一次起身領聖餐。羅馬的聖龐德龍教堂的修士都圍繞在約瑟身邊，這些忠心弟子和虔誠信徒都把他視同父親般敬愛不已。他於8月25日去世，享年92歲。

下圖年輕瀟灑的歐蘇納公爵的肖像，讓人想起同時期的英國畫。他小時候也出現在哥雅創作的〈歐蘇納公爵家族肖像〉。

此時，哥雅先前一些贊助人的小孩來到他的畫架前，有戴花冠的〈阿布朗特公爵夫人〉，還有她親切自在的兄弟〈歐蘇納第十公爵〉。1817年9月13日，哥雅似乎有意消失一段時間，因爲他授權一位朋友去領取他宮廷畫家的薪資。同一年，他接到塞維亞教堂的訂單，創作幾幅草圖，在此之前他先確定放置畫作的地方，以便「設定合乎距離、光線與視覺的視點」，由此證明哥雅對透視與構圖的要求十分嚴苛。一幅偉大作品因而誕生，遠超出人們原先期望的宗教畫。畫中兩位塞維亞的主保女聖人茱絲特(Juste)與盧菲娜(Rufine)，與豐滿的漂亮民女相似。這幅作品於1818年1月安放上去。這年我們沒有任何訊息，直到1819年2月19日，他花了六萬里爾買下一間鄉村房子，又是「聾子之家」(還眞是巧合！)，該屋座落於塞哥維亞橋那頭，面向聖依西朵平原。

1819年8月，他爲馬德里的皮亞斯教會學校創作〈卡拉札的聖約瑟之最後領聖餐〉，對調和寫實與莊嚴已

哥雅在蒙札那勒河岸鄉間別墅的上下兩個大房間的牆上，創作一系列油畫、蛋彩畫，以及大型石膏作品。這些畫廣泛地呈現政治的動盪不安與時局的混亂，但人們卻無從解釋其具體細節：現藏於普拉多美術館。歷史學家的各種研究讓這些作品被人接受，某些作品更開始讓人容易理解。上圖〈阿思摩德〉總是被解讀成巫術般的奇幻場景，但也可能是暗示直布羅陀峭壁(該峭壁的外形與畫裡的峭壁相似)，那裡是1815至33年間自由派份子的避難所。下圖〈兩位陌生人〉則可能呈現《聖經》裡該隱與亞伯的兄弟鬩牆：他們在麥高及膝的麥田裡用棍棒互毆——也許在暗示西班牙的內戰。

《聖經》裡的女英雄茱蒂思(Judith)，誘惑敵軍的首領赫洛弗尼斯(Holophernes)，趁他熟睡時割下他的頭，解救了猶太人。事實上，哥雅表現女性的邪惡與殘忍，施展魅力讓男人解除武裝進而毀滅他。

羅馬神話中的司農之神(Saturn)想要獨攬大權。他罷黜自己的父親並吞食自己的孩子，避免有朝一日也遭遇相同的命運。左圖，司農之神吞下的並不是自己的孩子，而是女性的脆弱身軀，也許是表示男性的性渴望。

哥雅將〈大山羊〉安排在女性集會的中央，顯示他相信女人比男人更容易著魔。這種原始且帶有獸性迷信的群魔夜會，在哥雅時期仍普遍存在於西班牙。

「哥雅，充滿未知的夢魘，在巫魔夜會裡烹煮的胎兒、鏡中老太婆與赤裸孩童，都加添長襪以誘惑惡魔。」

波特萊爾

《惡之華》

哥雅在妻子於1812年去世後，便與媳婦古美辛妲的年輕親戚蕾歐卡迪雅交往，她曾造成哥雅與兒子哈維爾失和。1824年，蕾歐卡迪雅與10歲女兒羅莎里歐來到波爾多與哥雅相會。哥雅與蕾歐卡迪雅時有爭吵，但他非常疼愛羅莎里歐，還教她繪畫的基礎知識，因為他發現她頗具藝術天分。蕾歐卡迪雅是左圖〈瑪諾拉〉的模特兒。

駕輕就熟。這次的主題是表現17世紀偉大的神祕傳統，非常適合他，他很自然地表達他生命中的深沉虔誠情感，並將這份情感投注在這幅令人傷感的作品裡。他收到16000里爾的報酬，但是他歸還了6800里爾，說是「向他的同胞卡拉札的聖約瑟致敬」，並奉獻一幅小畫〈橄欖園裡的基督〉給院長，又是一幅出色的代表作。不久，他病得很嚴重。1820年4月4日，哥雅出席他生涯中最後一場學院會議。

或許受到國際共濟會鼓勵，立憲運動浮上檯面。歐洲君主政體開始岌岌可危。經過1822年8月的維洛納會議後，法國決定派遣一支遠征軍前來援救斐迪南七世。1823年夏天，立憲軍被擊垮，國王重掌權力，決定展開報復。1823年9月17日，哥雅突然把「聾子之家」

〈雷歐卡迪雅〉是最初放在「聾子之家」一樓的畫作之一。從中可見蕾歐卡迪雅倚靠在墳墓上，有時引起歷史學家不厚道的評論，說她是出席自己的葬禮。然而從不久前出現的作品X光照片顯示，哥雅把蕾歐卡迪雅畫成倚靠壁爐，面容清楚，所以有可能墳墓上的塗層與短面紗並非出自哥雅之手，而是在她死後加上去的。

送給孫子馬里安諾。難道他害怕被查封？多虧借助科學方法深入研究，我們知道哥雅最初在室內牆上畫了一些廣闊風景，後來又在上面添加我們今天在普拉多美術館看到的〈黑色繪畫〉場景。有可能在1823年春夏期間，他深受絕望及反動所苦：過去30年來，他忍受歐洲革命、異國入侵、內戰的紛擾傾軋，他被激怒了，決定用當時仍屬罕見、精心推敲過的強烈筆觸，在這間鄉間別墅的牆上，譴責人類無可救藥的愚蠢與重蹈覆轍的缺點。哥雅對於自身安危感到非常不安，便在1823-24年冬天跑到杜索(Duaso)修道院避難。1824年5月，他請求宮廷准許他前往波隆畢(Plombières)溫泉地，其實他是想在當時屬於西班牙的貿易港口波爾多定居，因爲他在那裡有許多親法陣營的朋友。

老畫家第一次爲了政治因素而離開自己的祖國

哥雅6月24日抵達波爾多，朋友莫拉丁接待他，說哥雅「耳聾，年邁體虛，一句法文也不會說，卻很高興也渴望見到大家」，但哥雅卻馬上啓程到巴黎，在1824年6月30日到達花都。根據警方紀錄，得知他並未見任何人，「獨自在公共場所散步，還參觀一些名勝古蹟」。巴黎文化圈竟完全無視哥雅的才華，冷漠以對，而身爲觀光客的哥雅，對法國首都的反應又是如何？我們無從知悉……他在這段旅居日子仍作畫嗎？答案是肯定的，包括美麗的〈鬥牛〉及朋友費雷爾(Joaquín María Ferrer)夫妻的兩幅出色肖像。9月他回到波爾多，蕾歐卡迪雅與女兒羅莎里歐也來到這兒與他會合。

〈波爾多賣牛奶女孩〉是男人對青春的謳歌，儘管年老體衰，這個男人依舊童心未泯，仍保有20歲的想像力。這有可能是當時14歲羅莎里歐的寓意肖像畫嗎？我們無從得知。哥雅在此又回到明亮藍天的風格。畫中人物是青春洋溢的優雅精靈，十分自然寫實。

哥雅把自己當成「年輕學生」，努力學習創作石版畫的新技巧，完成非常寫實的〈印刷工高隆肖像〉以及四幅名畫〈波爾多的鬥牛〉；哥雅在此畫裡運用鉛筆、剃刀、刮刀，開創前所未見的形式、姿勢與光線效果。隔年，他又把假期延長了六個月，這次是到巴尼耶(Bagnères)。這簡直有點愚弄馬德里宮廷的味道！哥雅打亂了莫拉丁這位老人的平靜生活，「沉浸在波爾多這座城市的田野、天氣、食物、獨立自主的安謐氛圍裡」，但是他仍想回去馬德里。莫拉丁說「如果我們不理他，他會騎上矯捷的母騾，穿戴好他的貝雷帽、長大衣、馬鎧、長統靴、褡褳，再次出發」。

1825年5月，哥雅再次生重病，醫生診斷是膀胱無力，會陰處長了一大塊腫瘤。儘管如此，他痊癒了，馬上重拾畫筆恢復作畫，第一筆下去就「沒再修改」，

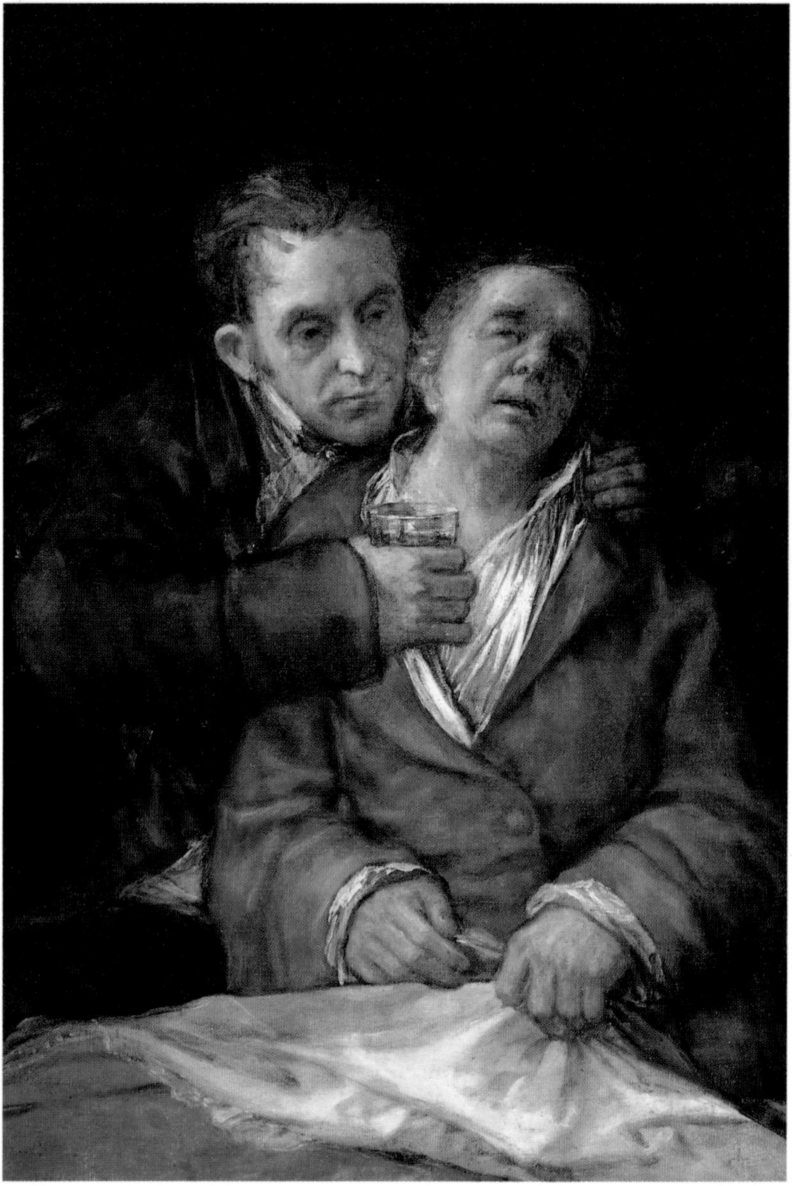

總共創作40幾幅繪於象牙上的細密畫。他再度提出延長休假，這次延長一整年。1826年他終於厭倦法國，回到馬德里。當時他已是八旬老人，在身體不適下舟車勞頓900公里。宮廷准許他退休，給他五萬里爾退休金，還讓他回法國。回到波爾多，他爲銀行家畫肖像〈聖迪雅哥·卡洛斯〉，卡洛斯一向負責管理他的財務。1827年5月，他替媳婦的商人親戚繆吉羅(Juan Muguiro)畫肖像，此畫以現代性與極具眞實感震撼人心。1827年夏天，哥雅最後一次到馬德里旅行，並替心愛孫子馬里安諾畫肖像；他已長成好打架滋事、不守紀律的美少年。哥雅再回到波爾多時，畫了生平最後一批代表作：馬德里的老市長〈皮歐·德摩里納〉與優美的〈波爾多賣牛奶女孩〉；畫中清新人物與先前他筆下的美麗鄉下姑娘相似。

左頁這幅畫是哥雅獻給他的醫生朋友阿里耶塔(Arrieta)「於1819年底，在哥雅73歲生重病期間細心照料，感謝他成功挽救自己的性命」。這幅畫作顯現不安與深情，表現這位醫生對哥雅無微不至地照顧，而畫家的表情則真實體現在疾病與死亡前發出痛苦呻吟。

下圖是哥雅為21歲的孫子馬里安諾畫的肖像，並在畫的背面題字，說自己已高齡81了，彷彿訝異自己仍有作畫能力。

「我再也看不到，沒有力氣，沒有畫筆，也沒有墨水瓶架，我什麼都沒有了，只剩下意志」

1828年1月，哥雅滿心期盼並準備迎接兒子一家人到來，他們有意前往巴黎。冬末他又病發，後來復原，根據他的說法，好到足以爲馬里安諾處理一筆45000法郎的投資問題，這在當時是筆很大的數目。

3月28日，他接待兒媳與孫子。4月初，他寫信給哈維爾說「我又臥病在床了」，還說他滿心期待兒子的到來，儘管他其實已走到生命的盡頭。1824年，他還愉快地跟他兒子保證，他可能會像畫家提香一樣活到99歲。但是命運決定了另一條路，1828年4月16日，哥雅在波爾多的美麗公寓「總督溝」與世長辭，82年前，同樣的白羊星座看著他誕生。

「哥雅有如幻影般的用色，無需任何理由。他不只向我們(法國)的藝術家發聲，更預示了整個現代藝術，因為現代藝術源自這股自由。」

馬爾侯
(André Malraux)
《土星》，1950年

見證與文獻

藝評家眼裡的哥雅
蝕刻畫家哥雅
書簡作家哥雅

波特萊爾評論哥雅

泰勒男爵(Baron Taylor)是第一位引介哥雅的法國人，為國王路易-菲利普創立著名的「西班牙博物館」。然而哥雅要在法國受到普遍肯定還得多等等，因為大家公認的西班牙偉大畫家是古典派的委拉斯蓋茲，而非古怪的哥雅。1857年，在《現時》(*Le Présent*)報裡，波特萊爾則探討哥雅的繪畫，強調日後讓畫家享有聲譽的幻想式驚悚風格。

〈漂亮女老師〉

哥雅始終是位令人驚駭的偉大藝術家。他的作品除了兼有小說家塞萬提斯(Miguel de Cervantes)全盛時期的西班牙式歡樂、詼諧和諷刺挖苦，更賦予更多現代感，或說是在現代特別受到追求的一種特質，意即一種難以言詮的愛，一種對強烈的對比、恐怖的本性，以及因環境而獸性化的怪人相貌所抱持的感受。這件值得注意的怪事是，這股精神出現在18世紀重要的諷刺與批評運動之後。伏爾泰應該要感謝這麼一號奇特人物，不過只限於理念上(因爲比哥雅年代早上一個世紀的伏爾泰無緣看到哥雅的畫)，這個理念被哥雅具現在他描繪修士的諷刺畫上，如：打呵欠的僧侶、貪吃的僧侶、有著冷峻方臉、準備晨經的僧侶，以及長相狡猾、虛僞、精明、不懷好意的僧侶。我說奇怪的是，這位憎恨僧侶的人是如此想把這些巫師、放浪形骸的巫魔、搗蛋鬼、小鬼拿來用鐵扦烤。我知道什麼？各式各樣的幻想、誇張的幻覺，之後是長生不死的老太婆，將西班牙白皙纖細的女人清洗一番，作爲巫魔夜會、夜晚賣淫之用，這就是群魔會的文化啊！光明與黑暗輕鬆掠過這些怪誕的恐怖。多麼奇特的愉悅！

我尤其記得兩幅非比尋常的版畫：其中一幅呈現奇想景色，混雜著烏雲和岩石。這是一座人跡罕至的無名山脈一隅嗎？還是一個岩塊區概貌？在這幅可怕的畫作中央，兩位盤旋空中的女巫展開一場激烈打鬥。其中一人騎在另一人之上，痛打對手一

〈他們感覺熱起來〉

法國詩人波特萊爾。

番，並制服了她。這兩個妖怪在黑暗的空中穿梭騁馳。所有背德可憎的骯髒事，與人類所能想像得到的罪惡，都表現在他們一半似獸、一半似人的兩張面孔上，都在哥雅的繪畫裡自成一格——儘管我們也無從解釋他所使用的技法到底爲何。

另一幅版畫則描繪一個人，一個不幸的人，一個孤獨絕望的人，想要盡一切力量走出他的墳墓。而那些壞事幹盡的惡魔和無數惡劣的矮小地精，則使盡力氣壓在微開的墓穴蓋上。死亡的機警看守員合力對付這個頑強的靈魂，靈魂在不可能的抗爭裡逐漸衰竭。這場夢魘在無盡空間與無限的可怕中繼續上演。

晚年的哥雅，聽說他的視力衰退到得讓人幫他削鉛筆。然而在這個時期，他卻創作了一些大型石版畫，描繪充滿人群與熱鬧的鬥牛賽，這些出色的版畫——大幅油畫的迷你版——證明了確實有股主宰偉大藝術家命運的準則力量，那也注定他們的生命受到其才智的反向所宰治，這項準則希望這些藝術家「失之東隅，收之桑榆」，這樣他們才會隨著年歲增長而越活越年輕，不斷充實自我，增進活力與膽識，保持堅強與自我振奮，直到行將就木爲止。

在這些喧鬧吵雜的圖像裡，其中之一的前景是一頭發狂的鬥牛，一頭充滿恨意、猛烈攻擊死亡的牛，已經扯下其中一個鬥牛士的褲子。這位鬥牛士受了傷，用膝蓋沉重地爬行著。這頭壯碩的牲畜用牠的牛角頂起破碎的襯衫，這個可憐人的屁股因而見光，接著公牛再次擺出挑釁的姿態，壓低駭人的鼻尖。群眾眼睜睜看著這場殘忍又血腥的殺戮，卻一點也不爲所動。

哥雅最主要的價值，便在於創造種種逼眞又可怕的怪物。他筆下的怪物都是栩栩如生、比例和諧。除了他，沒有人敢在既怪誕又寫實的世界裡探索。所有野獸般的扭曲面孔、惡魔般的鬼臉，皆充滿人性。甚至以博物學的特殊觀點來看，很難爲他們定罪，因爲他們的本質是類似而一致的。簡言之，在眞實與幻想之間的界線與接合點，難以捉摸，那是個廣袤的邊界，即便連最敏銳的分析家都無從掌握，因爲藝術既自然又超自然。

波特萊爾
〈某些外國諷刺畫家〉

〈然而他們並未離開〉

梅里美評論哥雅

人人都在批評哥雅，批評
他的構圖(看不出任何技巧)，
批評他的用色(毫不逼真)，
但更多是批評他的主題：
儘管浪漫派藝術家
對病態與極端非常感興趣，
幻想作品在19世紀
仍長期遭致惡評。
法國作家梅里美(Prosper Mérimée)知識淵博，
熱愛藝術，熟知西班牙事物，
卻不諱言表示一點也不欣賞
哥雅的鬼怪幻景。

我無法諒解你們讚美哥雅。我並不知道他曾愛過亞爾巴公爵夫人，他畫她穿黃色上衣與透明裙子，就如其他油畫與蝕刻畫，我都不喜歡。然而，他依照委拉斯蓋茲的作品臨摹的某些銅版畫，倒是不錯，讓人一看到便想起原作。但是你們如何能在〈戰爭的禍害〉裡發現美感？他甚至不知道如何鬥牛，他只是個業餘愛好者。他創作的〈隨想曲〉，當他呈現半瘋狂狀態時，有些確實展現不錯的想像和幽默的筆觸。至於他的畫作，並非是那些主題令我害怕，而是其創作手法。當人們願意打破學院派規則，投身到眞實裡，首要條件就是模仿大自然。哥雅胡亂地在調色盤裡放些顏色，當他找到一組有興趣的色調時，他的畫就完成了。與其如此，他不如就只塗上一些不同的顏色就好，何必還要畫人物。你們有去過拉斯德利西亞(Las Delicias)嗎？那是歐蘇納公爵的古堡，從其姑母貝納芬提公爵夫人那裡繼承而得。哥雅在此創作〈隨想曲〉裡與實體大小一樣的魔法場景。有個半身女巫變成山羊，令我印象深刻。結論是，我認爲如果有人想要成爲寫實主義者，就必須好好學學委拉斯蓋茲，要不然就不要隨便攪和。

梅里美
〈給科隆納公爵夫人的信〉

梅里美。

〈等等，他們要為你塗油〉

克勞岱評論哥雅

哥雅就像其他舊時代的畫家，
也是靠承接宮廷的委託案
才能體面過活。因此世人
在他的許多作品裡找到
王室家族或達官貴人肖像時，
一點也不訝異。然而，一如
委拉斯蓋兹時常表現醜陋、
虛假與墮落的貴族，
法國作家克勞岱(Paul Claudel)
相信哥雅在他的畫作裡，
也為查理四世家族的悲慘命運
下了註腳。

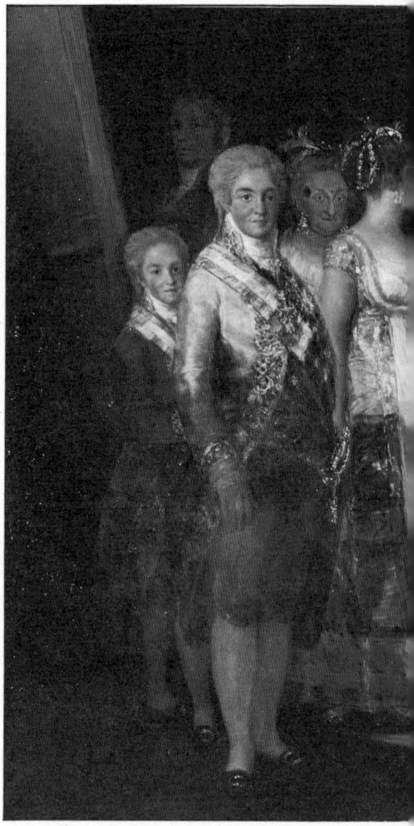

〈查理四世家族肖像〉

1. Carlos María Isidro王子/2. 畫家哥雅/3. 皇太子斐迪南/4. 國王的妹妹María Josefa/5. 身分不詳的年輕女子/6. María Isabel公主/7. 瑪麗亞・路易莎皇后/8. 法蘭西斯科王子/9. 查理四世國王/10. 國王的弟弟Antonio Pascual/11. Carlota Joaquina公主/12. 帕爾馬王子/13. 抱著兒子Luis de Borbon的帕爾馬王妃María Luisa Josefina

又是一幅排排站的畫：這次是愛炫耀的西班牙波旁王室家族，我要說這是王室總管哥雅爲了這個小集團的利益，而刻意安排這樣的畫面，他藉由紅色玻璃櫥窗般的效果，掩飾了畫中人物的虛弱。這個玻璃櫥窗彷彿被配戴勳章而如寶石般發光、像把火炬的人物完全燒毀，這位胸前斜掛西班牙太陽騎士團綬帶的人，就是國王陛下查理四世。在他右手邊下方的兒子，如一道微微閃爍的紅光。我對白假髮下的那張臉孔不感興趣，那不過代表日薄西山的君主政體，只是丟進熊熊烈火裡的木炭罷了！綢緞、紗羅、刺繡品、鑽石，所有這些都被點上火、撒上鹽，閃閃發光，像魔術師揮舞魔術棒所變出的一把用拇指指甲擦奏的生硬吉他，在嘶嘶作響著，人們猜想處在暗處的畫框後面的，就是那位魔術師。畫面中央的主要人物是瑪麗亞·路易莎皇后，整幅構圖以她爲中心，國王稍稍轉向她，面向觀眾，是個性溫厚的戴綠帽丈夫，挺著個像燈塔閃閃發光的大肚子。瑪麗亞·路易莎皇后看起來既像克麗泰內絲特(Clytemnestre，編按：特洛伊戰爭的希臘統帥亞格曼儂之妻)，也像某個上了年紀、情緒激動又脾氣壞的洗衣女工糟糕的臉。實際上，我們看出她在害怕，但她企圖勉爲其難地去面對一種令她不知所措的情勢。而她一手攬著女兒，一手牽著兒子，也許是爲了掩飾窘態，但這也騙不了我們！他們無法違反遺傳的法則。你們不必懷疑，因爲她正處於青春不復返的驚慌失措中。在她一旁自信而從容的波旁皇太子，他那身閃閃發光的衣裝，讓人以爲他是他自己的僕人，莊嚴地迎向未來，宛如民主具現。至於中景的這位仙女，這位阿蕾克托(Alecto)，以諷刺畫方式表現她那令人敬畏的母親，讓我們以爲她擺脫不了命運的捉弄。在皇后右手邊以側面示人的年輕女人就是公主，望著她母親。其餘那些刻板不自然的平庸配角，整齊地排在兩側(我們可以這麼說，這些人物從中心到外圍，形體逐漸變得模糊不清)，這沒什麼，他們只是室內裝飾，只是餐盤的邊緣！惟獨這個被奶媽抱在懷裡的小男孩，一如其他男性，身上也掛著榮譽勳章的飾帶，令我覺得很有趣！而且，老天，他是發自內心地在笑，直到尿溼他的襁褓！

[…]在哥雅畫的這兩幅波旁王室的最後肖像畫裡，突出搶眼的不是靈魂，而是肚子：一個穿著猛獸小斑點皮的人，讓人想到伊索寓言；另一人穿著亮眼的鮮紅色，刺眼的簡直令人受不了，這人長著一張如管家般憨厚可靠的臉。我還記得這兩個女人：一個光芒四射，一個是小火花。各位先生女士，這第一位無非是潑婦、悍婦、女巫，她是我剛剛有幸爲你們介紹的這幅偉大作品〈查理四世家族肖像〉裡的一員；另一位則酥胸半露，身穿綢緞大蓬裙，頭上飾以麥穗、小魚叉、小花等飾品，玲瑯滿目到像掛著花炮般而顯得有點愚蠢。讓我們經過這些畫家和詩人的頭像前面，他們悲劇性的眼神責怪著還活著的我們，而我們在雙重瑪哈的身軀上看到穿衣瑪哈與裸身瑪哈，一個皮膚白皙如珍珠，另一個則穿著輕盈明亮的紗羅絲質衣服。這個賣弄風騷的女人不只徒具面貌，還扭動整個身軀投向我們，有人也許會說這位藝術家已經完全撫摸與覆蓋住她，不僅僅是用貂毛畫筆的筆尖，而是以一口清澈的氣息——宛如中國洗衣工的清水，倘若是如此，有時候創造者的口中呼出的這份氣息，充滿一種光的粉末，之後這道光就從瑪哈全身上下散發出來！

克勞岱
《西班牙繪畫》

西班牙波旁王室成員

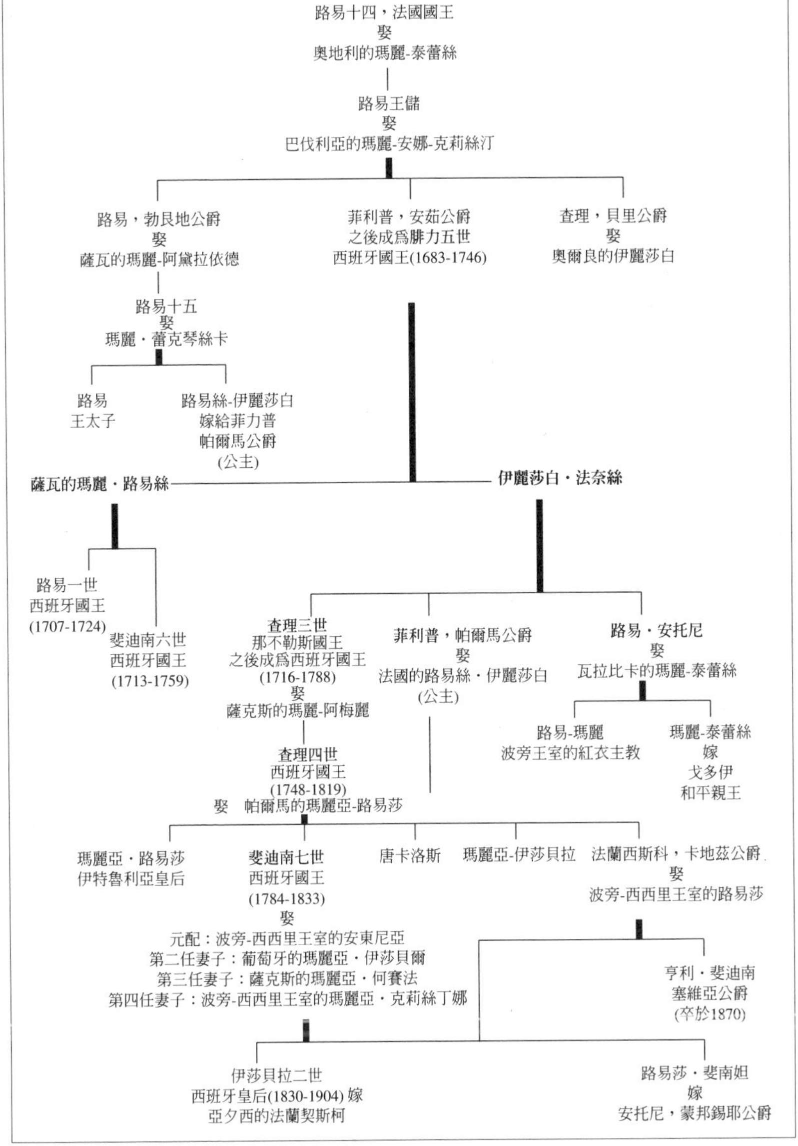
路易十四，法國國王
娶
奧地利的瑪麗-泰蕾絲
路易王儲
娶
巴伐利亞的瑪麗-安娜-克莉絲汀
路易，勃良地公爵
娶
薩瓦的瑪麗-阿黛拉依德
菲利普，安茹公爵
之後成爲腓力五世
西班牙國王(1683-1746)
查理，貝里公爵
娶
奧爾良的伊麗莎白
路易十五
娶
瑪麗・蕾克琴絲卡
路易
王太子
路易絲-伊麗莎白
嫁給菲力普
帕爾馬公爵
(公主)
薩瓦的瑪麗・路易絲
伊麗莎白・法奈絲
路易一世
西班牙國王
(1707-1724)
斐迪南六世
西班牙國王
(1713-1759)
查理三世
那不勒斯國王
之後成爲西班牙國王
(1716-1788)
娶
薩克斯的瑪麗-阿梅麗
菲利普，帕爾馬公爵
娶
法國的路易絲・伊麗莎白
(公主)
路易・安托尼
娶
瓦拉比卡的瑪麗-泰蕾絲
路易-瑪麗
波旁王室的紅衣主教
瑪麗-泰蕾絲
嫁
戈多伊
和平親王
查理四世
西班牙國王
(1748-1819)
娶 帕爾馬的瑪麗亞-路易莎
瑪麗亞・路易莎
伊特魯利亞皇后
斐迪南七世
西班牙國王
(1784-1833)
娶
元配：波旁-西西里王室的安東尼亞
第二任妻子：葡萄牙的瑪麗亞・伊莎貝爾
第三任妻子：薩克斯的瑪麗亞・何賽法
第四任妻子：波旁-西西里王室的瑪麗亞・克莉絲丁娜
唐卡洛斯
瑪麗亞-伊莎貝拉
法蘭西斯科，卡地茲公爵
娶
波旁-西西里王室的路易莎
亨利・斐迪南
塞維亞公爵
(卒於1870)
伊莎貝拉二世
西班牙皇后(1830-1904) 嫁
亞夕西的法蘭契斯柯
路易莎・斐南妲
嫁
安托尼，蒙邦錫耶公爵

馬爾侯評論哥雅

1950年，法國作家馬爾侯(André Malraux)寫了一本關於哥雅的書：《土星》。他說寫這本書的目的是為了「掌握西方世界最令人沮喪的一段性靈探險」。書中最後一章談到畫家晚年流亡法國，既聾又病且近乎全盲，卻始終熱中創作油畫、蝕刻畫與石版畫……

馬爾侯。

由於視力衰退，哥雅只得放棄蝕刻畫，轉而創作石版畫，這項新形態的創作也改變了他的畫風。雖然他始終勇於嘗試，但也花了不少功夫準備，而他的版畫成果基本上並未有所改變。他的色塊變得朦朧柔和，他的強烈筆觸緩和不少。一如往常，他照樣避開義大利式的精雕細琢(即現今所謂的新古典風格)，而是在一塊石頭前含蓄下筆，一如第一批所有石版畫的畫法。

在他的夢想(抑或被畫者)與鉛筆素描之間，似乎有用一種早期的烏賊墨顏料，讓畫面產生搖晃顫動效果。因此他先前的蝕刻畫就只是版畫，而其構圖和肖像畫則只是繪畫，但是他的畫都是由搖晃而略被擠壓的線條所構成，因而用色時常散發明亮效果，猶如他先前曾在一些版畫裡使用過的提也波洛的技法。因此他似乎又回到年輕時期；這時他才發現石版畫的成色不只有純然的黑色，還有白色。

他以前也曾在蝕刻畫裡有過這樣的發現。在波爾多時，他未能把他先前所畫的怪物帶來，只好又重畫，但牠們在這些搖晃顫動的畫裡也是一樣老態龍鍾……但是再一次，就像先前在聖費南度皇家學院，就像創作黑暗的〈隨想曲〉一般，他再次發現了意想不到的效果。首先，在整塊石頭上塗上灰色，然後從這片灰色裡以刮刀刮出白色。他重新掌握住黑色、媒材特有的效果，與強烈決定性的線條：這些正是他所強調的色彩效果。他把石面宛如畫布般放在畫架前。他不再

〈前往墓地〉

削鉛筆，而把它們當刷子用……他尋求一種需要退後看的整體效果，這就是他在畫作前所做的事，但長久以來石版畫是不要求這個的。然而他用放大鏡完成了，並非擔心他會遺漏細節——而是因爲他的眼睛已經看不見這些細節了……

至於那隻拿起削好鉛筆畫素描的顫抖的手，再度成爲掌控一切的老朽的手。這回不畫那些怪物，而是滿足他生命另個不變的熱情，這股熱情在畫那些鬼怪前就已體驗過，而他以前從未戰勝過；即使在苦惱的聲音下，他仍聽到熱血震耳欲聾的鑼聲，這是再次揚起競技的叫囂聲、遭他遺棄的西班牙古老聲音——公牛的回聲。

先前他已根據這個題材創作40幅版畫與多幅畫作。〈鬥牛〉是一系列令人讚歎的畫集，儘管主題重複，似乎浪費畫家天分，但是每一幅構圖，除了有些畫帶有紀實味道(即使如此，仍清楚可見其作畫特色)，再次表現出強烈的個人風格。在每場鬥牛裡，都摻雜馬戲團表演(危險的是，有時這些表演雜耍特技的演員也會受傷死亡)與血腥競技。從表演到競技，從鬥牛迷的歡樂鼓譟到祭典的慶祝，哥雅一一呈現。屠牛所展現的黑暗就像他先前表現巫術的情景一般。不管版畫的主題是什麼，版畫裡永遠就是公牛。公牛被狗、騎馬鬥牛士、投槍鬥牛士追趕，仍不動蜷縮著，哥雅花了很大功夫，描繪牠在長矛前即將衝向殺戮的那一刻：在接下來的版畫裡，壓低的牛角，將使這些肚破腸流的馬匹或被殺的人痙攣抽搐。在人稱「法蘭西斯科公牛」的哥雅作品裡，沒有一幅不是在表現死亡、競技與世上的黑暗面！鬥牛、鬥牛士服裝，以及獻祭場面，在他眼裡確實是一場血腥嘉年華。一旦闔上畫集，從這許許多多遭遺忘的意外與功績中，依然可見時常出現在亞拉岡山脊上方天空的英勇動物剪影，就像從前克里特島陸岬坡地出現的牛頭人身怪物。

然而這些公牛如今已失去蝕刻畫裡具有的青銅肌肉色澤。哥雅試著摸索將在他畫作裡發現的亮光。因爲他仍在作畫，在這令人心碎的亮光裡，死亡的迫近讓他像以下這些人：提香、哈爾斯(Frans Hals)、林布蘭、米開朗基羅，雖然垂垂老矣，對生命感到厭煩不耐，卻沒有放棄作畫，在擺脫人群之後，只爲自己而畫。這些畫家雖然知道老之將至，但是他們的繪畫卻沒有……哥雅創作他最後的肖像畫，還有〈修女〉和〈僧侶〉等作品。他時感孤獨，時時刻刻爲孤獨所擾，孤獨感始終縈繞不去，只能與貝多芬分享失聰的感覺。但是他的素描創作枯竭了。他勢必得改變畫風，也許在水粉畫裡找到相當於刮石中的白色。他經過巴黎，看到──但未加注意──德拉克瓦的畫作〈斯奇歐的大屠殺〉。他畫人體骨骼、弄蜥蜴者與弄蛇人、傻瓜，還有會飛的狗與幾個遲鈍的魔鬼……至於西班牙，已逐漸自他心中遠離，他知道如果他不再畫她，她將不是人類想像的那個樣子。然而只有西班牙還懂他……只有某些藝術家知道他不僅僅只是風景畫大師。因爲只有對西班牙人而言，他作品裡的西班牙元素是時而現代，時而民族主義，卻從不帶有異國情調。而在英國人與法國人眼裡，他筆下的頭紗、僧侶、磨難屬於戲劇範疇，且近乎是想像虛構出來的。對巴黎人來

說，絞刑是假想的：斷頭臺並沒有眞正被用到。(雖然他畫斷頭臺，但對他卻沒有可發揮的地方。)在倫敦人眼裡，〈來訪〉裡的人物起先是個僧侶，在馬德里卻成爲爲求公道而死的千年幽靈，但是眞理正義的無聲靜止，讓所有人類的喧嘩甚至大海遠處的喧囂都靜默了。他想到構思新的〈隨想曲〉，「他有比以前更好的靈感」。扁平的筆觸如今讓〈橄欖園裡的基督〉、〈卡拉札茲的約瑟〉中神父的背甲，以及〈爲新生兒舉行彌撒〉中過度簡化的表現方式消失無蹤。猶如草圖般的創作已無需再畫成油畫，它探求的不是具體的光線，而是在它顫抖素描裡浮現的色彩，而這點，義大利畫家蒙提且利(Monticelli)在稍後

〈飛行方式〉

試圖以憂鬱的畫風加以回應。被烏鴉騎在背上的公牛飛過天空，在最後幾幅〈不對稱〉的其中一幅裡，牠們如雨般降落，與最後一幅充滿史詩幻覺的〈鬥牛〉的公牛群幾乎是一樣的。哥雅再也看不到這個他聽不見的世界，他甚至開始不再看他的鉛筆……健壯的〈送飲用水女工〉變成〈波爾多賣牛奶女孩〉：猶如提香晚期最後幾幅作品的顫抖筆觸……

很快地，畫家們將遺忘這位以何等苦惱的代價，挑釁所有文化的人，在這個文化裡，他創作了充滿孤寂與絕望的藝術。他們將不研究這些仍然閃耀的灰燼，只研究個體的降臨，與畫作裡的變形世界。然而……

「在這樣的夜晚，潔西卡……」在這樣的夜晚，這個被放逐的老人，他的耳聾讓他逃向市集、馴馬場，避免聽到那些聚攏在瓦倫西亞巧克力商家的人群的閒聊，他仍試圖讓人再聽見那最渴望聽到卻也最遙遠的聲音，而藝術知道這股聲音。也許就在這樣的一個夜晚，他用半盲的視力畫著〈沉睡的巨人〉，他記起在無盡的痛苦外，在惡魔們的淒厲叫聲外，他又畫了天體中另個巨人不安的臉孔……

接著就是現代繪畫開始的時候。

馬爾侯

《土星、命運、藝術與哥雅》，1957年

〈凶殘的馬〉

〈不對稱的平衡〉

〈傻瓜巨人〉

〈不協調的夫妻〉

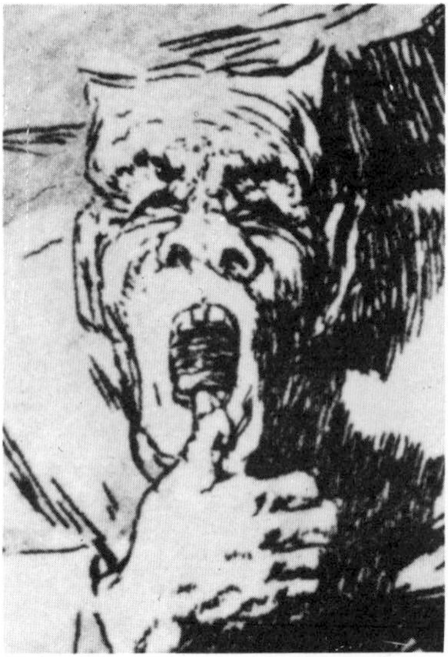

〈時候到了〉

〈時候到了〉

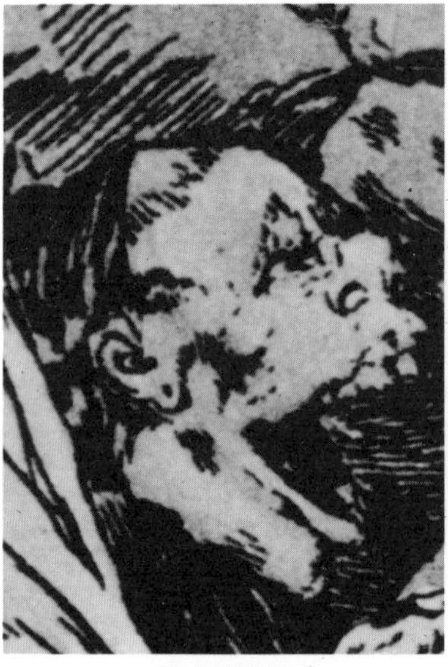

〈有太多可吸〉

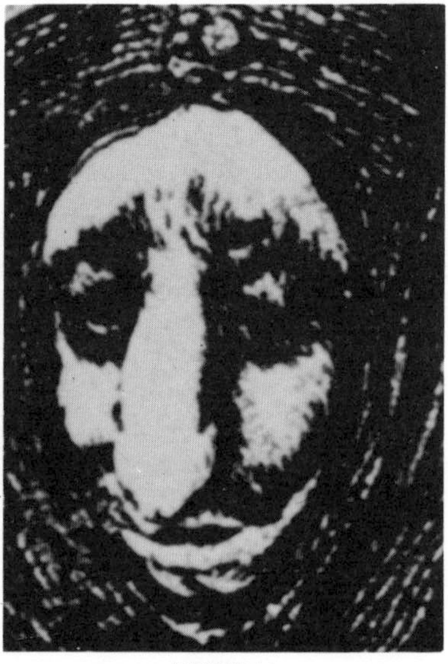

〈害臊的人〉

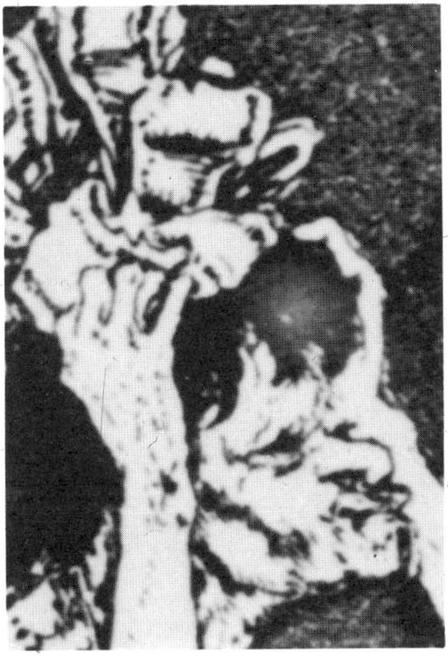

〈直到死亡〉

〈妖怪〉

〈他們精心打扮〉

〈她們情緒低落〉

鬥牛

1808-12年的西班牙獨立戰爭，
讓法國人記憶猶新，以為
西班牙就是野蠻民族的國家。
雨果說他們是食人族；
高蒂埃則說他們相信巫師；
而梅里美的文章
與哥雅的繪畫都一致認為，
他們熱中鬥牛表演。

公牛在獸欄裡就先被人故意激怒，然後再狂暴地衝出……

鬥牛士逐漸靠近，抖動手中鮮紅的披風，努力吸引公牛朝向這些騎馬鬥牛士中的一人。假如這隻猛獸很好鬥，牠便毫不遲疑地攻擊他。這位騎馬鬥牛士勒緊韁繩，就定位，腋下挾著長矛，面對著公牛；他趁公牛低下頭準備用牛角展開攻擊的那一刻，準備在牛頸背上刺一槍，就刺這兒，沒別的地方。他用盡全身力氣奮力一擊，同時騎馬從左側抄出，讓公牛從他右邊經過。

倘使所有行動進行順利，假如騎馬鬥牛士很強壯勇健，馬兒也很配合，公牛就會衝動地跟著他，並在不碰觸他的情況下追過他。這時紅披風鬥牛士的責任就是應付公牛，以便讓騎馬鬥牛士有時間閃避。

但是這頭猛獸常常很清楚誰已經受傷：牠突然轉身，趕過馬匹，用牛

〈一群暴民用長矛、半月刀、短標槍及其他武器砍斷公牛的腿〉

〈火投槍〉

角一舉刺破馬的肚子，把騎士與馬兒摔個四腳朝天。紅披風騎士立刻趕去救援；有的連忙扶起他，有的則在公牛面前抖動披風，以轉移牠的注意力，並跑向柵欄邊，輕巧地越過柵欄以躲避牠。

這些西班牙公牛跑得跟馬一樣快，假如紅披風鬥牛士離柵欄很遠，他很難逃得過公牛的攻擊。騎馬鬥牛士的生命就仰賴紅披風鬥牛士的機智，不過他們也鮮少冒險走向場中央，一旦他們這麼做，無疑是很大膽的驚人之舉。

騎馬鬥牛士重新站起身來，若能扶起馬匹，他會立刻上馬。儘管那頭可憐的馬匹已大量失血，肚破腸流滿地，內臟纏掛在小腿上，但只要牠還能走，牠就應該站在公牛面前。假若牠已被擊垮，騎馬鬥牛士就會走出場，騎上另一匹新馬，並立刻重返場中。

我說過這些長矛的攻擊對公牛只會造成輕傷，只會激怒牠而不會有其他影響。然而馬匹與騎士的撞擊，以及公牛自己的動作，尤其是膝彎突然停止的衝擊，都會快速讓公牛疲乏。不過被長矛插中的傷痛，時常也會讓公牛洩氣，那麼牠便不敢再攻擊馬匹，或是照鬥牛的行話來說，牠就拒絕「進場」。然而，假若牠還精力旺盛，牠就殺死四、五匹馬。一旦騎馬鬥牛士休息，眾人就會舉起「投槍」(banderillas)信號。

這些大約兩英尺半的棍棒，以長條紙包覆，頂端插上一根增加殺傷力、有倒鉤的鋒利尖頭物。紅披風鬥牛士兩手各拿起一把標槍。最保險的方式是動作輕巧緩慢地移到公牛背

〈魚叉或短標槍的由來〉

後，接著突然用大力互擊標槍的聲響來刺激公牛。

被嚇到的公牛一轉身，毫不遲疑地攻擊牠的敵人。在牠幾乎要碰觸到紅披風鬥牛士的那一刻，雙方面對面逼近，鬥牛士幾乎已在公牛的兩角之間，他什麼也不能做，只能嚴陣以待，當牠低下頭準備攻擊時，他立刻在牠兩邊頸側插入兩根標槍，隨即身子一側，閃過了公牛，跑到柵欄安全地待著。[…]

當公牛表現出退縮，也就是當牠沒有矯健地挨上四槍時——這是嚴格規定的數目，激動的觀眾和裁判就用酷刑，意即一種處罰與激怒牠的方式來高聲譴責牠。全場響起「火！火」的叫喊聲。

紅披風鬥牛士拿起把柄環繞煙火片的標槍，尖頭物上則裝有點燃的火絨，代替平常他們所拿的武器。一旦尖頭物刺進牛的皮膚，這塊火絨就在引信的信管上產生後座力；這些引信燒的很旺，火焰燒傷公牛，公牛生命受到威脅，彈跳不已，這讓觀眾看了感到非常有趣。

事實上，這是一場絕妙的表演：觀看這頭巨大動物大發雷霆，抖掉著火的標槍，在濃煙密布裡焦躁不安。[…]

當公牛的頸部挨個三四對標槍，便到了牠下場的時候。大家可以聽到咚咚的鼓聲；其中一個被預先指定的紅披風鬥牛士，從他的同伴當中走出場，即是持劍鬥牛士。他身著華服，全身金黃絲緞，拿著一把長劍與一件鮮紅色披風，身上綁著一根便於使用的棍子。這就是「逗牛紅布」(muleta)。

〈勇敢的加蘇(Moor Gazul)是第一個按照規矩打敗公牛的人〉

〈在馬德里鬥牛場裡，阿皮那尼(Juanito Apinañi)藝高人膽大〉

〈羅梅洛處決這隻駐足不動的公牛〉

他走向主席包廂，行欠身屈膝禮，請求主席允許他殺死公牛。這是一種儀式，整場競技只會發生這麼一次。

主席當然點頭表示同意。持劍鬥牛士喊一聲「萬歲！」(Viva)，踮起腳轉個身，把他的帽子丟在地上，然後走向公牛。

在這些競技裡，有一些規則就像古時候的決鬥；以陰險的手段殺死對手，既違規也很卑鄙。例如，持劍鬥牛士只能攻擊公牛頸背交接處，西班牙人稱爲「十字標記」。這一擊應該由上而下，就是我們說的「第二招」，絕不從下面出手。寧願冒生命危險，也不要從下面、側邊、後面攻擊公牛。

這些持劍鬥牛士用的長劍十分堅固，雙刃鋒利，但把手很短，頂端鑲有方便把握的球狀物。使用這種劍得有非常熟練與靈巧的技術。

要殺死公牛，必須摸清牠的脾性。這番摸清功夫不只爲了要贏得勝利，也攸關持劍鬥牛士的生死。[…]

在嘗試刺公牛一劍之前，持劍鬥牛士在公牛前擺動紅布刺激牠，並全神貫注地觀察，一旦他察覺出端倪，就要趕緊出手占上風，或是輕巧緩慢地接近牠以取得優勢，並在非常靠近那頭猛獸的那一刻攻擊牠，以避免碰撞。

人們時常看到公牛擺出一副威脅表情，搖頭晃腦，腳緊抓地面不願前進，甚或緩慢地後退，企圖把騎士引到場中央，好讓騎士無法躲避牠。其他人則不直線攻擊，而斜斜地緩慢逼近，但是一旦他們算好距離，就會疾奔而去。[…]

〈馬匹受傷後，騎馬鬥牛士處決公牛〉

終於這隻公牛失去耐性，朝持劍鬥牛士那塊既挑釁又防衛的紅布衝去。牠旺盛的精力從牠用牛角撞擊摧毀圍牆即可看出，但是騎士的身體輕輕一動，便避開牠了；他神奇地消失了，留給牠一面從牛角上拿開的輕飄飄帷幔，像在挑起牠的憤怒。

公牛的衝勁讓牠勝過許多對手；但是當牠突然挺直雙腿停住時，這些突然的激烈反應會讓牠感到非常疲倦，如果延長這種伎倆，就足以殺死牠了。因此鬥牛大師羅梅洛說，一名優秀的持劍鬥牛士應該用七劍就能殺死八頭公牛，其中一隻是因疲倦與狂怒而死。

在幾次閃避公牛後，一旦持劍鬥牛士摸清他的對手，就準備給牠致命一擊。他站直了雙腿面對著牠，取出恰當的距離，一動也不動地等著。

騎士的右手拿著劍，高舉至頭部，左手向前伸直，拿著幾乎碰到地面的紅布，刺激低著頭的公牛。就在此時，持劍鬥牛士使盡手臂力量，增加身體重量，並用與公牛匹敵的爆發力，給牠致命一擊。三英尺長的劍通常完全插進公牛的身體；如果這一劍刺的準，騎士就不用害怕，公牛馬上就不動了，鮮血幾乎不流出來；公牛抬起頭，雙腿顫抖著，像一團重物般突然倒下。

全場觀眾立刻爆出如雷歡呼聲，女士揮舞手帕，男士紛紛將帽子扔進鬥牛場裡，而場中的勝利英雄則向所有觀眾謙虛致意。

梅里美
《西班牙信簡》

戰爭的禍害

法國作家莫杭(Paul Morand)的小說《塞維亞的鞭笞派教徒》，背景即是拿破崙軍隊攻下的西班牙，也是哥雅在版畫集〈戰爭的禍害〉裡所描繪的主題。

小說的結尾，主人翁唐路易斯親王流亡法國，在波爾多與哥雅成為好友。在殘酷血腥的戰爭之後，版畫上的古怪題材繼續體現這一幕幕駭人畫面……

〈這個更糟〉

哥雅起身，從口袋裡拿出一把鑰匙，說：

「跟我來，我要給你看樣東西，但是你得答應我不能忘記你將看到的。把頭低下，我們上頂樓。」

兩張長桌上，展示著各式銅版蝕刻、水墨蝕刻、銅版雕刻的銅版畫。畫家拉著唐路易斯的手臂，把他帶到這些畫架前。他勇敢而冷漠的神情消失，露出可怕的面容，面目通紅，宛如巫婆的鍋爐，並受才華召喚來的鬼魂所苦。

他說：「看吧，這就是戰爭！」

這是一條下水道；戰爭畫家們描繪的這些崇高與浩大的戰爭，都表現出共同特色；這些國與國之間攸關榮譽的事，已經成爲一樁樁骯髒暴行，愛國屠殺的時刻已經來臨，掀起一連串陰謀和卑鄙手段：農夫們坐在宛如一隻隻死豬般的傷亡者身上，輕騎兵們拽著女人的頭髮拖行她們，兇殘的大兵拉著絞死者的腳拖行他們，屠夫般的龍騎兵與拿鐵扦的悍婦們相互打鬥，受武力脅迫的少女們躲在陰暗的拱門下，從窗戶丟出來的受傷者就像是袋子、骯髒的石塊、稀爛的碎肉，到處是被鋸開、殘破不堪、在水中腐化的死屍，它們不是軟弱無力，就是僵硬無比，一具具傀儡，屍橫遍野，支離破碎。

哥雅挺直身子說：「不幸的對外戰爭，怎知演變成內戰。」

儘管一幕幕殘酷暴行的畫面對唐路易斯造成不小衝擊，但這個令他驚愕不已的揭露竟是來自神情恍惚的哥

〈痛苦的生存〉

〈我看到他了〉

〈太遲了〉

〈還要做什麼〉

〈還是很殘忍〉

雅，但是他仍常去哥雅的家。這些蝕刻畫是如此令他難受，使得他再看到它們時仍是覺得不舒服，這個拿著綠燈罩的老人爲他翻閱版畫集〈戰爭的禍害〉。

肖像畫已近乎完成；唐路易斯身著摩里納(Pio de Molina)爲他準備的橄欖綠漂亮禮服，網扣的襟飾敞開。有時在休息期間，這個塞維亞人會翻找哥雅的底圖。不用說，他在找尋馬德里所有版畫中他最愛的那幅，因爲畫裡人物的用色與髮型，看起來像索雷達(Maria Soledad)。這位哥雅鍾愛的幽魂如同縈繞不去的執念般不斷出現；在畫室的牆上、在聾子之家，出現不下十次；有散步的、在陽臺上的、躺的、坐的、牽著哈巴狗的、拿著一本書的、穿灰衣、白衣、青灰色緞子、未加工平紋細布的同個女人，用她木乃伊般的明亮雙眼看著你。留著似黑馬鬃凌亂長髮的同個模特兒，她的身形可以讓人用兩手環抱，她的神情既害怕又放肆，病懨懨的卻充滿活力，既無情又敏感，有張嫵媚的三角小臉，這就是亞爾巴公爵夫人——瑪麗亞・泰蕾莎。

但是在波爾多，唐路易斯再也找不到這樣令人難以忘懷的人物。

有一天，這個塞維亞人檢視這些素描，無意間看到一張草圖，畫的是一隻耳朵下垂、模樣可憐的黑色獵犬，正在逆流中掙扎。哥雅看著他這位望著草圖出神的朋友。唐路易斯帶著一絲苦笑說：「在逆流中……這就是我的座右銘……」

莫杭

《塞維亞的鞭笞派教徒》

哥雅進入傳奇與眞實

像個實事求是的偵探，
藝術史學者透過研究
畫家的各個面向，
試圖重建他作品的真相。
除了分析畫作的風格，
還輔以文獻資料的查證及
圖像來源的研究。
本書作者尚妮・巴第克勒
(Jeannine Baticle)，就是
研究哥雅畫作的代表學者，
以下是她發表探究
〈1808年5月3日〉的文章。

對比原則是否就意謂，最特異的藝術家生命往往就是從最稀鬆平常的故事裡孕育而得？

將哥雅視爲自學者，認爲他源源不絕的作品得自天賦，而不是靠勤勉有紀律的學習，是一個半世紀以來普遍的見解。

很幸運地，近幾年來研究哥雅的文獻資料大量出現。舉凡作品清查、清單整理、年表紀事、作品定位，都因1970年偉大作品集問世而呈現完整面貌。

此外，多虧一群優秀專家的努力，許多出版品也相繼面世，爲我們釐清畫家一生中的某些疑點。[…]

大部分喜歡哥雅作品的藝術愛好者目前可分爲兩類：第一類只享受單純的欣賞樂趣，不作任何評論分析；第二類對這位藝術家則自有一套心理分析，並透過他們既定的印象爲其作品下定義。

這實在低估了他作品的意義，因爲否決了所有具體動機、所有對周遭環境與當時代人的掛慮所產生的共鳴。

哥雅總認爲自己像個目擊者，因爲他親眼目睹這些觸動他心弦的事件，但這些事件從歷史角度來看，並非歷史學家所認同的重大事件。他經常從一件小事出發，企圖達成普世價值，因此造就一種煉金術般的奇妙效果，屬於靈感的範圍。

哥雅的自畫像。

哥雅可說是委屈自己天分、不惜向學院派技巧大師學習的人，他多方汲取有益表達自身靈感的必要知識，如：解剖學知識、構圖原則、色彩濃淡明暗變化的研究、光線的重要性；還有畫家對顏料、媒材的最佳運用，如：準備畫布、選用色彩與調色、配置薄塗、厚塗與透明淡色，再說下去就太高深。

哥雅一直都是優秀的實踐家，在技巧平面圖上，總是謹愼小心要求(在這方面他所使用的筆法富有教育性)。他的畫作都保存良好，而他所選用的顏色也很一致。如此一位技巧高超的詮釋者，成爲完全掌控自己工具的大師。儘管他的創作有違古典藝術創作原則，然而他卻是出自古典的博學畫家。

到了畫技成熟期，他不再採用先前大師所設想出的精巧架構，而是從平庸藝術家的通俗版畫裡汲取靈感。大體上來說，除了爲人熟知的畫作外，他並不隨意決定主題。相反地(從他年輕時期就堅持)，作品的構圖幾乎都是他自己的獨創。因此，找出這些影響他選擇某類或是某種構圖的準則，可以讓我們重新建構其思想歷程，試圖解釋這些乍看之下無法理解的一切。

爲了證明我們的論點，我們已經指出在記述1808年5月2日的暴動裡，讓哥雅選擇阿拉伯奴隸騎兵這段插曲的理由。[…]

就是這種種跡象，爲我們研究〈1808年5月3日〉(現藏於馬德里普拉多美術館)的構圖指引出明確方向。這幅作品已被賦予一個象徵地位。事實上，在西班牙藝術裡，有兩幅雙連畫堪稱是這類悲劇性作品的巓峰之作，就是哥雅的〈1808年5月3日〉與畢卡索的〈格爾尼卡〉。然而，這兩幅畫都更進一步反映出這兩位畫家在面對事件時對事件本身所產生的個人反應。

大部分與某個行動有所牽連的人，都籠統地把這些面向歸因爲他們職業或家族小團體的定見，有時甚至只是他們個人的意見。

與這些人相反，這兩位大師是出於本能地把這椿歷史事件轉換爲命運層面，但未借用神話的主題或傳統的英雄人物。

當他們親身經歷某個悲劇場面或是聽聞其故事，他們所懷有的情感特質讓他們避免陷入敘述風格，而是在自身發展出一種神聖不可侵的狂怒，一種戰爭罪行殉難者的復仇諷刺意志。

那麼他們就會將這特殊事件訴諸於圖畫，並賦予它一種典範價値，其劇烈、令人印象深刻的造型表現，都是採取一種可以讓人馬上領會的眞實聲明的形式。

它無關於捍衛或是攻擊哪個主角、政黨或哪個意識形態，而是意識到有才華的藝術家所應擔負的責任，只有他們能「透過畫筆」讓人聽見受壓迫人民的反抗吶喊，不論它們是出自地球的哪個地方。

1814年3月9日，哈辛達

(Hacienda)部長的代理祕書寫信給財務官，提到攝政委員會的主席，即波旁王室的樞機主教路易斯親王，在2月24日接受哥雅的饋贈，「『透過畫筆』，把我們英勇反抗歐洲暴君的最高尚行爲，讓後代子孫永遠知道」，信裡沒有明確指出，哥雅選用5月2日與3日事件發生場面是委員會的決定，還是哥雅本身的意願。就我們所知，攝政委員會從1813年冬天至1814年來到馬德里時，已經決定於1814年5月2日舉辦紀念儀式，以表彰並紀念1808年5月2日與3日的犧牲者，因而已經選定好主題。

我們大略回憶這些眾所皆知的事件，有助於理解事情的發展。我們知道同時期，拿破崙在馬德里設置一個親法政府，而在塞維亞建立的中心委員會，則是西班牙反抗份子的政治核心，於1808至1810年間運作。

繼此委員會之後，是位於雷昂島(Leon)的攝政委員會，後來遷至卡地茲。卡地茲委員會接下成立國會的任務，在各方意見分歧下，制定了著名的1812年憲法，大膽標榜極端自由主義，招致攝政委員會反動派份子的譴責撻伐，但是不久後他們就被迫解除職務。

1813年4月，波旁王室的唐路易斯親王，即托雷多大主教，被任命爲攝政委員會主席，這個強烈反對絕對君主政體的委員會，卻對囚禁在法國的斐迪南七世充滿幻想，仍對他堅信不移。

1814年3月7日，斐迪南七世被拿破崙釋放，但遭到西班牙最保守的貴族成員幽禁，準備重建缺乏政治才能的菲力普二世王朝，而非查理三世君主政體。不幸地，波旁王室樞機主教的個性無法達成憲法目的。查理三世的兄弟雖與出身亞拉岡貴族的瑪麗亞·泰蕾莎·瓦拉比嘉結婚，然而其地位在面對正統親王時，無疑是自不量力。

1814年5月2日的典禮，讓攝政委員會與國會享有無上榮耀。但9天後，事情突然生變，令眾人措手不及，除了斐迪南七世廢除1812年憲法外，5月13日在斐迪南七世隆重盛大地進入馬德里市區之前，國會遭到解散，一些議員與他們眾所皆知的黨羽也被逮捕。

在這些遭流放的人裡，有一位是哥雅的朋友：知名演員梅蓋茲(Isidro Maiquez)。

威靈頓將軍爲避免血腥鎮壓而居間調停，但仍有大部分遭控告的人被帶往堡壘或流放非洲。

我們不難想像當這些愛國者發現斐迪南七世以激烈手段追捕他們，可能更甚於親法陣營時，會是多麼恐懼吃驚又絕望不已。

然而，眼光短淺的國王依然以舊時代效忠王室的思惟方式來思考，殊不知當時這些西班牙自由派份子已有歐洲幾個國家的共同觀念——民族意識。我們也可以想像哥雅的不安：他已年近70，因祖國發生戰爭被占領而深受震撼，再突然看到周遭親友有的被當作賣國賊，有的則因背叛國王等

5月3日事件的犧牲者。19世紀的不知名版畫。

似是而非的理由而遭流放或下獄，讓哥雅也不禁掛慮起自身的命運。當然他不只一次有所行動，並試圖找回自己在公眾與私人之間的平衡點；然而這些前所未有的考驗，其後果對西班牙的政治與社會生活造成嚴重影響，這些考驗讓哥雅決定在這段聞所未聞的巨變裡展開他的反擊。

根據這些撼動人心的事件，也就可以說明這兩幅5月2日與3日的畫作，不大可能是爲了迎接斐迪南七世進入馬德里而加上凱旋門，因爲國王對此暴動也許並不關心，1808年時他根本不在現場，儘管1814年5月14日他有發表聲明。

因此哥雅有可能爲了1814年5月2日的慶典，創作5月2日起義與5月3日槍決的著名場景。根據羅曼諾(Mesonero Romanos)值得一讀再讀的記述，他說這種舉行慶典儀式製造國家團結氣氛的眞實日子，他一生在西班牙從未再見過。

盛大挖掘1808年5月殉難者的遺體，已經引起令人震驚的宗教示威活動，該活動在普拉多山丘舉行，在那裡可聽到殉難者家屬的悲鳴、教士的聖詠與祈禱聲。

此外，砲兵團已打造好一輛裝飾有繪畫與浮雕的華麗凱旋車，車上的畫是由達歐茲(Daoiz)與維拉德(Velarde)所繪，內容是關於命運三女神之一的帕爾卡(Parque)女神之保護。

最後，多虧藝術家、工匠與馬德里工人熱切參與這場免費聚會，使得國會所在地——亞拉岡的馬利亞修道院教堂——被富麗堂皇地加以裝飾美化。找尋這些慶典的遺跡與哥雅作品的起源之間的關聯，會是件有趣的事。

研究者多次嘗試找出〈1808年5月3日〉(現藏於馬德里普拉多美術館)最初創作的根源。首先，我們可以發現畫作裡某些部分是借用加維茲(Galvez)與布朗比拉(Brambilla)〈沙拉戈薩的滅亡〉版畫的細部。葛朗迪尼(Nigel Glendinning)則與費拉利(E. Lafuente Ferrari)的意見相反，他根據整體構圖，假設這幅畫應該取自委拉斯蓋茲一幅描繪普拉多5月3日槍決的版畫的中景；該版畫於1814年5月3日發表在《馬德里報》。

瓦倫西亞版畫家岡波里諾(Miguel Gamborino，1760-1828)的一幅版畫與〈1808年5月3日〉人物的整體構圖非常相似，這樣的關聯迄今仍未受到注意。這幅〈在穆維德羅遭槍決的教士〉創作於1813年。穆維德羅-薩岡托(Murviedro-Sagunto)一地在1812年1月曾發生激烈戰鬥。[…]1812年1月18日，這群教士中的五位教士被軍隊強押至穆維德羅槍決，岡波里諾則在1814年發表這幅版畫，當時曾引起觀者深沉的憤怒與哀痛。

哥雅怎麼知道這幅版畫？他與社交圈及瓦倫西亞藝術界的多重關係，讓我們提出種種假設。[…]

然而，在版畫與繪畫之間，似乎除了形式上的一致性外，哥雅也對歷史內容有番感受，他將昇華此神聖特性。

這也許是有意的，他再一次採用兩位教士跪在左側的姿勢，尤其是身穿白上衣、伸出雙臂呈十字架狀的那人，與右側一群冷酷士兵形成對比，第一排士兵單膝跪地，第二排則站立著，在哥雅的畫中，於同一個斜丘前，保有相同的曲線，但是合併成一群人物。這幅版畫很明顯只有畫作表面的骨架。

透過哥雅的重新詮釋，這幅版畫成爲巨幅畫作，眞不愧是西班牙的「黑暗」之子，因爲這場槍決發生在1808年5月2日與3日的夜晚，首先，藝術家用一種令人心碎的手法，重建馬德里春天的絢麗氛圍，這樣的馬德里擁有深藍色天空，群星閃爍，微微發亮，地上則是以黃色燈籠形成多彩裝飾。

再來，與岡波里諾相反，哥雅知道用極度逼眞的手法，創作並拉近這齣劇的主角們，在在透出一股凝聚力與令人讚嘆的表現力。

而這樣的哥雅，有時給人一種反教權的印象，他對修會教士表現得如此冷酷無情，是從獨立戰爭的某些教士——常常是愛國者甚或狂熱者——那裡得到殉道者的啓發。

哥雅的大部分作品證實具有雙重與三重意涵，擁有基督教殉道者的特性，假使我們注意到那個跪下的剃髮教士，不用懷疑，那些烙印在穿白色

岡波里諾創作於1813年的版畫，為哥雅的〈1808年5月3日〉提供創作源點。我們在畫中發現這兩群人物的對比性：殉難者與在穆維德羅遭槍決的教士，劊子手與行刑隊。

上衣受刑人掌心的傷痕，他的雙臂像是釘在耶穌基督無形的十字架上，就像是一個無辜的責難，啊，這些西班牙畫家們！只有畫家才能製造這種光彩奪目的絢爛效果。

要找出其他類似傑作的所有關鍵，仍有許多地方尚待探究。爲什麼要研究這些畫作？

相信有些人會提出這樣的問題。關於這類藝術作品的意義，如果不去加以探究，無異於對它們漠不關心。我們再補充一點：〈1808年5月3日〉的地點也曾引起爭議，因爲在馬德里就有好幾個地方都發生槍決事件。[…]

哥雅意圖從住家附近一棟建築物屋頂觀看這場槍決事件，並非不可能，更何況聖伯納丁諾修道院距離瓦維德街大約一公里，並不遠，而哥雅就住在那條街上。

但是他需要親眼目睹這樁事件，只爲了表現恐怖嗎？

本書作者尚妮・巴第克勒

《1981年3月討論會期刊》

私生活裡的哥雅

1771年至18世紀末，
畫家與至交單身富有商人
薩巴特間往來的信件，
揭露了哥雅的日常生活，
以及與宮廷及達官貴人
之間的關係。
以下披露若干經過挑選、
未出版的信函。
信中不加掩飾的幽默語氣、
自然生動的塗鴉，在在揭露
哥雅活潑生氣的另一面。

1781年10月6日，馬德里

親愛的莫拉丁。此刻我沒有心情作詩，但是我可以肯定告訴你，我很開心收到你的詩；接下來，即使我沒有回覆你的信，你也可以想像我有多麼高興收到你的信。昨天，我爲曼紐爾的女兒買了一些生日禮物，我將在第一班郵車就把這些禮物寄給他和她，以及值得信賴的你。這些禮物包括一台嬰兒車、一個梳著流行髮髻的洋娃娃，還有其他我不太記得的小玩意(我只曉得是些廚房與居家用品)，都是些他們曾想要給我的東西。老友，你的上一封來信有如利刃穿心。你能想像嗎，當你提到打獵，我有多麼羨慕你。[…]對我來說，這世上沒有比打獵更有趣的活動了。我只有一次沒參加，但無人超越我的成績：擊發19槍，命中18個獵物：兩隻野兔、一隻兔子、四隻小山鶉、一隻老山鶉與十隻鵪鶉，唯一失手沒打中的是隻松雞。我特別開心有如此好手氣，因爲我帶了兩支性能絕佳的當地獵槍出門。我在獵人圈已小有名氣(不諱言，他們也都是射擊高手，而我們三個獵捕野味更是拿手)。就爲了打獵，我得不時去距馬德里7古里(即今28公里)遠的深山裡。

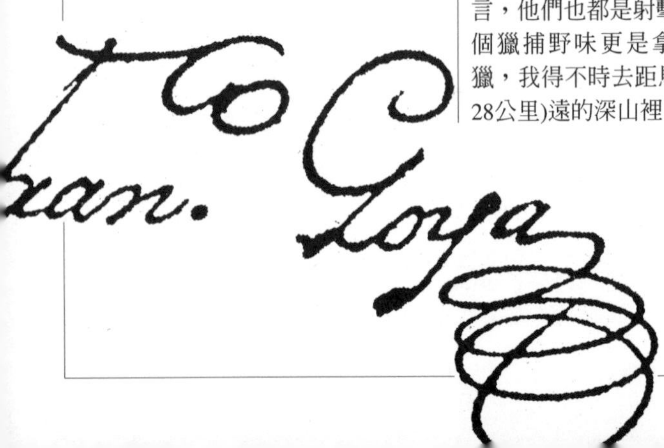

de se dar razon indibidual
lo q. se adbierto el q. suelen
engañar a los arrieros con la
como me sucedio a mi
puertas.
con q. lo dispondras como quieras
e me informare p. menor

1782年11月30日，馬德里

你理當跟自己說：好個笨蛋啊，只要是從他揮霍的方式，你就可清楚看出他花的可不是他自己的錢。如果當時你問我，你並不想收到馬德里最好最有品味的東西，而我爲何還要買給你時，我會回答你，我是對的。因此關於華金納的兩件衣服就不用再說了；至於你的大衣，我認爲你在那裡不會看到這麼多好看的款式，因爲只有在這兒，我會想盡一切辦法爲你找到這個我曾見過一次的料子；很少人用這種料子做大衣。皮藍(Piran)有一件相同的款式，但是顏色非常難看，因爲這個料子很稀有。

未註明日期(1782年12月？)

寄給我一千里爾以防萬一，你就記個帳，既然你還沒決定要不要寄給我果…仁…牛…軋…糖(turrrrrones)，還是多特拉…斯(Tordellllllas)蛋糕，沒關係，沒有的話，有小…狗也可以，沒有，沒有，沒有，沒有，沒有，啊！我不記得我剛剛在說什麼，他們也同時在跟我講話，因此目前就先這樣吧。

未註明日期

親愛的，貴函已收悉，但是當我得知，負責爲你拿緊身內褡的混蛋竟是如此完成他的工作時，我非常生氣；他一定把這件緊身內褡放在家裡，不然就是他太太穿了它，直到穿膩爲止。況且不是你就是我，還是我們兩個都喝醉了，因爲我竟然沒跟你說這件內褡值14披索，就像你在信裡說的，這個箱子不過只值11塊半披索。其實是這條皮帶值14塊，但這是里爾銅幣，因此一定弄錯了！

1786年12月16日

……跟你作夥在一起並回到我們過去共同經歷的一切！不再有掌聲，也不再有王公貴族表示滿意了！我們彼此都很掛念對方！然而我無法再竭盡所能，我只要保有你的友誼。我也要特別謝謝你，在吃了六塊果仁牛軋糖佐茶後，又拿了12塊實在是太多了。在同一批包裹裡，我寄給你12打成串的西班牙辣香腸，至於你要求的收據，告訴我該怎麼開立，我一點概念也沒有，誠摯地寫給你這位最眞誠的朋友。

1787年8月15日，馬德里

上帝保佑，希望我買給你的半公斤奎寧能治癒你隔日發作的瘧疾；這帖藥的品質是上等首選的，與御藥房裡的藥不相上下。

1789年5月23日

我的兒子四歲了，長得非常漂亮，走在馬德里街上，大家都會盯著他瞧。他前陣子生了重病，嚴重到我都活不下去。感謝主，他現在好多了。你對做生意如此精通在行，告訴我如何投資這筆十萬里爾：是存在銀行，買皇家發行的債券，還是買民間公司的股票，會讓我進帳更多……

未註明日期(1792年？)

在寫信給你後，有人帶給我四首民謠與四首波麗露形式的塞吉迪亞(seguidillas)舞曲。這些曲子你必須讓人重新謄寫一遍，同時注意不要有複本，否則到時全世界的人都可擁有這些曲子。這些就是我請人謄寫在一張小紙上，沒有太長。我還幫你買了兩把附有磨刀盒的英式刀子。依我看，這是最好的刀子。在寄給你以前，我會先試用看看。這些刀子花了我不少錢，但顯然在倫敦賣得更貴。它們值一百里爾。我不知道我是否被騙了，但是我不這麼認爲。

1794年4月23日

我跟平常沒什麼兩樣，至於健康方面，有時我會覺得很生氣，連自己都受不了自己的脾氣，有時則覺得很平靜，就像我現在寫信給你一樣。但已覺得很疲倦，我能跟你說的是，如果上天允許，星期一我想去看鬥牛，而我希望你能陪我一起去，因爲某個星期一，外界流傳著一則白癡謠言，說你已經瘋了。

1795年8月2日

天啊，所以我的玩笑話眞的給你帶來困擾；儘管粗俗，還能與你的笑話較量：看著吧，如果你受這些玩笑話影響，那它們就贏了，因爲我倒很相信，只有笑話能完美地描述這個世界。

我倒希望你來幫我畫亞爾巴公爵夫人。昨天她來到我的工作室，希望我幫她上妝，之後她就化這樣的妝出門。說眞的，比起把她畫在畫布上，我還比較喜歡這樣。我還得爲她創作站立的肖像，等我完成正在進行的騎馬的阿庫迪亞公爵的草圖，她再回來讓我畫。阿庫迪亞公爵託人告訴我，他在皇宮裡安排了一個地方任我使用，想來這工作比我預期的還要花時間。我向你保證，這是畫家一生會遇到的最難主題了。

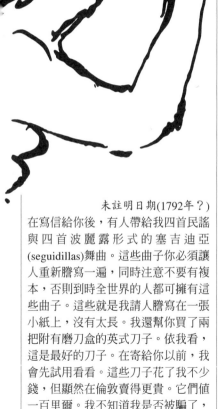

法國博物館收藏的哥雅畫作

儘管哥雅1828年在法國辭世，羅浮宮博物館卻要到1865年才引進第一幅畫家的作品：〈基馬德肖像〉。

1894年，卡斯特(Castres)博物館收藏另幅偉大傑作：〈菲律賓公司委員會〉。

現今，羅浮宮與法國各地收藏有21幅哥雅的畫作。

法蘭西斯科・德馬佐(Francisco del Mazo)肖像，藏於卡斯特的哥雅博物館。

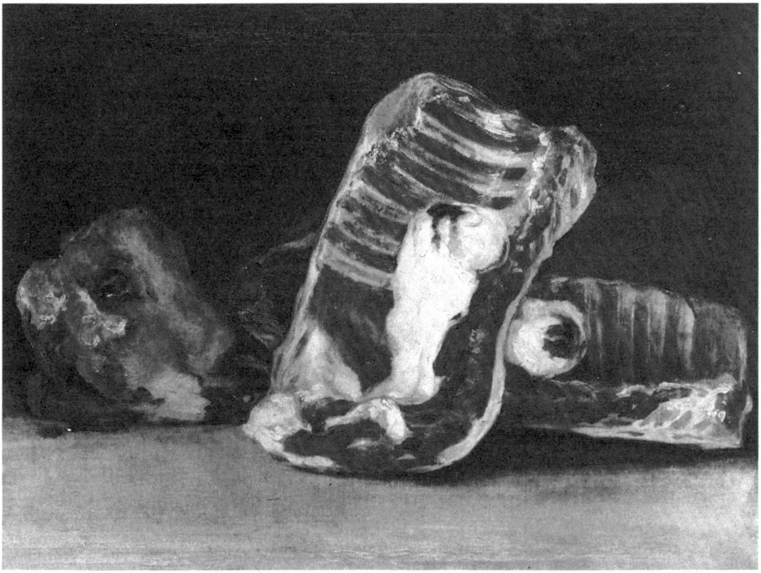

綿羊頭靜物畫，藏於羅浮宮博物館。

Evariste Perez de Castro肖像，藏於羅浮宮博物館。

Lorenza Correa肖像，又稱〈拿扇子的女人〉，藏於羅浮宮博物館。

圖片目錄與出處

封面

〈1808年5月3日〉。油畫，哥雅作。馬德里，普拉多美術館。

書脊

〈獵人與狗〉。馬德里，普拉多美術館。

封底

〈工業〉。馬德里，普拉多美術館。

扉頁

1-3　〈1808年5月2日〉。油畫，細部，哥雅作。
4-5　〈1808年5月2日〉。油畫，哥雅作。馬德里，普拉多美術館。
6-7　〈1808年5月3日〉。油畫，細部，哥雅作。
8-9　〈1808年5月3日〉。油畫，哥雅作。馬德里，普拉多美術館。

第一章

12　〈沙拉戈薩城市一景〉。油畫，Martínez del Mazo，1647年。
13　芬德托多村莊景色。
14　沙拉戈薩比拉聖母院(17-18世紀)。
15　〈皇家學院的人體素描課〉。素描，M. A. Houasse作。巴黎，羅浮宮博物館素描室。
16　〈鬥牛〉。肖像畫，細部，哥雅作。1779年(?)。馬德里，普拉多美術館。
17　〈鬥牛〉。皇家織錦廠底圖。1779年(?)。馬德里，普拉多美術館。
18　多瑙河雕像，羅馬Navona廣場的噴泉。依據貝尼尼(Giovanni Lorenzo Bernini)的素描而作的版畫。巴黎，國家圖書館。
19　〈神化西班牙〉。濕壁畫，提也波洛作。1764-1766年。馬德里，皇宮。
20　〈聖母往見圖〉，兩位天使(細部)。繪畫。爲沙拉戈薩，歐拉戴的嘉都西修道院而作的繪畫。1774年。
21　〈天使禮讚上帝之名〉。比拉大教堂的濕壁畫。沙拉戈薩。1774年。
22左　獵槍。哥雅在寫給薩巴特的信裡畫的。馬德里，普拉多美術館。
22右　〈獵人與狗〉。1775年。馬德里，普拉多美術館。
23　〈艾斯科里亞宮修道院〉。繪者不詳。
24　〈查理三世身著打獵服〉。1786-1788年。馬德里，普拉多美術館。
25　〈小酒館的械鬥〉。1777年。馬德里，普拉多美術館。

第二章

26　〈自畫像〉。1783年。法國阿尙(Agen)美術館。
27　〈爲什麼藏起它們？〉。版畫集〈隨想曲〉。
28　〈侍女〉。版畫，哥雅作。
29　〈侍女〉。油畫，委拉斯蓋茲作，1656年(?)。馬德里，普拉多美術館。
30　〈陶器商人〉。1778年。馬德里，普拉多美術館。
31　〈巴度宮〉。19世紀版畫。作者不詳。
32/33　馬德里托列多橋。水彩畫，David Roberts作。
36/37　比拉大教堂圓頂的全景。濕壁畫。1780-1781年。
37　比拉大教堂圓頂。濕壁畫，細部，Regina Martyrum作。1780-1781年。沙拉戈薩，比拉大教堂。
38　審議紀錄。聖卡洛斯國家銀行。1782年。
39　〈弗羅里達布伯爵〉。1783年。馬德里，Banco Urquijo。
40　〈羅德里蓋茲〉。1784年。瑞典斯德哥爾摩，國家博物館。

41 〈瑪麗亞·泰蕾莎·瓦拉比嘉騎馬肖像〉。1784年。佛羅倫斯，烏菲茲美術館。
42/43 〈唐路易斯親王家族肖像〉。1784年。帕爾馬，Magnani Rocca基金會，Corte di Mamiano。
44/45 〈彈吉他盲人與爲他引路的小孩〉。版畫。
44 〈紡紗老婦〉。石版畫。
46/47 〈村莊的鬥牛賽〉。1812年。馬德里，聖費南度學院。
47 〈鬥牛士佩德羅·羅梅洛〉。1796年。德州Kimbell，Forth Worth博物館。
48 〈受傷的砌石工〉。皇家織錦廠底圖。1786-1787年。馬德里，普拉多美術館。
49 〈泉水邊的窮人〉。皇家織錦廠底圖。1786-1787年。馬德里，普拉多美術館。
50 〈春天〉，又稱〈賣花女〉。1786-1787年。馬德里，普拉多美術館。
51 〈秋天〉，又稱〈採收葡萄〉。1786-1787年。馬德里，普拉多美術館。
52/53 〈夏天〉，又稱〈收割〉。1786-1787年。馬德里，普拉多美術館。
54/55〈冬天〉，又稱〈暴風雪〉。1786-1787年。馬德里，普拉多美術館。
56 〈爬油竿〉。1786-1787年。馬德里，Montellano公爵收藏。
57 〈卡巴修伯爵〉。1787年。馬德里，西班牙銀行。
58 〈聖依西朵平原〉。1788年。馬德里，普拉多美術館。
59 〈歐蘇納公爵家族肖像〉。1788年。馬德里，普拉多美術館。
60左上 〈畫室自畫像〉。1793-1795年(?)。馬德里，聖費南度學院。
60右上 〈波旁王室法蘭西斯科親王肖像〉。爲〈查理四世家族肖像〉作的草圖。1800年。馬德里，普拉多美術館。
60下 卡羅斯·馬里歐·依西德羅親王。〈歐蘇納公爵家族肖像〉，細部。馬德里，普拉多美術館。
61 Don Manuel Osorio Manrique de Zuñiga。1788年。紐約，大都會博物館。

第三章

62 〈傀儡〉。1791年(?)。馬德里，普拉多美術館。
63 〈城堡的模型〉。水粉畫，Lesueur作。巴黎，Carnavalet博物館。
64 〈薩巴特肖像〉。1790年。私人收藏。
65 〈婚禮〉。1791年。馬德里，普拉多美術館。
66下 自畫像。載哥雅寫給薩巴特的信。1794年8月2日。馬德里，普拉多美術館。
66上 〈馬德里皇宮〉。版畫，David Roberts作。巴黎，國家圖書館。
67 〈瑪麗亞·路易莎皇后〉，細部。1789年。西班牙科多巴(Cordoba)美術館。
68/69 〈宗教裁判所一景〉。1812-1814年。馬德里，聖費南度學院。
69上 〈自畫像〉。水墨畫。約1795-1797年。紐約，大都會博物館。
70 〈女暴君〉，細部。1794年。Palma de Mallorca，J. March收藏。
71 〈李卡多斯將軍〉，細部。1793-1794年。馬德里，普拉多美術館。
72 〈亞爾巴公爵夫人〉。素描。
73左 〈亞爾巴公爵夫人〉。1795年。馬德里，Cirio皇宮。
73右 〈索拉娜女侯爵〉，細部。1794-1795年。巴黎，羅浮宮博物館。
74 〈巴佑〉，細部。1795年。馬德里，普拉多美術館。
75 〈亞爾巴公爵夫人及其侍女〉。1795年。馬德里，普拉多美術館。
76 〈自畫像〉。版畫集〈隨想曲〉的卷首插畫。
77上 〈戈多伊〉。1801年。馬德里，聖費南度學院。
77下 〈荷維雅諾肖像〉，細部。1798年。馬德里，普拉多美術館。
78上 聖安東尼奧教堂內部。19世紀版畫，作者不詳。巴黎，國家圖書館。
78下 馬德里的聖安東尼奧教堂一景。19世紀版畫，作者不詳。巴黎，國家圖書館。
79 聖安東尼奧教堂圓頂。濕壁畫，細部。1798年。
80 〈理性的睡眠製造怪物〉。載版畫集〈隨想曲〉。馬德里，普拉多美術館。
81右 〈基馬德〉。1798年。巴黎，羅浮宮博物館。
81左 〈瑪麗安娜·華德斯坦〉是桑克魯茲第九個女侯爵(1763-1808)。巴黎，羅浮宮博物館。

第四章

82 〈瑪麗亞・路易莎皇后騎馬肖像〉。1799年。馬德里，普拉多美術館。
83 〈這個灰塵……〉。載版畫集〈隨想曲〉。
84 〈帶眼鏡的自畫像〉。約1800年。法國卡斯特(Castres)，哥雅博物館。
84/85上 哥雅信件的摹寫。1776年。馬德里，皇宮。
85 〈莫拉丁肖像〉。1799年。馬德里，聖費南度學院。
86/87 〈裸身瑪哈〉。1800年11月前作。馬德里，普拉多美術館。
87 〈秦瓊伯爵夫人〉。1800年。馬德里，私人收藏。
88/89 〈查理四世家族肖像〉。1800-1801年。馬德里，普拉多美術館。
89上 María Josefa王妃，爲〈查理四世家族肖像〉作的預備草圖。1808年。馬德里，普拉多美術館。
89下 波旁王室帕爾馬親王，爲〈查理四世家族肖像〉作的預備草圖。1808年。馬德里，普拉多美術館。
90 〈工業〉。1800-1803年。馬德里，普拉多美術館。
91 〈努涅茲伯爵〉。1803年。馬德里，私人收藏。
92 〈伊莎貝爾・德羅波・伊波賽〉，細部。1804-1805年。倫敦，國家藝廊。
93 〈維拉弗朗卡侯爵夫人與丈夫〉。1804年。馬德里，普拉多美術館。
94 〈古美辛妲・喬可奇亞〉。黑石畫。1805年。馬德里，私人收藏。
95上 〈馬拉加托強盜用槍威脅札帝維亞〉。1806-1807年。芝加哥，藝術協會。
95下 〈哈維爾・哥雅〉。黑石畫。1805年。馬德里，Casa Torres侯爵收藏。

第五章

96 〈巨人〉。1802-1812年。馬德里，普拉多美術館。
97 〈多麼勇敢！〉。載版畫集〈戰爭的禍害〉。
98 〈斐迪南七世進入馬德里〉。版畫。
99 〈斐迪南七世身著皇袍〉。1815年。馬德里，普拉多美術館。
100/101 〈軍營裡的槍決〉。1808-1810年。馬德里，私人收藏。
102 〈少婦與信件〉。1812-1814年。法國里爾(Lille)美術館。
103 〈老婦們〉。1812年前作。法國里爾美術館。
104 〈這裡也沒有〉。載版畫集〈戰爭的禍害〉。
105上 〈製造子彈〉。1812-1813年。馬德里，皇宮。
105下 〈製造火藥〉。1812-1813年。馬德里，皇宮。
106/107 〈鼠疫患者醫院〉。1808-1810年。馬德里，私人收藏。
108 〈槍決囚犯的強盜〉。1808-1810年。馬德里，私人收藏。
109 〈剝掉女人衣服的強盜〉。1808-1810年。馬德里，私人收藏。
110 〈沙丁魚的葬禮〉。1813-1814年。馬德里，聖費南度學院。
111 〈威靈頓公爵〉。1812年。倫敦，國家藝廊。
112 〈自畫像〉。1815年。馬德里，聖費南度學院。
112/113 〈菲律賓公司委員會〉。1815年。卡斯特，哥雅博物館。
114上 〈聾子之家〉。版畫，載《哥雅的一生》，伊利亞作。1867年。
114下 〈歐蘇納第十公爵〉。1816年。巴永，Bonnat博物館。
115下 〈卡拉札的聖約瑟之最後領聖餐〉。1819年。馬德里，聖安東教堂。
116/117上 〈阿思摩德〉。1823年(?)。馬德里，普拉多美術館。
116/117下〈兩位陌生人〉。1823年(?)。馬德里，普拉多美術館。
118 〈茱蒂思與赫洛弗尼斯〉。1823年(?)。馬德里，普拉多美術館。
119 〈司農之神呑食自己的孩子〉。1823年(?)。馬德里，普拉多美術館。
120/121 〈大山羊〉，細部。1823年(?)。馬德里，普拉多美術館。
122 〈瑪諾拉〉。Dona Leocadia Zorilla作。1823年(?)。馬德里，普拉多美術館。
123 〈瑪諾拉〉。X光照片。1823年(?)。馬德里，普拉多美術館。

見證與文獻

浮宮博物館。
169上 〈綿羊頭靜物畫〉。哥雅作。巴黎，羅浮宮博物館。

圖片版權所有

佛羅倫斯，Agence Scala：41, 42-43, 105上, 105下。巴黎，Artephot：46-47, 47上, 56, 64, 70, 73右, 77上, 84, 85, 86, 87, 98, 110, 115, 161。巴黎，Artephot/Oronoz：39, 57, 60左上, 68, 69, 73左, 77下, 79, 82, 87, 89下, 91, 100, 101,102, 103, 108, 109, 111。巴黎，Bulloz：26。巴黎，國家圖書館：18。Cliches Gallimard：106-107, 118, 119, 120, 121。保留版權：13, 27, 28, 31, 36-37, 37下, 38, 44上, 44-45下, 72, 80, 83, 84, 85上, 94, 95下, 97, 104, 127, 128, 130, 131, 133, 135, 140, 141, 142-143, 144上, 144下, 145上, 145下, 146左下, 146右下, 146左上, 146右上, 147左上, 147右下, 148, 149, 150, 151上, 151下, 152, 153, 154, 155上, 155下, 156上, 156下, 157, 164, 165, 167。巴黎，Edimédia：66上。巴黎，Giraudon：63, 112, 113。巴黎，Image 3/Artephot：95上。明尼亞波利，藝術協會：126。巴黎，Magnum：114下。馬德里，普拉多美術館：1, 4, 5, 6, 7, 8, 9, 16, 17, 22左, 22右, 25, 29, 30, 48, 49, 50, 51, 52, 53, 54, 55, 58, 59, 60下, 62, 65, 66下, 67, 71, 74, 75, 88, 89, 90, 93, 96, 99, 114上, 116-117上, 116-117下, 123, 124, 136-137, 163。馬德里，普拉多美術館(Cliches Gallimard)：24, 89上, 125。巴塞隆納：Mas：19, 20, 21, 23, 32-33, 40, 112。倫敦，國家藝廊：92。紐約，大都會博物館：69右, 158。馬德里，Oronoz：12, 76, 122。巴黎，RMN：15, 61, 81左, 81右。巴黎，Roger-Viollet：14, 78, 132, 134, 168, 169左, 169右, 169上。

索引

一劃

三劃

四劃

五劃

六劃

七劃

八劃

九劃

十劃

十一劃

十二劃

十三劃

十四劃

十五劃

十六劃

十七劃

十八劃

十九劃

二十劃以上

編者的話

時報出版公司的《發現之旅》書系，獻給所有願意親近知識的人。

此系列的書有以下特色：

第一，取材範圍寬闊。每一冊敘述一個主題，全系列包含藝術、科學、考古、歷史、地理等範疇的知識，可以滿足全面的智識發展之需。

第二，內容翔實深刻。融專業的知識於扼要的敘述中，兼具百科全書的深度和隨身讀物的親切。

第三，文字清晰明白。盡量使用簡單而清楚的文字，冀求人人可讀。

第四，編輯觀念新穎。每冊均分兩大部分，彩色頁是正文，記史敘事，追本溯源；黑白頁是見證與文獻，選輯古今文章，呈現多種角度的認識。

第五，圖片豐富精美。每一本至少有200張彩色圖片，可以配合內文同時理解，亦可單獨欣賞。

自《發現之旅》出版以來，這樣的特色頗受讀者支持。身爲出版人，最高興的事莫過於得到讀者肯定，因爲這意味我們的企劃初衷得以實現一二。

在原始的出版構想中，我們希望這一套書能夠具備若干性質：

●在題材的方向上，要擺脫狹隘的實用主義，能夠就一個人智慧的全方位發展，提供多元又豐富的選擇。

●在寫作的角度上，能夠跨越中國本位，以及近代過度來自美、日文化的影響，爲讀者提供接近世界觀的思考角度，因應國際化時代的需求。

●在設計與製作上，能夠呼應影像時代的視覺需求，以及富裕時代的精緻品味。

爲了達到上述要求，我們借鑑了許多外國的經驗。最後，選擇了法國加利瑪 (Gallimard) 出版公司的 *Découvertes* 叢書。

《發現之旅》推薦給正値成長期的年輕讀者：在對生命還懵懂，對世界還充滿好奇的階段，這套書提供一個開闊的視野。

這套書也適合所有成年人閱讀：知識的吸收當然不必停止，智慧的成長也永遠沒有句點。

生命，是壯闊的冒險；知識，化冒險爲動人的發現。每一冊《發現之旅》，都將帶領讀者走一趟認識事物的旅行。

發現之旅 80

哥雅

既華美浪漫又殘酷寫實

原　　著—Jeannine Baticle
譯　　者—廖慧貞
主　　編—張敏敏
文字編輯—曹　慧
美術編輯—張瑜卿
董 事 長
發 行 人—孫思照
總 經 理—莫昭平
總 編 輯—林馨琴
出 版 者—時報文化出版企業股份有限公司
108台北市和平西路三段240號三樓
發行專線—（02）2306-6842
讀者服務專線—0800-231-705・（02）2304-7103
讀者服務傳眞—（02）2304-6858
郵撥—19344724 時報出版公司
信箱—台北郵政79～99信箱
時報悅讀網—http://www.readingtimes.com.tw
電子郵件信箱—know@readingtimes.com.tw
印　　刷—詠豐彩色印刷股份有限公司
初版一刷—二○○六年二月二十日
定　　價—新台幣二八○元

⊙行政院新聞局局版北市業字第八○號

ISBN 957-13-4438-9

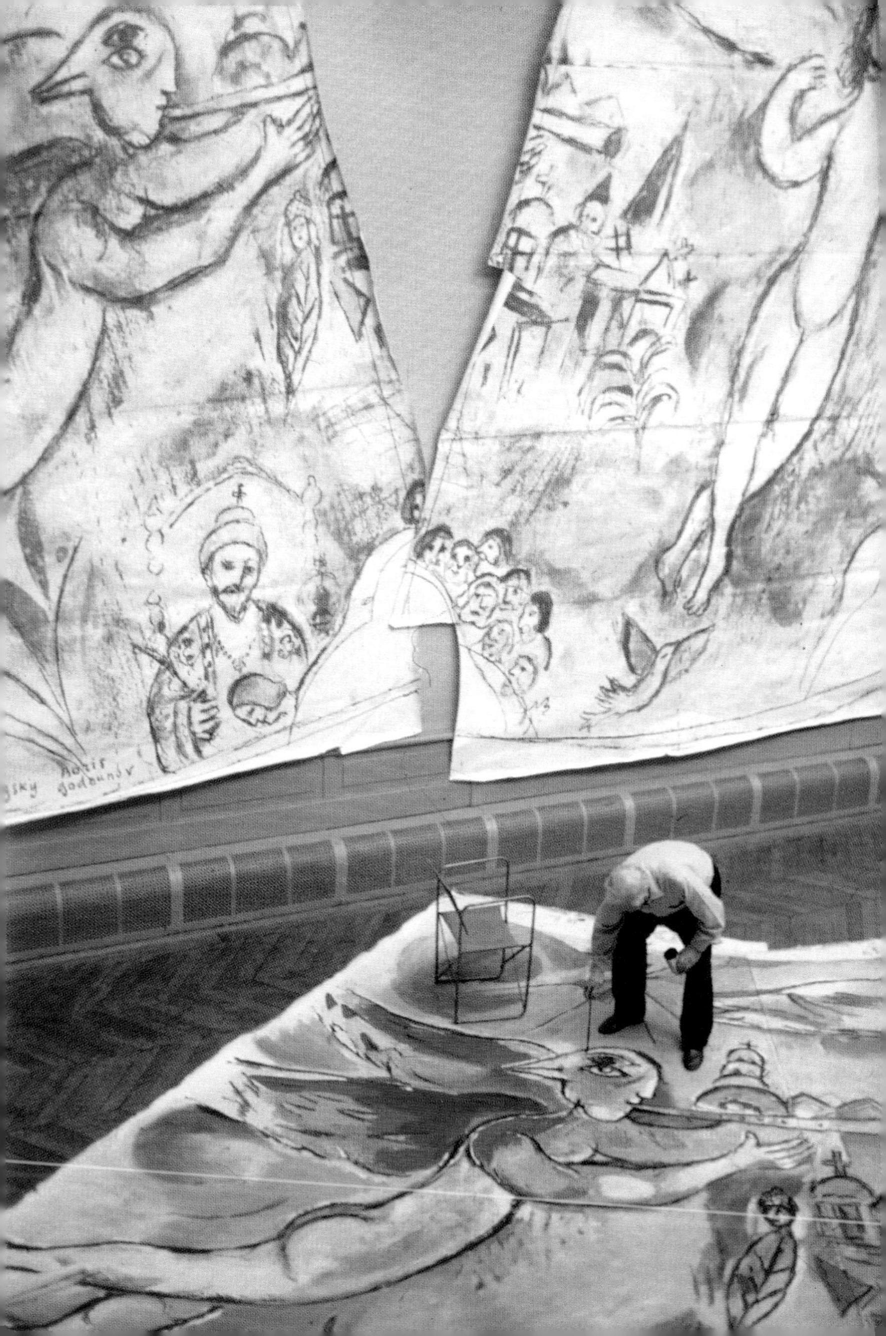
gsky
Godounov

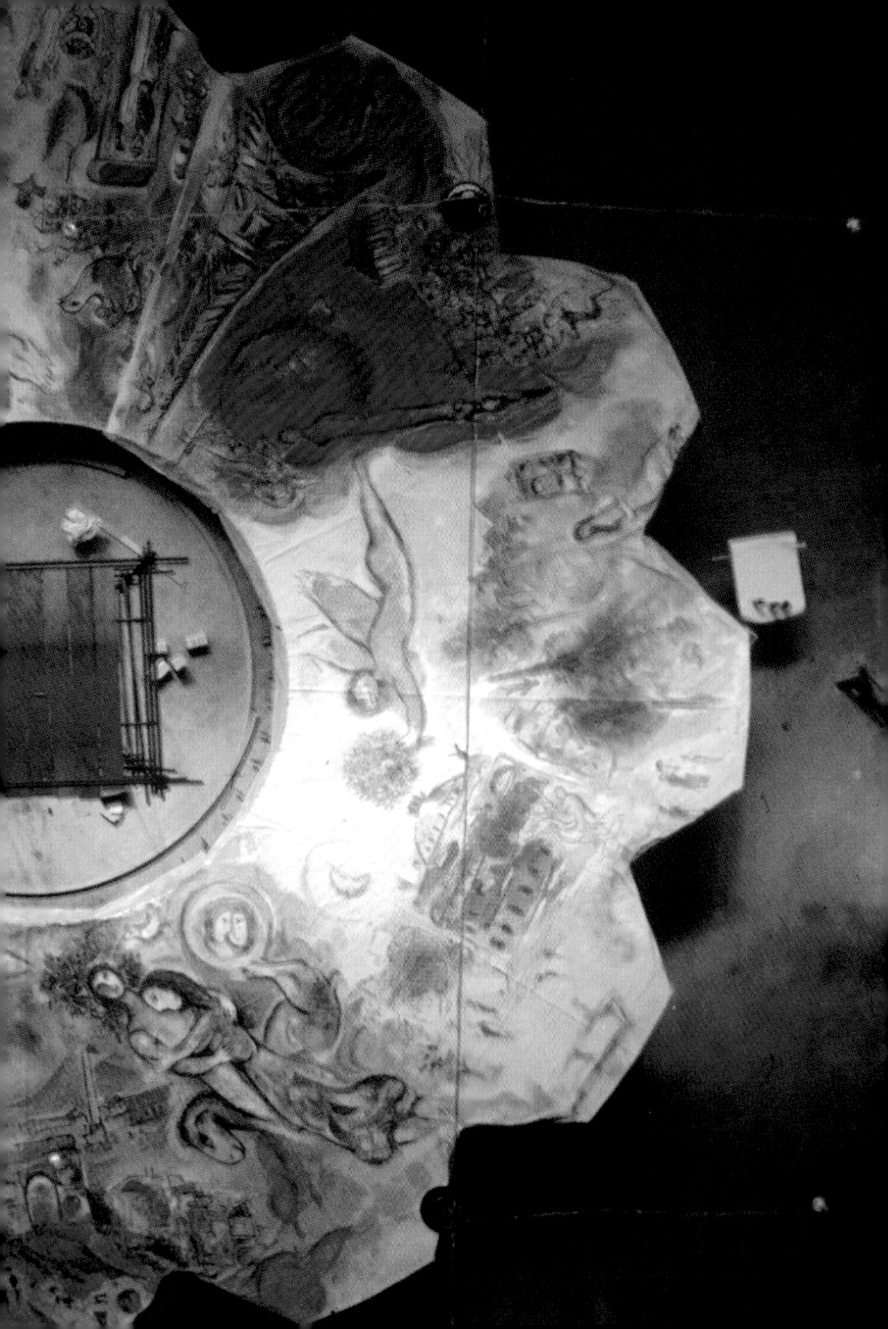

目錄

Daniel Marchesseau

1947年生於巴黎。專責督察文化資產管理的首席負責人，
曾在法國與國外策畫多次展覽，包括：
巴黎現代藝術博物館、巴黎裝置藝術博物館、
瑞士馬汀尼(Martigny)加納達(Pierre Gianadda)基金會及日本等地。
1973年受到夏卡爾的朋友，即巴黎現代藝術博物館前館長
拉塞尼(Jacques Lassaigne)鼓勵，出版一系列藝術家的專著及畫冊，
包括：唐吉(Yves Tanguy)、莫迪里亞尼(Amedeo Modigliani)、
羅蘭桑(Marie Laurencin)、傑克梅第(Diego Giacometti)、杜布菲(Jean Dubuffet)等。
為紀念夏卡爾逝世十週年，曾在巴黎現代藝術博物館
策畫展出「夏卡爾，1907至22年的俄羅斯歲月」。

夏卡爾

醉心夢幻意象

原著=Daniel Marchesseau
譯者=周夢羆

時報出版

1887年7月7日，在離立陶宛邊境不遠的白俄羅斯維捷布斯克(Vitebsk)，莫伊希・塞加爾(Moyshe Segal)誕生在一個講意第緒語(Yiddish)的猶太教哈西德(Hassidic)教派家庭中。父親扎哈爾(Zakhar)是鯡魚店的夥計，母親費加-伊塔(Feiga-Ita)經營雜貨鋪。夏卡爾(Marc Chagall)日後將邁出大步，跨出傳統源遠流長的猶太村落，離開貧民區，開創他充滿想像的世界。

第一章

離開維捷布斯克

〈高舉酒杯的伉儷〉(1917)禮讚當時30歲的夏卡爾和年輕新娘蓓拉的婚禮。畫中他們在維捷布斯克建於1743年的烏斯潘斯基(Ouspensky)大教堂、一所中學和新建的鐵路橋前。右圖是夏卡爾的父母。

在他家的起居室裡，一家人圍著餐桌虔誠地守著安息日，一盞煤油燈照亮餐桌。餐前的祈禱聲和著掛鐘的嘀嗒聲，時間在緩慢流逝。左圖這幅〈安息日〉(1909)反映畫家在習藝歲月裡對繪畫的探索：突出的色彩、家庭的主題、人物的謙恭神態，都是他向耶烏達·潘學藝最初階段的特徵。潘老師日後為夏卡爾畫了一幅肖像，描繪出這個自命不凡青年的形象(下圖)。夏卡爾當時沒有蓄鬍，所以與猶太人的傳統有明顯區別。1919年，夏卡爾擔任維捷布斯克自由藝術學院的校長，請潘老師主持一間畫室，以示對他一片忠誠，且總是把他的作品納入聯展中。

全家人虔誠遵循哈西德教派奠基於對鄰人之愛的教規。每個紀念活動，如：安息日、普林節、住棚節、贖罪日等都要尊重。父母都是文盲的夏卡爾先進入傳統猶太小學就讀，學習希伯來語和《聖經》史。沙皇俄國禁止猶太小孩進入一般公立小學，但母親憑一席酒菜，讓夏卡爾得以在13歲那年進入普通中學，學習俄語和幾何學。這段時期形塑了他意第緒語-俄語的雙語表達方式，後來又學會法語，使他講話中帶有無法模仿的詞彙和口音，且因微微口吃更顯獨特。

啓蒙時期

1906年，19歲的夏卡爾進入畫家耶烏達·潘(Yehuda Pen)在維捷布斯克市中心自宅開設的畫室學畫，前後兩個月。俄語也說得不好的潘，是小有名氣的學院派風景畫和肖像畫家。這段短暫的學藝期爲年輕的夏卡

爾留下深遠的影響。尤其他筆下的猶太人肖像，在履行宗教儀式時所顯現的專注神情，使人聯想起耶烏達・潘的一些肖像畫；〈閱讀摩西五書〉、〈闡述猶太法典他勒目〉、〈戴無邊圓帽的老人〉……這段師徒關係只持續了很短的時間，但戰爭期間又重新開始：1917年，他們分別爲對方畫肖像。即使早在1906年，夏卡爾就已經開始使用狂放不羈的色彩和基本上揚棄寫實主義的手法，使畫面顯得奇譎怪誕：「在潘老師那兒，我是唯一用紫色作畫的學生，這招好像很大膽，於是從那時開始，我就不用交學費了。」夏卡爾的父親實在太窮了，供不起兒子的志向。於是爲了賺一點微薄的工資，夏卡爾得去替一個攝影師修底片。1907年，夏卡爾口袋裡只有27個盧布，終於出發去俄國首都聖彼得堡。當時在涅瓦河(Neva)沿岸嚴格執行反猶太法令：只有持有特殊許可證的藝術家，才能在那裡居住。

1907年，夏卡爾畫了上圖這幅自畫像，當時這受教育不多的窮猶太人還是首次看到壯麗宏偉的聖彼得堡。下圖是茲納寧斯凱(Znanienskaia)廣場和涅夫斯基(Nevski)街景：小夏卡爾曾期盼在那裡瞻仰沙皇。

藝術贊助人高德堡(Goldberg)律師名義上雇夏卡爾當僕人，好讓他在首都居留，進帝國協會美術學校學習修護美術品。但一晚，夏卡爾因未將過期的居留許可證換新而遭到一頓毆打，還被關進監獄15天。

涅瓦河畔的杜馬是聖彼得堡的議會，維納韋曾在此為猶太人的權利辯護。自凱瑟琳二世以來，猶太人被迫住在劃定區內。夏卡爾正是聽從維納韋忠告，才跟隨畫家巴克斯特學畫。右頁〈握著畫筆的自畫像〉就是在巴克斯特那裡完成的，此畫反映他受到古典大師影響，露出一股傲氣。

莫伊希・塞加爾在聖彼得堡

夏卡爾很高興發現亞歷山大三世的博物館，看到修士畫家魯布列夫(Andrei Roublev)的聖像畫，讚歎：「我們的文藝復興開拓者契馬布耶(Cimabue)」。

年方20歲的夏卡爾受到美術學校的年輕主任羅里希(Nicolas Roerich)極大鼓勵。1907年4月，羅里希讓夏卡爾得到緩征機會，隨後又免役，還獲得從1907年9月到1908年7月每月15盧布的助學金。

生平首次獲得禮遇的夏卡爾於是在這所私立美術學校待上一陣子，校長是受歡迎的風景畫家賽登柏格(Saidenberg)，畫風屬「巡迴畫派」。出身寒微、受教育不多的外省人夏卡爾生活拮据，與其他窮人同享屋角的草蓆。他的畫如自傳描述，那盞油燈和那把椅子成爲他的象徵原型：「我不止一次懷著羨慕心情，注視桌上那盞點燃的煤油燈，暗自思忖，瞧，它燒得多麼自在愉快，它可以盡情地喝著煤油，而我呢……」

維納韋(Maxime Vinaver)是1905年革命後成立的杜馬(Douma)下議院中頗具影響力的民主派議員，也是聖彼得堡的希伯來歷史與民族誌協會的領導人物。他成爲夏卡爾的導師，安排他住在自己所編猶太政治雜誌《黎明》(*Voshod*)的辦公室裡。不久，茲凡思瓦藝術學校校長暨畫家巴克斯特(Léon Bakst)接受他爲學生。由茲凡思瓦(Elizaveta Nikolaievna Zvantseva)創辦的這所學校，因在現代藝術上的創見與開放而聞名一時；學生包括托爾斯泰伯爵夫人和舞蹈家尼金斯基(Vaslav Nijinsky)。夏卡爾日後回憶，巴克斯特讓他感受到「歐洲氣息」，鼓勵他離開俄國去巴黎。從此，夏卡爾開始脫離俄國藝術圈，有別於那時當道的寓意畫和某些藝術理論，夏卡爾已顯現其獨立的視野和孤僻的藝術形象，摒棄所有已知的藝術社團或藝術家團體，使他有股傲然之氣。

「夏卡爾是我最喜愛的學生，我喜歡他是因為他仔細聽完我講課後，拿起蠟筆和水彩或油畫筆，就畫出與我截然不同的畫，個性十足，這種氣質很少見。」

巴克斯特(下圖)

投身俄國的現代藝術

夏卡爾在藝術學校學習兩年，1909年春，巴克斯特和畫家兼評論家貝努瓦(Alexandre Benois)這兩位後象徵主義團體「藝術世界」(Mir Iskousstva)創建者到巴黎與芭蕾舞家佳吉列夫(Sergey Diaghilev)會合，夏卡爾

跟隨創新藝術家多布金斯基(Mstislav Doboujinsky)，他是第一個向夏卡爾引介梵谷和塞尚作品的人。1910年春，夏卡爾在《阿波羅》(*Apollon*)前衛雜誌首次展出作品，支持新形式藝術，這在當時奉行學院派的保守寫實畫家列賓(Ilya Repin)看來，是椿可恥的醜聞。

這種投入環境體現時代精神的勇氣，可視爲全歐運動的一環。隨著1905年俄國政治的改朝換代，歷經幾次動盪後，藝術家受到俄國向新潮流開放尤其是法國影響，重組前衛團體，反抗學院派。藝術雜誌貢獻很大，刊登重要藝術宣言，策畫畫展比較俄法畫家的作品。夏卡爾與同期畫家得以熟悉歐洲藝術令人眼花撩亂的發展，從野獸派的馬諦斯(Henri Matisse)、德漢(André Derain)和烏拉曼克(Maurice Vlaminck)，以至德國的表現主義與義大利的未來派藝術家。

1907年在聖彼得堡，布流克(Bourliouk)兄弟與詩人馬雅科夫斯基(Vladimir Maiakovskii)建立俄國第一個未來主義團體，隨後與其他叛逆的藝術家，如拉里歐諾夫(Mikhail Larionov)、岡察洛娃(Natalia Gontcharova)，馬勒維奇(Kasimir Malevitch)和塔特林(Tatline)一起參加1909年成立的「青年聯盟」。同年，拉里歐諾夫、岡察洛娃在莫斯科舉行第二屆「金羊毛」畫展的開幕式，同時也舉辦「自由美學」畫展。夏卡爾是聖彼得堡這如火如荼的新原始主義運動的見證者和參與者，後來在旅居巴黎期間，他繼續爲那些早期朋友策畫的俄國前衛派畫展寄送自己的作品，其中包括〈驢子的尾巴〉這幅畫。夏卡爾的技法發展包括不同階段，從強烈的俄羅斯野獸派到布流克兄弟的「立體-未來派」都有，顯示他在當時那無人能逃避、狂熱欣喜的氣氛下也能融合各家觀點。

1909年，夏卡爾愛上維捷布斯克一位珠寶商的女兒蓓拉。蓓拉在莫斯科結束學業後熱中戲劇。她被這個活潑男子所吸引，在他出國去巴黎期間等了他四年，後於1915年完婚。在30年的婚姻生活中，她一直是夏卡爾最鍾愛的繆斯。

「不可爲自己雕刻偶像，也不可作甚麼形像、彷彿上天、下地、和地底下水中的百物。」(〈申命記5：8〉)

夏卡爾很早就棄絕猶太傳統嚴禁描繪人物形象的破除偶像原則，成爲說故事者和意象畫家，將直到那時仍受語言局限的形式表現，訴諸對猶太教和《聖經》信息的懷念：現實與傳奇、夢幻與寓意，始終是曖昧隱晦、反差強烈的主題。這傾心融合現實和非理性、可見與不可見、民俗和傳奇的現代藝術信念，這昇華主觀意念以獲得象徵多義性、超越其根源文化和儀典世界的使命，成爲他復

〈婚禮〉(1910)是留學巴黎的初期畫作，是一系列關於維捷布斯克生活的作品之一，夏卡爾用不同視角來描繪維捷布斯克。上圖這幅色彩與構圖皆可觀的野心之作，體現了傳統婚禮的熱烈氣氛。左邊的挑水者露出愉悅神情，樂師們走在婚禮行列之前，小丑則在婚宴上取悅親友。

〈死神〉(1908)是夏卡爾與茲凡思瓦藝術學校學生作品一起展出的三幅作品之一。這幅寓意畫是他最早期採用陰暗手法的典型代表。他之前畫了幾幅習作，好確定透視上

的斜角定向。畫家創造一個宗教場景，但實際上與猶太或基督教傳統無關。依據窮人家的木屋可判斷發生在維捷布斯克：死者平躺著，周圍點著蠟燭，遺孀在一旁痛哭。清潔工象徵冷漠和歲月的流逝。天地間一個小提琴手蹲坐在屋頂上，寧靜安謐的哀樂顯示喪事正在進行。鞋店招牌前鞋匠不協調的位置，表現出夏卡爾融合現實與幻想的想像世界。

國的基本信念。夏卡爾這天生的猶太人隨時代推進，變成最廣義的教徒，拒絕所有教義，但懷著對猶太-基督教的抽象信仰，擁抱永恆的上帝和仁慈的宇宙。

從他最早的油畫(1907-09)可發現他的技法大有進步：〈死神〉、〈鄉村園遊會〉、〈聖徒之家〉、〈婚禮〉、〈誕生〉，這些對家庭情景的追憶都是具熱情內涵和心靈力度的隱喻性構圖。從沉重晦澀的色調來看，與其說接近西方，不如說更接近東方傳統。畫中建築的外形加上扭曲的透視法，類似樸素藝術(Naive)或新原始主義(neo-Primitivist)繪畫，人物刻意放大比例的表現主義方式，創造出莊嚴夢幻的抒情，這在同期畫家中見不到。筆觸雖還不夠出色，但手法卻很謹慎且經過深思熟慮，帶著驚人的自信。色調大體是陰暗的，但也透過少數幾乎呈乳白色的平面區塊而使畫面亮起來。構圖透過切割空間以奇異角度安排散點透視關係，顯示出罕見的成熟。這時期的品味反映在仔細的觀察和對細節的偏好，尤其是在布面油畫上。

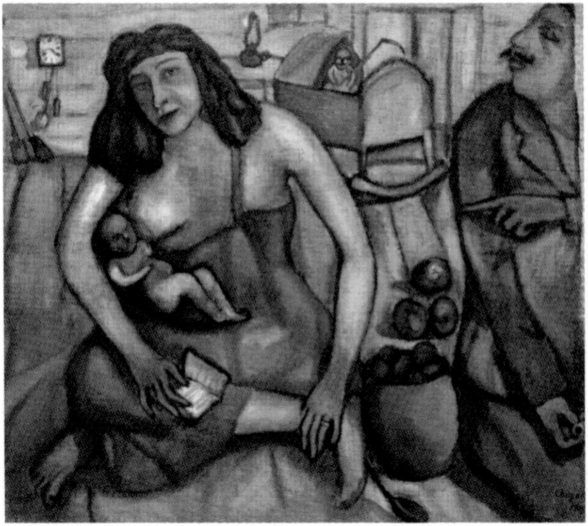

〈聖徒之家〉(1909)是向母愛及創新猶太-基督教神話題材致敬，夏卡爾在亞麻布上畫一幕家庭場景，靈感來自俄國通俗畫的意象。人物用單色塗抹，左邊女性的溫柔因父親用指頭指出而被強調出來。夏卡爾抵達巴黎後，從格列茲和梅金傑(下圖)簽署的「立體派」宣言中得到啓發，在現代主義的邊緣發展他的畫法。

「維捷布斯克，我要離開你了……」

1910年8月，幾個月來慷慨解囊、直到1914年的維納韋又資助畫家一筆錢。他終於可離開俄羅斯去巴黎。這趟初旅標誌他生命的轉捩點，夏卡爾決定在法國首都定居，命運就此改觀……一到巴黎，莫伊希・塞加爾就取法文名字，改叫馬克・夏卡爾。他先借住畫家愛倫堡(Ehrenburg)位於蒙帕納斯(Montparnasse)梅納街(Maine)18號的寓所。一如往常，他出入好幾所美術學校，包括「大茅屋」(Grande Chaumière)和「調色盤」(La Palette)，任教的有勒・福康尼耶(Le Fauconnier)、格列茲(Albert Gleizes)、梅金傑(Jean Metzinger)和德・謝貢查克(Dunoyer de Segonzac)。由於經濟拮据，他只好在不用的布、床單，甚至襯衫上作畫。在〈小提琴手〉這幅畫中還隱約可見露出花邊裝飾的襯底。

比起去畫室上課，他更喜歡去羅浮宮研究古代大師作品。法蘭德斯(Flanders)和義大利文藝復興前的古

夏卡爾在「蜂巢」(La Ruche)畫了這幅〈獻給未婚妻〉。多虧德洛內(下圖)堅持，夏卡爾這幅作品才得以在獨立沙龍上展出。桑德拉在這幅構圖奇譎的畫上，看到他那因火燭不慎而死於火災的未婚妻海倫娜。這就是夏卡爾取這畫名的由來。畫中少女被砍掉的腦袋正在向妖怪臉上吐

唾沫。阿波里奈爾說當時這幅描繪「抽鴉片的驢子」起先被拒展。此畫曾修改過，用金色把有礙風俗的細節掩蓋掉。作品的意義就任由觀者去揣想了。

夏卡爾是在「蜂巢」認識阿波里奈爾的，還在「巴蒂之家」(Chez Baty)這個藝術家經常光顧的酒館桌巾上，為他畫了這幅諷刺肖像畫(右頁上圖)。

典美學準則及法國偉大古典畫家都構築他的美學觀，解放其色彩靈感。德拉克洛瓦(Eugène Delacroix)、傑利柯(Théodore Gericault)、庫爾貝(Gustave Courbet)、勒南兄弟(Le Nain)、華鐸(Antoine Watteau)、烏切羅(Paolo Uccello)、福格(Jean Fouquet)，以及夏丹(Jean Baptiste Chardin)等都是他的研究對象。

這段日子對離鄉背井、自我懷疑的夏卡爾是段寂寞時期。他喜歡在夜裡作畫，白天則去畫商伯恩罕(Bernheim)、杜杭-胡埃(Durand-Ruel)、佛拉(Ambroise Vollard)的沙龍和藝廊，研究印象派畫家塞尙、高更、魯東(Odilon Redon)和同期畫家對空間和光的探索，善用絢麗色彩，迅速領悟野獸派的現代觀念。巴克斯特稱讚他：「現在你的色彩響亮了！」他從立體派借用解構技巧，但仍懷疑這個技巧過於寫實。

桑德拉、阿波里奈爾與其他人

1911年底，鄰居稱「詩人」的畫家遷居「蜂巢」，一棟塞滿破舊工作室的建築，群集著貧窮藝術家：雷捷(Fernand Léger)、雕刻家羅杭(Henri Laurens)及許多外國藝術家；彼此往來，生活匱乏。還有夏卡爾的同胞：雕刻家阿奇賓科(Alexander Archipenko)、查德金(Ossip Zadkine)、畫家蘇汀(Chaim Soutine)，以及作家薩爾門(André Salmon)、雅可伯(Max Jacob)，他們日後都成爲「巴黎畫派」(L'Ecole de Paris) 的擁護者。

1889年的萬國博覽會後，「蜂巢」(上圖)重建於沃吉哈(Vaugirard)屠宰場附近，由12個側廳組成的中央展廳，頂部築有中國帽式的圓頂，把許多畫室重新組合成一間間梯形「蜂巢」，因而得名。

夏卡爾在「蜂巢」認識同齡的瑞士詩人桑德拉(Blaise Cendrars)，他爲人熱情，喜歡旅行，待過聖彼得堡，了解俄國。夏卡爾移居巴黎初期，兩人迅速結爲好友。桑德拉彷佛「光明熾熱的火焰」與夏卡爾同

〈獻給俄國、驢子和其他人〉(1911-12)的標題是桑德拉(下圖)取的。這幅繪於巴黎的象徵追憶畫，是以各種想像主題為內容的鑲嵌畫，描繪星空下的猶太村落及猶太-基督教城市。斷頭的女人一如在〈獻給未婚妻〉和〈世界以外的地方〉一樣，也許象徵靈魂從地上飛向天堂。

甘共苦，是他的良師益友，介紹他認識法國畫家德洛內(Robert Delaunay)和其俄裔妻子特克(Sonia Terk)。

桑德拉爲夏卡爾許多畫作題名：〈獻給俄羅斯、驢子和其他人〉、〈獻給未婚妻〉、〈詩人，三點半〉……將《快活詩集》兩首詩獻給他，在〈西伯利亞散文〉說：「就像我的朋友夏卡爾，我可創作錯亂顛狂的畫面。」1912年，桑德拉介紹他認識詩人阿波里奈爾(Guillaume Apollinaire)：「這溫柔的宙斯〔…〕用詩句、數字和躍動音節爲我們照亮道路。」他造訪畫家的畫室足堪寫入歷史：「阿波里奈爾坐下，像捧套全集般捧著肚子〔…〕他漲紅臉，鼓起下巴微笑道：

『超自然！』」他猜到畫家對「眞實」的曖昧態度。這字暗示他充滿力量而折衷的意象出自夢般的無意識。畫家將〈亞當與夏娃〉獻給阿波里奈爾、桑德拉、卡努多(Ricciotto Canudo)和瓦爾登(Herwarth Walden)，代表獨一無二象徵敬意，對四位熱情支持者的感激。詩人收到畫家用紫墨水畫的肖像後回贈詩作〈侯索吉〉(*Rotsoge*；法國超現實派詩人布荷東〔André Breton〕稱爲「本世紀最自由的詩！」)，竟草草寫在一張菜單背面！可惜的是，畫家1914年在瓦爾登於柏林的「狂飆」(Der Sturm)畫廊舉辦首次個展，詩人原承諾寫展覽介紹卻從未寫出。

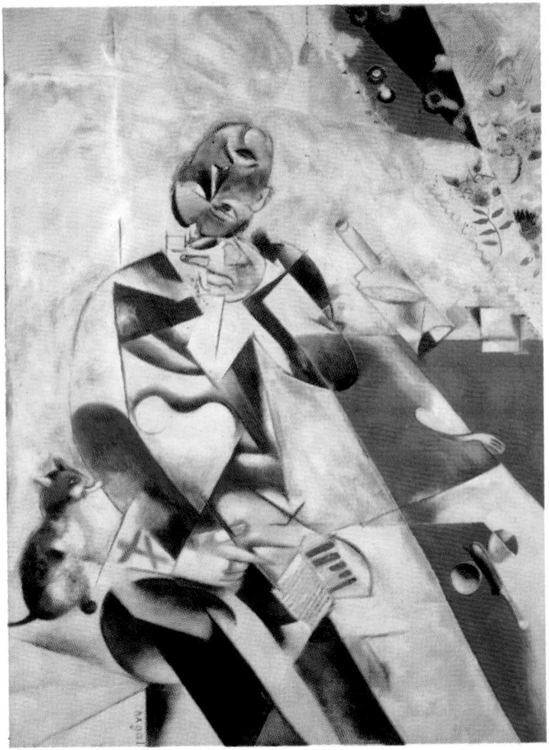

夏卡爾在紫丁香園咖啡屋所在的蒙帕納斯認識立體派，並受到啓發。這幅借用桑德拉詩名的畫作〈詩人，三點半〉，令人聯想起在凌晨三點完成的〈詩人馬贊〉的第二版，但也是由他自己配寫詩作。

「巴黎，有著獨一無二的鐵塔、絞刑架和摩天輪的都市」(桑德拉)

1910至14年的蒙帕納斯充滿藝術家、詩人和波西米亞人，以獨特方式重新定義藝術概念。被忽視的塞尙、高更和梵谷及晚期野獸派的狂暴色彩、立體派的激進

意向、未來派勃發而出的宣言、奧菲主義(Orphism，色彩立體主義)的誕生，對繪畫感悟上處於激烈動盪期的夏卡爾來說都是決定性事件，他渴望在造型形式中確立風格。必要的決裂讓他擺脫色彩桎梏，簡潔而肯定地去實踐立體派的解構及效果，創作色塊狀作品〈亞當與夏娃〉、〈各各他〉或〈耶穌受難像〉(1912)。

〈各各他〉是首幅受猶太-基督教啓發的傑作，代表最初超然的告解，色彩顯示他與同期德國表現主

1914年5月，獻給桑德拉、卡努多和瓦爾登的〈向阿波里奈爾致敬〉(1911-12)，是在柏林舉辦的個展中最精彩的作品。圖中一對男女處理成深奧難解的雌雄同體，處於幾個色環中，反映德洛內對他的影響。

猶太-基督教的耶穌受難像〈各各他〉或〈耶穌受難像〉(1912)，吸收俄羅斯-拜占庭聖像畫的精髓。殉難者被畫成小孩的形象，這小孩即救世主，被圍在太陽的光圈中，體現耶穌的仁慈和猶太血統。畫中央渡亡靈往冥府的船夫(Charon)坐在船上等待。右邊的人(是猶大嗎？)正挾著一把梯子企圖逃跑。均勻的色調具有德洛內畫風的特徵。下圖為1911年夏卡爾(左)在巴黎。

義畫家及瑞士超現實畫家克利(Paul Klee)的連結。在德洛內和福康尼耶堅持下，此作首先入選1912年秋季沙龍，1913年9月與〈獻給俄國、驢子和其他人〉及〈獻給未婚妻〉入選柏林第一屆「德國秋季沙龍」，於「狂飆」展出，後來被「藍騎士」(Der Blaue Reiter)畫派的贊助人、柏林收藏家科勒(Bernard Kohler)買下。

跟德洛內、馬庫西(Louis Marcoussis)、格列茲、拉弗里奈(Roger La Fresnaye)、梅金傑和勞特(André Lhote)一樣，夏卡爾也深入探索現代主題：〈艾菲爾鐵塔〉、〈摩天輪〉、〈窗外的巴黎〉。巴黎在這俄國畫家眼中具體表現「光與色彩的驚人自由」。在豐富多元的社會政治背景下，兩種主題不斷出現：動物(母牛、公牛、山羊……)和頭倒置或身首分離的人物。他用不合邏輯的抒情方式創新繪畫形式並大量應用。

但25歲的他拒絕加入任何派別的藝術家團體，始

終保持獨立不群的眼光，忠於自己的記憶。這性格特徵說明他仍想保有俄國人和猶太人背景，廣義而言，就是刻意擺脫巴那斯派(parnassien)的巴黎腔，專注於聖像寓意畫。獨處畫室中，夏卡爾的思緒回到維捷布斯克(〈牲畜商〉與〈獻給俄國、驢子和其他人〉)和猶太人日常的宗教儀式(〈祈禱的猶太人〉)。移居巴黎的他已與這種儀式隔絕，巴黎的猶太人已愈來愈被同化而不奉行教事。「我從俄國帶來創作主題，而巴黎賦予它們光。」當時一位年輕記者、自由浪漫的思想家盧那察斯基(Anatoli Lounatcharski)寫篇讚揚夏卡爾

〈窗外的巴黎〉(1913)向「自由之光」城市致敬，夏卡爾化身兩面門神，既看著東方也瞧著西方。

的文章刊在基輔一家報紙上，而那位聖彼得堡贊助人維納韋也幾次來到巴黎對夏卡爾的作品深表滿意。

「我的藝術也許是荒誕的藝術，宛如一泓閃亮的水銀、一顆藍色靈魂迸發在畫布上」

於是夏卡爾的畫作彷彿夢境中的城邦，一些幻想人物出現在熟悉的萬神廟中，在樅木屋間大聲叫罵，寄宿的小提琴手、遮篷馬車、裝扮的母牛、點燃的燭台，茅屋頂上或金色圓頂上喝醉的士兵：如此眾多色彩繽紛、離奇可笑的熟悉形象，在生活與夢境的交織中發出聲響……茶炊的呼呼聲、雪橇的滑動聲、孩子的哭鬧聲，擠奶時散發的乳香是如此樸實愉悅，唯有夏卡爾能透過許多小幅不透明水彩畫來表現。令人不禁疑惑，他與「關稅員」盧梭

上圖〈嗅鼻煙〉中虔誠的猶太人。下圖為〈牲畜商〉納希叔叔，令人想起維捷布斯克的童年。

〈我與村莊〉是夏卡爾最富象徵意涵的作品之一，顯露他繪畫中深刻的雙重性。對俄國鄉村的回憶象徵性地用一頭牲口來表示，拴住這牲口的繩子在畫中是看不見的，夏卡爾在斜貫整幅畫面的雙對角線上安排不成比例的換喻式對比圖，來增強他的感情。人畜間怪異的同謀關係(兩者都在頸上掛十字架)用紅綠對比色支撐。這對農家夫婦，女人象徵生殖力，彷彿在逃避扛長柄鐮刀的丈夫(象徵死亡)。這豐富意象蘊含非理性因素。下方的生命之樹和太陽遮住月亮，同樣也具有不和諧和「超自然」的因素，增強作品深奧的象徵意蘊。

(Henri Rousseau)的作品間那種遙遠的關係，是否啓發了阿波里奈爾寫出〈侯索吉〉中的哀傷詩句？

此外，很明顯的是，透過烙印著家鄉文化的想像世界，夏卡爾的作品爲當時主導巴黎的立體派引入新的平衡。還有哪位畫家和詩人能以如此眩目的方式，爲立體派的視覺語言注入新生命呢？德洛內等友人們驚訝於他精妙的幾何構圖，更震懾於其色彩的明亮，這些色彩因畫面融合了俄羅斯民間傳說軼事、非理性、心理異象而更顯強烈，照布荷東所說，這是「完全抒情的迸發。」相反於法國繪畫的和諧感，夏卡爾的畫呈現出一種平靜與世俗的愉悅。

КАТАЛОГЪ
РАНЦУЗСКОЙ
ВЫСТАВКИ КАРТИНЪ
ВРЕМЕННОЕ ИСКУССТВО
МОСКВА.
1912.

〈七根手指的自畫像〉(1913)在形式上也許和〈我與村莊〉互相對應。畫中，他坐在窗前，窗外有象徵巴黎的艾菲爾鐵塔。夏卡爾想像自己是位成功畫家，留著一頭優雅鬈髮，身穿立體-未來派的花花公子裝，衣領上插著一朵花，打著花領結。他正用「七根手指」(意第緒語的「快速」之意)在畫架上創作當時被視為最優秀的油畫：〈獻給俄國、驢子和其他人〉。夏卡爾背對巴黎，再度回憶起浮現在右上角雲霧中的維捷布斯克，恍如在夢中。他在頭上面像曙光般用希伯來文字母寫上「巴黎」和「俄羅斯」，以表明他屬於三種文化。手中握著的那塊擠滿各色顏料的調色盤，象徵成功與富足。畫家把自己的臉按立體派的方式勾勒成方形。夏卡爾日後確實一直游走各個流派運動間。

「我的畫是占據我內心意象的安排」

立體派對於夏卡爾的影響，表現出來的不太是分割平面與形體、在同一平面上將不同元素重新並陳之類的技巧。他的畫面如同心理平面，夢想與現實以音樂的節奏聚集，捕捉了他對世界事物的重組結果，並藉由一連串隱喻，呈現出一種世俗的眞實。

〈七根手指的自畫像〉描繪盛裝的畫家坐在畫架前，背對窗子，窗外可見艾菲爾鐵塔散發的光芒，而畫家正在畫〈獻給俄羅斯、驢子和其他人〉——奇幻版的維捷布斯克——在他頭的右邊，勾起記憶的雲霧中，浮現一座東正教教堂的清晰回憶。牆上有希伯來

〈世界以外的地方〉(1915)清楚標誌「超自然」的世界，夏卡爾在其中覓得靈感。他在巴黎發現自我，回來後就孤寂地面對他心愛的維捷布斯克作畫。在珍珠般乳白色霜的反照中，暗淡的木屋小村莊以反自然主義的樸實手法描繪，房舍怪異地豎立在畫的一側。那位旅居巴黎、已經遺忘屬於他祖先的溫馨世界的畫家，在故鄉又痛苦地陷於兩種感情間：對家庭的眷戀和大膽闖蕩的命運。身首離異的身軀占據畫面，凌駕在不合邏輯又處於失重狀態的村莊之上。有人像布荷東那樣把夏卡爾和奇里柯(Giorgio de Chirico)的繪畫相比：這不合邏輯的情感探索是否出於相同的根源呢？兩人都善用詩意的夢幻象徵，不就是證明嗎？此外，在這裡，夏卡爾借用波特萊爾的詩句作為油畫的標題，用立體派審慎的幾何圖形來描繪無與倫比的內心感情，卻依舊保留神祕感。

文字母：左邊是「巴黎」，右邊是「俄羅斯」，反映了他借用自立體派拼貼文字的現代美學技法，也是離鄉背井的青年時期、孤獨遊子的精神文化的(憂鬱？)自白。過去和現在並陳爲一幅整體的意象，粧點以自身無意識的色彩，成爲純詩意的語言。

因此夏卡爾作品中的變形，所具有的意義和同時代畫家（如畢卡索）不同。爲了召喚回憶，畢卡索採取了重組的方式，而夏卡爾卻將眞實事物並置與交疊，如同在夢醒後進行精神分析，而重新體驗。這種展示夏卡爾自我的魔法，在〈孕婦〉一作中重演。愛

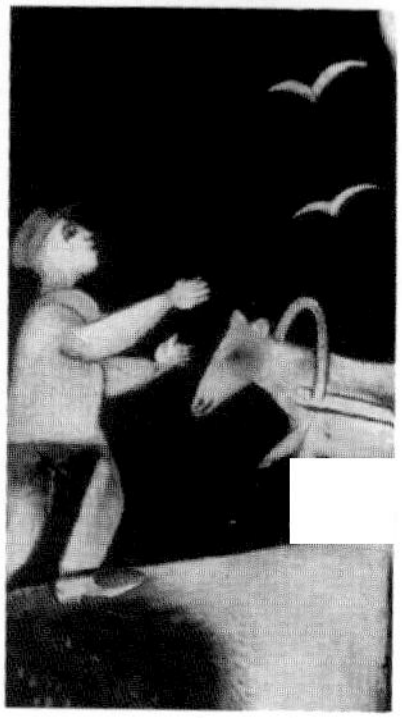

夏卡爾出身自一個幼年起即遵行上帝旨意的家庭，對他而言，節度有制是一個男人持之以恆的關注所在。左圖這幅〈母愛〉(1913)象徵愛情和生育，呈現猶太村莊上空雲霧繚繞的世俗聖像。嬰兒即將誕生，左邊的男孩和右邊的畫家形成自傳描述中的詛咒情節。

的幻想、想像和鄉愁，意在弦外地揭示畫家的贖罪形象，畫家本人的形象也在畫面右下方出現。

墨水和畫筆

旅居巴黎期間，夏卡爾的作畫技巧更加精進。他在一

〈思念畢卡索〉(1914，左圖)也許是夏卡爾唯一的漫畫插圖，他不是很喜歡這幅作品。在〈手拿調色盤的自畫像〉(下圖)中，畫家分身有術：一下像魔術師站在魔術桌前，一下又像教授站在講台上，也像拙劣的畫家站在畫布前。一如同時代畫家，夏卡爾也在構圖上開起玩笑。他宛如魔術師般，故意但不無幽默地打破法國繪畫中的平衡構圖。

張張小畫紙上，用鉛筆或墨水快速畫下各種想法的草圖，毫不遲疑，也從不修改。幾幅大型素描、少許水彩，加上油畫，就是他在巴黎期間的每日生活內容。

由於貧窮，他在畫大幅油畫前會先在卡紙上畫出小而詳盡的水彩當草圖。他喜歡在各個方向上作畫，像個「修鞋匠」。這就加強中心部分的重要性，減弱上下部分的意義，〈神聖趕車人〉(1912)被瓦爾登在柏林買下，徵得畫家同意，以上下顛倒的方式懸掛。

夏卡爾也寫些手記，大半是俄文，偶爾用意第緒語，有時也用法語。他寫滿好幾本詩歌筆記，俄國風味十足，風格華麗，特色在使用故國的象徵和俚語。

巴黎的生活改變了他的個性。維納韋按月寄給他助學金，使他生活不虞匱乏，而同期畫家對他眞心推崇，也讓他雄心勃勃……甚至還會炫耀。跟其他同學一樣，他一開始學畫的那幾年，就會面對鏡子練習，但從1910年代起，他的自畫像數量日益增多，

自戀得讓他與同儕格格不入。這一來是因爲他在異國(使用他不熟悉的語言)對身分認同的追尋，二來也想展現自己的多方面才華。

這些年，夏卡爾的友人如詩人雅可伯、評論家薩爾門和《歡樂山！》(*Montjoie!*)雜誌創辦人卡努多，他們的支持也讓夏卡爾日益得到大家認可。儘管收藏家杜賽(Jacques Doucet)因爲他人的忠告，對夏卡爾的作品不感興趣，但夏卡爾還是於1914年4月30日與畫商馬貝爾(Charles Malpel)簽下第一份合約。待夏卡爾回到俄羅斯時，已是具有地位、載譽而歸的著名畫家了，於是敢在政治對手面前直抒己見。

柏林之旅

1914年春，夏卡爾前往柏林，參加「狂飆」畫廊爲他與克利和庫賓(Alfred Kubin)所舉辦三人聯展的開幕，隨後就是他的首次個展。1910年，「狂飆」創辦人瓦爾登成爲表現主義代言人，1912年則爲未來派代言，是柏林的藝評界領袖人物，除了「橋派」(Die Brucke)和「藍騎士」的成員外，他也因推介最創新的外國藝術家：薄邱尼(Umbertto Boccioni)、康丁斯基(Wassily Kandinsky)、德洛內、雅倫斯基(Alexei Jawlensky)……而知名。

夏卡爾從巴黎帶來藝術的嶄新視覺語言——約150幅紙面作品和40幅布面油畫——對於擁有德國表現主義者馬克(Franz Marc)的當地大眾來說，自然不會受到忽視，畫展非常成功。「我的畫作在郵政街引起觀眾興趣。但就在咫尺，士兵卻在向砲筒裡塡砲彈。」阿波里奈爾的詩〈侯索吉〉

「狂飆」畫廊的創立者瓦爾登(下圖)說夏卡爾：「這年輕人的眼神明亮而獨特，一頭鬈髮，深受巴黎朋友讚賞，視他為天才。總之他就是這樣的人。」

「她進來了。她的聲音迴盪著。她正和泰亞(Thea)交談。我覺得……我覺得什麼呢？這位陌生少女的來訪和她那如歌般的嗓音，好似來自另一個世界，令我困窘不已。我們一陣靜默。她是誰？我害怕起來。不，我想與她攀談，接近她。突然，我感到我不應與泰亞而應與她待在一起！她倆相視不語。她好像早就認識我似的，了解我的童年、我的現在和將來；彷彿她一直在觀察我，知道我的內心想法，儘管我還是第一次見到她。我感覺她就是我的妻子。她的膚色蒼白，她那雙眼睛又大又圓、又黑又亮！這也是我的雙眼和靈魂。」

《我的一生》

充作畫展的序言。他拜訪柏林期間，結識了一些評論家，參觀博物館及卡西雷(Paul Cassirer)畫廊所策畫的梵谷回顧展。

夏卡爾沒有察覺到戰爭的喧囂，於1914年6月15日畫展開幕後次日就動身回維捷布斯克，因爲他想探望家人，以及「戴黑手套」的未婚妻蓓拉·羅森菲特(Bella Rosenfeld)，她已足足等了他四年。夏卡爾將三年來完成的作品悉數留在柏林和巴黎。儘管他當初只辦了三個月的簽證，卻在俄國一直待到1922年……

返回維捷布斯克，與蓓拉重逢

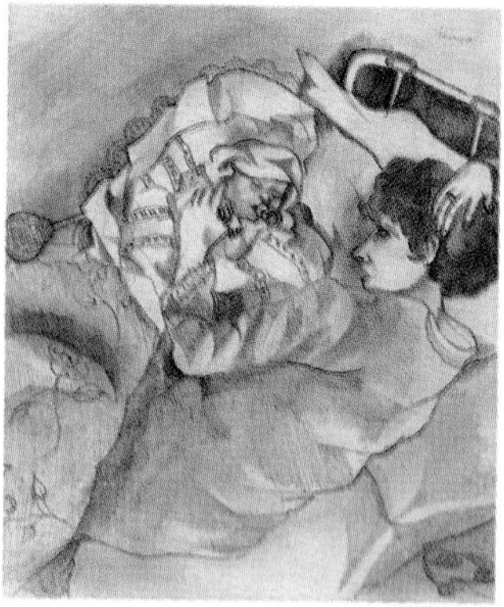

「我知道她就是我的妻子。」蓓拉出身中上階層的商人家庭，在莫斯科受過良好教育。1909年兩人首度相遇，出身卑微的夏卡爾，就在心中把這位亮眼的美女理想化了；而她則被夏卡爾的機靈所征服。蓓拉有教養、目光敏銳，她對歐洲古典繪畫、戲劇和詩歌的熟稔(後來她向夏卡爾推介法國詩人波特萊爾〔Charles Baudelaire〕的作品)，是他們熱情持續30多年的主因。

他們的相遇在兩本動人而互補的書中有詳細描述，一本是夏卡爾的自傳《我的一生》，另一本是蓓拉所著、於1939年題獻給夏卡爾《燃燒之光——初遇》。這兩本書深刻表現出牢牢繫住這兩人——如此相異，卻又如此熱情——的愛。

這段婚姻持續到1944年9月的悲劇發生爲止，當時蓓拉隨夏卡爾流亡美國，但不幸染疾，加上照顧不周，不斷舊病復發後去世。他們在1915年7月25日舉行宗教儀式婚禮，次年生下女兒艾達(Ida)。艾達是夏卡爾一生中不可或缺的人，在讓父親作品得到

對愛上蓓拉的年輕夏卡爾來說，〈戴黑手套的蓓拉〉像是一位遙不可及的模特兒，而在上圖這幅〈蓓拉和艾達〉的素描中，蓓拉則顯現為人母的關愛和溫柔。這對情侶從不分離，女兒則點亮他們的生活。夏卡爾很少為蓓拉畫肖像。儘管他的油畫中曾有過無數對情侶，但僅在這幅肖像中，他迫不及待刻畫蓓拉理想化的形象。除了他家的近親外，他沒有興趣畫肖像。他獨立不羈的個性，以及當時對隱喻和自由幻想的崇拜，與形象酷似的畫法牴觸。唯一的例外是，直到晚年才培養起來的、喚醒他對個性的永恆探索，才使他對肖像畫產生興趣。

〈在理髮店〉(1912，左圖)。宣戰後，夏卡爾被困在維捷布斯克，他用有限但強烈的色彩、幻想的語言和單純的家庭生活熱情，畫了幾幅他特有的喜劇畫。如果說他在巴黎，尤其在德洛內家見過盧梭的作品，那他也從私人傳授的民間藝術和木板畫中汲取了靈感。這種傳統的擦筆畫可視作與法國埃比那(Epinal)類似的聖像畫，長期來一直是斯拉夫民間藝術的特色：多種色彩的對比，採用周邊有支撐的長條裝飾，表現主義過分誇張的形式與構圖，同樣具有反映俄國心靈特徵的諸多因素。上圖是夏卡爾在莫斯科。

舉世認可上扮演決定性角色，展現出她全力以赴、奮戰精神，以及高雅的品味。蓓拉和艾達這兩位女性也一直齊心協力去愛、保護和捍衛她們的愛人和父親。

一次世界大戰期間，夏卡爾斷斷續續在維捷布斯克和聖彼得堡(1915年改名彼得格勒〔Petrograd〕)度過。他同時經歷四次革命：造型藝術、戲劇、政治與社會，以及猶太現代化革命。他是這四次革命感受最深最廣的見證者和參與者，直到最終被迫流亡異域。

這年輕的一家之主當時如何決定去向？是當俄國人？法國人？猶太人？歐洲人？無神論者？藝術家？

政治家？內心諸多選擇，他都得傾聽與回答，找到一條出路，直到1922年放棄國籍爲止。值得一書的是，一次大戰結束回到巴黎後，他陸續爲果戈里(Nicolas Gogol)的《死靈魂》(*Les Ames mortes*)、拉封登的《寓言詩》(*Les Fables*)，以及《聖經》畫插圖。如此興趣多元、不肯放棄任何一種的堅持，或許就是夏卡爾能超越民族主義和美學潮流，至今仍能直指人心的原因吧。

戰爭與饑饉喚起畫家痛苦的記憶，繪出〈出征〉(上圖)和〈士兵們〉(下頁)。後來他熟練地創作鋼筆畫，尤其是在為《我的一生》構思插圖時。

戰時的俄國

1914年8月，德意志和奧匈帝國向俄國宣戰。夏卡爾被困在故鄉，幸虧內弟雅科夫(Iacov Rosenfeld)這位出色的經濟學家幫助，才得以免服兵役，爲彼得格勒戰時經濟部的雜誌工作。這段期間他記滿九本筆記中的第一本，於1923年成爲《我的一生》的手稿。

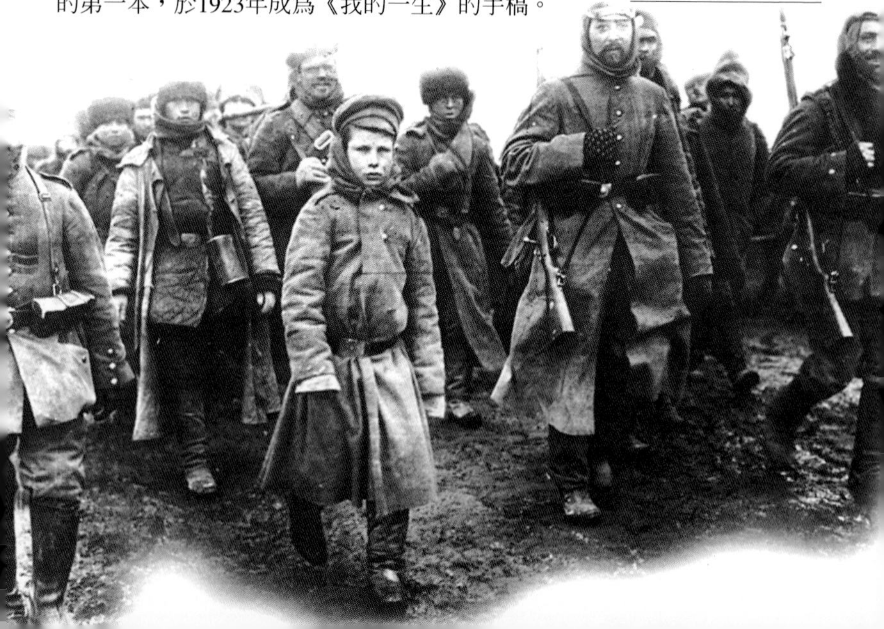

夏卡爾很高興工作表現得到認可，還打進文壇：馬雅科夫斯基、葉賽寧(Sergey Esenin)、布洛克(Alexander Blok)和年輕的巴斯特納克(Boris Pasternak)等詩人、作家鼓勵他發表文章確立地位。

回到維捷布斯克這遠離前線的孤寂晦暗小城後，夏卡爾與家人團聚，畫出反映家庭生活的作品：〈麵包坊〉、〈廚房〉、〈草莓〉、〈鈴蘭花〉、〈窗景〉，以及親友們的肖像。在這些充滿溫柔與感傷的「文件」(按夏卡爾的話說)中，法國現代主義被遺忘了。夏卡爾再度面對現實，超越卑微的主體，捕捉到一抹神祕和無盡的溫柔。然而，傷兵湧入、貧窮、寒冷、被拆散的家庭，使維捷布斯克成了陰鬱的所在。〈士兵的訣別〉、〈傷兵〉、〈救護站〉、〈麵包〉等作品，形成一段人類苦難的痛楚編年史。一系列中國墨水繪成的小插圖，道盡戰爭的恐怖，刻畫出人類的絕望。

「沒有人比夏卡爾這位痴迷上帝的人，更具卓越的想像力了」(埃夫洛斯〔Abram Efros〕)

從戰爭初期，猶太人就都被懷疑

是間諜，於是俄國參謀部下令：靠近前線的居民須於24小時內撤離。1915年5月，超過20萬的猶太人被趕出立陶宛。維捷布斯克接收了成千上萬的難民。在這種可怕的局勢下，夏卡爾重新找回哈西德教派的根，

〈公墓大門〉(1917)是夏卡爾回到猶太人居住區後，受到感召而精心繪製的作品。

其中無涉宗教。1914到17年間，一系列令人印象深刻的沈靜作品，表達了他對那些巡迴佈道的猶太老人的尊敬和同情，他的家人在戰時自願收容這些老人。〈手拿檸檬的拉比〉、〈祈禱的猶太人〉、〈嗅鼻煙〉、〈穿紅衣的猶太人〉、〈公墓大門〉、〈庫巴〉、〈猶太教堂〉等畫作，顯露了他對猶太教法典的皈依，其中〈普林節〉、〈住棚節〉、〈結茅節〉、〈娃娃車〉等本

就像夏卡爾在〈我的一生〉中所描述的，〈猶太教堂〉(1917)營造出一股只有人可以進出、親密無間的氣氛：當一個人在聖壇上默誦摩西五經時，其他人則在研習、交談或在爐旁打瞌睡。

是一幅壁畫的草圖，原訂1917年繪製於彼得格勒一座大猶太教堂內。但2月的最初幾場暴動，使得這幅裝飾畫無法完工。他採取一種類似希伯來文字母的銳利線條風格，用墨水創作小幅構圖，作爲三部意第緒語文本的插圖，一本是佩萊茨(Peretz)的小說《魔術

夏卡爾邀請精通聖事用語的流浪老人到家裡當模特兒。上圖是〈穿紅衣的猶太人〉(1915)。「發自我內心的一絲陰影投落在他身上。」(《我的一生》)

1917年夏，夏卡爾在維捷布斯克創作〈紅色大門〉(左圖)和〈藍色木屋〉(下圖)等一系列以建築物為主題的成功畫作。〈藍色木屋〉用強烈而精緻的色彩將鄉村的木屋塗成紫藍色，烏斯賓修道院的紅屋頂、耶穌復活教堂白色的牆垣，德維那河昏暗的河水反映城市的倒影。右頁左圖這幅下方為花叢的油畫〈著白翻領的蓓拉〉、右頁右圖的〈生日〉，以及48和49頁的〈飛翔在城市上空〉，又讓人看到夏卡爾精細的筆法。

師》，兩本是尼斯特(Der Nyster)的敘事詩《與公雞爲伴》和《與小山羊爲伍》。同時，他還畫一系列出生小城的畫，非常成功，這些畫先在戶外寫生，然後移至畫室完成。在〈紅色大門〉、〈灰色房子〉及〈藍色木屋〉的自然風景——以燦爛色彩畫出俄國式木屋——借用立體派手法，轉換爲詩意而夢幻的現實。

1916至17年，夏卡爾辦了幾次畫展，以不滿30歲的年齡，他已經是那一代受到肯定的重要藝術家之

「今天是你的生日！你就站在原地別動……我手中還握著一束鮮花……你俯身在畫布上，畫布在你手下顫抖。你用畫筆蘸顏料。於是紅色、藍色、白色、黑色飛濺起來。你把我帶進色彩之流中。你突然把我帶離地面，自己縱身一躍，好似這房間太小……

一。無論在彼得格勒或莫斯科，還是在多比契那(Dobychina)沙龍或「方塊J」俱樂部，他都受到大家尊敬。很多想設立猶太博物館的大收藏家，如莫羅佐夫(Morozov)、維索茨基(Wissotzky)，以及卡甘-查布柴(Kagan-Chabchai)，也都收購他許多作品。

撇開令人沮喪的外面世界，這段戰爭時期是夏卡爾對蓓拉愛意深濃的幸福時光，他創造出溫柔而歡樂的傑作——四小幅〈戀人〉系列(以〈獻給我的妻子〉標題合併成套畫)，還有內容奇特、色彩明亮的大幅油畫：〈著白翻領的蓓拉〉、〈飛翔在城市上空〉、〈高舉酒杯的伉儷〉、〈生日〉，都是受到蓓拉啓發，將他的情感形諸於畫中。

……你騰空而起，伸展四肢，向天花板冉冉飄浮起來，你轉過頭，也把我的頭轉過來……我們合而為一，一起在裝點好的房間裡飛升。我們想穿越窗子出去，窗外的藍天白雲在召喚我們。」

蓓拉
《燃燒之光》

是一幅壁畫的草圖，原訂1917年繪製於彼得格勒一座大猶太教堂內。但2月的最初幾場暴動，使得這幅裝飾畫無法完工。他採取一種類似希伯來文字母的銳利線條風格，用墨水創作小幅構圖，作爲三部意第緒語文本的插圖，一本是佩萊茨(Peretz)的小說《魔術

夏卡爾邀請精通聖事用語的流浪老人到家裡當模特兒。上圖是〈穿紅衣的猶太人〉(1915)。「發自我內心的一絲陰影投落在他身上。」(《我的一生》)

「革命那充滿活力激情的非凡景象令我目眩神迷。這股激情穿透人的心靈，超乎想像，在你的內心世界激盪翻騰。而這恰好與你內心的藝術世界契合，所以你也彷彿在進行一場革命。這兩種革命的衝擊不總是很幸運的。」夏卡爾1945年回憶道，在十月革命一周年時，他為會旗畫了幾幅設計稿，就像下圖這幅〈吹號角的騎士〉。右頁的〈風景〉是他唯一可嚴格視作立體派的作品。

「維捷布斯克開始行動，革命的藝術在省的這方贏得勝利」

1919年1月28日，規畫的藝術學院和博物館在革命軍徵用的前銀行家維什尼亞克(Vishniak)故居揭幕。夏卡爾再那兒辦的第一個展覽是展出當地藝術家作品。

11月6日，十月革命一周年，夏卡爾不遺餘力地張羅，展現了非凡的組織長才。全城掛滿旗幟，動員了包括艾克斯持(Alexandra Exter)、斯特倫柏格(David Sterenberg)、阿特曼(Nathan Altman)在內的所有藝術家。七座凱旋門建在各主要街道上，廣場上拉起350幅標語，玻璃櫥窗掛上花環，電車插上彩旗，真正是所謂的「街頭藝術」。夏卡爾則捐出幾幅水彩畫，放大成宣傳旗幟：「前進，向王宮宣戰！」……他還在《藝術革命》上發表一篇文章，引起許多回響。

ШАГАЛ
1918

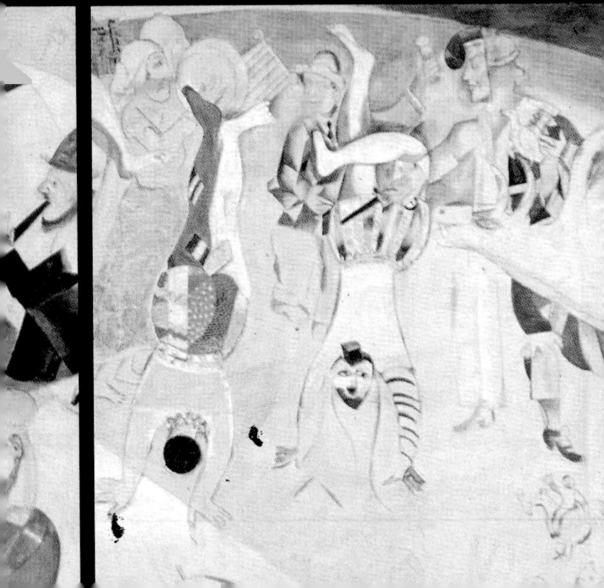

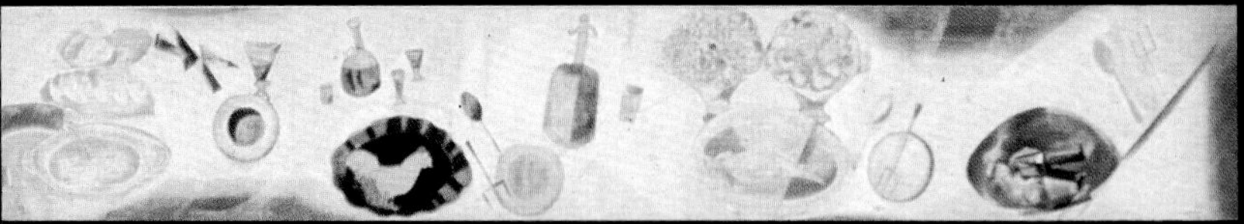

跨頁上圖為〈婚禮筵席〉。由左至右分別為〈猶太村落〉的「四藝圖」。夏卡爾認為它們是：〈音樂〉：樂師，走在新婚夫婦前的小提琴手：〈舞蹈〉：介紹人，職業媒婆：〈戲劇〉：雜耍演員，陪伴婚禮行列的小丑：最後是〈文學〉(上圖)，錄事，〈摩西五經〉羊皮書卷的抄寫人。

流亡之路把夏卡爾帶向柏林，
然後再到巴黎。初期的成就讓畫家及家人
過著自在優閒的生活，遊遍法國各地。
夏卡爾驚歎所見所聞，畫下農村風貌，
重燃熱情爲拉封登的《寓言詩》創作版畫。
人民陣線(Le Front populaire)核准他歸化法國籍。
但是納粹的威脅已日漸逼近，
於是1941年，夏卡爾一家人遠離法國，
搭船航向美國。

第二章

重返巴黎

兩次世界大戰之間，對住在法國的夏卡爾、蓓拉和艾達是段平靜的時期。畫家創新題材和技法，轉而發掘光彩奪目的馬戲團世界。在〈雜耍演員〉(1930，左頁)中，夏卡爾用更細緻而「圓」的筆觸，畫下女雜耍演員和情人站在夏卡爾旅遊奧維涅時所發現的一座教堂前。

移民的中繼站——柏林

1922年7月離開莫斯科後，夏卡爾一家遷居柏林到1923年8月。20年代初，柏林是俄國和中歐移民和流亡者的奇特中繼站，聚集很多落魄貴族和各路冒險家、娼妓和嫖客，是表現主義畫家葛羅茲(George Grosz)、迪克斯(Otto Dix)和貝克曼(Max Beckmann)筆下尖酸諷刺的素描和速寫對象。夏卡爾幽默地回憶道：「巴伐利亞廣場的公寓有好多俄國茶壺和來自莫斯科的通神論伯爵夫人或托爾斯泰主義者。〔…〕而我呢，我從沒見過這麼多傑出的猶太教士和構成主義畫家。」

這段時間對他是個考驗，目睹一連串斯巴達式騷亂，經歷德國馬克瘋狂貶值。他想重新與瓦爾登聯繫，跟他要1914年春在「狂飆」畫廊舉辦幾次畫展後欠他的尾款。但幾番劇烈爭吵仍一無所獲，因所欠金額八年來一直存在代理人那裡，現已貶得一文不值了。「75億馬克只能兌換一美元，一幅杜勒(Albrecht Dürer)的眞跡也只能換兩瓶威士忌。」德國大文豪湯瑪斯．曼(Thomas Mann)之子克勞斯(Klaus Mann)回憶道。夏卡爾破產了。

夏卡爾歷經長久訴訟只取回三幅畫，向瓦爾登第一任妻子妮爾(Nell Walden)討回十幅不透明水彩畫。

1914年，夏卡爾在柏林(上圖)只住了幾天。1922年與瓦爾登夫婦的糾紛未解決而又待了一年多。施普雷河畔的夏洛騰堡相當柏林的蒙帕納斯。畫家葛羅茲和浩斯曼(Raoul Hausmann)抨擊1920年舉辦國際達達主義博覽會的資產階級時，剛從俄國來的李思茲基、賈柏(Naum Gabo)和普尼在瓦爾登和弗萊欽畫廊舉辦畫展。夏卡爾的藝術得到輿論認可：多布勒(Theodor Daübler)在《嚮導》雜誌、埃夫洛斯和圖根霍德在《美術副刊》評論他。但1937年納粹的「墮落藝術」畫展(左圖是畫展目錄)對前衛畫家諾德、柯克西卡(Oskar Kokoschka)、葛羅茲、迪克斯、康丁斯基、恩斯特和夏卡爾則是殘酷無情的打擊。

爲德文版《我的一生》學版畫

1923年春，卡西雷及畫廊經理費辛菲爾(Walter Feilchenfeldt)建議夏卡爾出版德文版《我的一生》，並配上蝕刻版畫。但用意第緒語寫的手稿很難翻譯，後經蓓拉謄寫和年輕作家波朗(Jean Paulhan)幫忙，才得以於1931年在巴黎出版。卡西雷爲《我的一生》的版畫出版口袋書版。時年35的夏卡爾發現版畫的種種技巧，首次探索版畫推刀和直接刻線法的可能性，對這個新媒材充滿熱情：「我已經準備好了。」短短幾年間就成爲無人能敵的大師。在版畫家施楚克(Hermann Struck)指導下，他花了幾星期完成20幾幅銅版畫，得出結論：「畫的線條和刻的線條基本上是不同的。」順此脈絡發展下去，夏卡爾在布德柯(Budko)畫室試作石版畫和木版畫，決心把70幅版畫做到完美，因此在柏林的13個月中很少畫油畫。

在柏林，夏卡爾受卡西雷(下圖)鼓勵，發現版畫的可能性。30幅為《我的一生》創作的銅版畫，採用的是描寫他在俄國的青年時代及在維捷布斯克學藝的原始版本。

在黑森林和圖林根(Thuringe)居留期間，他創作幾幅紙面風景畫。那時，夏卡爾一家人收到以前的「好伙伴」桑德拉來信，他們已有七年未通信了：「回來吧，你現在有名了。佛拉正等著你呢。」1923年9月1日，夏卡爾舉家重返巴黎。

「我的藝術需要巴黎，猶如樹木需要水一般」

夏卡爾首先回到他位於「蜂巢」的畫室，自1914年離開，畫室已被竊一空。自他被迫離開俄國並與瓦爾登鬧翻後，他感到十分痛苦。雖然他已經名滿全歐，然而卻連一幅令他成名的青年時代畫作都沒有。柏林和巴黎的竊占彷彿一場劫掠，令他的作品殘缺不全。

1923到27年間，夏卡爾就憑記憶或複製品全神貫注作畫，重新畫下他先前的作品，例如〈生日〉、〈穿著黑白衣裳的猶太人〉、〈飛翔在維捷布斯克上空〉、〈我與村莊〉等。他耐心地重建他的視覺與情感上的遺產。這裡不必去質疑他這番走回頭路的複雜心理歷程，但的確，重繪這些作品增強了他結構與形式的回憶，讓他得以再度聚積氣力和能量。這些風格習作顯示了這些早期重要作品對他有多麼重要，其間的聯繫多麼牢不可斷。

佛拉(下圖和右頁與夏卡爾一家合影)是畢卡索的第一位經紀商，也是才華橫溢的出版者。他曾在評論家暨收藏家科基奧那裡看過購自桑德拉的夏卡爾小幅畫作，那時卡西雷正好給他幾幅在柏林印好的版畫打樣。這足以說服這位行家，向新近回到巴黎的畫家提出合作建議。他們的合作一直持續到第二次世界大戰爆發。《死靈魂》、《佛拉馬戲團》、《聖經》等系列是他倆合作無間的代表作。佛拉無疑是20世紀最了不起的版畫商。

與佛拉重逢：《死靈魂》

畫商佛拉那時54歲，是個長期熱愛書籍的人。戰爭結束後，他就在巴黎出版許多新書，由當時的知名畫家畫插圖。在桑德拉的建議下，他建議夏卡爾為塞居爾(Segur)伯爵夫人的《杜拉金將軍》一書畫插圖。但夏卡爾拒絕了這本「羅曼史小說」，比較希望為果戈里的俄國文學傑作《死靈魂》畫。1923到25年，夏卡爾與畢卡索的印刷師福爾(Louis Fort)在一起工作兩年。107幅大作構成這部描繪無賴騙子的冒險力作的全部插圖，單頁插圖也是篇篇佳作。佛拉毫不掩飾他的滿

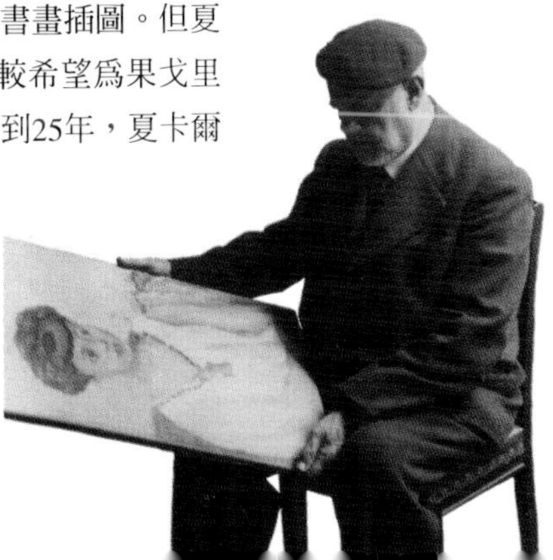

1939年，佛拉去世，《死靈魂》的插圖版畫一直沒有出版，後來才由出版商泰希亞德(Teriade)於1948年完成。畫作採用直接刻線法和細點蝕刻法的(下圖是〈畫家〉的細部)，加上印刷的高品質，成了圖書收藏家眼中的珍品。夏卡爾以漫畫般的譏刺風格，令人聯想起法國畫家杜米埃(Honore Daumier)的作品，精準而嘲諷地再現了果戈里筆下腐敗的人性。

意：「夏卡爾表現得很成功，眞實表達了這種有點路易-菲利普式的觀點，揭示果戈里時代的俄國特徵。」畫家活潑明亮的畫作，忠實的表現出果戈里筆下古怪詼諧的巴洛克式文風。他用「現代」的眼光，表現出家鄉的風俗民情；賦予小說中的人物一種鮮活的滑稽突梯，同時充滿幽默和俄國風味：騙子奇奇柯夫(Tchitchikov)、貪吃鬼索巴科維奇(Sobakhevitch)……豐富的肌理和及出人意料的多元視角，在在激起讀者的好奇心，邀請他們去閱讀眼前的文稿，畫家確實與作家融爲一體了。夏卡爾爲自己在黑白版畫上掙得大師地位，也把這種所謂的「小技」提升到高貴的地位。貫穿整部小說的靈感並不只是版畫的魅力，從中還注入了詩意元素，以圖像的隱喻來表現。布荷東看後歎道：「光憑富隱喻這點，已表明他成功跨進現代繪畫殿堂。」

在巴黎的初期成功

1924年初，夏卡爾在札克(Eugène Zak)先前開設在奧爾良(Orléans)街的畫室安頓下來，標示成功的開始。室內掛著布哈拉(Bukhara)和喀什米爾羊毛壁毯，有套柔軟舒適的沙發，這段期間的照片顯示快樂輕鬆的男子終於擺脫物質生活的操煩，全心全意獻身給家人和藝術，房間裝潢得很有四海一家風格，以西方眼光來說，具有東方風味。他當然還不像馬諦斯和畢卡索那樣生活富有，但也稱得上寬裕了，夏卡爾頗感自豪。當時流行於巴黎的「俄國風」應歸功於夏卡爾、佳吉列夫和作曲家史特拉汶斯基(Igor Stravinsky)。

畫家體驗全新感受：充實滿足。1925年起，油畫體現夫妻恩愛，洋溢幸福光芒。色調好似陽光照耀下的浮塵，閃爍純礦物顏料的色澤：群青、金黃、鈷藍

艾達這幅肖像是所知唯一於1924年作於布雷哈島上的作品：夏卡爾在那裡還完成幾幅風景畫。儘管夏卡爾並未受到馬諦斯和德漢太多影響，但某些藝術史家仍指出，他1920年代的作品與這兩位畫家在構圖和流暢的筆觸上有相似之處。一股內心的寧靜安適從畫面流瀉出來，宛如是首禮讚慈父之愛的頌歌。上圖是夏卡爾在奧爾良街的寓所裡。

和銀紅，組合成一首首眩人的色彩交響樂；畫家沉醉於他獨有的靜謐的內心世界旋律中。愛侶雙雙、鮮花叢叢，以及牧歌式的風景都見證他期盼已久的寧靜。

〈伉儷肖像〉：蓓拉手持紅玫瑰，一手畫成黑色，是有太陽般美貌的繆斯。

巴黎畫派中的獨立思考者

右圖是夏卡爾與德爾泰(Joseph Delteil，左)和德洛內(右)同桌而坐。

雖然蒙帕納斯在「瘋狂年代」對他格格不入，但現在有蓓拉陪伴，他樂於再次探索巴黎。他與青年期朋友德洛內夫婦、薩爾門、馬庫西斯聯繫上，與藝評家費爾斯(Florent Fels)和柯基奧(Gustave Coquiot)、詩人戈爾(Ivan Goll)與其妻克萊爾(Claire)、作家阿爾朗(Marcel Arland)、藝評家史渥(René Schwob)、哲學家馬里旦(Jacques Maritain)與其妻賴莎(Raissa)及《藝術筆記》出版商佐佛斯夫婦(Christian & Yvonne Zervos)認識。知識份子公認他是最有創造力的大師。他在巴黎的畫展漸增：在格拉諾夫(Katia Granoff)、小伯恩罕、廊柱、巴巴贊吉-奧德貝(Barbazanges-Hodebert)等畫廊，也赴歐洲其他國家和美國展出。

夏卡爾一家並無太多社交生活，因語言有困難，但主要是畫家獨立的本性。凌駕一切意義之上，巴黎於他意味重獲自由。滿懷熱情參與俄國革命卻遭遇殘

酷偏頗的鬥爭，令他理想破滅。從此，他選擇一條人跡罕至的道路。當年輕的超現實主義者恩斯特(Max Ernst)、艾呂雅(Paul Eluard)及俄裔妻子卡拉(Gala)友好請他加入——看他1911至13年的作品，他們的邀約很合邏輯——他卻拒絕了，他覺得他們的行動太過文學化，不相信其理論賴以建立的規律性。「刻意的奇幻藝術對我格格不入。」他寧可用新的表現形式，從傳統風景畫獨享的恩澤——光，作爲起點加以探索。

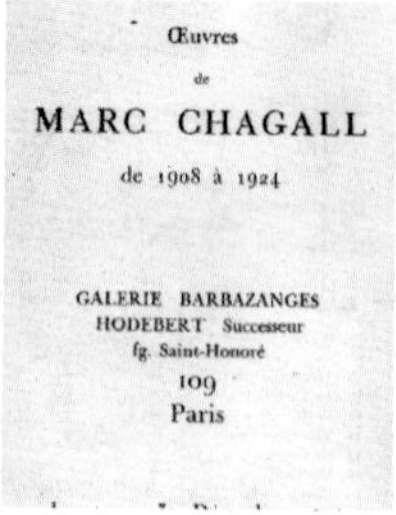
Œuvres
de
MARC CHAGALL
de 1908 à 1924

GALERIE BARBAZANGES
HODEBERT Successeur
fg. Saint-Honoré
109
Paris

「瘋狂年代」的巴黎，照作家克雷韋爾(René Crevel)所說，恰如「公牛沿屋頂走向『冥河』(德朗勃(Delambre)街的瑞典餐廳)，從布瓦西當格拉斯(Boissy d'Anglas)街走向哈斯帕伊(Raspail)河匯入蒙帕納斯海洋的海口形成的沙灘。」夏卡爾在紫丁香園咖啡屋與愛車迷德洛內重逢，駕其車一起去蒙彼利埃(Montpellier)附近的巴紐爾(Banyuls)，向榮獲1925年費米娜獎的德爾泰祝賀。畫家在布洛涅的新畫室(左圖)，準備在巴黎巴巴贊吉-奧德貝畫廊(上圖是畫展目錄，1924)舉行首次個人回顧展。1913年同一地點，德洛內與羅蘭桑(Marie Laurencin)一起舉辦過雙人畫展。1928年，薩爾門(左頁下圖)想搶在喬治(Waldemar George)之前翻譯出版夏卡爾的法文版傳記《我的一生》。

「愛的主題：法國」(藝術史家文杜里〔Venturi〕)

第一次待在法國時，因爲貧窮，夏卡爾從未離開巴黎，但1923到38年間，他和妻子則常常外出，遊遍全法國，參觀歐洲最大的幾座博物館。1924至25年，他拜訪德洛內在亞當島(Isle-Adam)的寓所，隨後到諾曼地，再到布列塔尼的布雷哈島(Brehat)。這時期的繪畫反映畫家面對法國鄉野風光的讚歎和驚奇，較少看到先前對俄國的回憶，特別是對維捷布斯克的緬懷之情。這股寧靜之感，顯示夏卡爾內心世界的喧囂紛擾

1924年，夏卡爾在德洛內夫婦居住的蓬特瓦茲(Pontoise)附近畫下這幅〈亞當島的風光〉。該畫因其輕盈的自然主義風格而顯得不同尋常。同時期，侯貝爾(Robert)完成蓓拉散發青春魅力的肖像。畫中的蓓拉穿著桑妮亞設計的著名的彩虹洋裝。同年，蘇保在《自由葉片》(*Feuilles libres*)一書中寫道：「夏卡爾身強體壯，寬寬的雙肩上有著奇特的腦袋，面孔粗糙而不自然。雖說與衆人一樣有雙眼睛，但眼神獨具個性：閃爍著憤懣與痛苦，時而敏銳迅捷，時而困惑朦朧，卻又光芒四射；這是雙如猛禽般又帶點神祕的眼睛；目光像刺骨的寒風。他說話時熱情地摟著你的肩，駕馭你，要讓你理解，又令你害怕。你憑一句話、一個手勢、一種力量就能辨識出他，突然間想去幫助他，因為他是如此脆弱、溫暖、討心喜歡又敏感，敏感，我重覆這個詞『敏感』，我想這樣描述他：夏卡爾是個敏感的無感者。」

趨於消泯。這段時期的作品局限於幾個題材：情侶、鮮花、幾頭音樂母牛和流浪的鐘……陽光明媚的鄉間流洩出輕盈的感情：〈農家生活〉，是〈我與村莊〉一畫的「法國化」詮釋。這股幸福滿足感讓他用魅惑的色彩畫下他早期的大花束作品。〈憑坐窗台的艾達〉那幅肖像與構圖相同的〈面對布雷哈島的窗口〉，都是滿懷笑意的溫柔、帶透明感的水彩畫。〈伉儷肖像〉和〈手持康乃馨的蓓拉〉則莊嚴表達永恆女性的某種神祕情感。歷經漫長的孤寂後，夏卡爾終於尋得平靜，也能以更開放的目光看待古典大師的作品。

〈農家生活〉(1925)是新版的〈我與村莊〉(1914，見32頁)。與1923至25年引起各種爭論、遺失在德國和俄國的作品相反，夏卡爾在這幅畫裡顯得平和多了，營造充滿笑意的構圖，十足「法式風情」。1925年秋為《死靈魂》畫的插圖則顯露「俄式」版畫中的懷舊情感。

〈說笑者和魚〉是為《寓言詩》而作的一百幅水彩畫之一，1928年在巴黎、布魯塞爾和柏林展出，且銷售一空。

畫家與說故事者

40歲的夏卡爾正值巔峰，精力充沛又精神高昂。1926年，他一完成《死靈魂》插圖，就應佛拉要求爲拉封登的《寓言詩》繪不透明水彩畫初稿，畫了五年。畫

家盧奧(Georges Rouault)問佛拉爲何選俄國畫家爲這部法國傳世之作畫插圖，佛拉這麼回答他不友善的詰問：「正因寓言作家伊索(Esope)有東方淵源，我才考慮出生及文化背景都與神奇東方相近的畫家。〔…〕他的美學令我感到親切，某種程度上與拉封登相仿，既天眞質樸又洞察入微，既寫實不虛又幻想獨具。」這段話引起不小風波，甚至還驚動國民議會。

夏卡爾首先「思索」色彩。兩年內畫了一百多幅色彩眩目的不透明水彩畫來配這些亞歷山大體(alexandrine)十音詩。他從小就熟知克里柯夫(Krykov)的俄譯本，但如何將這些複雜的內容、強烈的色彩及敏銳的形象，轉換到銅版上呢？1928到31年，夏卡爾製作每幅插畫，運用各種技巧——不單是直接刻線法、線影法、交叉平行線影法，還用手繪、凡尼斯(arnish，蝕刻的防蝕材料)、不透明水彩。多虧線雕師波坦(Maurice Potin)領導的眾多助手通力合作，最後黑白銅版顯得十分精美，且是彩色的，技巧令人歎爲觀止。豐富的線影中浮現微妙的明暗差異，經驗加上大膽的方法，將蝕刻的程

夏卡爾為佛拉繪製的《寓言詩》插圖直到1952年才由泰希亞德出版。左圖為〈化身成女人的小貓〉，下圖是〈狼與羔羊〉。76和77頁是〈森林之神與過路人〉、〈磨坊主及其兒子和驢子〉。

度控制得宜。如此一來，在光澤的紙面上就印出從淺灰到黑色濃淡各異的色度，表現力猶如布面油畫。然而畫家對這些版畫的效果並不滿意，又在每本書上用透明或不透明水彩修補——總共印了8,500本！佛拉此時保證，會定期給夏卡爾報酬而說服了他。他接著又委託版畫家協會這位年輕創辦人再繪製有關馬戲團的版畫。

熱中馬戲團

夏卡爾小時看過許多街頭賣藝者的雜耍表演，每年都參加猶太普林節的狂歡活動。他很迷戀馬戲團這源自十世紀拜占庭的小丑世界。佛拉極度敏感、性好譏諷，擁有少見的直覺，邀請夏卡爾全家加入他在冬季馬戲團的包廂。夏卡爾熱心畫出以〈佛拉馬戲團〉為標題的19幅不透明水彩畫，以他諷刺畫的天賦，捕捉了馬戲團的魔幻世界——騎馬者和小丑。特技演員和

擲瓶雜耍者、魔術師和奇幻的動物(〈抽煙的山羊〉)都參與這場絕妙演出，讓他重拾童年的天眞無邪。

馬戲團是許多藝術家的主題：羅特列克(Henri de Toulouse-Lautrec)和竇加(Edgar Degas)在1880年代從佛南度馬戲團汲取靈感；1929年經濟大崩潰前、後及期間，各路藝術家如畢卡索、盧奧、波納爾(Pierre Bonnard)、羅蘭桑、卡爾德(Alexandre Calder)及嚴肅的蒙德里安(Piet Mondrian)都曾以迷上俄羅斯芭蕾舞的熱情，在「屋頂公牛」晚宴結束前觀賞馬戲表演。

1928年，夏卡爾與住在巴黎的巴克斯特一起接待莫斯科猶太劇院的朋友。米柯斯與費菲爾(Itzhak Feffer，下圖)來花都巡迴演出。在冬季馬戲團裡，他為創作《佛拉馬戲團》的水彩畫冊汲取靈感。該畫冊於1952年由泰希亞德出版。

畫家在不透明水彩畫上如油畫般放任對鬧劇的偏好，翻攪出一場騷動。他在馬戲團汲取雜耍靈感，直到晚年仍興趣盎然。雖然手法較接近《愛麗絲夢遊仙境》的作者卡羅(Lewis Carroll)，但最欣賞的是卓別林(Charlie Chaplin)。他告訴蓋納(Jacques Guenne)：「卓別林在電影中追求的，正是我企圖在繪畫中探索的。」(〈活躍的藝術〉，1927年)

發現法國

1926年，夏卡爾用自然主義手法畫法國奧維涅香邦湖畔的教堂。

夏卡爾是多產畫家；除繪畫外，15年內還創作四百餘幅版畫！他說：「若未獲蓓拉同意，我就完成不了一

1928年，夏卡爾在小伯恩罕畫廊的預展上展出《寓言詩》的水彩畫，會上遇見馬爾侯(上)和波朗。

幅油畫或版畫。」這不妨礙他外出旅行。1926和27年，他遠離巴黎赴外省度假。第一次駐留蔚藍海岸(後在那裡定居近30年)，驚艷當地明亮的光和蓓拉每天從市集帶回的鮮花，畫出〈百合花下的愛侶〉和〈新娘的捧花〉。在奧維涅(Auvergne)香邦(Chambon)湖畔多姆山(Puy-de-Dôme)畫下許多風景畫：鐘樓的尖頂和農莊的白堊牆；20年後，藝術家杜布菲(Jean Dubuffet)也來此地。這段鄉間歲月，畫家每到一處，包括上薩瓦省(Haute-Savoie)白雪皚皚的群峰，都即興畫下農莊景色或收穫時炎熱暑氣的水彩畫；重拾他幼年在俄國的鄉村生活，並表現他對僑居土地的情感。

「心之榮耀——夏卡爾」(文杜里)

畫家在巴黎人緣很好，愉快開朗，與波朗、馬爾侯(André Malraux)、許拜維艾爾(Jules Supervielle)、杜迪(Georges Duthuit)、米修(Henri Michaux)等作家，及盧奧、波納爾、烏拉曼克、加爾加羅(Pablo Gargallo)等藝術家交遊密切，加爾加羅曾為他作鑄鐵肖像，還有建築師夏賀(Pierre Chareau)……但與畢卡索、雷捷及超現實派畫家都無甚往來。

〈時間是條無岸的河流〉又稱〈時間沒有河岸〉(1930-39)，顯示夏卡爾借用了超現實主義畫家恩斯特和馬格利特(René Magritte)宣揚的技法，在意想不到的並置的構圖中注入詩意般的形象。這晦澀難懂的標題取自奧維特(Ovide)。長翅膀的魚、飛翔的鐘、平靜的河流、摟抱的情侶從此成為他作品中反覆出現的主題。下兩圖是夏卡爾和蓓拉站在香波利翁(Champollion)橋上，此橋通往巴勒斯坦；以及他們位於奧特伊的蒙杭西峰別墅的內部。

1927年，小伯恩罕畫廊與他簽約。愈來愈多當代最具影響力的藝評家寫文章討論他，包括1928年寫第一本法文專著的薩爾門、佐佛斯、蘇保(Philippe Soupault)、喬治(Waldemar George)、黑納爾(Maurice Raynal)、蓋納、勒萬松(André Levinson)、夏杭索(Georges Charensol)……夏卡爾夫婦感情親密，生活安逸，彼此需要，住在巴黎漂亮的住宅區：奧特伊(Auteuil)的蒙杭西峰(Montmorency)別墅。

1928到31年，夏卡爾在法國鄉間的旅行影響了他的繪畫和對色彩的態度。這段期間的油畫特徵是對比色和構圖的自由，但主題範圍從愛侶到動物（〈騎著

〈艾菲爾鐵塔的新婚夫婦〉(1939)的標題出自法國作家尚．考克多(Jean Cocteau)。白公雞馱著新婚夫婦，顯示正飛向伊甸園，象徵巴黎自由之光的太陽用絮狀和感官的色彩繪就，加強了作品中詩意的象徵性。

公雞〉）和花朵都有。他刻意回返到非邏輯的並置：長翅膀的魚、飛翔的鐘、漂浮的情侶(〈時間是條無岸的河流〉，〈持花的天使〉，〈艾菲爾鐵塔上的新婚夫婦〉)。畫面上下顛倒，景物比例互相矛盾，衝突的主題交融，使整個畫面生出張力。這些畫的特徵在於頑皮的創造力、奇幻的意象，還有詩的象徵。夏卡爾的名聲至此達於頂點，成爲巴黎畫派的代表人物。

巴勒斯坦之旅

夏卡爾在1930年代的主要創作是爲《聖經》畫的插圖，是佛拉委託的另一項任務。這個重要的系列畫，由超過一百幅版畫組成，占據了畫家從1931至39年、1952至56年兩段時光。這些畫無疑顯示出夏卡爾的能力正値巔峰，的確，作品中的豐富和宇宙精神性，影響了他後來的作品。

著手這項他自認爲神聖的任務前，夏卡爾攜全家人去巴勒斯坦旅行，探索這塊先祖的土地，「觀察和體驗他自己的《聖經》」。1931年在亞歷山卓城及開羅稍作停留後，奇怪的是，對他一點影響都沒有。他受到以色列建國者暨臺拉維夫市長迪贊戈夫(Meir Dizengoff)招待。1931年2月到4月，他在當時受英國保護的這塊聖地上停留。臺拉維夫、耶路撒冷和薩菲德(Safed)是他這趟尋根的朝聖之旅的主要停留站，據他自己所說，爲他留下了一生中最強烈的印象。耶路撒冷的城牆迴盪著歷史與宗教交融的回音，沙漠氣候和透亮的冬日陽光，沙漠性氣候、起伏地形的遠古力量、冬季清明的光照，賦予聖地靜謐偉岸的莊嚴感和驕傲偉大的人民。

〈彩虹〉和〈上帝與人類間的聯繫徵兆〉(1931)是為《聖經》畫的水彩畫，反映出從耶路撒冷歸來後作品中莊重的色調。〈約伯〉中也可看到這樣的思考，該畫採用中國水墨畫法，搭配瓦特(Lessin-Abraham Walt)的《詩歌集》(1938年出版)。

抛開視覺的景象，夏卡爾深入探索孩提時代便嚮往的猶太國土。猶太教堂、〈哭牆〉、〈拉結聖墓〉都是自生活中取材，不像他重生的詩意和宗教信仰中至高無上的表現那般具有「文獻」價值。

回到巴黎後，他馬上爲《聖經》畫幾幅不透明水彩畫草圖。他用這些草圖當蝕刻版畫的基礎，且越來越常使用畫筆來強調版畫的「繪畫」特徵。面對一頁頁《舊約》，他謹愼藉繪畫技巧傳遞造物主的信息，努力創作從〈創世記〉和亞伯拉罕的故事到〈先知書〉的聖像畫。各式各樣的銅版製作階段，見證他對這個計畫的認眞，以及在令人目眩的以色列土地上感受到的啓發。全書一開始，描繪路得、拉結、以斯帖、撒拉……等〈創世記〉的女英雄們，有的優雅，有的魅

在耶路撒冷，畫家受到祖國感召。「文獻畫」〈哭牆〉(1932，上圖)取自有關所羅門聖殿傳奇廢墟的典故，流露出聖地意味深長的情感。

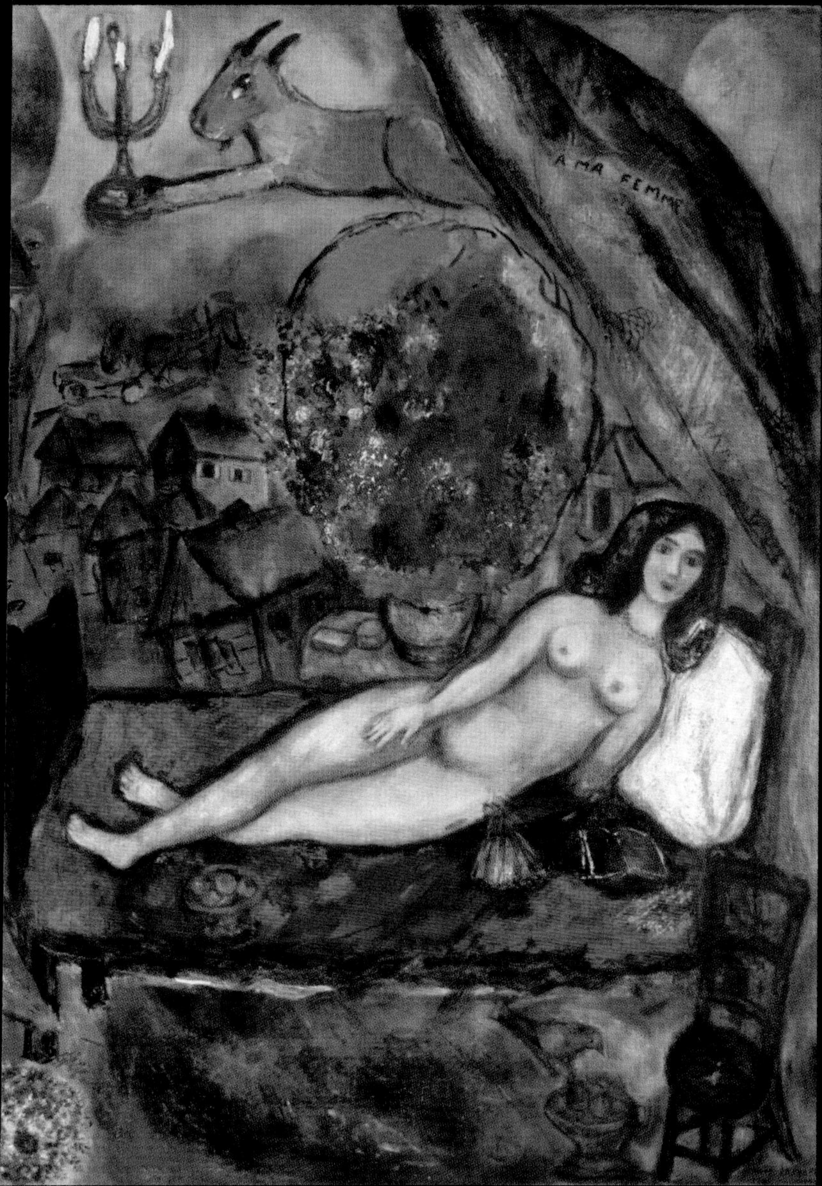
A MA FEMME

力過人，突顯她們原有的美貌。但往後的書中則充滿陰沈，反映出當時震撼全歐洲的痛苦事件——希特勒迫害猶太人。但以理和約拿的臉預示大災難之夜。先知們，約珥、阿摩司、撒迦利亞宣告了在七支叉燭台尚未重新普照世界前的黑暗時期。

迫害的時代

1930年代，夏卡爾夫婦常常出遊。畫家沉浸在古典繪畫中，去荷蘭看林布蘭(Rembrandt)的作品，到義大利托斯卡尼欣賞卡拉瓦喬(Caravaggio)和丁托列托(Tintoretto)，去西班牙看葛雷柯(El Greco)和哥雅(Francisco Goya)。不同大師的觀點充滿他心中，日後再啓發他的想像。1933年，納粹在曼汗(Mannheim)燒毀他三幅作品。他的作品從博物館撤下，甚至以低價拋售。另些作品則於1937年慕尼黑「墮落藝術」畫展上展出，作爲例證。1935年，夏卡爾赴波蘭參加維爾納(Vilna)猶太學院的揭幕典禮，猶太人區的慘劇、反猶風潮瀰漫、行軍的腳步聲，在在使他震撼，預示大屠殺和集中營即將來臨。在史達林桎梏下

從俄國傳出的有限消息，強調列寧策畫的布爾什維克革命將以悲慘的失敗告終。對此，夏卡爾在1937年的油畫〈革命〉中予以譴責。殘酷的西班牙內戰、德國的「水晶之夜」及奧地利和蘇台德區(Sudetenland)被兼併，都意味著更多的悲劇。

1937年，納粹在慕尼黑策畫「墮落藝術」紀念性畫展，夏卡爾有三幅作品從德國博物館撤下來此參展，其中的〈嗅鼻煙〉、〈獻給我的妻子〉(1933，86和87頁)和〈仲夏夜之夢〉(1939，左頁下圖)是歌頌永恆的蓓拉的愛的謳歌。〈革命〉(1937，上圖)是另種形式的政治畫，畫中的列寧被畫成向革命者舉紅旗的小丑。

歸化爲法國公民

1937年，夏卡爾遷居至夏佑丘(Chaillot)的托卡德侯(Trocadero)。人民陣線核准他入法國籍，並在萬國博覽會向他致上更高敬意，展廳裡，他的17幅油畫位在中間，比同輩畫家如奇里柯、格羅曼爾(Marcel Gromaire)、基斯林(Moise Kisling)、蘇汀和莫迪里亞尼(Amedeo Modigliani)要多得多。在他的新畫室裡，〈花朵與大提琴家〉占據好幾面牆，對面是〈仲夏夜

之夢〉，彷彿許多愉悅但受詛咒的影像浮現在悲劇的臉上。畫架上則是幅力道十足、富戲劇性的構圖：〈白色釘刑〉(1938)。這幅幻想的視覺奉獻物，超越既有的基督教意味。夏卡爾在這幅象徵現代「祭壇裝飾畫」上，環繞受難者四周安排各式人物，表示猶太人被放逐的命運。殉道者的拿撒勒人耶穌，自己也是猶太人，讓我們看到永恆仁慈的化身。畫中殉難獻身的那人並非上帝之子，而是象徵與惡魔抗爭的全人類。

基督教哲學家馬里旦與其皈依天主教的猶太妻子賴莎從1920年代起就是夏卡爾的好友，在巴黎和紐約都建立交情。賴莎在她的迷人著作《夏卡爾與魔幻暴風雨》中提到〈白色釘刑〉(上圖)。

第二次流亡

1939年，在佛拉意外身故及杜爾區(Touraine)發生大逃難後，夏卡爾一家前往自由區。聽從勞特建議，他們買下呂貝隆區(Lubéron)古爾德鎮(Gordes)一座古老校舍，在那裡度過1940和41年。後來維琪(Vichy)政府頒布反猶太法令，他們在幾番猶豫後，決定離開法國。他們是在美國緊急營救委員會的領導人福萊(Varian Fry)及美國駐馬賽領事賓漢(Henry Bingham)的大膽干預下，才躲掉貝當(Philippe Pétain)手下的追捕。委員會應紐約現代美術館請求，援助仍留在法國南方的藝術家如馬諦斯、畢卡索、馬松(André Masson)、恩斯特等逃亡，在女兒艾達的協助下，夏卡爾一家帶著1,600公斤的行李在葡萄牙里斯本登陸，其中有納粹企圖沒收畫室裡的全部作品。1941年6月23日，即德國向俄國宣戰那天，夏卡爾及妻子蓓拉激動且難以置信的看到自由女神像手中的火炬。

「只為了找到苦難和眼淚，必須去找基督，夏卡爾在一幅大屠殺的油畫中心畫了基督像，祂在象牙白的大空間上展開雙臂，庇護著流離失所的人們。一盞猶太人用的燈安排在他腳下。天空中有一群猶太人在哀號。無法解脫的悲慘情景。猶太人的村莊在燃燒，猶太人向四面八方逃竄。只有耶穌基督的憐憫化成一道白色的光柱把人們的痛苦引向自身。猶太人深沉的苦難與法國原始派繪畫中嚴肅的溫柔結合在一起。」

賴莎・馬里旦
《夏卡爾與魔幻暴風雨》
1948年

一開始，夏卡爾一家人被紐約給震懾住，
這個都市歡樂的活力與飽受戰爭的
歐洲大陸如此不同。1940年代的紐約，
摩天大樓映照出金屬結構的反光、
風呼嘯過棋盤式的街道、金錢至上、汽車帝國、
無線電城音樂廳(Radio City Music Hall)，總之，
這座大都會的瘋狂生活節奏令他們印象深刻。
但夏卡爾不願學英語，
仍堅持說意第緒語、俄語和法語。

第三章

從流亡美國到定居普羅旺斯

夏卡爾剛開始在紐約住過好幾家旅館，在旅館根本無法畫畫。1943年，他搬到74街居住，並構思左頁這幅〈雜技演員〉，一隻神祕難解、表演雜技的公雞，色彩斑斕，在馬戲場中跳舞，畫中還浮現俄國鄉村風光。

Chagall à New-York

René BAROTTE

Chagall et sa fille, Ida Gordey.

Les EXPOSI

美國在戰時嚴格實施移民法。但在1942年，俄國成了反德盟國，所以夏卡爾一家在美國受到良好接待。

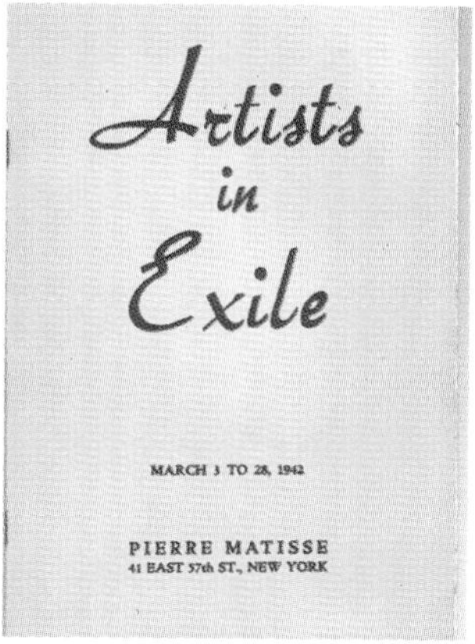

一個歐洲人在紐約

紐約當時還不是「大蘋果」，在自由女神庇護下的難民包括許多逃出貝當政權的藝術家和知識份子(尤其是法國的)：布荷東、李維史陀(Claude Lévi-Strauss)、馬里旦一家人、恩斯特、唐吉(Yves Tanguy)、雷捷、馬松、埃利翁(Jean Hélion)、查德金等，鄰近第五大道上，收藏家佩姬・古根漢(Peggy Guggenheim)、雷貝(Hilla Rebay)、史登(Louis Stern)，博物館館長巴爾(Alfred Barr)、斯威尼(James Johnson Sweeney)、達儂庫爾(René d'Harnoncourt)及藝術家卡爾德及海特(Stanley W. Hayter)等，都樂意接待這些現代藝術代表人物。幾次畫展如現代藝術博物館(MoMA)的「流亡藝術」、1942年在馬諦斯藝廊的「流

流亡藝術家在紐約，前排左起：馬塔、查德金、唐吉、恩斯特、夏卡爾和雷捷；後排：布荷東、蒙德里安、馬松、歐珍方、利普希茲、切利榭夫、塞利曼、柏曼。

亡藝術家」，及1945年惠特尼博物館的「歐洲藝術家在美國」等，證明紐約對歐洲文化的渴望。畫家馬諦斯之子皮耶提供夏卡爾他在中央公園附近的畫廊，擔任他美國經紀人長達40餘年。1946年，斯威尼在現代藝術博物館爲流亡畫家舉辦完整回顧展，是繼1933年瑞士巴塞爾(Basel)美術館畫展後的第二次。

〈墮落天使〉。下圖為蓓拉和夏卡爾在皮耶・馬諦斯畫廊裡。

夏卡爾不像其他難友那麼淒慘，他離開法國時帶了一些現金，更重要的是，透過女兒安排，他把自己大半畫作都托運出境，都是些重要作品，但他依舊爲1914年遺失作品而傷心。在他面對哈德遜河的第一棟公寓裡，夏卡爾將這些畫作拆封，有好些作品還未完成，後在美國陸續完成。

最初幾幅在大西洋彼岸美國完成的作品，仍延續在法國創作時的風格，但色彩的表現則更為強烈。

夏卡爾與芭蕾：《阿雷柯》與《火鳥》

1942年春，俄國前芭蕾舞者暨編舞家馬辛(Léonide Massine)邀請夏卡爾為美國第一個舞團：紐約芭蕾舞劇院，為柴可夫斯基(Tchaikovsky)受普希金(Pushkin)詩作〈吉普賽人〉啓發而作的芭蕾舞劇《阿雷柯》繪布景和服裝。1942年9月在墨西哥首演，十分成功。

馬辛師承佳吉列夫劇團的尼金斯基，為古典芭蕾

《阿雷柯》是齣四場四幕的芭蕾舞，夏卡爾和馬辛採用柴可夫斯基的《鋼琴三重奏》作為此舞的配樂。第一場：〈阿雷柯與珍菲拉在皎潔月光下〉(左頁下圖)；第二場：〈嘉年華〉；第三場〈夏日午後的麥田〉；第四場：〈聖彼得堡幻想曲〉(跨頁圖)。這幅畫具有雙重敬意：用火紅色向聖彼得堡致敬，也紀念〈吉普賽人〉和〈青銅騎士〉兩詩的作者普希金，令人想起白夜中矗立在涅瓦河畔馬索沃波(Marsovo Pole)杜廊前的彼得大帝的宏偉雕像。畫的左方是女主角珍菲拉的墓地，被太陽般的火燭照亮，一輛白馬戰車正朝燭台飛去。

舞注入全新的戲劇性。熱愛舞台藝術的夏卡爾和蓓拉與這位同胞結下溫馨融洽的友誼，這份情誼又因泛斯拉夫主義運動的志同道合而更形熱絡。他們圍著留聲機、調色盤和俄式濃菜湯日以繼夜地工作，討論樂譜、水彩畫和傳統，重新找到共同的根。

《阿雷柯》是俄國浪漫主義文學中陰鬱主人翁的原型，激情和嫉妒導致他的絕望與謀殺。夏卡爾成功演繹出那種驚人又煽動的感染力，他畫了四幅大型背景油畫，突顯純俄式劇情的悲劇性。且不論「布景」，僅就其眞實意義而言，這是對普希金時代俄國

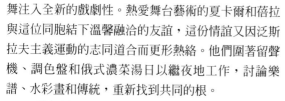

夏卡爾利用為《火鳥》繪製迷人布景、戲服和道具的機會，好好讓紐約人認識自己。

「巴蘭欽一陣風似地走進服裝室，紐約市立芭蕾舞團的主要舞者塔爾希夫(Maria Tallchief)和曼西昂(Francisco Mancion)也來試裝。艾達跟著母親寸步不離，負責監製《阿雷柯》的戲服。夏卡爾來看演

出前讓艾達整裝的舞者們。他有時用畫筆沾上顏料直接畫在戲服上，在這兒劃去一條線，在那裡添上一些點。」

維吉妮亞・哈格
《我與夏卡爾共度的生活》

的紀念性追憶，而舞者就在這種追憶的氛圍中起舞。

在安那約克(Anahuac)高原籠罩的冷光下，夏卡爾以強烈的色彩覆蓋在布幕上，展現出如同美洲的龐大莊嚴。馬辛的編舞則運用舞台技巧，突出了用俄國鮮豔色彩設計的戲服。

夏卡爾爲《阿雷柯》及1945年在曼哈頓演出《火鳥》的設計贏得不小迴響。《火鳥》是應紐約市立芭蕾舞團創辦人巴蘭欽(George Balanchine)之邀而作。

劇中歌頌的海妖女是天堂之鳥，也是源自莫斯科傳奇和傳統版畫的喜樂象徵。但布幕和三幅布景不合作曲家史特拉汶斯基的品味，認爲它們不夠「現代」，他偏愛像畢卡索的激進風格。但這位當代音樂貴族(紈褲子弟？)卻很敬重夏卡爾女兒艾達，當時她負責用拼貼補綴法監製經他父親簽字同意的80件閃亮戲服。

夏卡爾一家人抵達紐約幾個月後開始想念起法國。他們除了涉足歐洲人的社交圈外，很少與美國人來往。皮耶・馬諦斯主要是向猶太收藏家出售作品。紐約幾家主流刊物對他的畫廊1948年以前辦的七次展覽多所批評。矛盾的是，流亡這幾年使夏卡爾疏遠了法國這個根，他從講意第緒語的朋友那兒重新找回猶太文化，包括：研究中世紀文化的夏皮洛(Meyer Schapiro)、雕塑家格羅斯(Chaim Gross，曾為夏卡爾塑過五尊肖像)、意第緒語作家奧波塔舒(Joseph Opotashu)，以及藝術史家文杜里。

從戰爭到浩劫：「最後的先知都沉默了……」(夏卡爾，1942年)

1943年，從俄國前線傳來的消息都是悲劇。夏卡爾在紐約遇到來自莫斯科的老友，種種回憶湧上心頭。他這段時期畫的多幅〈釘刑〉，象徵祖國的殉難。烽火、迫害和無數死亡，以戲劇化的證據形式在〈黃色釘刑〉中記錄下來。戰爭主題的畫作中，痛苦轉變成(他經歷過或夢想中的)隱喻：燃燒的村莊、暴風雨中的海難，公雞在黑夜的藍霧中啼叫，紅色毛驢長著怪蹄。

然而戰火前線的殘酷，卻遠不如大屠殺那般恐怖。深受打擊的夏卡爾始終無法畫出猶太大屠殺，面對難以形容的啓示錄，他只能將感情訴諸於憤怒的沈默和淚水了。

這幅為〈革命〉所畫的習作，證實了畫家的朋友暨研究中世紀文化的權威夏皮洛的話：「中世紀藝術就是插畫，一種神聖傳奇的插畫。就此意義來說，夏卡爾堪稱是最偉大的插畫家。」

蓓拉之死：「這些年來，她的愛填滿我的藝術」

就像在巴黎一樣，流亡紐約時期，夏卡爾也喜歡到鄉村走走。1943年，他們一家在阿迪倫戴(Adirondack)山脈附近的蔓越莓(Cranberry)湖畔物色到一處有畫室

的安靜住所，便住下來。1944年8月25日，他們從廣播中聽到巴黎解放的消息，蓓拉高興極了，一心想盡快回巴黎。但命運卻作了別的安排：數日之後，蓓拉在附近的醫院因治療過程中感染而病逝。1944年9月2日，夏卡爾驟然失去30多年來一直是他繆思與伴侶的愛妻：「我眼前頓時一片漆黑。」夏卡爾完全被擊垮，長達九個月都無法拿畫筆。

〈蔓越莓湖〉(1943)陰沉得像畫家的調色盤，是一系列油畫中的一幅。畫中的夏卡爾面對畫架，表現出他受納粹迫害時有如夢魘般的孤獨感。

〈婚禮之光〉(1945，上圖)是夏卡爾表現哀悼的圖像隱喻，一如他在蓓拉書的後記中寫道：「維捷布斯克的巴辛卡山(Basinka)和貝寥契卡山(Belliotchka)，與雲朵、樹木和房舍一起倒映在德維納河中。」

1945年春，他把之前的〈喜劇小丑〉割開，畫成兩幅聖像畫〈婚禮之光〉和〈伴在她身邊〉，追悼心愛的亡妻。這兩幅畫彷彿是蓓拉生前不久寫的兩篇美麗的自傳長文〈點燃之光〉和〈初遇〉的圖像回聲。1947年，蓓拉這本維捷布斯克年輕時代的回憶錄，附上夏卡爾的後記和插圖，在紐約以意第緒語首次出版，後再於1973年由艾達譯成法語出版。1946年初，夏卡爾在紐約州北部的凱茨基爾(Catskill)林區買下一

首版《點燃之光》於1947年在紐約出版意第緒語版(下圖)。夏卡爾送女兒一本法文版(1973，左圖)。右下圖是為《天方夜譚》畫的素描。

幢傳統小屋。這處新庇護所不會令他憶起與蓓拉共度的日子，他在這裡度過在美國居留的最後兩年生活。

波斯交響曲：《天方夜譚》

他在那裡爲《天方夜譚》故事畫一系列迷人的不透明水彩畫初稿，佛拉(又是他！)早在20年前就跟他提過這事。紐約出版商沃爾夫(Kurt Wolff)的邀約，使畫家生平第一次碰到彩色平版印刷的技術問題。13幅石版畫像詩人阿波里奈爾所說，伴隨著東方寶石、以「超自然主義」節奏流瀉出來，在印刷廠裡印製好：偉大的榭赫拉薩德(Sheherazade)及妹妹迪納薩德(Dinarzade)純眞又高貴，在沙赫里亞(Chahriyar)蘇丹面前吟唱卡瑪·阿·查

曼(Kamar al Zaman)的媚惑羞怯及苦行僧的幻想……水彩畫流暢的色澤及豐富多樣的構圖，爲這些阿拉伯古代故事增添一抹淘氣機靈的氣氛。回到法國，夏卡

希弗韓(Jacques Schiffrin)請夏卡爾為《天方夜譚》繪石版畫插圖。人物散發

爾仍不斷憶起之前創作石版畫的情景。在穆爾洛(Charles Mourlot)及朋友暨回憶錄作者索利耶(Charles Sorlier)協助下，他以異乎尋常的多產速度，創作許多

的肉體歡愉感說明他和維吉妮亞的相遇。

套色石版畫，包括《鏡後》(*Derrière le miroir*)雜誌的著名插圖，都由歐洲畫商麥格(Aimé Maeght)出版。

返回法國：夏卡爾與維吉妮亞在奧吉瓦

1945年，艾達介紹一位年輕女士維吉妮亞・哈格(Virginia Haggard)給父親認識。她是加拿大魁北克人，嫁給愛爾蘭畫家麥克尼爾(John McNeil)前曾在巴黎美術學校學畫，婚後育有一女。1947年，維吉妮亞成爲夏卡爾的伴侶，生下兒子大衛(David)。夏卡爾在巴黎短暫住了一陣子後，就決定攜維吉妮亞與兒子返回法國定居。艾達爲他們在巴黎西邊郊區、近聖日爾曼昂萊(Saint-Germain-en-Laye)的奧吉瓦(Orgeval)，找到一處迷人又具現代風格的木造莊園：屋頂高聳著兩座尖塔，四周有洛可可式陽台，好似來自童話世界一般。夏卡爾和維吉妮亞在那裡住了一年多。

1948年在奧吉瓦，夏卡爾和維吉妮亞帶著大衛(下圖)住進「一幢建有山形牆和遭蟲蛀蝕塔樓的木造別墅。夏卡爾把兩間採光良好的大房間充當畫室。」(維吉妮亞・哈格，《我與夏卡爾共度的生活》)

這段期間的畫作，溫柔的戀人在濛濛亮的黎明中相擁入懷，周圍熟悉動人的景物爲兩人結合留下見證：靛藍色小提琴、杏仁色母牛、翠綠色公雞、灰綠色月亮。1947年10月，巴黎國立現代藝術博物館館長卡蘇(Jean Cassou)趁館內東京宮舉

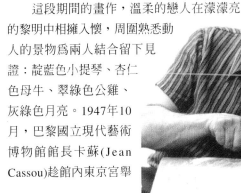

行開幕典禮之際，爲夏卡爾舉辦在法國首次回顧展。

「巴黎反映我的心靈。我想融於其中，不願孤獨一人」

畫家對法國這個第二故鄉的眷戀之情堅定不搖。60歲

〈夜景〉充滿沉重感，預示將與維吉妮亞分手。新娘騎馬飛向燭台總令人想起蓓拉。

「巴黎，我在美國夢見她，在那裡我感到充實，再度活著，如獲新生，擦乾眼淚為了重新哭泣。因為戰爭與磨難而不得不離開法國，以致這一切又在我身上甦醒，始終是我的思想和生活的架構。」夏卡爾在完成〈艾菲爾鐵塔〉(左圖，1953)後不久向拉塞尼(Jacques Lassaigne)吐露心聲。這幅痛苦扭曲的粉蠟筆畫是夏卡爾作品中少見的技法，也是〈向巴黎致敬〉系列畫的延伸之作。

時，他再度發掘塞納河兩岸古老優美的景色。全歐洲對他的推崇與日俱增，1948年6月，威尼斯雙年展頒給他版畫大獎。

對流亡兩次的夏卡爾來說，巴黎代表了最初、也是永遠的希望之都。他在這裡建立自己的地位，也在心中確立身爲藝術家的宿命。隨後住在巴黎這個階段，是這股心懷感激和寬容的熱情的見證，他想爲巴黎貢獻自己的心力，於是1954年，夏卡爾

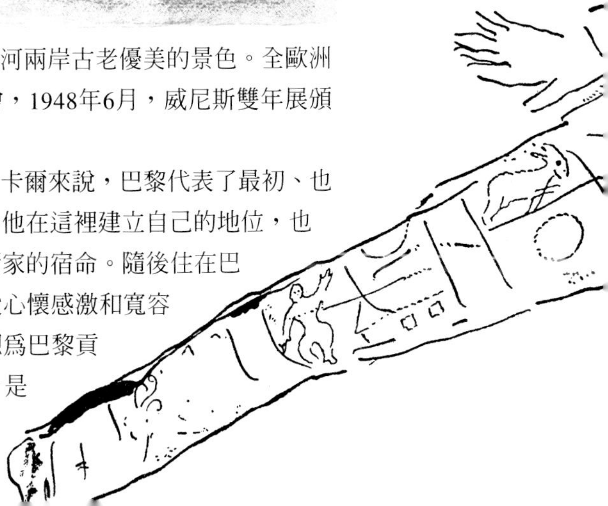

在麥格畫廊展出29幅油畫。塞納河兩岸奇妙的景致、聖日爾曼德培(Saint-Germain-des-Prés)教堂、聖母院、巴士底區的石柱……在這些抒情而多彩的組合中，拱橋與圓盤狀太陽、奇鳥與神話中的牛頭怪、漂浮的愛侶及花團錦簇的灌木叢競相爭妍。利用散步時隨手記下的隨筆、在安茹(Anjou)畫室客廳工作台上的速寫爲素材，夏卡爾頌讚這個城市，透過隱喻的詩意現實，留下幾許夢想空間。

巴黎的建築和塞納河的漣漪，在畫家的創作語彙中逐漸取代維捷布斯克和德維納河的幽幽逝水。夏卡爾將這些原型轉化爲

寓言，他的世界充滿愛侶、天使、小丑、公雞，和魚，在技巧嫻熟的色彩交響曲中，這兒是畫筆和花朵，那裡是調色盤與水果。

離開倫敦後，瓦倫蒂娜買下安茹河濱的一間公寓。在許多畫中都可見到畫家非常喜歡水：德維納河、香邦湖、塞納河、哈德遜河、蔓越莓湖、地中海……他們結婚後，客廳便改成畫室。

地中海歲月：旺斯(Vence)之光

其實，法國南方比巴黎更能激發畫家的想像力。1950年，夏卡爾聽從〈熱情〉的出版商泰希亞德建議(此人後來將佛拉未出的作品予以出版問世)，在尼斯內地面對旺斯的中世紀古堡處，買下名叫「山丘」的高大赭石建物，側邊有間濱海大畫室。幾年前，才思枯

「夏卡爾的色彩幫助我們判斷他恢復伊甸園事物、用畫筆重新塑造失落天堂的能力，他任由想像力馳騁，再建構出每樣事物。」

佐佛斯，1939年

1915年，泰希亞德從希臘來到巴黎。二次世界大戰結束後，他把佛拉未出版的版畫予以出版。夏卡爾接受泰希亞德建議，買下位於旺斯的「山丘」寓所(上圖)。畫室中的〈美人魚與詩人〉令人想起他女兒艾達與梅耶的婚姻(下圖)。

竭的作家梵樂希(Paul Valéry)曾在這裡與波齊-布爾黛(Catherine Pozzi-Bourdet)祕密同居，繼而文思泉湧。

就在這裡，夏卡爾對維吉妮亞的愛由濃轉淡。1952年1月，宅裡舉行女兒艾達與梅耶(Franz Meyer)的婚禮。女婿是瑞士博物館學家，地位崇高，著有一本夏卡爾紀念專著。10年後專著出版問世，就各方面而論，至今仍是寫作和分析研究夏卡爾的範本及參考書。夏卡爾此後更常在「山丘」作畫，陪伴他的是後來在33年歲月裡成為他愛侶和繆斯的：瓦娃(Vava)。

畫家總是拒絕受人委託畫肖像，包括巴克斯特1914年提出的請求。然而蓓拉、艾達和瓦娃都成為他筆下永恆的肖像。夏卡爾深為新婚伴侶的美貌吸引，在最後30年的生命中從她身上汲取不少靈感。從1953年在旺斯起到1956年止，瓦娃這第一幅肖像畫(左圖)顯露她溫柔的愛讓畫家重獲新生。褐色與茶褐色的單色、強烈的莧紅色、華麗的花束夾雜著金黃、茜紅和象牙白的花瓣，凸顯愛人如聖像般的橢圓形臉蛋。就像他欣賞的林布蘭自畫像及其妻莎斯姬亞(Saskia)的肖像畫，夏卡爾也畫自己及他的繆思們的肖像。

「我的眼裡只有妳，而妳只爲我而活」(夏卡爾獻給瓦倫蒂娜的詩)

1952年春，夏卡爾在泰希亞德位於聖尚岬費哈(Saint-Jean-Cap-Ferrat)的家裡遇見瓦倫蒂娜・布羅茨基(Valentina Brodsky，暱稱「瓦娃」)。他立刻拜倒在她獨特個性和良好教養的魅力下。她1905年生於基輔，家族擁有龐大糖業。十月革命期間，她沒讀完中學就離開烏克蘭，經敖德薩(Odessa)和羅馬到柏林。瓦娃於1938年嫁給英國人，住在倫敦。戰爭結束後，她宣布離婚，移居巴黎她哥哥米榭(Michel Brodsky)的住處

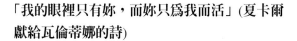

附近。米榭在法國被占領前與蓓拉和夏卡爾相識……

7月12日，夏卡爾與瓦娃在《戰鬥報》(*Combat*)總編輯布爾岱(Claude Bourdet)及俄裔妻子伊達位於杭布耶(Rambouillet)附近的清泉鎮(Clairefontaine)家中低調結婚。這樁婚姻爲畫風成熟的畫家更添靈感，讓地中海的家居生活更爲平靜充實。

〈星期天〉也是受瓦娃啓發的浪漫深情之作。來自俄國的這對愛侶被理想化成太陽，在艾菲爾鐵塔、巴黎聖母院和塞納河前互訴衷曲。

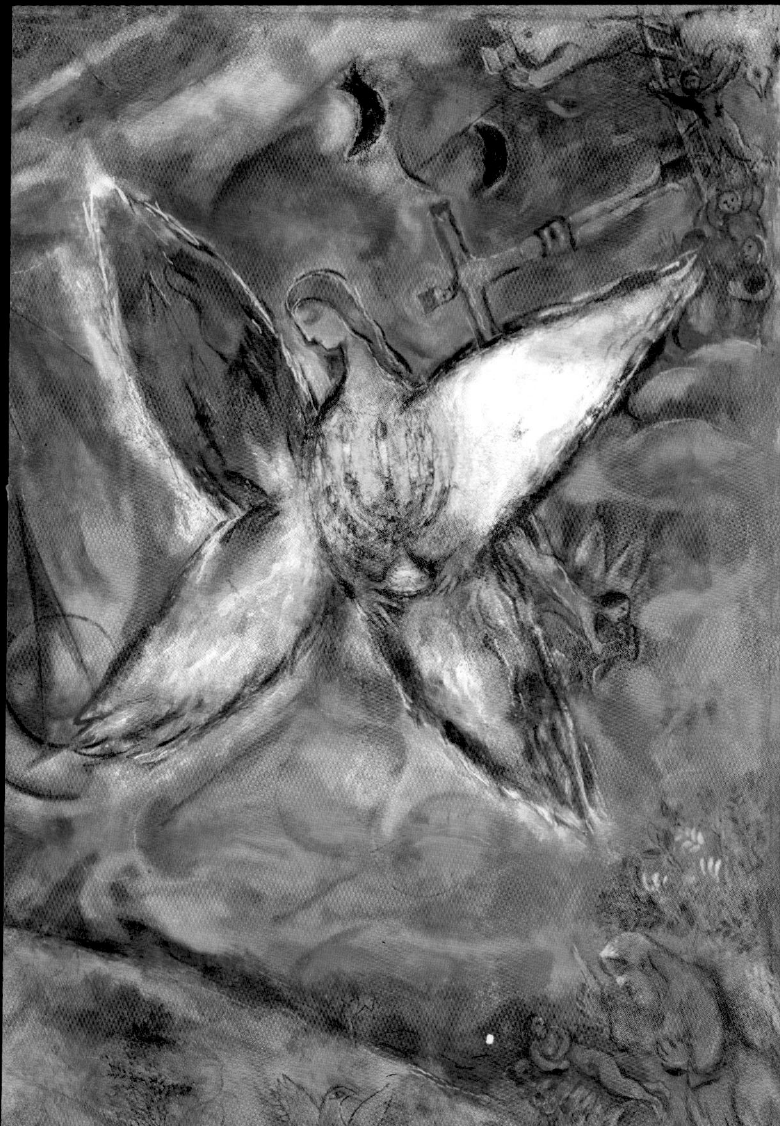

在鮮豔的胭脂紅和朱紅譜成的色彩交響曲中，畫風成熟的畫家化身成以色列國王暨先知大衛。他用獨特的敘事手法，將過去與現在融合在千變萬化的萬花筒中，維捷布斯克在上、旺斯在下，還有對蓓拉的懷念及與瓦娃的結合。大衛這詩人國王、令人景仰的〈詩篇〉作者，也是為掃羅吟唱的音樂家國王，不是光采奪目的英雄，而是打敗巨人歌利亞的征服者，畫家筆下的他成為不朽人物，正對聚集在他腳下的猶太衆生唱聖歌。他先後兩位妻子亞比該和亞希暖，彷彿蓓拉與瓦娃，都出現在畫中，一個站在維捷布斯克傳統婚禮的紅色帳篷下，另一個則以年輕新娘的面貌出現，畫家還畫她手持捧花。

〈大衛〉(左頁圖中穿紅衣者)和〈拔示巴〉(左圖)是在旺斯完成的作品中最成功的兩幅。夏卡爾在巴黎破例接受創作大型組畫的任務。它由一幅大型鑲嵌畫組成，像綠樹般環繞內院四周，面對五幅象徵性油畫：〈大衛〉、〈拔示巴〉、〈舞蹈〉、〈音樂〉和〈巴黎景觀〉。〈拔示巴〉中，長大成人的大衛愛上溫柔的拔示巴，正在偷看她沐浴。夏卡爾將這情節描繪成一個不真實的孕婦襯著藍色與紅色，站在想像的協和廣場前，周圍彌漫天光。這後來成為所羅門(Salomon)母親的拔示巴，面對渴望激情的衰老男人，散發出無比高雅的誘惑力。

帶來上帝的信息

夏卡爾一到旺斯，就發現一座已改作他用的優美小教堂：卡爾凡(Calvaire)聖母教堂。教堂平面呈十字形，比例適中，有12面牆，牆面已斑駁不堪。畫家出於本能想恢復它原先的功能：帶來上帝的信息。

夏卡爾花了好幾年時間研究構圖，表現出自〈創世記〉和〈出埃及記〉的12則插曲，最後以五幅描繪〈雅歌〉的油畫作結。可惜，裝飾小教堂的計畫未獲通過。但這套宏偉大膽的組畫〈聖經信息〉後來成為畫家和瓦娃捐給尼斯「夏卡爾聖經信息美術館」的核心之作，1973年由馬爾侯主持開幕式。

這描繪人間永恆之愛的系列畫作，就是夏卡爾充滿詩意和哲意的圖解聖約書。

發現陶瓷藝術

陶瓷自古以來就是普羅旺斯製陶業的傳統。1950年代起，夏卡爾在不同畫室裡自由愉悅地開發這門用火焙燒的藝術，起先在安提布(Antibes)的哈梅爾(Serge Ramel)工作室，後在旺斯和比奧(Biot)，最後在瓦婁希(Vallauris)結識領導馬杜哈(Madoura)工場的喬治和蘇珊・哈米埃(Georges & Suzanne Ramié)；夫妻倆十年間不時提供畫家建議。1950年代，哈米埃夫婦在南方獲得傳奇般的聲譽：在他們的工作室可能會遇見畢卡索，那時畢卡索與芳絲華・紀婁(Françoise Gilot)及他們的兩個孩子克勞德(Claude)和帕洛瑪(Paloma)住在「威爾斯人」旅館附近。馬諦斯也經常開車從他下榻位於希米埃(Cimiez)高地的雷吉娜(Regina)旅館，前來關心裝修旺斯市道明會修女侯賽爾(Rosaire)教堂的陶瓷板的燒製情況……

一向缺乏耐心的夏卡爾現在卻露出笑容：首批試驗作給他很大鼓

〈亞伯拉罕與三位天使〉(左頁上圖)屬於〈聖經信息〉中的〈創世記〉系列，是畫家的傑作。17幅不朽油畫中的〈雅各的夢〉(114-115頁)，花了畫家20年時光創作。他在《聖經》裡找到全詩的起源。他把這系列畫連同〈先知以利〉一起捐給尼斯的夏卡爾聖經信息美術館。1973年，馬爾侯為美術館主持開幕典禮。在旺斯，夏卡爾像畢卡索一樣發掘陶瓷藝術(〈太陽〉，1951，左圖；〈散步〉，1961，上圖)。

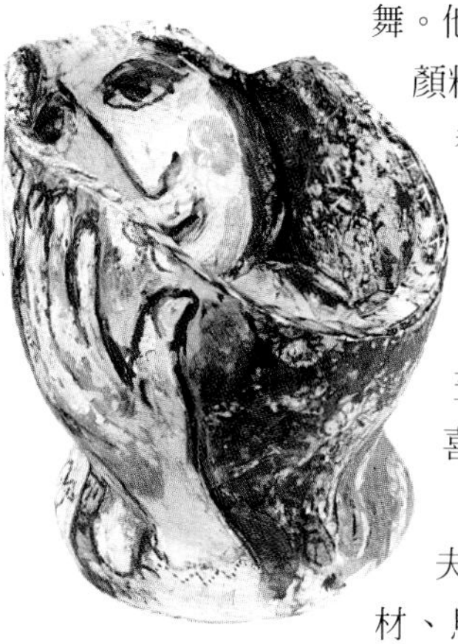

舞。他很快掌握金屬氧化物和顏料粉末的竅門。這些材料都是裝飾依他要求燒鑄或加工成傳統造型的元件。10年內，超過200只瓷盤、瓷板、壁畫拼板、花瓶繪上他最喜愛的題材並塗上釉彩，鑲拼成巴黎景觀、未婚夫妻、公雞、魚、聖經題材、馬戲雜技、拉封登的寓言，都是憑他豐富的想像力創作出來的。他的釉陶與50年前波納爾、德漢、麥約(Aristide Maillol)或師承陶瓷藝術家梅泰(Metthey)的盧奧的風格一樣感官。他以前曾在他們的贊助商巴黎的佛拉家及紐約的皮耶·馬諦斯家看到他們極富吸引力的作品。這些作品無疑勾起他強烈的好奇心。

在陶瓷藝術方面(〈幻覺〉，1962，左圖)也和石雕創作一樣(〈大衛王〉，大理石，1973，下圖)，夏卡爾放棄他偏愛的題材創作，因為熟悉的主題無法賦予這些新技藝一股詩意與新鮮感。

像小孩捏麵團，畫家也捏黏土和泥巴，捏大貝殼狀、飾有女體的凸肚水壺狀的巴洛克式花瓶不依循章法，只在意好玩有趣，守在爐前等開爐。

體驗石雕

繼陶瓷後，夏卡爾嘗試雕刻。他尤其愛用一種名叫羅涅石(Rogne)的軟質石灰石，當作淺浮雕用材。石頭上的形體刻意粗拙，還有想像的動物令人聯想起石窟中的壁畫藝術，或羅馬式的柱頭裝飾(〈雕柱〉、〈基督〉)。

對這位無與倫比的色彩專家來說，這是新奇又矛盾的體驗——在單色石面上雕刻白底的白色形象！如同當年他在銅板上實驗直線刻法的技巧，現在他在這種看似限制的形式上，找到了藝術的自由。他利用工具增加其中的精神與莊嚴的質感，如同他去希臘旅遊時所欣賞的的古典雕像。1970年代，他在進行圓雕前，完成幾塊大理石浮雕(〈大衛王〉)。他最後一些表現享樂主義的石膏翻模，更爲他的多方才華增添另一個面向。

亞述，以所有宗教自由之名

年屆70，夏卡爾才發現彩繪玻璃所提供的多種可能性。這個光與色彩的遊戲，早在中世紀初就達到極高

大理石雕〈女人公雞〉(1952，左圖)和青銅雕塑〈幻想的走獸〉(1957，下圖)。

「夏卡爾的藝術形式中，不論女人、鳥、驢子或魚，還是版畫、雕塑或油畫，都蘊含詼諧、靈性，幽默和力量，同時結合抽象與自然的形式。」

埃斯田納(Charles Estienne)，1952年

第一件彩繪玻璃是1957年爲上薩瓦省的亞述大慈悲聖母浸洗堂所作。馬里旦夫婦、畫家布拉克(Georges Braque)和建築師柯比意(Le Corbusier)的朋友道明會神父庫蒂耶(Marie-Alain Couturier)，是對法國宗教藝術孜孜不倦的復興者，他邀請夏卡爾與盧奧、雷捷、布拉克、巴贊、呂爾薩(Jean Lurçat)、利普希茲、里榭(Germaine Richier)合作，爲建築師諾瓦利納(Maurice Novarina)所刻意設計的現代教堂內部裝飾。於是夏卡爾參考他1951年參觀夏特斯(Chartres)大教堂時、驚嘆於玫瑰花窗而畫下的速寫習作。他爲亞述教堂構思一

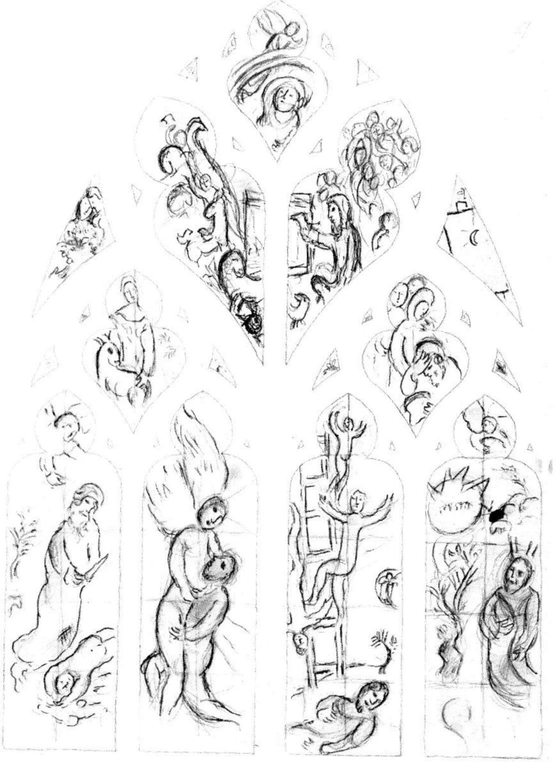

1958年為梅茲大教堂北面半圓形殿第一扇窗畫的草圖(左圖)：〈族長：亞伯拉罕、雅各和摩西〉。

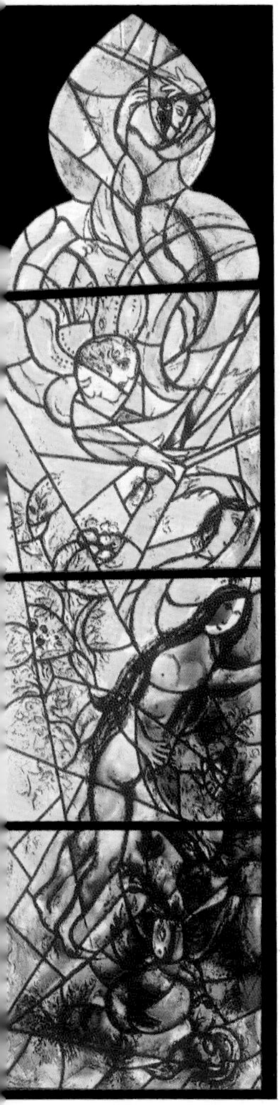

組裝飾畫，由兩扇高大的灰色窗子所組成。草稿用水墨繪成，複印在一塊很長的陶瓷板上，畫名是〈渡紅海〉，「以所有宗教自由之名」捐出。另外還創作兩塊有關〈詩篇〉的淺浮雕大理石板。

這第一次經驗深具意義，接著他又創作出許多作品，其中包括被委託替梅茲(Metz)的聖德田(Saint-Etienne)大教堂(1958)所設計的彩繪玻璃，以及耶路撒冷的哈達撒(Hadassah)醫療中心的猶太教堂(1960)，標示了他成就的高峰。後來薩爾堡(Sarrebourg)的科德利埃(Cordeliers)教堂(1975)、馬恩斯(Mayence)的聖德田教堂(1978)，和最後一座最樸實的科雷茲(Correze)的薩依昂(Saillant)教堂(1982)，也都同樣成功。

「彩繪玻璃代表我的心與世人的心間一堵透明牆」

夏卡爾是在兩位眞誠的玻璃技藝大師馬克(Charles Marq)與其妻西蒙(Brigitte Simon)指引下，踏上這條創作道路的，夫婦倆在漢斯(Reims)開設一家法國最古老也最有名望的玻璃工作室。25年來，兩人一直是夏

在許多宗教場所的主要定點上都豎立四周鑲嵌著鉛條的窗洞，隨時間和季節變化而顯現不同光芒。這些都是出自畫家的慈悲與才華而製成的「水彩畫般」的大幅構圖。梅茲大教堂的彩繪玻璃窗(跨頁圖為〈夏娃與蛇〉及〈亞當與夏娃被逐出伊甸園〉，1964)。根據〈聖經信息〉中的題材為耶路撒冷醫療中心、哈達撒醫學院的恩克倫(Ein Karem)猶太教堂的12扇玻璃窗製作一系列彩繪玻璃(上圖：〈雅各的次子拿弗他利〉)。在基督教或猶太教的聖殿中，宏偉莊嚴的氣氛與虔誠的信仰充盈在《聖經》的聖像畫中，是超越人類之愛的明證。

見證與文獻

「夏卡爾熟悉泉流涓涓和雨露滋潤，
與太陽平起平坐。他什麼都不拒絕，
從烈焰中的飛馬到擁有大眼睛的靈魂，
畫所有他感興趣的事物。
無論是快樂還是憂傷，都眞實以對。
或者處於極度的幸福中，
他已全然不知悲傷與痛苦爲何物。」

尙・波朗，1957年

蓓拉與夏卡爾

夏卡爾在《我的一生》與
蓓拉在《點燃之光》和《初遇》
中各有各的寫作風格，
但都提到他們共同的猶太根源
及對彼此萌生的愛意。
「她寫她的生活及所愛……
遣辭用句就像油畫上的一抹
色彩。」夏卡爾如此說蓓拉。

蓓拉與夏卡爾在俄國革命年代。

〈在橋上〉

我們的橋對我們來說是天堂。

我們從頂棚低矮的狹窄房間逃到橋上來望一眼天空。在擁擠不堪的小巷中，天空只剩下一條窄縫。

教堂尖頂高聳。河水在橋下流淌。空氣在天空與水間顯得很清新。

微風吹來陣陣花香。面前高高的河堤上有座城市大花園。白天，橋上人潮絡繹不絕。人們從城市一端走向另一端，把街道當作休閒場所。橋上，人們行色匆匆。流水與風兒引領著你。一股涼意從木板間升起，人們根本不想下到地面，走在石子路上。

傍晚，空氣凝結成灰濛濛的薄幕。橋礅沒入水中；木橋浮現，變成白茫茫一片。流水朦朧，由藍色轉爲鐵灰。深溝與田畦縱貫其間。河水奔流，淙淙低語。有時一個浪頭湧來，河流就隆隆作響。我感到有一群人跟著我，但不見一人，也沒聽到任何動靜。突然一頂帽子出現在我眼前。

「晚安！是我啊！別害怕！」一隻手向我致意。

又是這個小伙子。他怎麼看到我的？而我獨自一人……我想叫出來，但要叫誰呢？我發不出聲音。橋開始搖晃起來？我的雙腿顫抖。他從哪兒冒出來的？他會以爲我在找他呢。

彷彿被判有罪，我沉默不語。

我爲何不能再獨自一人安靜待在橋上？他跟蹤我，到哪兒都監視我。

「你在怕什麼？你在散步嗎？我也是。來吧，咱們一塊兒走走！」

他跟我說話的樣子好像我們天天見面似的，大大方方，毫不羞澀。他的嗓音平靜有自信。他的手軟綿綿、熱乎乎的，已不再陌生。他不再嘲弄我……我瞅著他。帽下露出鬈髮，蓬鬆地晃動著，好似要隨風飄去；雙眼直盯著我的眼睛。我垂下目光。

「來，去河岸邊走走，挺美的！別怕。我熟悉這裡。我就住那兒！」

我向陰暗的河岸瞥了一眼。那裡是他家。我在黑暗中搜尋亮光、一處有住人的地方。那裡就是他家……

我想我該回家，但雙腿不聽使喚。他是嚮導，我跟他走。他不像我想的那麼古怪。他就在我身邊，壯實得像個鑄鐵的莊稼漢。我們從木橋高高的階級上走下來，栽進坑裡。橋像懸在半空中。河水泛起如蛇皮般的粼光。鄰近低矮的房舍都進入夢鄉。

他就住那兒嗎？但他與姊妹們都不曾到橋上來散步。河水流向他們，流到他家門口。也許因他住在這裡，才會站得直挺挺的？他隨波漂流。

「我們去那兒坐吧，那裡有砍倒的樹幹。」

他在河岸上就好似在家裡，熟悉每根圓木，甚至在黑暗中也看得到。我們撞上一堆又長又圓的木柴，一爬上去就滾下來。

「你以為我們會掉到水裡嗎？」

對他，河流只是水做的桌布，他並不怕它。河流發出潺潺水聲，我靜默不語，自有河水替我說話。我眞想鼓起勇氣說我不怕黑黝黝的河水。我也是，我喜歡在夜裡行走。〔…〕

現在我家怎麼樣了？我出來已經很久。商店都已關門。父母兄弟正圍桌共進晚餐。

「蓓拉在哪兒？」媽媽看看四周問道。她嚥下一口菜思忖……她能想像此刻我正坐在這兒的樹幹上，坐在黑夜的岸邊，甚至不是與同學一起！而是年輕的陌生人在我身旁……媽媽嚥不下任何東西，搖搖頭，我看到她淚眼模糊。她向我吼叫，跟我吵架。

一個浪頭打來，在我腳邊碎成浪花。我身下的圓木滾動起來，我差點兒摔倒。

「怎麼啦？為什麼不說話？人家叫你『沉默女王』，是眞的嗎？」

我以為我已告訴他所有事了呢！

〈生日〉

你記得有個夏夜我們坐在河岸上離橋不遠處。四周花團錦簇。長椅就在陡削堤岸最高處，河水靜靜打起盹來，進入夢鄉。腳邊的花朵和灌木從高高的草叢中探出頭來，沿著斜坡顫動。

坐椅又窄又小，我們俯首望著河水。我們沉默地坐著。為何要說話？

我們看著朝我們這落下的夕陽。

我突然問你：「告訴我你多大了？你知道你什麼時候生的？」

你驚訝地看著我。

「你眞想知道？我也常問自己。父親告訴我，為了讓我弟弟大衛免服

兵役，他把我多報兩歲。我們不能欺騙上帝，但上帝會原諒他欺騙官員的，只要大衛不必服兵役。」

「那你到底是何時生的？」

「如果你眞想知道，那就來算算吧。我是老大，尼烏塔(Niouta)是最大的妹妹。不久前吃晚餐時，我聽見母親對爸爸嚷嚷：

「哈榭(Hatche)，你幹嘛不關心關心漢克(Hanke)呢？」我們都這樣叫尼烏塔。

「什麼事都靠我。她還有得等呢？上帝保佑，她快17歲了。去看看媒人，她家就在不遠處。」

「這麼說，如果尼烏塔17歲，那我頂多19歲。」

「你生日是哪天？你知道嗎？」

「你爲何什麼都想知道呢？這樣你會老得快……」

「除了媽媽誰會知道！可媽媽一定也忘了，這麼多孩子。但當妹妹和我吵架時，她們會罵我：「你瘋啦，你這塔慕茲月(Tammouz)生的……」

要是星星聽了你這故事，一定也會跟我們一起笑出來。

「你知道我在想什麼嗎？你會說我很笨。可能你父親爲你登記的那年就是你的出生年。但你怕往事重提有好幾年了吧……」

「你眞的這麼想？」

一絲陰影在你臉上掠過。天空也變得昏暗。

「你看不出來我在開玩笑嗎？」我勉強笑了笑。

「你不生氣嗎？」

而我再也不記得這段問你生日的談話是怎麼結束的。

那天一早，我跑到市郊採花，穿過籬笆採藍花時擦傷手。狗吠起來，我好不容易逃跑，但花束沒扔掉。這些花多漂亮啊！我趕緊在田裡再摘些花，連草帶根拔起來，好讓你聞泥土的芬芳。回到家，我收齊彩色披巾和絲領巾，還動用綴花邊的絲綢床罩，然後在廚房做蛋糕和炸魚排，都是你喜歡吃的。我換上過節穿的洋裝，穿戴得像頭驢子，出發去你家。別以爲帶這一大堆東西上街很容易。〔…〕

老闆娘站在店門口呼吸新鮮空氣，每位老闆娘都認識我，知道我去哪兒。她們互相交換眼色說道：

「瞧，這瘋女孩帶這麼多東西去哪兒？」

「噢，上帝保佑，怕是私奔去跟情人相會吧！現在的女孩什麼事情做不出來噢！」

幸好你住河對岸，可抄近路，跑上橋，過橋踏上對岸，我就自由了。

河邊一排小房子的窗戶都關著。主婦們怕見太陽，都背對河流在廚房裡忙著。我終於鬆了口氣。天空澄淨，河流清冷；河水奔流，我也在奔跑。天空彷彿要抓我似的越垂越低，攫住我的雙肩，推著我向前跑。

這年夏天，你有了屬於自己的房間。還記得嗎？離你父母家不遠處，你向警察租了間房，白色小屋有紅色百葉窗，恰似那警察夏季戴的紅邊白帽。房子座落在街角，那裡有道長圍牆圍著一個大花園，中間有座教堂。

你一定以為警察和神聖教堂能保護你免遭不測，對吧？我敲敲你那即使在白天也是半開的百葉窗，這是為了遮光，還是不讓人從街上看見屋內的情形？你親自出來開門。你的房東不該見到我，我上門次數太頻繁，且總是帶著大包小包。我等著。警察家的門不是那麼容易打開。一根門閂從裡面閂著大門，拉開它需花些時間。

「這是什麼？」你很快放我進去，睜大眼說：「你從哪兒來？」

「你以為帶這些大包小包就是從火車站來？猜猜看，今天幾號？」

「問簡單的，我從不記日期。」

「不…不是這意思…今天是你的生日！」

你驚訝得目瞪口呆。如果我告訴你沙皇已來到我們的城市，你可能還不會那麼驚訝。

「你怎麼知道？」

我趕緊卸下那些五顏六色的披巾，把它們掛在牆上，再拿出一條攤在桌上，把床罩舖在你的小床上。而你……你轉過身去，在一堆畫布中搜索，抽出一塊，然後豎起畫架。

「別動，待在原地……」

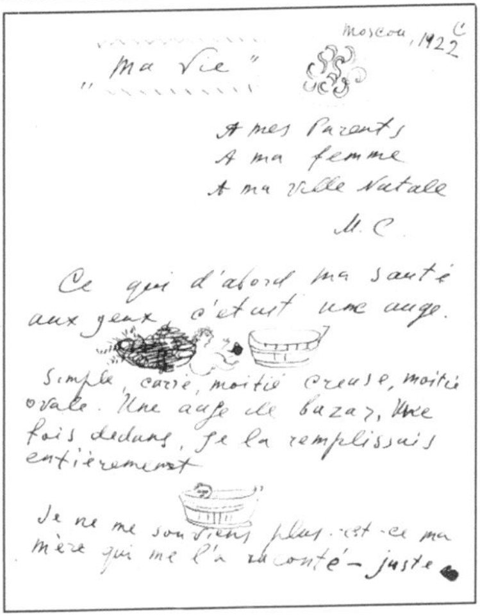
Moscou, 1922 C
„Ma Vie"
A mes Parents
A ma femme
A ma ville Natale
M. C
Ce qui d'abord ma sauté aux yeux, c'etait une auge.
Simple, carrée, moitié creuse, moitié ovale. Une auge de bazar. Une fois dedans, je la remplissais entièrement
Je ne me souviens plus — est-ce ma mère qui me l'a raconté — juste

《我的一生》的第一頁手稿。

我手中還握著鮮花，站在原地一動不動。我想把花插到瓶中，否則很快就枯萎，但一轉眼便忘了。你俯身在畫布上，畫布在你手下顫抖。你用畫筆蘸顏料，於是紅色、藍色、白色、黑色飛濺起來。你把我帶進色彩之流中。你突然把我帶離地面，自己縱身一躍，好似這房間太小，你騰空而起，伸展四肢，向天花板冉冉飄浮起來。你轉過頭，也把我的頭轉過來……你在我耳鬢廝磨，低聲細語……

我傾聽你那柔和低沉的嗓音，即使在你眼中也可聽到這樂曲般的嗓音。我們合而為一，一起在裝點好的房間裡飛升。我們想穿越窗子出去，窗外的藍天白雲在召喚我們。掛著各色領巾的牆在我們四周旋轉起來，令

我們暈眩。花田、房舍、屋頂、院子、教堂都在我們下方浮遊……

「喜歡我的畫嗎？」你突然回到地面，看著自己的油畫，也望著我。你不時退離畫架，又向前逼近。

「還有很多東西要畫？還是就這樣？妳說，哪些地方我還得加工？」

你自言自語，在等我回話，但又怕聽我的評語。

「噢！很美，你飛起來的樣子很美……我們叫它〈生日〉吧。」

你平靜下來。

「你明天還來嗎？我另外再畫一幅……我們將飛起來……」

蓓拉・夏卡爾

《點燃之光》

伽利瑪出版社，1973年

「我想當畫家」

美好的一天(但每天都很美好)，媽媽把麵團放進爐子烘烤，我走向她，她手中拿把鍋鏟，手肘沾著麵粉，我告訴她：「媽……我想當畫家。到此為止，我不想再當店員或管帳的。夠了，我這想法不是無來由的，我感覺有事要發生了。」

「你看，媽，我是不是和其他人一樣？我能做什麼？」

「我想當畫家。救救我吧，媽。你跟我來，走吧，走吧！城裡有個地方，只要能接受我，只要我能學完課程，離開時我準會成為藝術家。我會很高興的！」

「什麼？畫家？你瘋了。讓我把麵糰放進爐裡烤成麵包，別礙事。」

「媽，我再也受不了，走吧！」

「不要煩我！」

最後終於決定了。我們去找潘先生。如果他認爲我有才華，我們可以考慮；如果不……

(我終究要當畫家，我一廂情願地想著。)

事情明擺著，我的命運操在潘先生手裡，至少在一家之主媽媽眼中是如此。爸爸給我五盧布當每月學費。但他把盧布扔到院子，我得跑去撿。

當我因看到「潘氏繪畫學校」這藍底白字招牌而突感一陣暈眩時，我看到潘先生從開往大教堂廣場的電車月台出來。

「啊，我們的維捷布斯克多麼有智慧啊！」我思忖。

我決定馬上去認識老師。

這招牌其實只是塊藍色金屬板，就像隨處可見的店招。

甚實小張參觀證和小門牌在城裡沒什麼用，無人會去注意它們。「古維希麵包糖果店」、「各種品牌香菸」、「水果食品店」、「阿索維裁縫舖」、「巴黎時裝店」、「畫家潘的繪畫學校」……這都是生意。但最後這招牌我覺得像來自另個世界，蔚藍的像天空，顫微微暴露在日曬雨淋中。

捲好破破爛爛的畫稿後，我悸動不安地由媽媽陪同去潘老師畫室。上樓梯時，我被顏料和油畫的氣味醺得如癡如醉。四周擺滿肖像畫，有M.L.市長及夫人的、L女士、K男爵與夫人的，以及其他。我認識他們嗎？

畫室裡從地板到天花板都塞滿油畫。鑲木地板上也堆放著一疊疊畫紙和一捲捲畫稿。只有天花板是空的，但結滿蜘蛛網。這裡那裡都擺著希臘石膏頭像、胳膊、大腿、各種裝飾品、白色物件，全都蒙上一層灰。

我本能地覺得這位畫家的路不是我要走的路。但我不知道是哪種路。我沒有時間細想。

生動逼眞的人像令我吃驚。

這可能嗎？

上樓梯時，我摸摸鼻子和面頰。

老師不在家。

我對媽媽第一次進畫室的表現及感受無話可說。她突然朝我轉過身來，用幾乎是哀求但清晰果斷的聲調對我說：「兒子啊，你看得很清楚，你永遠做不來這事。我們回家吧。」

「等等，媽！」〔…〕

親愛的老師出現了。

我無法向你們描述他的模樣。

他個子矮小不算什麼，反而讓他看起來平易近人。

他外套下擺懸在腿間，上下左右搖晃，錶鏈也跟著晃動。尖尖金色山羊鬍時而憂鬱，時而顯得恭敬有禮。

我們迎了上去。他漫不經心地向我們打招呼(只有向市長和有錢人打招呼才會必恭必敬)。

「有何貴幹？」

「嗯，我不曉得怎麼說才好……他想當畫家……他瘋了他！請您瞧瞧他的這些畫……如果他有才華，那還值得來上課，否則……我們回家吧，兒子。」

潘連眼睛都沒眨一下！

(我心想，你這壞人，連眼都不眨一下！)

他機械化地翻閱我的「尼瓦」畫稿，嘟噥道：

「是啊……他有點才能……」

啊，你……這回換我嘀咕了。

說實在的，是好是壞，我媽一點也不懂。

但對我來說這就夠了。

總之，我收下父親的五盧布，在維捷布斯克的潘老師畫室學了兩個月繪畫。〔…〕

「在巴黎，我彷彿找到一切……」

巴黎與我的出生地相距十萬八千里，阻絕了我立即或至少一星期或一個月後返鄉的渴望。我甚至想捏造出不管什麼樣的假期，好有藉口可以回家。

是羅浮宮中止了我這些猶豫不決的心情。

只有在維洛內茲(Paolo Veronese)圓廳和馬內、德拉克洛瓦、庫爾貝展廳看畫時，我才別無所求。

在我的想像中，俄國就像懸在降落傘下的紙球，橢圓形梨狀的汽球懸浮在空中，隨著歲月流逝而漸漸冷卻降落。

俄國藝術在我眼裡就是這樣，或大致是這樣。

的確，每當我想到或談論俄國藝術時，總有相同迷惘困惑的感覺，充

滿辛酸與怨懟。

這好像俄國藝術命中注定要追隨西方的腳步。

如果俄國畫家被判要當西方的學徒，我認為，他們寧可依本性當個任性的學生。俄國最優秀的現實派畫家震撼了庫爾貝的現實主義。

俄國最真實的印象派畫作如果與莫內和畢卡索的相比，一定也令人困惑不已。

在這裡，在羅浮宮中，面對馬內、米勒和其他畫家的作品，我了解為什麼我與俄國藝術無法連結；為什麼我的繪畫語言對他們是格格不入的；為什麼沒有人信任我；為什麼藝術家們不承認我。

為什麼我在俄國是多餘的。為什麼我的所作所為令他們覺得怪異，而他們的作為也讓我無法苟同，到底是為什麼？

我再也無話可說。

我愛俄國。

在巴黎，我彷彿找到一切，尤其是職業技能。到處都證實這點，不論是博物館還是沙龍。

也許東方在我的靈魂中已經迷失，或者「一朝被蛇咬，十年怕井繩」。

我並非是這行唯一探索藝術意義的人。

這就好像諸神站在我面前一樣。我不想再思考大衛和安格爾的新古典主義、德拉克洛瓦的浪漫主義、塞尚和立體派的追隨者早期的構圖。

夏卡爾，約1910年。

我感覺我們仍只在事情表面掠過，害怕潛入混沌深處，害怕打破腳下習以為常的地面，並把它翻轉過來。

我到達的隔天就去造訪「獨立畫家」沙龍。陪我的朋友提醒我不可能在一天內看完整個沙龍。拿他來說，每次他參觀完出來總是精疲力盡。我很同情他，但仍決定照自己的方式行事。我很快看完所有前廳，然後好像被洪水沖著跑似的把我沖回中央展廳。

這樣我就保留了體力。

我深入1910年法國繪畫的核心，在那兒被吸引住。

我在巴黎參觀各種畫展、玻璃櫥窗和博物館時發掘到並細細品味的一切，沒有一間美術學校能教我。

就拿菜市場來說——由於經濟拮据，我常只能買條長黃瓜充飢——穿藍色工作服的工人及立體派最熱忱的學徒，即使在二流畫家的畫作中，也在在顯示追求比例、明淨與形式的明確審美觀及繪畫風格。

我也不知道有誰能從在1914年以前的法國與他國繪畫間幾乎無法克服的差異中，形成一種比我更清楚的理念；國外畫家似乎很少有這種想法，而我則不斷在思索。

問題不在於個人或民族的天賦才能的高下優劣。不同力量牽涉其中，尤其是身心方面的力量，創造出向音樂、繪畫、文學或睡眠發展的傾向。

在邁納街的畫室裡住了一陣子後，我搬到經濟狀況可以負擔的「蜂巢」。我們為鄰近沃吉哈屠宰場、四周有座小花園的工作室取這名字，裡面住著來自各國的流浪藝術家。

當俄國畫室裡的模特兒因被冒犯而哭泣時，義大利人房裡揚起歌聲和吉他聲，猶太人在爭論，而我則獨自一人待在畫室裡面對那盞煤油燈。室內擺滿畫布和油畫，這些還稱不上畫布，只能說是桌布、床單和撕成碎片的睡衣。

凌晨兩、三點鐘，天空泛藍。黎明來臨。遠處，人們在屠宰牲口，母牛哞叫，我在畫牠們。

我已連續好幾晚熬夜。我的畫室已一星期沒打掃了。畫框、蛋殼和兩塊錢一盒的空湯罐亂扔一氣。煤油燈亮著，我陪著孤燈。燃燒著直到光焰化在黎明幽藍的曙色中。

這時我才爬進閣樓，我本應下樓到街上去賒買幾個熱騰騰的牛角麵包，但我跑去睡了。一會兒，清潔婦來了，我不知道她是來替我打掃畫室(真有必要打掃嗎？至少別動我的桌子！)，還是要上來跟我一起睡。

在葛雷柯和塞尚複製畫旁的架上還剩下一條鯡魚，我把它切成兩半，魚頭今天吃，魚尾留到明天吃。噢，感謝上帝，還有些麵包皮。〔…〕

「不論是帝俄還是蘇俄都不需要我」

人民教育部聘請我以教師身分，到第三國際和馬拉科夫卡教養院為孩子們上繪畫課。

這些教養院共收養50幾名兒童，全是孤兒，被一群小心謹慎的老師教導，他們想實施最新的教學制度。

這些孩子是最不幸的孤兒。他們不久前才被遺棄在街頭，遭壞人鞭打，被奪去父母性命的閃亮匕首嚇破膽，被子彈的呼嘯聲和玻璃的碎裂聲震聾了聽覺，至今耳際依舊迴盪著父母的哀求聲；他們親眼目睹父親的鬍子被狠心割去，姐妹們被強暴後遭開膛破肚。

他們衣衫襤褸，飢寒交迫，抓住火車踏板隨車在城鎮間遊蕩，直到最後被收留進孤兒院爲止——而這還只是冰山一角而已！

現在他們就在我面前。

他們分散在農村幾所房子裡，只有上課時才聚在一起。

冬天，他們的小房子都被雪覆蓋，寒風揚起雪花，在煙囪裡盤旋呼嘯著。

孩子們都要做家務，輪流做飯，烘烤麵包，砍伐和搬運取暖用的木柴，洗曬、縫補衣服。

他們學大人開會，商談事情，互相評議，甚至評覈老師，還帶笑容與動作合唱「國際歌」。

我教這些不幸的孩子們畫畫。

他們打赤腳，穿薄衣，一個聲音蓋過一個聲音地叫喊著，於是四面八方響起：「夏卡爾同志！……」

只有他們的眼睛不願也無法流露出笑意。

我疼愛他們。他們畫畫，就像野獸捕獵物般撲去搶顏料。

有個男孩對繪畫創作痴迷得像發狂一樣，他還會作曲填詞。另個像工程師，安安靜靜打造他的藝術作品。

有些孩子則潛心於抽象藝術，喜歡義大利畫家契馬布耶的作品及大教堂的彩繪玻璃畫。

我長久浸淫在他們的圖畫及藝術探索中，直到我得離開他們爲止。

你們現在變成怎樣，我親愛的小朋友？

每當我憶起他們，我的心都揪了起來。

爲了離馬拉科夫卡教養院近些，他們分配我住在一間小木屋，上面還有可住人的閣樓。

唯一一張鐵床又窄又小，早晨醒來遍體碰得青一塊紫一塊。

偶然發現一些長凳，讓我得以把床加大些。

這間木屋還保留著已逃跑主人的氣味，窒悶的空氣散發出傳染病的氣息。藥罐子散落一地，家畜的穢物也隨處可見。

夏季和冬季，窗戶都敞開著。

樓下公用廚房裡，快活的農婦張羅照料我們的家務。〔…〕

在教育人民委員部的會客室裡，我耐著性子等辦公室主任能撥冗接見我。我希望，如果可能的話，當局結清我爲莫斯科猶太藝術劇院所作壁畫的報酬。

如果不是按「一級」報酬標準支付——比我手腕靈活的藝術家是很容易得到的，至少也應付我最低酬勞。

但主任笑了笑。

「是啊…是啊…」他吞吞吐吐說：「你曉得的，預算…各級領導簽名、蓋章……還要盧那察斯基批准。你明天再來吧。」

這事一拖就是兩年。

後來……我得了肺炎。格拉諾夫斯基也只能苦笑。

我還能怎麼辦呢？

上帝啊！既然你賦予我才華，至少大家都這麼認為，那你為什麼不賜我一副嚴厲的外表，好讓大家都尊敬我、怕我呢？比方說，讓我長得身材壯碩魁梧，方頭大耳，這樣就會令人敬畏，就像這世道中常見的那樣。

但我這張臉生得太柔和了，聲音也不夠鏗鏘有力。

我陷入絕望中。

我躑躅在莫斯科街頭，沿克里姆林宮走著，朝寬闊大門裡偷偷張望。

托洛斯基從車上下來。他身材高大，鼻子藍裡透紅，步伐沉重而堅定，跨過門檻，朝克里姆林宮的寓所走去。

我閃過一個念頭：「如果我去拜訪詩人貝尼(Demyan Bedny)？他也住在克里姆林宮，戰時我與他在軍事委員會相識，也共事過。」

我去求他和盧那察斯基保護，讓我重返巴黎。

我當夠老師和主任了。

我想畫畫。

我的前衛派油畫全留在柏林和巴黎的畫室，那裡堆滿草圖和未完成的油畫正等著我。

我的詩人好友魯賓納(Rubiner)從德國寫信給我：

「你還活著？大家都以為你死於戰爭中了。你知道你在這兒很有名？你的油畫開創表現主義先河。賣得可貴了！別去計較瓦爾登欠你的錢了，他不會還你的

，因為他堅信你的榮耀已夠多。」

算了！

我不禁想念起雙親，想起林布蘭、媽媽、塞尚、祖父，想起妻子。

如果我去荷蘭、義大利南部、法國普羅旺斯，脫去我這身衣服，我會說：「親愛的朋友，你們看到了，我又回到你們身邊。我在這裡很傷心。我唯一希望的是畫畫和做其他事。」

無論是帝俄還是蘇維埃俄國都不需要我。我對他們就像難以理解的局外人。

我堅信林布蘭是愛我的。

夏卡爾，《我的一生》
蓓拉譯自俄文，有32幅插圖
Stock出版社，1931年

詩中的夏卡爾

夏卡爾善於用斑斕的色彩，
將滿懷的詩情從畫筆
與鋼筆的筆端流瀉出來。
詩人是最先向他致敬的人：
好友桑德拉、
玄祕專斷的阿波里奈爾、
超現實派的艾呂雅、
熱愛華麗宗教儀式的
弗雷諾(André Frénaud)
都曾寫詩歌頌他……

〈像個野蠻人〉(1930-35)

那兒擠滿鄙陋的房舍，
那兒隆起一條通往墓地的小徑，
那兒有條大河流淌，
在那兒我夢想我的人生。
夜裡，一個天使在天空飛翔，
猶如畫布上的一道白光，
向我預示一條長長的道路，
它將把我的名字射向家家戶戶之上。
我的人民啊，我在為你歌唱，
可有誰知道你是否喜歡這首歌，
聲音出自肺腑，充滿疲憊與憂傷。
我臨摹你，鮮花、森林、人和房屋。
就像個野蠻人，我為你的臉上色，
不管白天黑夜，我都為你祈福。

夏卡爾
《詩歌集》

〈我的唯一〉(1945-50)

我的唯一，
故國在我心中，
不需護照即可入境，
彷彿回家一般。
她看到我的憂傷和我的孤寂；
催我入睡，爲我蓋上芬芳的石板。
我體內的花園群芳吐豔，
花朵是我創造的。
街道雖依舊故我，
但已沒有房屋，
孩提時就被摧毀。
鄉親浪跡天涯，尋找棲身之所，
他們就住在我的心中。
這就是我爲何而笑的原因，
當我的太陽照耀，或者我哭泣，
就像黑夜中的一場細雨。
曾經我有兩顆頭，
當這兩張面孔覆滿愛的露水，
消散如玫瑰的芬芳。
而今，我似乎感到，
即使當我後退時，我依舊向前走，
走向一排高高的柵欄；
柵欄後矗立一道道牆，
那裡沉睡著沉寂的雷鳴
和破碎的閃電。
我的唯一，
故國在我心中。

夏卡爾
出處同前

夏卡爾詩作〈如果我的太陽照耀〉》手稿，1945至50年。

〈倈索吉〉

獻給畫家夏卡爾

你那緋紅的臉龐彷彿雙翼飛機
轉變成水上飛機。
你那圓圓房子有條煙熏鯡魚在游泳。
我需要一把開啓眼瞼的鑰匙，
幸虧我們看到巴那多先生。
於是我們安安靜靜待在一旁。
你要什麼，我的老D先生？
90還是324？一個神情像小牛的男人
斜睨著問道。
他母親的肚子，
我在路上已尋找多時，
路兩旁有多少隻眼睛閉著。
柳樹迎風哭泣。
睜眼吧，睜眼吧，睜眼吧，睜眼吧！
睜眼瞧瞧呀！
老人在臉盆裡洗腳。
有次我聽說阿希比約特更討人歡喜。
於是我憶起我們的童年就淚眼汪汪。
可你向我出示一把可怕的小提琴。
這小幅油畫上有輛車令我想起白天。
黃、藍、綠和紅色碎片製成的一天。
那天，他牽著一條拴皮帶的母狗，
扛著一根迷人的煙囪去鄉下，
我曾有枝蘆笛，但我沒有用它來換取
法國元帥的權杖。
現在我兩手空空，沒有小蘆笛了。
那煙囪也離我遠遠地抽著俄國菸。
母狗對著紫丁香和微弱的火光吠叫。
花瓣散落在裙上，
兩只金戒子失落在便鞋旁，

在陽光下閃閃發光。
而你的頭髮恰如有軌電車，
穿過點綴著五光十色火光的歐洲。
阿波里奈爾

〈肖像〉
他睡了，他醒了，
突然他開始畫畫。
他選教堂，就畫教堂，
他選母牛，就畫母牛。
他畫沙丁魚，
幾顆頭、一些手、幾把刀；
他畫一條牛筋，
他畫猶太小城裡所有骯髒的激情，
以及俄國某省的激烈性慾。
對沒有性慾的法國，他畫大腿。
他屁股上長著眼睛，
瞬間就畫出你的肖像。
這是你，讀者，
這是我，這是他，
是他的未婚妻，是街角的雜貨舖，
是養牛婦，順從聽話的老婆。
這裡有血栓，人們在爲新生兒洗澡。
瘋狂的天國，現代派的嘴臉，
螺旋形的高塔，一些手，
基督，基督就是他，
他在十字架上度過童年，
他每天自殺，突然他不再作畫。
他曾醒來，現在又睡了，
他用領帶勒自己，
夏卡爾訝異仍然活著。
桑德拉
《快活詩集》，1913年

〈畫室〉
蜂巢，樓梯、大門、樓梯。
他的門像報紙般打開，插滿參光證。
隨後門關上。
雜亂無章，主人處在一片混亂中。
雷捷的照片，但不見多賓的留影。
在背後，背後是堆狂放不羈的作品，
速寫、素描，全是狂放不羈的作品。
還有油畫……空酒瓶。
「我們保證番茄汁口味絕對純正」
標籤上這樣寫著。
窗子是一本年曆，
當巨鶴展翅般的閃電
轟隆隆地倒空天上的駁船，
傾瀉出陣陣雷鳴。
他從天空墜落，一片混亂。
哥薩克人基督，
一輪解體的太陽，

屋頂，夢遊者，山羊，
變狼妄想症患者，
波萊爾(Petrus Borel)，
瘋狂的冬季像熟桃般裂開的天才，
西班牙詩人勞特阿蒙(Lautreamont)，
夏卡爾，
可憐的小孩挨著我的妻子，
貪戀不捨的愉悅，
斷了根的鞋子，
裝滿巧克力的老鍋，
一盞拆解的油燈，
當我造訪他時，
我感到一陣如痴如醉的眩暈，
一些空酒瓶，幾瓶酒，
齊娜(Zina)，(我們曾經談到她)
夏卡爾，夏卡爾，
站在光的階梯上。

桑德拉
出處同前

〈致夏卡爾〉

驢子或母牛，公雞或馬，
直到小提琴的皮膚。
唱歌的男人，唯一的小鳥，
敏捷的舞者，與他的妻子，
一對情侶陶醉於春光中。
金黃色的草，鉛灰色的天空，
中間隔著藍色火焰。
用健康的露水，
血液染紅，心在悸動。
一對情侶，最初的反射。
在積雪的地下，
富饒的葡萄園畫出一張臉，
上面的嘴唇像一輪
夜裡永不入眠的彎月。

艾呂雅

〈夏卡爾之歌〉

如果動物愛天使，
紅色小公雞將展翅高飛。
公羊清亮的笑聲通過時鐘傳到耳中。
當赤裸的雲彩從房屋那邊再次升起，
把我們連同未婚妻一起帶走，
我們上路，而我們的心
就開始變成綠色和紫色悸動著。
別害怕，這不是去玩。
如果我的頭不在那兒，
那就在它該在的地方停駐。
這頭將會下來與我們會合。
也許就在上面，
與悠遊的魚兒在一起。
別害怕，此刻我與未婚妻在一起。
我現身在外也沒關係，
我搜遍鄉下，
為了帶回懷孕的牲口，
安置在那全是溫柔純種牲口的馬廄。
對每個人而言，魔鬼的慈悲
是靠春天的貞潔來招搖。
當我把世界翻轉過來，
它就開啓。
孔雀眨眼眨個不停，
我呈現這瘋狂的空間，
為了提升令人企盼的神聖之美。

弗雷諾

「不是夢境，而是生活」

夏卡爾曾好幾次談到自己的靈感來源。1958年2月在芝加哥的一次集會上(會議內容從未發表)，針對大眾提出的許多問題，他明白表示自己的信念。

我不選擇，是生活本身爲我選擇這種自然技法。

您賦予線條和色彩什麼重要意義？追求何種目的？

我不知道。

模仿別的畫家嗎？模仿時的夏卡爾在追求什麼？

我所追求的是：反映生活意義的作品。

您有時會去畫曇花一現的夢幻嗎？或者營造、構思某種幻覺？您是否曾嘗試要再現夢境呢？

不是夢境，而是生活。

你相信工作還是相信靈感呢？

從我們降臨人世那一刻起，我們一直是現在這個樣子。

超現實主義在您作品中扮演什麼角色？您是否已完全擺脫它的影響？

我從1908年開始創作所謂的超現實主義，但超現實主義就像國際機械工程師協會(ISME)自1925年起出現。

構圖在您的畫作中很重要嗎？

在繪畫裡，一切都很重要。

夢境對您的油畫創作重要嗎？

我沒有夢。

面對某一景物，你對光線或線條是否更敏感？

面對景物，我會感動，但面對人或生命中某些事，我也會很感動。

有個知識份子問我：藝術與生活間的關係爲何？

當然我可享受在生活與現今文化

中完成許多事。在這裡恕不一一列舉報上討論的所有問題……如果我是社會學家，我也許會用物質動機來闡明這些事物狀態。人們有時會憂傷地封閉自己，不去聽和看外界事情。於是人會像某個躺在沙灘上的先知，幫自己及願意聽他講話的路人預言未來。

他還問我：自然科學是否教我一些對我的藝術有用的東西？

歸根結柢，藝術不是具有科學意識的東西。藝術家沒有本能，就會像個鐘擺一樣。

還有，宗教信仰對藝術家眞的不可或缺嗎？

一般來說，藝術就是一種宗教行爲，但藝術神聖之處在於超越功利，創造榮耀或某種物質利益。我們無法確切知道契馬布埃、喬托、馬薩其奧(Masaccio)、林布蘭是什麼樣的人，可是生活中非常幸運的時刻，就是當我們面對他們的作品時會感動涕零。

對我來說，華托即使畫花卉、愛侶與灌木，但他仍是教徒。如果他的畫放進宗教殿堂而不是羅浮宮，感受會更加深刻。

這十年我畫了許多。我很高興看到幾本書正在出版，包括插圖版《聖經》。我選擇繪畫：它對我如食物不可少。我覺得繪畫像扇窗，穿過這扇窗我飛向另個世界。說到這裡，請各位原諒我又提起《聖經》中患口吃的摩西形象，但他一直追隨上帝，去完成他的使命。同樣地，儘管我們也口吃，但被人追隨去完成我們的使命。

我又看到童年居住的那幢簡陋房子，在那裡，我彷彿覺得在門上和天空中，夜晚閃耀得像燃燒的灌木。但只有我一人在父母家。四周充滿嘈雜聲，父母的操心和我孤寂的生活，爲勞累的父親感到心疼：他千辛萬苦扶養九個孩子。我轉頭看他那勞動者布滿老繭和皺紋的雙手，還有他那疲憊呆滯的眼神。這一切都像魅影似地困擾著我，於是我離家去闖另一條路，也許與父親走的是同一條路，父親看著我的畫，心想這是一堵綿延的牆。

從此，我到處漫遊，見識許多國家。我走遍天涯海角去尋求光和色彩。我專注地體察某些想法和夢境。但在這條路上，我一再碰壁，經歷過戰爭與革命，以及隨後發生的一切……但我也遇到一些獨特的好人：他們的創作及魅力，與他們的接觸常給我撫慰並堅定我的信心。

隨著年齡增長，我更明確感受人生道路上相對的公正，以及不是用自己的血和缺乏愛的靈魂換來的荒謬。

在生活和藝術中，一切都可改變，而當我們毫無顧忌地說出愛這個字，這個被浪漫主義包裝的字時，一切都會轉化的。但是目前我們沒有別的詞可以表達。眞正的藝術就在其中：這就是我的技藝、我的宗教，這來自遠古時代又新又老的宗教。

畫家與《聖經》

「如果我們沒有夏卡爾的作品，
但至少擁有他畫的《聖經》。
對我們而言，
他不僅是偉大的現代藝術家，
也是在《聖經》的內容及精神
都很封閉的時代裡的
特異份子。」

夏皮洛
〈熱情〉，1956年

1950年，夏卡爾與庫蒂耶神父和馬里旦合影於奧吉瓦。

「我感受到對所有人的愛」

從孩提時代起，我就迷戀《聖經》。我始終覺得它是每個時代詩歌的最偉大源泉。從那時起，我就在生活和藝術中反映《聖經》。《聖經》就是自然的迴響，而我試圖傳達這個奧祕。

隨著我的能力提升，在人生歷程中，儘管我有時會覺得自己完全變成另一個人，儘管有人說我降生於天地之間，世界對我而言是片無垠的沙漠，我的靈魂猶如火炬在那兒遊蕩。我將這遙遠的夢想化作一幅幅畫。我想把我的畫留存在這座美術館中，讓人們試著在此尋得一股寧靜、一種靈性，以及宗教上的虔誠及生命意義。

在我的想法中，這些畫不代表一個民族而是全人類的夢想，是我結識法國出版商佛拉和東方之旅的成果。我想把它們留在法國我的第二故鄉。

不應由我來評論它們，應該讓這些藝術作品自己說話。

我們經常談論手法，以何種形式或哪個流派來安排色彩。但掌握色彩是天生稟賦，既不取決手法，也不在於你採用哪種形式，更不在畫筆的操控。它不屬任何流派，每個流派都只留在歷史中，很少有流派擁有先天的色彩……這些流派往往都遭人遺忘。

繪畫與色彩是否受愛的啓發？繪畫不僅是內在世界的反射，也是超越技巧的表現。所以技法不算什麼。色彩和線條蘊含性格與想傳達的信息。

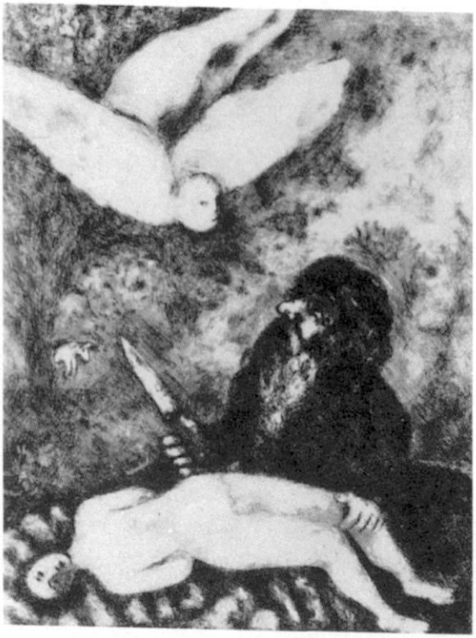
亞伯拉罕遵照上帝的旨意，準備獻祭自己的兒子。《聖經》第十幅銅版畫。

如果人生無可避免要走向死亡，那我們應在有生之年用愛和希望的色彩來裝點人生。在這種愛中，包含人生的社會邏輯和每個宗教的本質。

對我而言，在藝術和生活中力求盡善盡美是來自《聖經》這源泉。沒有這種精神力量，藝術和生活唯一的邏輯與結構的機制是不會有成果的。

也許年輕人和老人來美術館尋求一種理想的愛情與博愛，這也正是色彩和線條夢寐以求的。

在這裡，人們也許會說出我對所有人所感到的那種愛的話語，這裡再也沒有仇敵，像母親懷著愛與痛苦生下嬰兒，因此年輕人和老人用嶄新的色彩建構世界。

所有人，不論宗教信仰爲何，都會來此說出夢想，遠離惡意與煽動。

我也希望世人在這裡展出藝術作品和各民族崇高性靈的文獻，但願人們聽到他們用心創作的音樂和詩歌。

這個夢想可能實現嗎？

但在藝術與生活中，一切都是可能的，只要愛是它們的基石。

夏卡爾
夏卡爾和瓦倫蒂娜的捐獻詞
國立夏卡爾聖經信息美術館
尼斯，1973年

獻給基督徒的《聖經》詩篇

如果我以某種方式要求藝術只具有宗教意義而不管其本質，那我會感到自責。然而它卻是如此，至少就未被明確表述的啓示而言。我得以確切指明這點，是因爲他不打算用此方式追求什麼，夏卡爾創作的插圖版《聖經》中的造型世界，如此深刻痛苦但又尚未得到解救的人世；又恰如在神聖黑夜的摸索過程中，不自覺地證實了以色列偉大抒情藝術的形象價值。這個世界越是猶太人的，和越是糾纏在三個族長——代表三位聖人的形象——的艱澀難解的思辨中；我就越分辨不出是哪種福音的召喚在那裡發出低沉的迴響……

馬里旦
載《藝術筆記》，114期
巴黎，1934年

不朽的畫家

長久受到聖靈感召的夏卡爾，
也是受西方彩繪玻璃藝術
啓發的創新者。
玻璃技藝大師馬克教他
創作玻璃彩繪，
在這裡以詩人身分追憶
畫家從彩繪玻璃到鑲嵌畫、
再從鑲嵌畫到織錦畫
的「偉大」歷程。

夏卡爾與馬克及其妻子在漢斯的畫室。

夏卡爾深受藝術「磨難」，以一種極特殊的意義來說，他承受性靈上的普世價値。如果他談到愛，不就是指這無垠無涯的世界，既不高也不低，既不左也不右，就只是個色彩橫溢的繽紛世界。當畫家來到巴黎時談到這種「自由色彩」，以一種典型力量顯現在他的偉大作品中。他擔心在這主題中找到向他揭示時代形象的傳統，於是很快超越這主題，爲了不再只是揭露他心靈的意象。如果教堂、神殿、猶太教堂、歌劇院、音樂廳或會議廳攫住他的心志，讓他專注在場地的功能和特徵上，這是爲了要讓它們都匯聚在普世之愛的同一視角中。同樣地，他尊重建築上作品的安置，用因愛結合而不是門當戶對的婚姻方式來完成它，以在建築空間裡激發出生命力，而不是只感受到幾何學上的意義。

這段產生不朽作品的20年間，夏卡爾當然是輪流或有時同時進駐在這些祈禱場所裡，按人們的協定用各種形式來表現，如：詩歌、音樂和舞蹈。這樣赴各地工作，令他過著既是普通人又是藝術家的生活。

1954年起，夏卡爾把從1948年就開始構思的計畫，畫成17幅大型油畫：〈聖經信息〉；就是本館和本次畫展的核心作品。這些巨大壁畫如同配上版畫插圖的《聖經》一樣，建立起畫家畫壇巨擘和先知的形象，他日後又去發展彩繪玻璃和織錦畫。

事實上，這項工程極為浩大，他傾注心力去做，但一開始，夏卡爾從1957年起又投入另一項漫長工作。他在作品中不斷闡述這嶄新響亮的生命意義、他的痛苦磨難與犧牲奉獻、感悟與預言視角、以及他的歌聲與舞

蹈。但這次任務是道強制執行的命令，一如夏卡爾所說的是「天命」，他得聽從他人、社會、結構及歷史的聲音。這項「天命」要求他付出所有心力與內在生命，以求同時超越並服從，繼而道出人在創造中的自由。1957年，他先接下〈梅茲教堂的彩繪玻璃畫〉訂貨。他生平第一次用玻璃創作，直接面對光，在最強烈的色彩映照下工作。他感受到哥德式空間是如此深邃和生動，以致線條似乎從形式和色彩的閃爍中凸顯出來，賦予古老色彩新生命。垂直的尖拱上矗立著諸位族長和先知，腳下是鈷藍色和茜紅色的土地，而大衛坐在藍、紅、紫、黃色交織而成的詩篇窗櫺上，唱著悅耳動聽的歌。這種材質對他來說很新穎，賦予他新的力量，一旦人們喜歡他如此揭露心靈時，他就稱這爲他的「護身符」。

1959年起，當梅茲教堂的第一扇彩繪窗尚未完工之際，夏卡爾又接到〈耶路撒冷彩繪玻璃畫〉的訂貨。他滿懷熱忱接受這項任務。新的難題產生，因爲按照傳統，猶太教堂是不准展示人物畫的，於是他放棄西方《聖經》的大人物，而在《聖經》的國度中感悟東方的啓示，從而構思一組《聖經》12宗族的系列畫，運用豐富的色彩發展成一種創新形式，爲這組畫凝煉出普世的純正詩意。只要看看在這兒展出的這些草圖和畫稿，就可窺見夏卡爾是如何以恢宏的規模和精確的反思來建構出如此不朽的作品。

於是各方邀約紛至沓來。夏卡爾總是以他深邃的人性之愛和眞實的心聲來加以選擇。1963年，他接下〈巴黎歌劇院天頂畫〉任務，這對他是必然的結果，儘管他對自己是否天生熱愛音樂和舞蹈還有點擔憂。這對他更

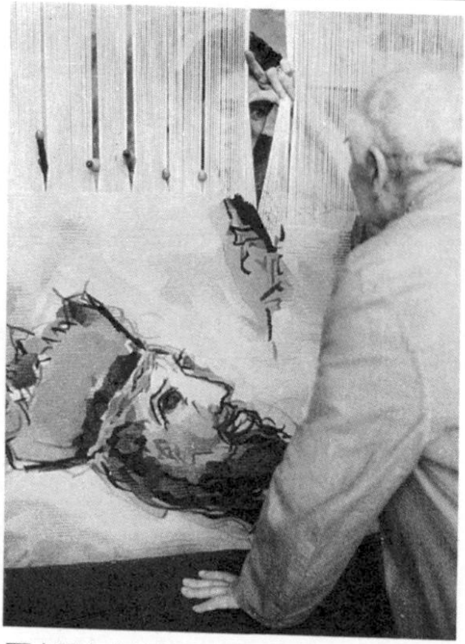

夏卡爾在古柏林畫室檢查耶路撒冷議會大廈織錦畫的編織情況。

是一個向那些帶給世人藝術、每天藉音樂啓發和撫慰畫家工作的人，表示敬意和感謝的良機。他在1964年用無限精力完成的這幅巨作雖是獻給法國，但也無礙於同時獻給紐約聯合國總部的彩繪玻璃畫〈和平〉的神聖價值。在這幅畫中，以賽亞被眾人簇擁著，揭示他對未來的愛將支配大地。同年，他完成梅茲大教堂的彩繪玻璃畫〈天堂〉，這是上帝愛全人類的金色頌歌。他還看到不久前爲耶路撒冷議會大廈設計的三幅大織錦畫已開始編織。這三幅畫：〈出埃及記〉、〈進入耶路撒冷〉的喜悅和〈以賽亞的默示〉希望，畫中的芸芸眾生中出現這民族的三位偉大人物：摩西、大衛和穆罕默德。

1965年，夏卡爾答應爲紐約大都會歌劇院的前廳繪製兩幅巨型壁畫，他再次聽到音樂的召喚，他爲林肯中心廣場的美麗空間繪兩幅黃色和紅色大幅交響曲，如音樂般響徹天空，體現了詩意的源泉並高頌凱歌。在熱情高貴的神聖篇章中，當靈感發揮到極致，〈音樂的源泉〉上出現了化身成俄爾甫斯和大衛雙面孔的詩人形象，而天使這上帝意旨的信使應和著它，在紅色榮光中吹奏〈音樂的凱歌〉。

看來世上沒有什麼能遏止他的寬厚與創作者姿態。繼彩繪玻璃畫之後，他開始從事鑲嵌畫，他心醉神迷地將靈感呈現在另一種光的微妙閃爍中。在上天與凡人間立起一道猶如內在光線發動器的玻璃牆後，他又懷著新的狂喜看到一道石牆矗立起來，迎接變化無窮的天國生命。1965年完成麥格基金會圖書館的鑲嵌畫後不久，耶路撒冷的議會大廳也擺設好織錦畫。隨後在1966至67年，繼巴黎冬季花園的出色裝飾及聖保羅之家的壁畫後，他又爲尼斯法學院的大廳設計一幅巨大鑲嵌畫，花了1968年一整年時間才竣工。這就是〈尤利西斯的信息〉，一幅波瀾壯闊的史詩作品，頌揚了古希臘英雄的偉大精神。透過此作，夏卡爾對這位幾經艱險考驗的英雄的智慧表達崇敬之意。沐浴在強烈

光照中的大彩繪玻璃樓廊的北側耳堂，其圓頂上裝飾了在藍天中飛舞的花束和鮮花。他在梅茲完成這項十年前即開始的工程，便馬上著手構思蘇黎世聖安瑪利亞教堂訂購的一組新的彩繪玻璃畫。夏卡爾被這場地激發出一股熱情，竭心盡力創造一個全部彩色的空間。夏卡爾投入工作，於1970年完成。在祭壇既窄且高的羅馬式尖拱上，畫家藉由凸顯先知以利、雅各之夢的使者及天國耶路撒冷的使者們，表達出性靈提升的力量。總之，這些是帶領眾人的肉體和靈魂升天的先知、天使、天國、聖母瑪利亞和耶穌。色彩本身以強有力的筆觸在紅、藍、綠、黃的底色上飛升，同時在畫面的中心調和色彩，令我覺得這就是畫家內心的顏色。

但在這幾年間，聖經信息美術館的架構已經形成，可以容納這些於1967年完成的大幅油畫。於是畫家及夫人瓦倫蒂娜把它們捐給法國。在那兒，夏卡爾的才華一直在探求各種新可能來使作品臻於完美。1972年，館內陸續增加〈前廳織錦畫〉、〈先知以利〉的鑲嵌畫和照亮音樂廳的彩繪玻璃畫〈創世記〉。這些專爲本館而作的作品流露出深刻的意涵與感受。與建築物絢麗璀燦的彩光奇妙結合的這幅鑲嵌畫，就像以利躺在柩車上接受天火，並在平靜如鏡的水面上反射出黃道十二宮這宇宙時間的節奏，而彩繪玻璃畫則透過前六天藍色夜晚和第七天禮拜日的藍光，顯示畫家一生的創作功勳。夏卡爾穿越時空繼續構築這精神建物。然而就在畫展開幕之際，漢斯大教堂的彩繪玻璃畫也在教堂裡就定位。在那裡的哥德式建築和藍色背景上，赫然出現亞伯拉罕和耶

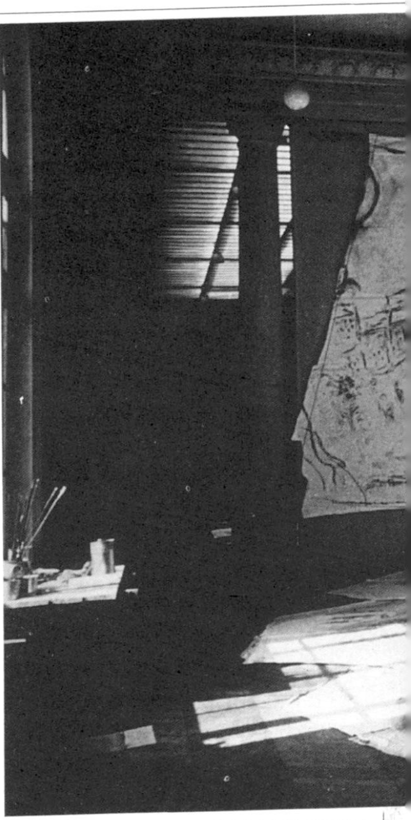

在古柏林畫室製作巴黎歌劇院天頂畫的最初階段。

穌的高大身影。蒙上一層神祕色彩和鮮明的視覺感受，《新約》和《舊約》的人物在猶太諸王和法國歷代國王的系譜上若隱若現地散發出光芒。

用與繪畫相同的「化學」構圖，夏卡爾的偉大作品令人讚歎地延續下去。與一切感情和裝飾理念不同的是，他的作品就是他靈魂、心靈及精神上的意象，充滿交流愛和用創作為全人類構築一個場所的期望。由此，我認為夏卡爾正在實現他的夢想，而這正是這世紀許多人夢寐以求但無法企及的現實深度和獨特廣度。但這個夢想找上畫家，因為他是大家的希望：看看這難以形容的藝術信息，在城邦中編撰神祕與愛情之詩。

馬克

〈夏卡爾，不朽作品的草圖和原稿〉

畫展目錄序言，1974年

國立夏卡爾聖經信息美術館，尼斯

夏卡爾的美學觀

在豐富多樣的表象下，夏卡爾繪畫中不可或缺的協調性何在？為了回答這個問題，法國超現實主義詩人阿拉貢(Louis Aragon)援引了莎士比亞的《仲夏夜之夢》；女婿梅耶求助於化學；法國作家韋爾科(Vercors)則探究極限數學問題。

夏卡爾1957年攝於旺斯。

令人景仰的夏卡爾

作畫。有人一生都在畫畫。當我描述他生平時，請仔細聽。其他就比手劃腳。作畫是他的人生。他畫什麼？畫水果、花卉、國王進城嗎？所有解釋不外是生活，是他的人生。他的一生就是作畫。無法解釋。作畫，也許再加上說話：他觀察，一如人傾聽。畫的東西有如虛構的句子。字字連貫，句子後還有句子。沒什麼可理解的：這是音樂嗎？那何必要繪畫呢？也許一切得重頭再來：可這從未完成的世界、這不自在的國度該如何描繪？在這失重的國度裡，人和鳥沒有區別，驢子住在天上，所有事物變成馬戲表演，人熟練地倒立行走。如果公雞顏色與吹笛者手臂相近，或者在脖子陰影處畫上裸女，遠處村莊籠罩在太陽和月亮的金光下，那也無需作什麼解釋。我們總是處在時間的門檻上。指針指著待邁出並跨越的步伐。戲碼正在上演。男人和女人外表看來都已懷孕：野蠻的動物、流浪藝人劇團中的角色、沒有布洛肯的安息日、童年無端的煩擾、遺失的頭、顛倒世界中的體操家、帶把隱形小提琴的賣藝者？這是民族已覺醒的夢，夢中有許多戀人，不知取哪位才好。無疑地，還未有人能用光束注滿我的眼睛，但此人總不可思議地讓黑夜永駐在我身上。

關於夏卡爾式的辯證法，我只知可援引之前的《仲夏夜之夢》。不必

用假金箔裝飾演員，因爲他們通身綴滿亮片和花束，就像布滿羽毛般，最常見的是在舞者身上綴滿樹叢。畫家年齡越長，越能在色彩的激情中感受

到異教徒的歡樂。在這裡，海市蜃樓沒有出現在沙漠邊緣，而是在生命的閃光中，人與獸在此互相交融。我們不知哪個夢被手柔情愛戀地研碎成黑暗與光明，像用手指蘸綠色和橘色顏料撫過般。畫家有時學波冬(Bottom)把自己畫上動物臉，手持調色盤，站在畫作下方，世界在他面前像模特兒擺姿勢。一切如夢似眞，無意識變成有意識。可說到處是、幾乎到處是塗抹、用手撫觸過的王國、最常開放的國度，還有哪位畫家曾畫過這樣的畫呢？一頭牛在遠處緩緩走過，走得如此慢，以致小提琴的琴聲都沉寂了，周遭的一切奇怪地緊繃著我們，沉浸在一片牧歌式的情愛中。噢，沈默的愛總是一再出現，好似永遠是第一次，永遠是青春期引人低迴的初戀。

這種美好少有人理解。因爲我了解的東西增加，但不減其神祕性。農民、小丑或夜晚的戀人。遙遠的村莊與巴黎聖母院、艾菲爾鐵塔或歌劇院同樣美侖美奐。巴黎甚至就像鄉下，那些光也許就是紫丁香花。以前的畫家多在小人物身上精雕細琢，示範給學生和習藝者看，努力用透視法安排重要構圖：人稱「多餘的矯飾」。夏卡爾總是否認人們從他畫作領悟到的意涵，其中一人倒立在街上奔跑，另一人頭上腳下飛向天空，臉孔轉向一邊：讓我們創作一個理性版本，至少與我們可定義解釋的神話學相關！畫家在細節上總違拗整體構圖的原則，直到覓得一眼即看出的平衡爲止，一如我安排人畜交配來刺激感官，爲了賦予其象徵意義或價值。在這延續60多年的作品上，時間絲毫沒有改變什麼，相反的是：在現今占主導地位的邏輯學，向年齡提出挑戰，並嘲弄時間及其力量。當然也有人告訴我，夏卡爾有些作品駁斥了我的說法，有人援引題材的連貫性，特別在這恢宏而精妙絕倫的《聖經》系列畫中，畫家

夏卡爾與兒子大衛在旺斯。

似乎屈從於「歷史」故事，堅持以敘事方式來繪插圖。這不足以證明，除此之外，他還能從事不同創作嗎？而一種神話是不會排斥另一種神話的。

我們在此觀賞的作品，多年來已習以爲常，甚至不再覺得它們古怪奇特、「無法克服」且不理性，反而認爲這正是它奇妙之處，用一句話說就是：詩意。他筆下的場景越無法歸結成日常生活情景(有意思，你沒發覺「日常」這詞很適合用在生活上？)，我們越無法將這些要素歸結出一般意義，也越不像最初的那些要素，反之亦然。在畫家的作品中，嚴謹的構圖正在於他創作的自由。我傾向相信，在他身上占主導地位的是他從繪畫和掌控色彩上所獲得的愉悅，這比勾畫圖形所帶來的歡愉更爲強烈。他可以完全浸淫或擺脫這種不協調的表象，這正是我歷來如此喜愛他的原因。特立獨行的他與其他畫家相反，像在把弄一個奇妙的萬花筒，總是破壞幾何學上的平衡，然而這對其他畫家卻是創造完美藝術作品的終極要素。

他的作品好似有本動物寓言集，鳥和馬有時顯得如此親近相似，令人期待牠們各式各樣的變形。我拿這幅最新創作的油畫爲例，在一片深藍夜晚，月亮是黑色的，大地再次出現白俄羅斯村莊：有個人坐在那兒，他四周的天空發起狂來，打下一道閃電，斜斜打在他肩上……快把這景象畫下來！此時的天空眞是筆墨難以形容，有兩隻鳥、一個赤身露體的小孩，一旁有個女人，陰暗的背景畫成白色，還有一匹小馬，而這張照亮油畫上部的臉是屬於那被棕、黑、綠和鮮紅的色塊所分割的軀體嗎？左上方有匹綠色身軀、粉紅色頭的馬，一條藍腿踩在月亮蒼白的臉上(或是塊石頭？)；另匹細腿馬則像屬於天上神祕孕婦。你們看，你們看不到我所說的，儘管你們的目光能隨意穿透黑夜！我只希望提醒你們，切勿隨便賦予這些夜景畫及有大太陽的作品神話意義。別吵醒畫家，他正在做夢，夢是神聖奧祕的。他將夢見他的繪畫與生活。世界是他的黑夜，一如它也製造白天。

阿拉貢

布達佩斯畫展目錄的前言

1972年4月

高級「化學」

從雕塑到石版畫，從陶瓷到彩繪玻璃畫，在夏卡爾從事的所有創作中，繪畫位居主導地位。

繪畫中那些被畫家稱爲「化學」的造型要素，都在不斷創新、互相交融。但其他表達方式並非沒有必要。因此石版畫在畫家手下就變成「朝遙遠而迷人的河岸蜿蜒而去的大河」，他最近如此說道。石版畫賦予繪畫翅膀，好讓他從這世界騰空而起，就像長期來縈繞他心的那種翱翔。我們在石版畫中聽到源於「化學」的回聲，如遠似近地迴響著；繪畫中的色彩顫動著，自大戰起日益變得密集，而後完美呈現。石版畫使我們能亦步步趨地注視著這非凡的提升過程。這過程首先從畫筆或鋼筆所畫的黑色中解放出來，然後漸漸加入色彩。但在此，歷經一段時間，這彩色日益積極地參與其中，而更加凸顯黑色在繪畫中既邪惡又溫柔的靈活運用，在繪畫中表現出爲彩色舒緩勾邊和強烈密塗的特性。因此，黑點和線條愈形重要，在紙面上創造甚具張力的驚異空間，帶著回憶的力量和希望之光展現在我們面前。我覺得夏卡爾最近的石版畫具有空前的品質，因此就完全進入到主宰他作品的色彩的高級「化學」中。

梅耶，未發表過的文章

無窮無盡的想像力

在夏卡爾的作品中，變形帶來的詩意常伴隨一件固定道具，就像魔術師手中永遠不變的絲巾和兔子。我指的是相同的物體、動物和人物，不斷在一

〈鮮花〉，紙面中國水墨水彩畫。

幅幅畫面上再三出現。他(它)們爲數不多，只需用幾行字就能列舉完。這些人物固定不變，都是些小販、江湖藝人、天使、樂師和情侶，始終是情侶，揭露一種溫柔而平庸的情色：未婚妻甚至是裸身的，且必然是處女，男人卻總是穿衣。然後是動物：馬或驢、牛、公山羊、公雞、魚。最後是物體：鐘、小提琴、梯子、花卉、艾菲爾鐵塔，以及窮人的茅舍。總共15種、也許20種左右的東西，不會更多。他就把這些東西安置在畫面上，就像小孩塗鴉般，東畫一個，西畫一個，既沒重心，也沒有透視，只憑一時的情緒或幽默。人們也許會擔心，光憑這種排列，繪畫的多樣性很快會枯竭。但我們曉得安排賓客圍桌就座的排列組合會隨實際人數而變化，例如：四位客人可以排列出24種就座方式；六位客人可排出720種；八位客人排出5400種；12位客人排出6400萬種……這樣，20位客人或20件物體的排列組合種類就有幾百萬或幾十億之多。夏卡爾作品中的變形無法計數！畫家若要窮盡所有排列組合，那他得活上幾萬年。因此欣賞他作品時就會有這種恆定不變的印象，同時，原本有限的想像力也就發展出無限可能。

夏卡爾的繪畫是兩條路相結合的卓越範例。沒錯，這是條康莊大道：期間畫家經歷一段模仿期，是爲了創作屬於他的世界——一個獨立世界，但不與可感觸到的日常世界脫離，與眞實世界也保持朦朧輕盈的關係，只爲了去創造自己的「創世記」。於是這世界從此存在，不僅存在於畫廊的檐口和牆上，也存在於我們的精神與心中。如果沒有他，如果他消失了，那我們的內在生活將是不完整而殘缺不全的。歸根結柢，正是這位「大畫家」的徵象，透過這位大藝術家的恩澤，我們感受到也分享到作爲人的高尙尊嚴，他就像個魔術師，用他的愛與夢想，天眞而簡單地把我們從殘暴的世事、從種種恐怖的假象中帶走，隨他遨遊。夏卡爾就是這樣的人。

韋爾科

載《鏡後》雜誌，235期

1979年10月，麥格出版

雷馬里的敬意

馬爾侯、卡蘇、拉塞尼、夏特蘭(Jean Chatelain)、朗戴(Hubert Landais)等法國博物館界的大人物都曾是夏卡爾的伯樂；1969年，雷馬里(Jean Leymarie)在巴黎大王宮(Grand Palais)為畫家策畫一次精彩的回顧展。

夏卡爾在旺斯的山丘別墅，約1959年。

60年前的今天，一個出身俄國外省、才華洋溢的年輕小伙子來到藝術之都，在街上遊蕩、觀察行人和羅浮宮的畫作，發現這道「令人驚異的自由之光」。這是他在到處遊歷後，在別處未曾見過的「自由之光」。他浸淫其中，爲了創造出自身世界的對照、光輝與尊榮。

〔…〕夏卡爾的藝術以家庭爲中心出發，是童年超自然的神祕世界，理性的大人是不相信這種奧妙的。兩個占優勢的主題：〈馬戲團〉和〈聖經〉主導他的作品，最終發展成兩套系列畫，也就是全部作品互有關聯，但每個組成部分有其自身價值，但相對又與整體關係密切。夏卡爾出身低下的東方猶太社區，家裡虔誠信仰哈西德教派的神祕主義，所以對《聖經》始終有著直覺的認識，自然對聖事也容易親近。《聖經》對希伯來民族是具先驗意義的史詩，個人與事件的具體獨特性都完全服膺於它崇高的眞實。夏卡爾象徵性的創作傾向於認同《聖經》敘事傳說的一面，那裡沒有事物不留下迴響，在其傳播過程中，會公正反映全體人類的經驗。1950年起，他創作由17幅主題油畫所組成的宏偉組畫〈聖經信息〉，後於1967年捐給法國，安置在尼斯高地爲他而建的「冥想之地」。值得一提的是，這些油畫中的12幅取材自〈創世記〉和〈出埃及記〉中的情節，〈雅歌〉則

〈雜耍演員〉，1955年。

體現在其他五幅作品中。〔…〕

如許多藝術家或猶太思想家一樣，夏卡爾也爲耶穌的孤獨形象心往神馳。耶穌超越教義，承擔起最高的人道主義，臨死時張開雙臂釘在十字架上，以至高無上的愛和犧牲姿態來成就完滿，爲現世贖罪。照畫家自己的意思來說，耶穌在夏卡爾心中是「了解生命最透澈的人，是奧祕生命的中心人物」從1909年起開始創作、1912年完成的神祕傑作〈各各他〉，主題爲耶穌受難，把《新約》和《舊約》的象徵意義結合起來，而1938年起創作的令人心碎的〈白色耶穌受難像〉，則體現了人世間的悲劇。

在我們的時代，夏卡爾無疑是唯一能重新恢復中斷的傳統，在《聖經》中廣泛汲取並不斷發掘其中豐富內涵的偉大藝術家。相反地，當代偉大的畫家都熱中表現馬戲團的雜技，他們從中看到對塵世的隱喻和對自我活動的反照。說不清是什麼原因，夏卡爾的作品與盧奧的作品及宗教和馬戲團題材都極爲類似。在夏卡爾身旁看馬戲表演，就如同坐在畢卡索身邊欣賞鬥牛競技時所感受到的啓示一樣。馬戲表演在俄國自古就是最受歡迎也最活躍的活動。〔…〕馬戲場是擺脫重力和從嚴格訓練的動作和情感中釋放全部自由的魔圈。馬戲表演於1913年出現在夏卡爾的作品中，繼而在1927和37年，數量漸豐，從1956年起與《聖經》一起成爲系列畫，並在1968年畫出著名的傑作：〈大馬戲團〉和〈演員巡迴演出〉。

參與馬戲演出的動物在夏卡爾的神話中具有象徵地位，母牛和山羊特別出現在1914年前，驢子和馬出現在1924年以後，而從1928年起公雞和魚成爲主角。牠們之間以其文化價値及對立的兩極彼此連結，如：太陽和月亮、水與火。夏卡爾相信在以賽亞預言的救世主國度裡，所有創造物和野獸將和平共處，相信原罪前的世界，即「原始和母性的大自然」也將復活，正如宗教學者埃利亞德(Mircea Eliade)所說的那樣，人類在那裡與動

上圖：〈無題〉，1978年；右頁：夏卡爾在漢斯為耶路撒冷的哈達薩醫院繪製彩繪玻璃畫。

物親密相處，而且懂得牠們的語言。

鮮花也是他們的語言，因爲鮮花也是愛和天堂頌歌的語言。夏卡爾在訂婚時說：「我只要一打開房間的窗戶，藍色的空氣、愛和鮮花就會進來。」無論何時何地，從他還在俄國生活時就已畫鮮花了，因爲它們是色彩的化身和愛的使者。但據他吐露，只有1926年春在地中海沿岸的法國南方、1952和54年在希臘時，他才眞正領悟到它們的本質。首先，風景在窗子這媒材上重現，在遠近空間之間顯示景色本身的意蘊，結合戀人和飛鳥，用它們創造出的光暉與柔和氛圍，來安排整個空間。〔…〕

就美學意義而言，夏卡爾的創作建立在他稱爲色彩的「化學」上，建立在賦予物體生命、再將其轉變爲光的神奇天賦上。他這種流動的色彩既響亮又具穿透性，恰如嫩芽和苔蘚般，在強烈和精妙的對比中快速綻放和蔓延，聽從心靈的轉變與想像力的馳騁，在寬廣空間上形成主色調，包括黑色與白色及無盡的細微色差。色

彩的透明度及其閃爍的特性，敏銳地反映在彩繪玻璃畫的技巧上，眞實體現光並揭示神聖的本質。一如陶瓷，彩繪玻璃畫也是經火燒製而質變的藝術，材料已不再是黏土，而是蘊含神祕意向的天空。夏卡爾解釋，畫家在繪畫上遭遇兩種人造和對立的要素：畫布與顏料，他必須結合兩者，由此產生不公平的爭鬥，勝負難分。而在製作陶瓷時，他會不使其對立地融合兩種自然要素：土和火。如果未掌握好這些要素的力量，則會產生裂紋或皺痕。製作彩繪玻璃時，他必須謙恭謹愼，以便得到良好的透光，獲取藍天甜美的饋贈，期待上天的恩澤，而這正是經年累月投入後的成果，及以一顆純潔心靈與世人溝通的回報。

雷馬里，國立現代藝術博物館館長

載〈向夏卡爾致敬〉

巴黎，1969年

圖片目錄與出處

封面

〈農家生活〉，100×81公分。1925年。美國水牛城，Albright Knox藝廊。

封底

1948年，夏卡爾佇立〈我與村莊〉畫前。

書脊

〈窗外的巴黎〉的局部，132.7×139.2公分。1913年。紐約，古根漢美術館。

扉頁

1-9　在古柏林(Gobelins)畫室的採訪報導：夏卡爾正在創作巴黎歌劇院的天頂畫。
11　〈藍色風景中的情侶〉，112×108公分。1969-71年。艾達繼承的遺產。

第一章

12　〈高舉酒杯的伉儷〉，220×127公分。1917-18年。畫家捐贈(1949)。巴黎，國立現代藝術博物館。
13　左維捷布斯克一景。約1900年。明信片。艾達的檔案資料。
13右　夏卡爾的父親扎哈爾和母親費加-伊塔。艾達的檔案資料。
14上　夏卡爾在維捷布斯克的故居。艾達的檔案資料。
14下　夏卡爾與父母、六個妹妹及納希叔叔合影。約1910年。艾達的檔案資料。
15左上　〈我的母親〉。鉛筆紙面畫，22.5×20公分。1914年。巴黎，私人收藏。
15右上　〈父親〉，80×44公分。1910-11年。巴黎，國立現代藝術博物館，1988年收藏。
15下　〈學習〉。紙面黑墨水畫，24.9×34.3公分。1918年。巴黎，國立現代藝術博物館，1988年收藏。
16上　〈安息日〉，90×95公分。1910年。德國科隆，Wallraf-Richartz博物館。
16下　〈夏卡爾肖像〉，54×41公分。耶烏達・潘繪。1906-07年。明斯克(Minsk)，白俄羅斯美術館。
17上　〈自畫像〉。紙面水彩墨水畫，20.5×16.5公分。1907年。巴黎，國立現代藝術博物館，1988年收藏。
17下　聖彼得堡，涅夫斯基街。約1900年。
18上　1906年，聖彼得堡杜馬議會的開議情形。版畫。
18中　杜馬。彩色明信片。約1900年。
18下　夏卡爾揮帽致意。約1908年。艾達的檔案資料。
19上　〈手握畫筆自畫像〉，57×48公分。1909年。德國杜塞道夫(Düsseldorf)，Nordrhein-Westfalen美術館。
19下　巴克斯特。
20-21上〈婚禮〉，100×88公分。1910-11年。巴黎，國立現代藝術博物館，1988年收藏。
20下　夏卡爾。約1910年。艾達的檔案資料。
21下　蓓拉。約1901年。艾達的檔案資料。
22左　〈死神〉，68×86公分。1908年。巴黎，國立現代藝術博物館，1988年收藏。
22右　〈死神〉的草圖。鉛筆紙面畫，28×22.2公分。1908年。艾達繼承的遺產。
23上　〈聖徒之家〉，91×103公分。1909年。巴黎，國立現代藝術博物館，1988年收藏。
23中　格列茲。
23下　梅金傑。
24左　〈獻給未婚妻〉，196×114.5公分。1911年。瑞士伯恩(Burne)，藝術博物館。
24　右德洛內。1914年。
25上　〈阿波里奈爾肖像〉紫墨水水彩紙面

畫，27.8×21.7公分。1913-14年。巴黎，國立現代藝術博物館，1988年收藏。
25下　蜂巢，在但濟(Dantzig)到巴黎之間。
26上　〈獻給俄羅斯、驢子和其他人〉，157×122公分。1911年。畫家捐獻(1989)。巴黎，國立現代藝術博物館。
26下　桑德拉。
27〈詩人(頭朝下)，三點半〉，197×146公分。1911年。費城藝術博物館，Arensberg收藏。
28　〈向阿波里奈爾致敬(亞當與夏娃)〉。上金銀粉的布面油畫，209×198公分。1911-12年。荷蘭恩多芬(Eindhoven)，Stedelijk van Abbemuseum博物館。
29上　〈各各他〉或〈釘刑〉，174×192公分。1912年。紐約，現代藝術博物館。
29下　夏卡爾和羅姆(Alexander Rom)。1911年6月攝於巴黎。艾達的檔案資料。
30上　〈窗外的巴黎〉，132.7×139.2公分。1913年。紐約，古根漢美術館。
30下　〈用勺子吃飯的農民〉。紙面中國墨水畫，28.5×22.5公分。1913年。瑞士巴塞爾，Marcus Diener收藏。
31上　〈嗅鼻煙〉或〈黃色拉賓〉，128×90公分。1912年。私人收藏。
31下　〈牲畜商〉。紙面不透明水彩畫，26×47公分。1912年。伯恩，E. W. Kornfeld收藏。
32上　〈我與村莊〉，192.1×151.4公分。1911年。紐約，古根漢美術館。
32下　1912年在莫斯科舉行的法國畫展目錄。艾達的檔案資料。
33　〈七根手指的自畫像〉，128×107公分。1912-13年。阿姆斯特丹，Stedelijk博物館。
34　〈世界以外的地方〉。卡紙油畫，裱在布上，65.5×47公分。1915-19年。高崎(Takasaki)，群馬(Gunma)現代藝術博物館。
35　〈孕婦〉或〈母愛〉，194×115公分。1913年。阿姆斯特丹，Stedelijk博物館。
36上　〈思念畢卡索〉。格紙面黑墨水畫，19.1×21.6公分。1914年。巴黎，國立現代藝術博物館，1988年收藏。
36下　〈手拿調色盤的自畫像〉。紙面墨水畫，23×18.5公分。私人收藏。
37上　「狂飆」有關夏卡爾的出版品。艾達的檔案資料。
37下　瓦爾登。1918年。
38左　〈戴黑手套的蓓拉〉，88×65公分。1909年，巴塞爾，藝術博物館。
38右　蓓拉。艾達的檔案資料。
39上　〈蓓拉和艾達〉。紙面鉛筆畫，22.1×18.7公分。1916年艾達繼承的遺產。
39下　夏卡爾、蓓拉和艾達攝於1917年。艾達的檔案資料。
40左　〈在理髮店〉。畫在包裝紙上的不透明水彩和水墨畫，32.7×24公分。1912年。巴黎，國立現代藝術博物館，1988年收藏。
40右　1914年，夏卡爾在莫斯科。艾達的檔案資料。
41上　〈出征〉或〈士兵與妻子〉。紙面鋼筆墨水畫，21.7×17.8公分。1914年。伯恩，E. W. Kornfeld收藏。
41下　1915年被德軍俘虜的俄國士兵。
42上　〈救護站〉。紙面羽毛筆畫，20.5×33公分。1914年。艾達繼承的遺產。
42中　〈士兵們〉。卡紙油畫，裱在布上，50×37公分。1914年。私人收藏。
42下　〈報商〉。紙面墨水畫，17.9×22.2公分。1908-09年。艾達繼承的遺產。
43　〈公墓大門〉，87×68.5公分。1917年。巴黎，國立現代藝術博物館，艾達捐獻(1984)。
44〈猶太教堂〉。紙面不透明水彩畫，40×35公分。1917年。巴塞爾，Marcus Diener收藏。
45　〈穿紅衣的猶太人〉。卡紙油畫，裱在布上，100×80公分。1915年，Jürg &Charles Im Obersteg基金會。
46上〈紅色大門〉。卡紙油畫，49.4×66公分。1917年。德國斯圖加特(Stuttgart)，國家藝廊。
46下　〈藍色木屋〉，66×97公分。1917-20年。比利時列日(Liège)，美術館。
47左　〈著白翻領的蓓拉〉，149×72公分。1917年。巴黎，國立現代藝術博物館，1988年收藏。
48-49　〈飛翔在城市上空〉，48.5×70.5公分。1915年。私人收藏。
50上　蘇俄革命宣傳畫。
50下　埃夫洛斯和圖根霍德編輯出版的〈夏卡

爾的藝術〉畫冊封面。紙面墨水畫，35.6×27.2公分。1918年。艾達繼承的遺產。
51上 〈幽靈〉或〈獻給繆斯的自畫像〉，157×140公分。1917-18年。聖彼得堡，Gordeïeva收藏。
51下 冬宮畫展目錄。艾達的檔案資料。
52左 維捷布斯克美術學校校務委員會。1919年秋。
52右 維捷布斯克美術學校。
52下〈吹號子的騎士〉。紙面鉛筆不透明水彩畫，23×30公分。1918年。艾達繼承的遺產。
53 〈風景〉，100×59公分。1918-19年。巴黎，國立現代藝術博物館，艾達捐獻(1984)。
54上 〈夏卡爾〉。紙面鉛筆、中國墨水不透明水彩畫，46.6×34公分。1918年。巴黎，國立現代藝術博物館，1988年收藏。
54下 格拉諾夫斯基(左握筆者)、米柯斯(中簽名者)與梅爾荷(左握筆者)在莫斯科猶太劇院。
55上 辛吉劇作《西方世界的江湖藝人》的布景畫。紙面鉛筆、墨水及不透明水彩畫，40.7×51.1公分。1921年。巴黎，國立現代藝術博物館，1988年收藏。
55中 夏卡爾與演員米柯斯攝於1920年。艾達的檔案資料。
56 1919-20年，夏卡爾在爲〈猶太戲劇的序幕〉作習畫。艾達的檔案資料。
57上 阿特曼、夏卡爾和斯特倫柏格的聯展目錄，附夏卡爾〈音樂〉插圖。艾達的檔案資料。
57下 1921年，夏卡爾在馬拉科夫卡教養院。艾達的檔案資料。
58-59 〈猶太戲劇的序幕〉(細部)，蛋黃彩、不透明水彩、粘土/油畫，284×787公分。莫斯科，Tretiakov美術館。
60-61 〈婚禮筵席〉。質材同上，64×799公分。出處同上。
60左 〈音樂〉。質材同上，213×104公分。出處同上。
60右 〈舞蹈〉。質材同上，214×108.5公分。出處同上。
61左 〈戲劇〉。質材同上，212.6×107.2公分。出處同上。
61右 〈文學〉。質材同上，216×81.3公分。出處同上。

第二章

62 〈雜耍演員〉，117×73.5公分。1930年。巴黎，國立現代藝術博物館。
63 夏卡爾、蓓拉、艾達在柏林。1923年。艾達的檔案資料。
64上 1920年代的柏林街道。
64中 「墮落藝術」畫展目錄(上面有三幅是格羅茲的作品，一張是夏卡爾的作品)。
65 〈自畫像〉(第17號)與〈祖父之家〉(第12號)，爲德文版《我的生涯》作的腐蝕銅版畫。柏林。1923年。
65下 卡西雷。
66 佛拉。
67上 夏卡爾、佛拉、艾達和蓓拉在巴黎。1923年。艾達的檔案資料。
67下 果戈里《死靈魂》的版畫。泰希亞德出版。1948年。艾達的檔案資料。
68左 〈憑坐窗台的艾達〉，105×75公分。1924年，阿姆斯特丹，Stedelijk博物館。
68右上和右下 1924-25年，夏卡爾一家住在奧爾良大街。艾達的檔案資料。
69 〈伉儷肖像〉，130×94公分。1925年。日本，名古屋美術館。
70上 1930年在蒙帕納斯，與札克夫婦、茲勃洛夫斯基(Zborowski)一起坐在圓亭(Rotonde)露天咖啡座。
70中 德爾泰、夏卡爾和德洛內攝於1927年。
70下 薩爾蒙。
71左 夏卡爾一家在布洛涅。約1925年。艾達的檔案資料。
71右 巴巴贊吉-奧德貝畫廊的畫展目錄。1924年。
72 〈亞當島的風光〉，100×73公分。1925年。艾達繼承的遺產。
73 〈農家生活〉(及細部)，100×81公分。1925年。水牛城，Albright Knox藝廊。
74 〈說笑者和魚〉。紙面不透明水彩畫，40×50公分。1927-28年。私人收藏。
75左上 〈化身成女人的小貓〉。版畫。1927-30年。《寓言詩》的插圖。泰希亞德出版。1952年。艾達繼承的遺產。

75右上　畫展的請柬。1928年。 展出地點：伯恩海姆。《寓言詩》的腐蝕銅版畫。艾達的檔案資料。
75下　〈狼與羔羊〉。紙面不透明水彩畫，40×50公分。1927-28年。私人收藏。
76　〈森林之神與過路人〉。材質同上。私人收藏。
77　〈磨坊主及其兒子和驢子〉。材質同上。私人收藏。
78上　紙面墨水畫。1925-27年。私人收藏。
78下　〈小丑騎白馬〉。不透明水彩畫，63×48公分。1927年。私人收藏。
79上　冬季馬戲團。
79下　1928年，夏卡爾、米柯斯與費菲爾在巴黎與猶太劇院巡演的演員。艾達的檔案資料。
80　〈香邦湖畔〉。不透明水彩畫，65×51公分。1926年。鹿特丹，Boymans van Beuningen博物館。
81上　小伯恩海姆畫廊的箋頭。
81中　馬爾侯。
81下　波朗。
82上　〈時間是條無岸的河流〉，100×81.3cm。1939年。紐約，現代藝術博物館。
82中　夏卡爾一家在旅行。艾達的檔案資料。
82下　夏卡爾一家在奧特伊蒙杭西峰別墅的內景。艾達的檔案資料。
83　〈艾菲爾鐵塔的新婚夫婦〉，150×136.5公分。1938-39年。巴黎，國立現代藝術博物館，1988年收藏。
84上　〈彩虹〉和〈上帝與人類間的聯繫徵兆〉。不透明水彩畫，《聖經》插圖初稿，63.5×47.5公分。1931年。尼斯，國立夏卡爾聖經信息美術館。
84下　拉結之墓。
85上　〈哭牆〉，73×92公分。1932年畫家捐獻，1948年。臺拉維夫藝術博物館。
85中　哭牆。約1900年。
86-87　〈獻給我的妻子〉，131×194公分。1938-44年。巴黎，國立現代藝術博物館。
88上　慕尼黑「墮落藝術」畫展的目錄封面。1937年。
88下　〈仲夏夜之夢〉，117×89公分。1939年。法國，格勒諾勃(Grenoble)博物館。
88-89〈革命〉草圖，49.7×100.2公分。1937年。巴黎國立現代藝術博物館，1988年收藏。
90〈白色釘刑〉，154.3×139.7公分。1938年。芝加哥，Alfred S. Alschuler藝術協會饋贈。
91　夏卡爾1941年在紐約。艾達的檔案資料。

第三章

92　〈雜技演員〉，109.9×79.1公分。1943年。芝加哥，Gilbert W. Chapman夫人藝術協會捐贈。
93　剪報。艾達的檔案資料。
94上　「流亡藝術家」畫展目錄。紐約，皮耶．馬諦斯畫廊。1942年。艾達的檔案資料。
94下　歐洲藝術家在紐約。艾達的檔案資料。
95上　〈墮落天使〉，148×189公分。1923-33-47年。巴塞爾，藝術博物館。
95下　夏卡爾夫婦與皮耶．馬諦斯在其紐約的畫廊的〈高舉酒杯的伉儷肖像〉前。1941-42年。艾達的檔案資料。
96-97上　《阿雷柯》的布景畫，8.8×14.48公尺。日本，私人收藏。
96下　夏卡爾和舞者站在《阿雷柯》(〈阿雷柯與珍菲拉在皎潔月光下〉，1942)的布景畫前。艾達的檔案資料。
97　夏卡爾和蓓拉在紐約。艾達的檔案資料。
98左　〈怪物〉。卡紙水彩和不透明水彩畫，43×29公分。爲《火鳥》設計的戲服草圖。1945年。艾達繼承的遺產。
98右　〈狩獵〉。紙面鉛筆、水彩和不透明水彩畫，42.5×30.5公分。爲《火鳥》設計的戲服草圖。1945年。艾達繼承的遺產。
99　〈人物〉。紙面鉛筆、水彩和不透明水彩畫，45.5×28公分。爲《火鳥》設計的戲服草圖。1945年。艾達繼承的遺產。
99上　夏卡爾站在《火鳥》布景前。艾達的檔案資料。
100　〈革命〉的草圖。1937年。私人收藏。
101　〈蔓越莓湖〉，45.5×40.5公分。1943年。私人收藏。
102　〈婚禮之光〉，123×120公分。1945年。瑞士蘇黎世，市立美術館。

103上　蓓拉所著意第緒語版《點燃之光》的封面，夏卡爾贈給女兒艾達。艾達繼承的遺產。
103下　《天方夜譚》的插圖。紐約，萬神殿(Pantheon)出版社。1948年。艾達檔案資料。
104-105　《天方夜譚》的石版畫。出處同上。艾達繼承的遺產。
106上　《鏡後》雜誌關於夏卡爾的封面。66-68期。1958年。麥格出版。
106右　夏卡爾和維吉妮亞在奧吉瓦的宅邸前。1948-49年。Willy Maywald攝。
106下　夏卡爾和兒子大衛。Ina Bandy攝。
107　〈夜景〉，90×72.5公分。1947年。莫斯科，普希金美術館。
108上　〈艾菲爾鐵塔〉。紙面彩色粉筆畫，32×22公分。1953年。私人收藏。
108-109　夏卡爾在布魯塞爾和阿姆斯特丹舉辦回顧展的目錄封面。1956-57年。
109上　夏卡爾在濱安茹河的住宅中。1958-59年。《生活》雜誌的Loomis Dean攝。
110　〈長著藍色翅膀的時鐘〉，92×79公分。1949年。艾達繼承的遺產。
111左　〈美人魚與詩人〉。紙面不透明水彩畫，77×54.9公分。1960年。艾達繼承的遺產。
111上　夏卡爾和泰希亞德在旺斯的「山丘別墅。約1951年。艾達的檔案資料。
111中　1950年代，夏卡爾和瓦娃在旺斯的「山丘」別墅。Willy Maywald攝。艾達的檔案資料。
111下　1952年，艾達和梅耶攝於旺斯的婚禮。艾達的檔案資料。
112左　〈瓦娃的肖像〉，92×65公分。1966年。巴黎，私人收藏。
112右　瓦娃。艾達的檔案資料。
113　〈星期天〉，173×149公分。1952-54年。巴黎，國立現代藝術博物館，1988年收藏。
114-115　〈雅各的夢〉，195×278公分。1960-66年。夏卡爾聖經信息美術館。
116　〈大衛〉，180×98公分。1962年。私人收藏。
117　〈拔士巴〉，180×96公分。1962年。私人收藏。
118上　〈亞伯拉罕與三位天使〉，190×292公分。1960-66年。夏卡爾聖經信息美術館。
118中　〈先知以利〉。鑲嵌畫，715×570公分。1971年。出處同上。
118下　馬爾侯、夏卡爾和瓦娃。艾達的檔案資料。
119上　〈散步〉。陶瓷花瓶。1961年。艾達繼承的遺產。
119中　〈太陽〉。瓷盤。1951年。巴塞爾，私人收藏。
119下　夏卡爾與畢卡索在泰希亞德位於聖尚卡費哈的家中。約1948年。艾達的檔案資料。
120　〈幻覺〉。陶瓷花瓶。1963年。艾達繼承的遺產。
120右上　1950年代，夏卡爾在瓦洛里的馬杜哈工場。艾達的檔案資料。
120下　〈大衛王〉。大理石，40×28.5×4公分。1973年。艾達繼承的遺產。
121左上　〈女人公雞〉。大理石，23.5×26.5×3公分。1952年。艾達繼承的遺產。
121右上　夏卡爾在蘇斯鑄造商那兒。艾達的檔案資料。
121下　〈幻想的走獸〉。青銅，52×80×26公分。1952年。艾達繼承的遺產。
122　〈雅各的夢〉和〈摩西在燃燒的荊棘前〉。梅茲大教堂的兩扇彩繪玻璃窗。1962年
123　〈亞伯拉罕的獻祭〉和〈雅各與天使博鬥〉。出處同上。
124下　梅茲大教堂彩繪玻璃畫的草圖：〈族長：亞伯拉罕、雅各和摩西〉。紙面鉛筆、墨水水彩畫，64.4×50公分。艾達繼承的遺產。
124-125上　〈夏娃與蛇〉及〈亞當與夏娃被逐出伊甸園〉，梅茲大教堂的彩繪玻璃畫。
125右上　1961年，夏卡爾和孫子皮埃(Piet)、麥雷(Meret)和貝拉(Bella)參觀漢斯耶路撒冷哈達撒醫院猶太教堂彩繪玻璃。艾達檔案資料。
126左上　亞述大慈悲聖母院彩繪玻璃草圖：〈飛向燭台的天使〉。紙面炭條、鉛筆、粉筆和墨水畫。100×59.8公分。1956年。艾達繼承的遺產。
126右上　〈生命之樹〉或〈和平〉，薩爾堡科德利埃教堂彩繪玻璃的草圖。紙面黏貼水彩畫，44.3×32.7公分。1976年。艾達繼承的遺產。
127上　夏卡爾和孫子皮埃在聖保羅・德・旺斯的畫室中。艾達的檔案資料。

127下　〈奧菲斯〉，97×130公分。1959年。私人收藏。
128　〈唐吉訶德〉，196×130公分。1974年。艾達繼承的遺產。

見證與文獻

129　1957年，夏卡爾在旺斯的〈畫室〉(1910)前
130　俄國革命時期的蓓拉與夏卡爾。艾達的檔案資料。
131　〈在橋上〉。紙面墨水畫，29.5×23公分。《點燃之光》的插圖。以色列博物館。
132　〈生日〉，30.8×24公分。出處同上。
134　《我的一生》手稿首頁。艾達繼承遺產。
135　《我的一生》的插圖：〈媽媽在爐前〉。紙面墨水畫。1911年。用於1931年的版本。Stock出版社。
137　〈在咖啡館〉。紙面墨水畫。1911年。出處同上。
138　夏卡爾。約1910年。艾達的檔案資料。
141　《我的一生》插圖：〈火雞〉。
142　夏卡爾詩作〈如果我的太陽照耀〉手稿。1945-50年。艾達繼承的遺產。
144　阿波里奈爾。巴黎，法國國家圖書館。
146　1942年，夏卡爾在紐約的畫室。艾達的檔案資料。
148　1950年，庫蒂耶神父、馬里旦和夏卡爾在奧吉瓦合影。艾達的檔案資料。
149　亞伯拉罕遵照上帝的旨意，準備獻祭自己的兒子。《聖經》第10幅銅版畫，31×24.2公分。腐蝕和直刻版畫。艾達繼承的遺產。
150　夏卡爾與夏爾・馬克及其妻子在蘭斯市工場裡，當時正爲梅茲大教堂製作彩繪玻璃。
151　1961年，夏卡爾在漢斯的西蒙畫室爲耶路撒冷哈達撒醫療中心的猶太教堂繪製彩繪玻璃：〈宗族〉。
152　夏卡爾在古柏林畫室檢查〈創世記〉織錦畫的編織情況，供耶路撒冷議會大廈之用。
153　夏卡爾在古柏林畫室檢查耶路撒冷議會大廈織錦畫的編織情況。
154-155　在古柏林畫室製作巴黎歌劇院天頂畫的最初階段。約1963年。
156　1957年，夏卡爾在旺斯。
157　〈無題〉(馬戲團的公雞)。紙面中國墨水、彩色鉛筆和水彩畫，37.7×27公分。
158-159　1958-59年，夏卡爾與大衛在旺斯爲法蘭克福劇院繪製壁畫的情景。《法蘭西日報》的Fournol攝。艾達的檔案資料。
161　〈鮮花〉。紙面中國水墨上彩畫，65.5×50.2公分。私人收藏。
162　1958-59年，夏卡爾在旺斯「山丘」別墅。艾達的檔案資料。
163　〈雜耍演員〉。紙面中國水墨不透明水彩畫，105×75公分。私人收藏。
164　〈無題〉。縐紋紙面不透明水彩畫，58×67.5公分。1978年。私人收藏。艾達繼承的遺產。
165　1961年，夏卡爾在漢斯市馬克的工場爲哈達撒繪製彩繪玻璃。

圖片版權所有

巴黎Angel-Sirot：85下。艾達的檔案資料：11, 12, 13左, 13右, 14上, 14下, 15左上, 15右上, 16上, 16下, 17上, 18下, 19上, 20-21上, 20下, 21, 下, 22左, 22右, 23上, 24左, 26上, 28, 29上, 29下, 30下, 31上, 31下, 32下, 33, 34, 35, 36下, 37上, 37中, 38左, 38右, 39上, 39下, 40右, 41上, 42上, 42中, 42下, 43, 44, 45, 46上, 46下, 47左, 47右, 47中, 48-49, 50下, 51上, 51下, 52左, 52右, 52下, 53, 55上, 55下, 56, 57上, 57下, 58-59, 60-61上, 60左, 60右, 61左, 61右, 63, 65上, 67上, 67下, 68右上, 68右下, 70中, 71左, 72, 74, 75左上, 75右上, 78上, 78下, 79下, 82中, 82下, 91, 93, 94上, 94下, 95下, 96-97上, 96下, 97, 98左, 98右, 99左, 99右, 100, 101, 102, 103上, 103下, 104, 105, 106左, 106右, 106下, 107, 108上, 108-109, 109上, 110, 111左, 111上, 111中, 111下, 112左, 112右, 113, 114-115, 116, 117, 118上, 118下, 119上, 119中, 119下, 120左上, 120右上, 120下, 121左上, 121右上, 121下, 124下, 125右上, 126左上, 126右上, 127上, 127下, 128, 130, 131, 132, 134, 135, 137, 138, 141, 142, 146, 148, 149, 159, 160-161, 163, 165, 166。巴黎Archives Photo：

129, 158。柏林Bildarchiv Preussischer Kulturbesitz：37下, 64中, 65下, 88上。巴黎法國國家圖書館：144。巴黎Jean-Loup Charmet：18中。芝加哥藝術協會：90, 92。DR：26下, 70下, 75下, 76, 77, 81上。Explorer/Peter Willi：88下。伽利瑪/R. Parry：81中。伽利瑪/F. Foliot：23中, 23下, 24右。Giraudon：封面, 73, 122, 123, 124-125上。紐約古根漢美術館：書脊, 30上。巴黎Izis：1, 2-3, 4-5, 6, 7, 8-9, 152, 153, 154, 155, 156-157, 164, 167。巴黎國立現代藝術博物館：15下, 25上, 36上, 40左, 54上, 62, 83, 86-87, 88-89上。紐約現代藝術博物館：32上, 82上。André Morain：10。鹿特丹Boymans van Beuningen博物館：80。名古屋美術館：69。巴塞爾Oeffentliche Kunstsammlung/Martin Bühler：95上。André Ostier：封底。費城藝術博物館：27。巴黎Rapho/Silvester：118中。巴黎國立博物館協會：84上。巴黎Roger-Vilollet：17下, 18上, 19下, 25下, 41下, 50上, 54下, 64上, 66, 70上, 79上, 81下, 84下, 91。阿姆斯特丹Stedelijk博物館：68左。臺拉維夫藝術博物館：85上。

索引

二劃

三劃

四劃

五劃

六劃

八劃

九劃

十劃

十一劃

十二劃

十四劃

十五劃

十六劃

誌謝

作者及出版社感謝Meret Meyer，透過他得以從艾達那兒取得珍貴的檔案資料；還要感謝Bella Meyer Simonds、Michel Brodsky、尼斯國立夏卡爾聖經信息美術館館長Sylvie Forestier、巴黎國立現代藝術博物館館長Didier Schulmann、瑞士馬汀尼(Martigny)加納達(Pierre Gianadda)基金會的Léonard Gianadda、《目光》(*L'OEil*)雜誌的Solange Thierry、Bidermanas夫人、André Fourquet，以及Marianne Sarkari。

發現之旅 61

夏卡爾

醉心夢幻意象

原　　著：Daniel Marchesseau
譯　　者：周夢羆
董 事 長
發 行 人：孫思照
總 經 理：莫昭平
總 編 輯：林馨琴
審　　訂：尤傳莉
核　　譯：曹　慧
主　　編：尤傳莉
文字編輯：曹　慧
美術編輯：鍾佩伶
出 版 者：時報文化出版企業股份有限公司
台北108和平西路三段240號4樓
發行專線 (02)2306-6842
讀者服務專線 0800-231-705 (02)2304-7103
讀者服務傳眞 (02)2304-6858
郵撥 0103854～0 時報出版公司
信箱：台北郵政79～99信箱
時報悅讀網：http://www.readingtimes.com.tw
電子郵件信箱：ctpc@readingtimes.com.tw
印刷：詠豐彩色印刷有限公司
初版一刷：二〇〇二年四月二十九日
定價：新台幣二五〇元
行政院新聞局局版北市業字第80號

ISBN 957-13-3634-3

文字與書寫	01	31	印第安人
古埃及探秘	02	32	非洲探險
希臘的誕生	03	33	羅特列克
絲綢之路	04	34	亞歷山大大帝
哥倫布	05	35	伽利略
梵谷	06	36	大象
貝多芬	07	37	莎士比亞
馬雅古城	08	38	塞尚
星空	09	39	高更
鯨魚生與死	10	40	雷諾瓦
莫札特	11	41	竇加
羅丹	12	42	巴哈
向極地挑戰	13	43	愛因斯坦
化石	14	44	佛陀
亞馬遜雨林	15	45	女巫
南太平洋征旅	16	46	新石器時代
佛洛伊德	17	47	畢卡索
創世紀	18	48	世界花園
牛頓	19	49	氣象學
恐龍	20	50	搖滾年代
吸血鬼	21	51	羅馬人
莫內	22	52	魔鏡！美的歷史
甘地	23	53	馬內
龐貝	24	54	華格納
維京人	25	55	米羅
林布蘭	26	56	拿破崙
羅馬考古	27	57	海明威
阿茲特克	28	58	普魯斯特
火山	29	59	數字王國
十字軍東征	30	60	卓別林

國家圖書館出版品預行編目資料

夏卡爾：醉心夢幻意象 / Daniel Marchesseau
原著；周夢羆譯. — 初版. — 臺北市：
時報文化，2002〔民91〕
面；　　公分.—（發現之旅；61）
含索引
譯自：Chagall, ivre d'images
ISBN 957-13-3634-3（平裝）

1.夏卡爾(Chagall, Marc, 1887-1985) - 傳記
2.夏卡爾(Chagall, Marc, 1887-1985) - 作品評論
3.畫家 - 俄國 - 傳記

940.9948　　91005133

國家圖書館出版品預行編目資料

哥雅：既華美浪漫又殘酷寫實 / Jeannine Baticle 原著；廖慧貞譯. — 初版. — 臺北市：時報文化，2006〔民95〕
面； 公分.—（發現之旅；80）
含索引
譯自：Goya, d'or et de sang
ISBN 957-13-4438-9（平裝）

1.哥雅（Goya, Francisco, 1746-1828）－傳記
2.哥雅（Goya, Francisco, 1746-1828）－作品評論
3.藝術家 － 西班牙 － 傳記

909.9461　　95001111